CTLP
고려대학교 조세법센터

고려대학교 조세법센터
조세재정연구총서

2

세대간 정의 실현을 위한 재정법제 연구

전수경 지음

SAMIL | 삼일인포마인

서문

90년대 이후 새로운 재정환경 변화를 맞이해 기존의 재정운용 방식은 근본적인 변화가 불가피해졌다 왜 그런가?

과거에는 재정여건의 세대간 불균형이 중장기적으로 크게 확대되는 변화가 거의 없었다. 단기적이거나 중기적인 시계 하에 재정균형만 도모하는 것으로 충분했다. 그러나 90년대 이후 새로운 재정환경 변화로 인해 현세대와 미래세대 간에 재정의 세대간 불균형이 크게 확대되며 미래세대의 재정 복지 부담이 폭증하게 되었다. 따라서 이러한 변화에 대응하려면 기존의 단기적 시계의 재정운용 방식을 완전히 바꾸는 변화가 필요해졌다.

그중에서도 우리나라가 세계적으로 세대간 불균형이 가장 크게 확대되는 상황을 맞이했다. 즉 우리나라는 세계 최악의 초저출산율로 인해 지구상에서 가장 먼저 사라질 나라로 꼽히고 있고, 초고령화도 세계에서 가장 빠른 편이어서 앞으로 2045년에는 일본을 제치고 세계 최고의 고령사회로 부상할 전망이다. 또한 우리나라는 경기침체가 장기화되고 경제성장률 저하가 지속되면서 이제는 일본까지 제쳤고 2030년대에는 OECD 국가 중 최하로 저하될 것으로 전망되고 있고, 이에 따라 정부가 경제를 살린다고 재정지출과 국가부채를 장기적으로 계속 증대하면서 국가부채비율은 세계에서 가장 빠르게 증가하고 있다. 나아가 4차 산업혁명은 미래세대가 더욱 어려운 재정여건 하에서 살아가게 만들 전망이다. 우리나라는 이미 로봇에 의한 노동력 대체율이 일본을 제치고 세계 최고로 높아진데 이어 앞으로 AI 발전으로 AI에 의한 노동력 대체도 가장 빠르게 이루어질 전망이며 그 결과 복지 수혜자가 급증할 전망이기 때문이다. 이와 함께 4차 산업혁명으로 자본 기술 노동의 글로벌 이동성이 높아져 각국 간 투자 유치 경쟁과 세율 인하 경쟁이 더욱 확대되면서 세율 인상이 어려워지고, 나아가 미래세대가 국가 복지에서 이탈하기 매우 용이해지면서 정부가 국가부채를 폭증시켜 미래세 대에게 떠넘기기 어려워지고 섣불리 그랬다가는 미래세대들이 대거 이탈해 재정 복지를 중단시킬 수 있다.

결국 이러한 새로운 재정환경 변화로 인해 미래세대는 현세대보다 재정 복지 부담이 크게 폭증하고 세대간 불균형이 크게 확대되고 있다. 따라서 이에 대응하려면 새로운 재정운용 방식으로의 전환이 필요해졌다. 과연 어 떠한 재정운용 방식으로 바꿔야 하는가?

중장기적으로 세대간 균형이 크게 확대되는 상황에 대응하려면 세대간 균형을 중시하는 새로운 재정운용 방식으로 전환하는 것이 필수적이다. 지 금까지 우리나라는 단기적 시계의 케인지언 방식으로 재정을 운용하거나 재정의 지속가능성을 중시하는 방식으로 대응해 왔다. 이러한 방식으로는 세대간 불균형이 확대되는 상황에 대응할 수 없다. 즉 케인지언 재정정책으 로 경기부침에 대응해 재정지출을 증감시키는 기존의 단기적 시계의 방식 으로는 세대간 불균형이 중장기적으로 크게 확대되는 상황에 대응할 수 없 다. 또한 재정준칙을 운용하며 재정적자와 국가부채비율 등 재정총량을 일 정 수준에서 통제하는 방식으로도 중장기 세대간 불균형 확대에 대응할 수 없는 것이다. 마찬가지로 재정의 지속가능성만 바라보는 방식으로도 대응 할 수 없다. 오로지 국가부채의 이자부담 능력만 고려하며 금리가 성장률보 다 낮으면 국가부채를 크게 확대해 성장을 도모해도 된다는 시각으로 대응 할 수도 없는 것이다. 이제는 정부가 돈을 푼다고 성장이 이루어지지 않고 오히려 일본같이 경기침체를 심화 장기화하는 결과를 낳는다. 무엇보다 글 로벌경제 시대에 기업들이 각국의 투자비용과 노동비용을 비교하며 세계투자와 세계고용을 확대하는 상황에서는 글로벌 경쟁력이 뒤처진 나라에서는 돈을 풀어도 그것이 투자와 고용으로 연결되지 않고, 오히려 글로벌 경쟁력이 뒤처져 밀려난 구산업과 노동자들의 생명줄을 연장함으로써 경기침체를 더욱 심화시킨다.

따라서 기존의 단기적 중기적 시각으로 단순히 재정총량의 균형만 도모하는 방식으로는 지금같이 세대간 불균형이 크게 확대되는 상황에 대응할 수 없게 되었다. 그러므로 이제는 세대간 균형을 중시하는 중장기적 시계의 재정운용 방식으로 전환해야 한다. 예를 들어 미래세대의 재정 복지 부담이 현세대보다 크게 폭증하는 것이 명확하다면 정부는 지금부터 스웨덴같이 평상시 흑자재정 준칙을 마련하고 재정여력을 비축하는 새로운 장기적 시각으로 대응해야 한다.

그러면 세대간 균형을 도모하려면 방법론적으로는 어떻게 할 것인가?

이를 위해서는 재정법제를 이용해 중장기적으로 세대간 균형을 규율하도록 하는 수밖에 없다. 즉 헌법에 세대간 정의 관련 규정을 두고 이를 기반으로 중장기 통합 재정전망을 실시하여 세대간 불균형을 확인한 뒤 이를 해결할 중장기 재정계획을 세우고 이를 중심으로 단년도 예산을 규율하도록 하는 일련의 재정법제를 갖추어 운용하는 것이 필요하다. 이러한 일련의 재정법제를 세대간 정의 재정법제라 일컬을 수 있다. 결국 세대간 균형을 위한 재정법제란 헌법 규정 기반하에 중장기 통합 재정전망을 기초로 장기계획 – 중기계획 – 단년도 예산으로 이어지는 하향식 재정운용을 통해 세대간 균형을 도모하는 재정법제를 의미한다고 할 수 있다. 특히 세대간 균형을 도모하려면 장기재정전망이나 장기재정계획 같은 장기적 시계의 방식이 중요해지면서 이를 법제화해 법적 구속력을 강화하는 것이 중요하다.

특히 우리나라는 세대간 불균형이 가장 심한 나라인 만큼 가장 먼저 새로운 세대간 정의 재정법제를 마련하고 새로운 재정운용 방식으로의 전면 전환에 나서야 한다. 그래야 중장기적으로 재정과 복지를 유지할 수 있다.

본서에는 먼저 세대간 불균형을 유발하는 3가지 핵심 재정환경 변화에 대해 살펴보고 이를 해결하기 위한 새로운 재정법제 방안들을 차례로 알아보기로 한다. 이를 위해 그동안 재정법제의 발전단계를 1단계 재정민주주의 차원의 발전단계, 2단계 재정의 지속가능성을 중시하는 발전단계, 3단계 세대간 정의를 중시하는 발전단계로 구분하고, 무엇보다 2단계에서 3단계로 전환하는 재정법제의 변화를 중심으로 분석하기로 한다. 특히 우리나라에서는 아직 이러한 새로운 발전사례를 찾아보기 어려운 만큼, 해외의 세대간 정의를 도모하는 재정법제의 선도적 발전사례들을 중심으로 비교 분석을 실시하기로 한다. 이를 위해 선택한 6가지 해외 연구사례로는 독일의 미래세대 보호 관련 헌법 규정과 헌법재판소 판례, EC(European Commission)의 세대간 회계, 호주의 세대간 리포트 장기재정계획, 프랑스·스웨덴의 중기재정계획, 스웨덴의 경제위기 대응 재정준칙, OECD 국가들의 재정 프레임워크 등이다. 이를 통해 우리나라의 헌법 규정, 중장기 재정전망, 장기재정계획, 중기재정계획, 중기재정준칙, 장기재정프레임워크 등의 개선방안을 제시하기로 한다.

목　차

표 목차

그림 목차

제1장   서론

21세기 들어서 저출산·고령화와 반복되는 경제위기 및 4차 산업혁명 등 새로운 재정환경 대변화가 전면화 되면서, 각국에는 국가부채가 증대하여 미래세대 부담이 감당할 수 없을 만큼 확대되고 세대간 불균형이 나날이 커지면서 이를 해결하는 것이 국가의 중요한 과제로 부상하게 되었다.

특히 우리나라의 경우 전 세계에서 이러한 새로운 변화가 가장 극심하고 앞으로 이에 따른 재정 복지 위기도 가장 심각할 것으로 전망되고 있다. 유엔미래포럼이 발간한 2009년 유엔미래보고서에서는 우리나라의 초저출산율로 인해 오는 2305년이면 한국은 남자 2만 명, 여자 3만 명만 남을 것이라고 예측했다. 2013년 부산에서 열린 세계인구총회에서도 영국의 옥스퍼드인구문제연구소는 우리나라의 세계 최저 수준의 저출산율로 인해 22세기에 지구상에서 가장 먼저 사라질 나라로 대한민국을 꼽았다. 실제로 우리나라 합계출산율은 1960년대 6.0명에서 2021년 0.81명으로 급락했고, 통계청이 2024년 2월 발표한 '2023년 인구동향조사 출생·사망통계'에 따르면 2023년 합계출산율이 0.72명으로 역대 최저치를 기록하였고, 2024년 연간 합계출산율은 0.68명으로 예상했다. 더구나 우리나라에서는 고령화도 세계에서 가장 빠르게 진행되고 있다. 통계청의 인구 전망에 따르면, 우리나라는 2045년에 세계 최고령국가인 일본을 제치고 세계 최고의 고령국가가 될 것으로 전망되고 있다. 따라서 이러한 전망이 현실화된다면 우리나라의 재정과 복지는 금세기 중반 이후 중단될 수도 있다. 무엇보다 우리나라는 세계에서 가장 빠르게 국가부채비율이 급증하는 나라 중 하나로 부상하게 되었다. 이에 따라 2023회계연도 결산 결과 국가부채가 2,439조원을 넘어섰는데, 여기에 국민연금 등 주요 잠재부채까지 포함한다면 이미 위험한 상황을 크게 넘어섰다. 나아가 앞으로 4차 산업혁명으로 인해 로봇과 AI가 인간 노동력을 전면 대체하게 되고 미래세대들은 전 세계 수십억 노동자들과 투명한 글로벌 경쟁 속에서 살아갈 것으로 전망되면서, 현세대보다 생활여건이나 재정여건이 훨씬 열악한 가운데 살아가게 될 것이다. 결국 21세기의 새로운 경제환경과 재정환경 변화는 각국의 재정운용 방식과 재정법제에 대한 근본적인 패러다임 전환을 요구하고 있다.[1]

역사적으로 재정환경 변화에 따라 재정운용 방식과 재정법제의 틀은 계속 바뀌어왔다.[2] 더구나 20세기 말 이후부터 전개되는 새로운 경제환경과 재정환경은 실로 유사 이래 최대의 격변기라고 평가할 만한 것이다. 무엇보

---

1) 재정법 및 정책 측면의 저출산·고령화 문제에 접근함에 있어서는 단기적인 재정위기가 아닌 국가재정 패러다임의 전환에 관한 사안이라는 인식이 전제될 필요가 있다. 장용근, 「미래 재정 위협요인을 고려한 재정개혁 과제에 관한 연구」, 2016년도 연구용역보고서, 국회예산정책처, 2016, 22쪽.
2) 역사적으로 경제환경과 재정환경 변화에 따라 재정운용과 재정법제도 바뀌었던 변화 사례는 쉽게 확인해 볼 수 있다. 즉 과거 수공업 매뉴팩처 시대에는 소비수요는 많은데 공급이 부족해 공급을 늘리는 것이 소비를 창출하고 성장을 이루는 길이었고 세이의 공급주의 경제학과 중상주의 정책 및 재정운용 방식이 효과를 볼 수 있었다. 그러나 산업혁명 이후 공장제 대량생산이 확대되면서 공급은 많은데 소비수요가 부족해 소비가 성장을 좌우하게 되었고 그 결과 소비수요를 중시하는 케인즈 경제학 기반 재정운용 방식, 고세율 복지체제 및 버츠컬리즘(Butskellism) 기반의 큰 정부 재정운용으로 전환하게 되었다. 한편 70년대에 들어서 케인지언 정책의 장기화에 따른 폐해가 확대되고 큰 정부의 비효율성이 커지고 과다한 복지 의존도 문제가 심화되면서 결국 스태그플레이션이 심화되고 재정과 복지를 지속하기 어려워지자 각국은 세율 인하와 민영화를 통해 큰 정부의 방만한 비효율성과 복지를 줄이고 시장의 역동성을 살려 성장과 재정과 복지를 유지하려는 신자유주의적 재정운용으로 전환하게 되었다. 하지만 이후 90년대부터 글로벌 시장에서의 경제활동이 확산되면서 각국은 세계를 이동하는 투자자본을 잡기 위해 법인세 등 세율 인하 경쟁을 치열하게 벌이게 되었다. 또한 다른 나라보다 투자경쟁력과 공급경쟁력, 노동경쟁력을 높여야 투자와 고용을 유치해 성장과 재정과 복지를 유지할 수 있게 되면서 각국은 국내 수요 확대에 치중하던 재정정책에서 벗어나 국내 공급경쟁력을 높이려는 공급 중심 재정운용 방식과 재정제도로 전환하고 유럽국가들은 수요 조절 코포라티즘을 공급 조절 코포라티즘으로 바꾸었다. 그러나 21세기에 들어서는 각국에 저출산·고령화와 반복되는 경제위기 및 4차 산업혁명 등 새로운 경제환경과 재정환경 변화가 확산되면서 재정운용 방식과 재정법제의 보다 근본적 변화가 불가피해진 것이다.

다 이러한 변화들이 재정측면에서 미래세대의 부담을 가중시키고 세대간 불균형을 확대하면서 기존의 재정운용 방식에 또 다른 전면적인 변화를 요구하고 있다. 그동안 각국에서는 주로 저출산·고령화 변수로 인한 미래세대의 부담 증대 문제만 고려했는데, 이제는 90년대 이후 세계 권역별 순환적 경제위기가 발생한데 이어서, 2008년 세계경제위기와 2020년 코로나19 위기 같은 대형 경제위기가 반복되고 이후에 경기침체가 장기화되면서 각국의 재정지출과 국가부채 확대가 장기간 지속되어 미래세대의 부담을 가중시키면서 경제위기가 저출산·고령화 못지않은 중요한 변수로 부상하게 되었다.[3] 여기에 4차 산업혁명에 의한 AI 혁명, 글로벌 디지털 플랫폼 혁명, 메타버스 혁명, 텔레프레전스 혁명 등으로 인한 인간 노동력 대체와 글로벌 경쟁이 더욱 전면화 되면서, 앞으로 수많은 미래세대가 노동시장에서 밀려나고 글로벌 경쟁에서 밀려난 복지수혜자가 증가하는 한편 세율은 높이기 어려워지면서 미래세대의 부담을 더욱 확대시킬 것으로 전망되는 새로운 변화까지 가중되고 있다. 따라서 이러한 총체적 변화에 대응하려면 기존의 재정운용 방식의 근본적인 변화를 피할 수 없게 된 것이다.

이에 따라 각국에서는 세대간 정의에 대한 관심이 높아지고 사회의 주요 이슈로 부상하면서 이를 둘러싼 논쟁이 가열되고 있다. 독일에서는 "내일을 희생하여 오늘을 살지 마시오!"(Heute nicht auf Kosten von morgen leben!)라는 구호가 확산되고, 미국에서는 뉴트 깅리치(Newt Gingrich) 전 하원의장이 "부모와 조부모들이 자손들을 속여서 그들이 빚 부담에 짓눌리도록 내버려 두는 문명국가는 살아남을 수 없으며, 우리는 지금 바로 예산

---

3) 이에 따라 80년대 플라자 합의 이후 30년 침체가 계속된 일본식 장기침체가 각국으로 확산되고 있고 많은 유럽국가들은 2008년 세계금융위기 이후 시작한 양적완화와 제로금리 정책을 2020년 코로나19 위기 때까지 지속했다.

을 균형으로 만들어 놓아야 할 도덕적 의무를 지고 있다"고 지적하기도 했다.[4]

이같이 미래세대 부담과 세대간 불균형이 크게 확대되면서 이에 대응한 새로운 재정운용 방식을 요구하게 되었는데, 무엇보다 '세대간 균형'을 중시하는 새로운 재정운용 방식을 요구하고 있는 것이다. 기본적으로 기존의 재정법제들은 재정수지 불균형을 해소하고 재정수지 균형(FB)을 추구하며 재정의 지속가능성을 도모하던 것이라 할 수 있는데, 이러한 방식으로는 세대간 불균형(GI)이 급격히 확대되는 새로운 상황에 대응하지 못하게 되었기 때문이다. 예를 들어 저출산·고령화로 인한 재정부담 확대는 지금 당장의 재정수지에는 별 영향을 미치지 않지만 향후 미래에는 엄청난 재정과 복지 부담을 폭증시킬 위험이 있는데, 기존의 단기적 재정수지만 추구하는 재정운용 방식으로는 이에 대응할 수 없다. 오히려 재정의 지속가능성만 바라보다가 세대간 불균형을 더욱 심화시키는 경우가 많다. 그 대표적인 사례가 초저금리 기조 하에서는 재정의 지속가능성에 문제가 없다며 재정지출과 국가부채를 크게 늘려 세대간 불균형을 확대시키는 모습이나, 우리나라처럼 재정여건이 건전하다며 단기간에 재정지출을 크게 늘려서 일부 세대가 국가의 건전재정 여력을 한꺼번에 소진하며 세대간 불균형을 심화시키는 것이다. 이러한 주장을 하는 이들은 그렇게 해도 재정의 지속가능성에는 문제가 없다고 강변하면서 천문학적으로 늘어난 부채를 누가 감당할 것이냐의 문제는 신경 쓰지 않는다.

그러나 재정은 세대 공유의 자산이며 그것을 한 세대가 모두 소진하는 것은 문제이다. 우리나라의 건전한 재정여력도 일부 세대가 독식하면 안 되

---

4) "No civilization can survive if parents and grandparents cheat their children by leaving them crushed with debt. We have moral obligation to balance the budget now."

고 모든 세대에게 공평하게 나누어져야 하는 것이다. 더욱 심각한 문제는 앞으로 미래세대들이 현세대가 떠넘긴 막대한 천문학적 부채를 모두 떠안고 평생 그것을 갚으며 살아가는 것을 선택할 가능성이 없다는 사실이다. 즉 지금의 현세대는 국가부채를 확대하여 미래로 전가할 수 있는 결정권을 갖고 있지만 앞으로 미래세대가 성장하면 그것을 떠안을지 거부할지 결정권을 갖게 될 것이기 때문이다. 더구나 4차 산업혁명은 인간의 글로벌 이동성을 무한 확대하여 미래세대들을 현세대가 떠넘긴 국가부채의 속박으로부터 벗어나게 할 것이다. 따라서 지금 현세대가 부채를 무한 증대시키며 그것을 미래세대가 어떻게든 떠안아 줄 것으로 기대하는 것은 오산이다. 결국 현세대가 양산한 막대한 부채는 자신에게 되돌아갈 것이다. 무한대의 인플레의 모습으로 되돌아갈 수도 있고 노후 복지와 재정이 중단되는 모습으로 돌아갈 수도 있다. 따라서 이제는 기존의 재정수지 균형(FB)과 재정의 지속가능성만 바라보는 재정운용 방식에서 벗어나 세대간 균형(GB)을 중시하는 새로운 시각으로 전환해야 한다. 그것이 세대간 정의를 위한 재정운용과 재정법제이다. 이미 많은 선진국들은 세대간 정의를 중시하는 새로운 재정운용 방식과 재정법제로 전환하고 있고, 독일, 스위스, 네덜란드 등 여러 선진국들은 미래세대를 중시하는 재정운용 기조를 명확하게 정립해가고 있다.

특히 우리나라의 경우 세계에서 새로운 재정환경 변화가 가장 극심하고 미래세대 위기와 세대간 불균형이 가장 위험스럽게 전개되고 있는 만큼, 새로운 재정 패러다임으로의 전환에 가장 선도적으로 앞장서야 할 나라라고 볼 수 있다.[5] 그러나 우리나라에서는 아직 이러한 시각과 노력을 찾아보기

---

5) 즉 저출산·고령화나 반복되는 경제위기 등으로 인한 국가부채 증대나 미래세대 부담 및 세대간 불균형 확대는 중장기적으로 전개되는 문제인 만큼 기존의 단기적 경기순환기에 대응한 재정운용 방식으로는 대응할 수 없는 것이다.

어려우며, 오히려 새로운 시대적 변화에 거꾸로 역주행하고 있어서 문제이다. 우리나라에서는 아직 헌법에 세대간 정의 관련 규정도 불비하고, 세계적으로 일반화된 재정준칙조차 제대로 갖추지 못하고 있으며, 중기재정계획도 외형만 도입했을 뿐 극히 형식적으로 운영되고 있는데다가, 재정규율도 미흡해서 정부관료들의 법규 위반이 반복되는 상황이며,[6] 국회의 정부예산 통제도 제대로 이루어지지 않고 있다. 이에 따라 2020년 말 정부는 국가재정법 개정안을 국회에 제출하고 한국형 재정준칙 수립을 추진하였는데, 이 역시 새로운 세계적 변화의 흐름에 따라가지 못하는 뒤처진 것으로 평가되고 있다.[7] 이같이 정부의 방만한 재정운용이 제대로 규율되지 못하고 방치된 결과 우리나라의 국가부채비율은 세계에서 가장 빠르게 증가하고 있고,[8] 2026년에는 69.7%로 비기축통화국 중 가장 높은 편에 속하게 될 것으로 전망되고 있다.[9] 나아가 8대 사회보험 부채와[10] 공기업 부채, 지방정부 부채 등 각종 잠재채무까지 모두 포함시킬 경우 이미 위험한 한계를 초과한 상황이며, 여기에 더해 우리나라의 세계 최고 수준의 가계부채나 세계 최고 수준으로 급증하는 기업부채까지 고려한다면 극도로 위험한 상황이라고 볼 수 있다. 더구나 우리나라의 경우 그동안 정부와 기업과 가계의 무한 부채 확대에 의존한 부채 기반 성장을 도모하면서 미래소비력을 크게

---

6) 전수경·박종수, "추가경정예산 제도 개선방안에 관한 연구", 공법연구 50(2), 한국공법학회, 2021, 209-215쪽.
7) 전수경, "경제위기 대응 재정준칙에 관한 연구", 예산정책연구 제10권 제4호, 국회예산정책처, 2021, 65-67쪽.
8) 아이슬란드 등의 국가들은 건전재정을 유지하다가 경제위기로 단번에 국가채무비율이 100%를 넘어서게 되었다.
9) 국제통화기금(IMF)은 재정점검보고서(Fiscal Monitor)를 통해 2021년 4월 발표 전망치에서는 한국의 일반정부(D2) 국가채무비율을 69.7%까지 증가할 것으로 전망하였고, 같은 해 10월 발표 전망치에서는 3%포인트 하향조정하여 66.7%로 전망하였다.
10) 8대 사회보험은 4대 공적연금으로 분류되는 국민연금, 사학연금, 공무원연금, 군인연금과 그 외 사회보험인 고용보험, 산재보험, 건강보험, 노인장기요양보험으로 구성된다.

고갈시켰고, 그 결과 경제성장률이 세계에서 가장 빠르게 장기적으로 저하되는 장기침체 현상을 고착시켰으며, 2030년대 이후에는 OECD 국가 중 가장 낮은 0%대의 성장률을 보일 것으로 전망[11]되고 있다.

따라서 본 연구는 우리나라가 처한 이러한 새로운 재정환경 변화로 인한 위기 상황에 대응하려면 어떠한 재정법제들을 도입 운용해야 하는지 재정법제 방법론 측면에서의 해법을 제시하려는 것이다. 이를 위해서 해외의 세대간 정의를 위한 새로운 재정법제의 선도적 발전 사례들을 중심으로 비교분석을 실시하여 우리나라의 재정법제에 대한 종합적 개선방안을 제시하고자 한다.

제 1 절 선행연구

그동안 각국에서는 세대간 정의를 중시하는 새로운 재정법제들의 발전이 전개되면서 이에 대한 연구들이 이루어졌다. 그러나 우리나라에서는 아직 이러한 발전사례도 거의 부족한데다가 관련 연구도 부족한 상황이다. 그동안 세대간 정의에 관한 연구는 주로 헌법 분야를 중심으로 이루어졌고, 일반 법제 중에서는 미래세대위원회나 지속가능성 심사 같은 부분에 대해 이루어졌을 뿐이다. 국내외 선행연구를 살펴본 결과 다음과 같은 다섯 가지의 특징을 가지고 있음을 확인할 수 있었다.

첫째, 그동안 세대간 정의 관련 재정법제 연구는 주로 헌법 측면을 중심으로, 그것도 환경측면을 중심으로 이루어졌고 재정측면에 대한 연구는 극

---

11) 경제협력개발기구(OECD)가 2021년 11월 발표한 2060년까지 재정전망 보고서에 따르면 정책 대응을 하지 않고 현재 상태가 유지될 경우 한국의 2030-2060년 1인당 잠재국내총생산(GDP) 성장률은 연간 0.8%로 추정하여 OECD 회원국 중 가장 낮은 수준을 예상했다.

히 부족했다. 우리나라의 세대간 정의 헌법에 관한 연구로는 홍종현(2020), 명재진(2014), 홍선기(2020), 계희열(2007) 등이 있는데 대부분이 환경분야에 초점을 맞춘 것이다. 일반 법제에 관한 연구도 미래세대위원회나 미래세대 옴부즈만 등에 대해서만 일부 이루어졌고, 정작 세대간 균형을 도모하기 위해 가장 중요하다고 할 수 있는 중장기 재정계획이나 중장기 재정준칙 등 주요 재정운용 관련 연구는 거의 이루어지지 않았다. 이에 따라 배건이 (2020)의 미래세대 보호 관련 법규들을 분류한 연구에서도 일반법제 사례로 미래세대위원회, 옴부즈만, 지속가능성 심사 같은 것만 제시되었다. 따라서 본 연구에서는 세대간 정의 실현에 중요한 중장기 재정전망, 재정계획, 재정준칙 등의 새로운 변화에 초점을 맞추어 연구하고자 한다.

둘째, 그동안의 연구들은 각 개별 법제들을 중심으로 따로따로 이루어졌고 이들을 긴밀히 통합적으로 연계한 연구는 찾아보기 어렵다. 그러나 세대간 불균형 확대 문제는 한두 개의 재정법제로는 대응할 수 없고 다양한 관련 재정법제들을 세트로 함께 운용하며 연계 대응하는 것이 필요하다고 할 수 있다. 그럼에도 그동안 관련 연구들은 대부분 개별방안에 주력하는 단편적인 연구들이 주를 이루었다. 예를 들어 호주의 세대간 리포트(Intergenerational Report)나 EC(European Commission)의 Ageing Report(2021) 같은 장기재정계획에 관한 연구가 있고, 스웨덴과 프랑스 등 중기재정계획 연구로는 박종수(2003), 김도승(2010), 백웅기·홍승현(2013), 홍근석(2017), 김용식(2018), 홍종현·정성호(2020), 정일환 외(2021) 등의 연구가 있지만 장기 – 중기 – 단기 계획을 통합 연계한 연구는 찾아보기 어렵다. 따라서 본 연구는 이러한 중장기 재정계획의 통합적 연계 규율 관계에 포커스를 맞추어 연구를 실시하고자 한다.

셋째, 재정법제 연구에 있어서는 무엇보다 관련된 재정환경 변화들과 연계해 살펴보는 것이 매우 중요하다. 왜냐면 재정법제는 다른 법제와 달리 경제환경과 재정환경의 변화에 따라 계속 바뀌고 그 해석이나 적용도 계속 빠르게 변하므로 재정환경 변화를 살펴보는 것이 중요하기 때문이다. 특히 지금같이 재정환경이 전면적으로 바뀌는 대변환기에는 이를 먼저 살펴보지 않고는 재정법제를 아예 논할 수 없고 그 발전방향도 알 수 없다. 그러나 그동안 재정환경 변화와 재정법제의 발전을 연계한 연구는 매우 부족했다. 주로 저출산·고령화 변수를 연계한 재정법제 연구가 이루어졌을 뿐 다른 변수들을 고려하지 않았다. 기존의 저출산·고령화에 관한 연구로는 신영수·현대호·김도승(2010), 국회예산정책처(2019), Vanhuysse, P. et al.(2012), Vanhuysse, P.(2013), Bristow, J.(2019), OECD(2020) 등이 있다. 경제위기 관련 연구로는 한국은행(2009), 한국경제연구원(2020), 양준모(2021), Reinhart and Rogoff(2011), Mian and Sufi(2014), Dawood et al..(2017), Blanchard(2019), Kelton(2020) 등의 연구가 있는데, 그 대부분 경제학과 재정학 측면 연구가 중심이고 재정법제와 연관한 연구는 찾아보기 어렵다. 또한 4차 산업혁명도 향후 재정환경에 결정적인 변화를 유발할 것으로 전망되지만 이를 연계한 연구는 매우 부족했다. 관련 선행연구로는 하원규·최남희(2015), 류덕현(2017), 허재준(2019), Baweja et al.(2016), Manyika et al.(2017), World Economic Forum(2020), Zervoudi(2020) 등의 연구가 있고, 4차 산업혁명이 세수에 미치는 영향에 관한 연구로는 Van Parjis and Vanderborght(2019), Maynard(2015), Benioff(2017), 전병목·김빛마로·안종석·정재현(2020) 등이 있지만, 이 역시 4차 산업혁명이 재정에 미치는 영향 중 일부만 고려하였을 뿐 상반되는 변수들을 종합적으로 고려하지 않았다. 따라서 본 연구에서는 세대간 불균형을 유발한 3가지 재정환경 변수들을 모두 포함하여 이것들이 재정법제에 어떠한 변화를 유발하고 있는지 연계 분석을 실시하고자 한다.

넷째, 중장기적으로 재정여건이 근본적으로 바뀌고 세대간 불균형이 확대되는 상황을 맞이해 재정준칙도 근본적 변화가 불가피해졌다. 기본적으로 기존의 재정준칙은 단기적 재정수지 균형을 추구하는 것으로 지금같이 중장기적으로 세대간 불균형이 확대되는 변화에 대응할 수 없는 것이다. 이에 따라 재정준칙도 새로운 변화가 계속 이루어지고 있으며 이에 대한 관련 연구들이 이루어졌다. 먼저 기존의 경직된 재정준칙으로는 반복되는 경제위기에 대응하기 어려워지면서 이를 유연화한 차세대 재정준칙이 등장하였고 이에 대한 연구가 이루어졌다. 이에는 Schaechter et al.(2012)와 Caselli et al.(2018) 및 Eyraud et al.(2018), 홍승현 외(2014), 홍근석·김성찬(2017), 홍종현·정성호(2020) 등의 연구가 있지만[12] 대부분 차세대 재정준칙의 단편적 문제점들을 거론할 뿐 아직 이를 극복할 새로운 재정준칙 대안과 운용체계를 제시하지 못하고 있다. 무엇보다 중장기적으로 세대간 불균형 확대를 규율하기 위한 새로운 재정준칙이 필요해지면서 스웨덴 등에서 새로운 시도와 발전이 이루어지고 있는데 아직 이에 대한 연구가 체계화되지 못하고 있다. 따라서 본 연구에서는 세대간 정의를 위한 새로운 재정준칙에 대한 연구를 포함시키기로 한다.

다섯째, 세대간 불균형이 확대되는 문제를 해결하기 위해서는 재정총량 규율보다 예산내용 규율이 보다 중요해지면서 재정규율 방식의 새로운 변

---

12) 재정준칙의 변화발전에 관한 주요 연구들은 다음과 같다. Andrea Schaechter et al., "Fiscal Rules in Response to the Crisis - Toward the 'Next - Generation' Rules: A New Dataset," *IMF Working Paper* No. 12/187, 2012.; Francesca Caselli et al., "Second - Generation Fiscal Rules: Balancing Simplicity, Flexibility, and Enforceability - Technical Background Papers," *IMF Staff Discussion Note*, IMF, 2018.; L. Eyraud et al, "Second - Generation Fiscal Rules: Balancing Simplicity, Flexibility, and Enforceability," *IMF Staff Discussion Notes* 18/04, IMF, 2018.

화가 이루어지고 있다. 그 대표적인 사례가 OECD 국가들의 새로운 재정 프레임워크나 지표들[13]이다. 그것은 세대간 정의 원리로 예산 정책 법률의 내용을 규율하는 것이다. 그동안 이에 대한 연구로는 OECD(2020) 등의 연구와 네덜란드의 세대테스트, 뉴질랜드의 웰빙 프레임워크(Monti, 2017), 스위스의 지속가능성 영향 평가(Sustainability Impact Assessment, SIA), 웨일스의 미래세대복지법(Boston et al., 2019) 등에 관한 연구가 있지만, 아직 사례소개에 그치는 수준이고 이러한 새로운 재정통제방식의 특성과 원리를 체계화하지 못하고 있다. 따라서 본 연구는 이와 같은 새로운 형태의 중장기 재정통제방법들도 연계하여 분석하기로 한다.

제 2 절 연구방법과 연구분석틀

기본적으로 본 연구는 새로운 재정환경 변화에 대응한 우리나라 재정법제의 개선방안을 제시하기 위한 것으로 법이론적 연구가 아닌 법정책적 연구라 할 수 있다. 따라서 기존의 법이론적 연구와는 연구의 틀과 구성, 연구방법론, 연구대상 등에서 다른 측면이 있다. 그러므로 본 연구는 아래와 같은 4가지 방법론을 중심으로 진행하고자 한다.

첫째, 재정법제의 발전단계를 총 3단계로 구분하고 그 중 2단계의 지속가능성 재정법제에서 3단계의 세대간 정의 재정법제로 전환하는 변화에 초점을 맞추어 연구를 진행하기로 한다. 재정법제 발전의 3단계란 뒤에서 설명하겠지만, 1단계는 재정민주주의 차원에서 의회의 정부에 대한 견제력을

---

13) 우리나라에서 이와 흡사한 예산지침을 활용하는 사례로는 성인지 예산제도가 있는데 이것은 예산으로 뒷받침되는 정책과 프로그램을 편성 집행할 때 성별 형평성이라는 지침을 반영하려는 것이다.

확충하는 발전단계이고, 2단계는 재정의 지속가능성을 중시하는 재정법제가 발전하는 단계이며, 3단계는 세대간 정의를 중시하는 새로운 재정법제들이 발전하는 단계이다.

둘째, 기존의 연구들은 한두 개의 재정법제를 집중 분석했지만 본 연구에서는 다양한 재정법제들을 함께 살펴보고 특히 이들 간 통합적 연계 규율 관계를 중심으로 분석하고자 한다. 기본적으로 세대간 균형을 도모하기 위해서는 한두 개의 개별적인 재정법제로는 해결하기 어렵고, 다양한 재정법제들을 함께 세트로 묶어서 대응하는 것이 필수적이라 할 수 있다. 특히 세대간 균형을 도모하기 위해서는 장기 – 중기 – 단기 재정계획과 목표치를 중심으로 관련 중장기 재정계획과 재정준칙들을 통합적으로 연계 운용하는 것이 필요하다. 따라서 본 연구에서는 이러한 장기 – 중기 – 단기 재정계획과 함께 관련 재정준칙들과의 통합적인 연계 규율 관계를 중심으로 분석을 실시하고자 한다.

셋째, 본 연구에서는 3가지 재정환경 변화와 그것이 유발하는 새로운 재정법제들 간에 연계 분석을 실시하고자 한다. 그 이유는 재정운용을 규율하는 재정법제들은 다른 법제들과 달리 경제환경과 재정환경 변화에 따라 민감하게 계속 바뀌고,[14] 그 해석과 적용도 계속 변하는 등 변동성이 크기 때문이다. 예를 들어 재정준칙의 경우 처음에는 비법제로 운용되었지만, 경제위기로 국가부채가 급증하게 되어 이에 대응하는 것이 중요해지자 각국은 이를 법률로 규정하게 되었고, 그래도 효과를 보지 못하자 헌법에 규정하는 변화가 순차적으로 이루어졌다. 또한 그 내용도 처음에는 경직된 일률적인

---

14) 대표적인 것이 반복되는 경제위기로 인한 세대간 불균형 확대에 대응하기 위한 새로운 재정법제 방법론과 저출산·고령화에 대응한 방법론은 다를 수밖에 없고 이에 대응하기 위한 중장기 재정전망이나 중장기 재정계획이나 재정준칙도 다를 수밖에 없기 때문이다.

재정준칙의 형태였으나 이것으로 경제위기에 제대로 대응하지 못하면서 이에 보다 유연화 된 차세대 재정준칙으로 바뀌었고, 이러한 차세대 재정준칙이 다시 복잡성이나 준수성 등에 문제가 생기자 또다시 새로운 통합적 재정준칙으로 바뀌고 있다. 따라서 재정법제를 분석하려면 새로운 재정환경 변화에 대응한 재정법제의 발전을 연계하여 살펴보는 것이 필요하다. 특히 재정환경 연구 대상을 고려할 때 미래세대에 결정적인 영향을 미치는 3가지 재정환경 변수들을 모두 함께 고려하는 것이 중요하다. 그러지 않고 일부 변수를 누락할 경우 중장기 재정전망 결과를 낙관적으로 왜곡하여 정부로 하여금 더욱 방만한 재정운용을 유도하는 결과를 초래할 수 있기 때문이다. 따라서 본 연구에서는 저출산·고령화 변수와 함께 '반복되는 경제위기' 및 '4차 산업혁명'의 변수를 함께 고려하기로 한다.

넷째, 구체적 연구 방법론에 있어서는 해외의 새로운 재정법제의 선도적 발전사례들을 중심으로 케이스 스터디를 실시하기로 한다. 세대간 정의 재정법제의 발전을 연구하는데 있어서 케이스 스터디가 보다 유용할 수 있는 이유는, 지금 세계 각국이 공통적으로 비슷한 3가지 재정환경 변화에 직면하여 비슷한 재정법제로 전환하는 모습을 보이고 있기 때문이다. 따라서 케이스 스터디를 통해 각국의 새로운 재정법제 사례들을 비교 분석하면 그 공통적인 변화의 특성을 쉽게 파악할 수 있다. 이를 위한 조사방법론으로는 각국의 관련 조사자료, 연구자료 등 문헌조사 방법을 사용하고자 한다.

제 3 절 재정법제 연구대상

본 연구의 연구대상은 재정헌법 및 재정운용과 관련된 일반 재정법제들
이다. 그 중에서 중장기 재정전망이나 중장기 재정계획 같은 것을 재정법제
연구대상에 포함시킬 수 있느냐의 문제가 제기될 수 있다. 그러나 아래와
같은 이유로 이들을 연구대상에 포함하기로 한다.

첫째, 본 연구의 재정법제 연구대상은 기존의 우리나라에서의 재정법제
를 분류하는 틀에 입각해 선정하기로 한다. 한국법제연구원에서 재정법제
연구대상을 분류한바 있고[15] 여기에는 중장기 재정계획도 재정법제 연구대
상에 포함되어 있으며, 그동안 많은 재정법제 연구에서 이러한 대상들을 함
께 포함하여 연구가 이루어졌기 때문이다.[16]

둘째, 본 연구의 재정법제 연구대상 선정은 우리나라 재정법제를 기준으
로 하는 것이 아니라 기본적으로 해외의 재정법제 발전사례들을 기준으로
하는 것이다. 왜냐면 우리나라에서는 아직 세대간 정의 재정법제로 볼 수
있는 사례가 거의 없고, 대부분 해외에서 발전이 이루어지고 있기 때문이
다. 예를 들어 우리나라의 경우 아직 재정준칙이 없고 법제화도 이루어지지
않았지만 해외에서는 이미 재정준칙이 법률이나 헌법에 규정되어 운용되고
있고, 또한 우리나라의 중기재정계획은 법적 구속력이 없지만 프랑스에서
는 법률로 운용되고 있으므로 이러한 해외사례들을 기준으로 재정법제 대
상을 선정하여 살펴보기로 한다.

---

15) 강주영 · 김도승 · 신영수 · 곽관훈 · 서보국, 「재정법의 체계 및 범위에 관한 연구」, 재
정혁신지원법제연구 19 - 20 - ④, 한국법제연구원 2019, 23쪽.
16) 박종수, "재정법제의 쟁점과 전망", 법제연구 제35호, 한국법제연구원, 2008, 86쪽; 재정
법제의 주요 쟁점으로 중기재정계획제도, 총액배분 자율편성(Top - down) 예산제도, 국
가회계제도, 예비타당성조사 제도 등을 제시했다.

셋째, 본 연구는 법이론적 연구가 아니라 법정책적 연구이고 세대간 불균형 문제를 해결할 재정법제 해법을 찾으려는 것인 만큼 연구대상을 보다 폭넓게 선정할 필요가 있다. 따라서 아직은 법제화가 이루어지지 않고 법제화 논의 중인 것들도 연구대상에 포함하기로 한다. 왜냐하면 최근의 재정법제 발전 흐름이 먼저 법제화 논의가 이루어진 뒤 순차적으로 법제화가 실제 이루어지고 있기 때문이다.

넷째, 세대간 불균형 확대에 대응하기 위해서는 중장기 재정전망이나 중장기 재정계획이 가장 중요한 수단으로 부상하면서 각국에서는 이들에 대한 법적 규범력을 확충하고 있고 일부 국가는 중기재정계획을 통째로 법률로 운용하고 있으며 앞으로 법적 규범력을 더욱 강화하는 변화가 불가피할 전망이므로 이를 연구대상에 포함시키기로 한다. 무엇보다 현세대 중심의 민주정치 구조 하에서 미래세대의 이익을 지키려면 세대간 균형을 중시하는 중장기 재정전망 및 중장기 재정계획을 운용하는 것이 필요하고 그 내용에는 현세대에게 재정부담을 크게 가중시키는 재정개혁 내용이 들어갈 수밖에 없는데 이러한 입법을 현세대들이 기피하고 지연시킬 가능성이 높기 때문에 이를 저지하도록 법적 규범력을 강화하는 것이 매우 중요하다. 더구나 세대간 불균형을 파악한 중장기 재정전망치를 제시하는 것이야말로 대대적인 재정개혁의 방아쇠 역할(trigger effect)을 할 수 있기 때문에 중장기 재정전망이 재정개혁의 핵심 키로 부상하면서 이에 관한 법적 제도적 장치의 확충이 이루어지고 있다. 예를 들어 호주에서 2015년 통합적 장기 재정전망 결과를 발표하자 이를 둘러싼 사회적 격론과 충돌이 벌어지며 새로운 재정개혁이 추진되었고, 우리나라에서도 2016년 사회보험 재정건전화 정책협의회에서 장기요양보험과 건강보험 고갈시점이 앞당겨질 것이라는 전망을 발표하자 일부 사회단체들이 거세게 반발했다. 이같이 몇 가지 사회보험의 전망 발표만으로도 엄청난 논란이 벌어지는데 앞으로 국가부채와 잠재부채까지 모두 통합한 전망을 발표하면 실로 커다란 사회적 정치적 충격과 격론을 유발하고 대대적인 재정개혁이 이루어지게 될 것이다. 이에 따라 각국에서는 중장기 재정전망을 뒷받침하기 위한 통합추계 방식이나 세대간 회계 등의 활용에 관한 법적 제도적 기반을 확충하려는 노력이 계속되고 있다.[17] 따라서 이를 반드시 재정법제 연구대상에 포함시켜 살펴보기로 한다.

결론적으로 본 연구에서는 세대간 불균형을 해결하기 위해 필요한 재정헌법, 중장기 재정전망, 장기재정계획, 중기재정계획, 중기재정준칙, 장기재정프레임워크 등 6가지 유형별로 해외의 선도적 발전사례들을 연구대상으로 선정하였다. 그것은 독일의 미래세대 보호 헌법 규정, EC(European Commission)의 세대간 회계, 호주의 세대간 리포트 장기재정계획, 프랑스·스웨덴의 중기재정계획, 스웨덴의 경제위기 대응 재정준칙, OECD 국가들의 재정 프레임워크 등이다. 이상에서 설명한 본 연구의 분석틀을 정리하면 아래의 [표 1]과 같다.

---

17) 그동안 우리나라에서는 각종 사회보험 법제들이 각기 다른 법률에 근거하여 서로 다른 변수를 사용해 재정추계를 하고 그 추계기간도 서로 상이하여 이들을 함께 통합추계하는 것이 중요해지면서 이를 위해 정부가 2016년 사회보험 통합재정추계 논의를 위한 정부기구를 설립하였다.

[표 1] 세대간 정의 실현을 위한 재정법제 분석틀

재정환경 변화		재정법제 변화

<table>
<tr>
<td rowspan="10">저출산
고령화

반복되는
경제위기

4차
산업혁명</td>
<td rowspan="10">세
대
간

불
균
형

대
응

새
로
운

재
정
운
용

요
구</td>
<td>기존 재정법제
(단기 재정총량 통제 준칙 중심 재정수지 균형(FB) 도모)</td>
</tr>
<tr><td>⇩</td></tr>
<tr>
<td>세대간 정의를 위한 6가지 유형 재정법제 비교분석
(중장기 재정계획과 재정프레임워크 중심 세대간
균형(GB) 도모)</td>
</tr>
<tr>
<td>세대간 정의 헌법 규정
(재정측면의 미래세대 보호 헌법규정 및 헌재 판례)
⇩
중장기 재정 연계 규율 체제
GI 분석 중장기 재정전망
(기존 통계기법 + 세대간 회계 + 통합추계)
↓
GB 장기재정계획
(호주의 세대간 리포트)
↓
GB 중기재정계획
(스웨덴·프랑스의 중기재정계획)
↓
단년도 예산
↑</td>
</tr>
<tr>
<td>중장기 재정준칙
중기 GB 재정준칙
(스웨덴식 경제위기 대응 재정준칙)
장기 GB 재정프레임워크
(세대간 정의 원리로 예산내용 규율, OECD
재정프레임워크)</td>
</tr>
</table>

제 2 장 세대간 정의 실현을 위한 재정법제의 발전

제 1 절 세대간 정의

Ⅰ. 세대간 정의 개념

'세대간 정의'라는 개념은 오늘날 각국에서 가장 가열되고 있는 논쟁의 주요 이슈 중 하나로 부상하였다.[18] 기본적으로 세대간 정의란 배분적 정의에 관한 개념이라 할 수 있다. 즉 세대간 정의란 지구촌의 환경이나 각국 사회의 한정된 자원을 연령대 집단 사이에 어떻게 분배하느냐의 윤리적 문제에 관한 것이다. 예를 들어 사회가 한정된 재정자원을 젊은층에 이익이 되는 교육과 같은 분야에 할애할지, 아니면 노인층의 사회보장이나 건강보험 같은 분야에 더 분배할지에 관한 문제를 의미한다. 이에 관해 롤즈(John Rawls)는 그의 저서 「정의론」을 통해 '세대간 정의' 문제를 논하면서 현세대와 미래세대 간에 권리 · 의무 관계가 있음을 처음으로 밝히고[19] "정의로운 저축의 원칙(just savings principle)"이라는 개념을 제시하였고,[20] 이후 철학, 윤리학, 정치학, 법학, 환경학, 재정학 등의 제반 영역에서 많은 관심과 연구가 이루어졌다.[21] 이어서 세대간 정의에 관한 논의는 1972년 로마

---

18) IJ 토론에서 중요한 개념과 가치 및 정의에 대해서는 J, Thompson. "What is Intergenerational Justice?", *Future Justice,* Future Leaders, 2010, p.7; Pieter Vanhuysse, "Intergenerational Justice in Aging Societies : A Cross‒National Comparison of 29 OECD Countries," Bertelsmann Stiftung, 2013. p.10.

19) John Rawls, 「A Theory of Justice」, Belknap Press, Harvard university press cambridge, london, 1971, p.333.

20) ibid., p.286; 롤즈는 각 세대는 정의로운 사회를 이루고 유지하기 위한 자신들의 부담을 공정한 몫으로 인정하고 그러한 저축량을 이행하겠다는 사회적 합의를 이룬 것으로 보는데, 이것이 '정의로운 저축의 원칙(just savings principle)'이며, 따라서 정의로운 사회를 위한 의무 부담의 정도 즉 저축량을 결정하는 것이 곧 세대간 정의의 문제로 귀결된다.

클럽의 '지속가능한 개발'이라는 개념으로 발전했고, 20세기 말부터 지구 온난화를 비롯한 환경오염으로 인류 생존의 지속성을 위협하는 징후가 뚜렷해지면서 현세대가 자연자원을 보존하여야 하는 도덕적 의무를 미래세대에 대해서 부담해야 하는가에 대한 논의가 본격적으로 확대되었다.[22] 이후 세대간 정의는 1987년 브룬트란트 보고서("우리의 공동 미래")를 통해 지속가능 발전이라는 개념과 함께 학계를 넘어서 세계적인 관심을 얻게 되었다. 그리고 1992년 UN의 '환경과 개발에 대한 리우선언', 1997년 UNESCO의 제17차 파리총회에서의 '미래세대에 대한 기존 세대의 책임에 관한 선언' 등으로 이어졌다.[23]

이같이 세대간 정의 문제는 20세기 후반 들어서 현세대의 지구환경 파괴로 미래세대의 삶이 위협 받게 되면서 과연 현세대가 미래세대의 '권리'를 침해하는 것이 분배적 정의의 관점에서 정당한 것인가의 문제가 환경 측면에서 제기되면서[24] 지속가능한 발전(sustainable development)의 맥락에서[25] 세대간 정의의 문제도 함께 등장하게 되었다. 이에 따라 세대간 정의에 관한 관심은 먼저 천연자원의 고갈, 각종 종의 멸종위기 및 지구촌 오염 문제[26] 등 세대간 자연자원의 공평한 이용에 관한 문제에 집중되었다.

21) 장철준, "세대간 정의의 헌법규범화 방안 – 미국과 유럽의 논의를 중심으로", 미국헌법 연구 제26권 제3호, 미국헌법학회, 2015, 176쪽.
22) 배건이, 「미래세대 환경권에 관한 입법론적 연구」, 동국대학교 박사학위논문, 2011, 128쪽.; 하철영·한귀현, "장래세대에 대한 환경보호 의무의 정당화 – A. de – Shalit에 의한 세대간정의의 공동체론적 어프로치를 중심으로", 동의법정 제17권, 동의대학교 지방자치연구소, 2001, 192쪽 등 참조.
23) 김성수, "미래세대 보호를 위한 법리적, 헌법적 기초", 법학연구 제29권 제4호, 연세대학교 법학연구원, 2019, 1 – 2쪽.
24) 하철영·한귀현, "장래세대에 대한 환경보호 의무의 정당화 – A. de – Shalit에 의한 세대간정의의 공동체론적 어프로치를 중심으로", 동의법정 제17권, 동의대학교 지방자치연구소, 2001, 181쪽.
25) 전광석 외, 「지속가능성과 법학의 과제」, 연세대학교 출판문화원, 2012, 274 – 276쪽.
26) OECD, "Governance for Youth, Trust and Intergenerational Justice," OECD Public

이후 세대간 정의에 관한 논의는 점차 재정영역, 사회복지영역 등 다양한 분야로 확장되었다.[27] 특히 최근 들어 각국에 저출산·고령화 현상이 심화되면서 미래세대의 부담이 커지고 세대간 불균형이 확대되자 재정측면에서의 세대간 정의 문제가 사회의 주요 관심사로 부상하게 되었다.[28]

이같이 세대간 정의의 개념은 환경분야와 재정분야 등 여러 분야로 다양하게 전개되고 있는 만큼 이를 일률적으로 정의하기는 어렵다.[29] 그러나 세대간 정의란 기본적으로 현세대가 미래세대에 어떠한 도덕적 법적 의무를 부담해야 하는가의 문제이며,[30] 한정된 환경과 재원을 분배하는데 있어서 세대간 형평성이라는 배분적 정의에 관한 문제라 할 수 있다.[31]

세대간 정의를 논의할 때 먼저 '세대'라는 개념을 어떻게 정의하고 세대의 범위를 어떻게 파악할 것인가를 살펴볼 필요가 있다. '세대'라는 개념은 사회학 또는 법률상 명확히 정의된 개념이 아니고 따라서 세대의 개념 및 범주를 어떻게 보느냐에 따라 '세대간'의 의미가 달라질 수 있기 때문이다. 특히 미래세대가 아직 태어나지 않은 장래의 세대를 의미하는 것인지, 현재 태어났지만 아직 성년이 되지 않은 아동이나 청소년들도 포함하는 넓은 개

Governance Reviews, 2020, p.112.

27) 전광석, "지속가능성과 세대간 정의", 헌법학연구 제17권 제2호, 한국헌법학회, 2011, 291쪽.; 전영준, "세대간 불평등도 해소를 위한 재정정책과제: 복지정책을 중심으로", 응용경제 제15권 제2호, 한국응용경제학회, 2013, 109쪽.

28) 배건이, 「미래세대보호를 위한 법이론 연구－세대간 계약을 중심으로」, 글로벌법제전략연구 20－17－1, 한국법제연구원, 2020, 111쪽.

29) 오병선, "세대간 정의의 자유공동체주의적 접근", 법철학연구 6(2), 한국법철학회, 2003, 295쪽 이하; A. Heubach, 「Generationengerechtigkeit－Herausforderung für die zeitgenössische Ethik」, V&R unipress 2008, p.11 이하; 홍일선, "세대간 정의와 평등－고령사회를 대비한 세대간 분배의 불균형문제를 중심으로", 헌법학연구 제16권 제2호, 한국헌법학회, 2010, 458쪽 등 참조.

30) A. Heubach, ibid., 2008, p.12; 장철준, "세대간 정의의 헌법규범화 방안－미국과 유럽의 논의를 중심으로", 미국헌법연구 제26권 제3호, 미국헌법학회, 2015, 174쪽.

31) 서용석, 「'세대간 정의' 실현을 위한 미래세대의 정치적 대표성 제도화 방안」, KIPA 연구보고서 2014－09, 한국행정연구원, 2014, 33쪽.

념으로 이해해야 하는 것인지, 아니면 해당 관련 법제의 보호조항이 의도하는 내용을 중심으로 그때그때 상이하게 파악해야 하는 것인지가 문제가 된다.[32]

"세대"의 범위에 관하여 협의의 미래세대에는 아직 출생하지 않은 세대(unborn generation, remote future generation)만 포함하지만, 광의의 미래세대는 '특정 시점 이후의 미래의 존재(Nachrückende Generationen, succeeding generations)',[33] 즉 아직 출생하지 않은 세대뿐만 아니라, 현재 아동·청소년(near future generation)까지 함께 포함하는 개념으로 볼 수 있다.[34] 이러한 문제에 관해 확정된 기준이 존재하는 것은 아니고 아직도 논란의 대상이 되고 있다.[35] 그것은 이러한 논의가 미래세대의 권리 주체성과 관련하여 중요한 의미를 갖기 때문이다. 즉 아직 태어나지 않은 미래세대는 권리의 주체가 될 수 없기 때문에 기본권이나 평등권에 의한 보호를 받기 힘들지만, 이미 태어난 어린세대나 젊은세대는 기본권 등 권리의 주체로 보호받을 수 있다. 마찬가지로 미래세대의 권리를 헌법상 기본권으로 보호해야 하느냐 국가목표규정으로 보호해야 하느냐의 문제도 세대의 범위를 어떻게 보느냐에 따라 달라진다. 즉 이미 태어난 어린세대나 젊은세대는 고령세대의 권리 침해로부터 헌법상 기본권을 통한 보호가 가능하지만, 아직 태어나지 않은 미래세대는 기본권으로 보호하기 어렵고 국가목표규정으로 보호할

32) Peter Häberle, Ein Verfassungsrecht für künftige Generationen – Die "andere" Form des Gesellschaftsvertrages: Der Generationenvertrag, in: FS H. F. Zacher zum 70. Geburtstag, C. F. Müller 1998, p.215(217) 이하 참조.; A. Heubach, 「Generationengerechtigkeit – Herausforderung für die zeitgenössische Ethik」, V&R unipress 2008, p.29 이하 참조.
33) Michael Kleiber, 「Der grundrechtliche Schutz künftiger Generationen」, Recht der Nachhaltigen Entwicklung 13. Tübingen: Mohr Siebeck, 2014, S. 13.
34) Kristian Skagen Ekeli, Green Constitutionalism: The Constitutional Protection of Future Generations, Ratio Juris, Vol. 20, No. 3, 2007, p.378.
35) Michael Kleiber, 「Der grundrechtliche Schutz künftiger Generationen」, Recht der Nachhaltigen Entwicklung 13. Tübingen: Mohr Siebeck, 2014. S. 11.

수 있다. 본 연구의 목적은 재정측면에서의 미래세대 보호에 관한 것이고, 현실적으로 세대간 정의 관련 문제들은 주로 현재의 어린세대 젊은세대와 고령세대 간의 문제가 많이 다루어지는 만큼 본 연구에서는 광의의 미래세대 개념에 입각해 살펴보기로 한다.

여기서 '세대내'(Intrageneration)의 문제와 '세대간'(Intergeneration)의 문제에 대한 개념 간의 차이도 살펴볼 필요가 있다. 협의의 미래세대 개념에 의하면 현세대의 어린세대와 고령세대 간의 문제는 세대내의 문제이지만 광의의 미래세대 개념에서는 그것이 세대간의 문제가 된다.[36) 예를 들어 독일 연방헌법재판소는 자녀양육비를 지출하는 연금납부자 부모집단과 그렇지 않은 연금납부자 부모집단을 본질적으로 서로 다른 집단으로 볼 것인가 아니면 동일한 집단으로 취급할 것인가에 관한 세대내 정의문제(Intra−generationelle Gerechtigkeit)에 관하여 두 집단을 동일하게 취급하는 연금법 규정이 일반적 평등원칙에 반한다는 결정을 내린바 있다.[37)

세대간 정의(intergenerational justice, Generationengerechtigkeit) 개념을 살펴보기 위해서는 먼저 이와 관련된 개념들을 구분하는 것이 필요하다.

---

36) Christian Calliess, Generationengerechtigkeit im Grundgesetz: Brauchen wir einen Artikel 20b GG?, Paper54, Berliner Online−Beiträge zum Europarecht, 2009, S. 6.
37) BVerfGE 87, 1 참조.

[그림 1] 세대내 정의, 세대간 정의 및 지속가능성[38]

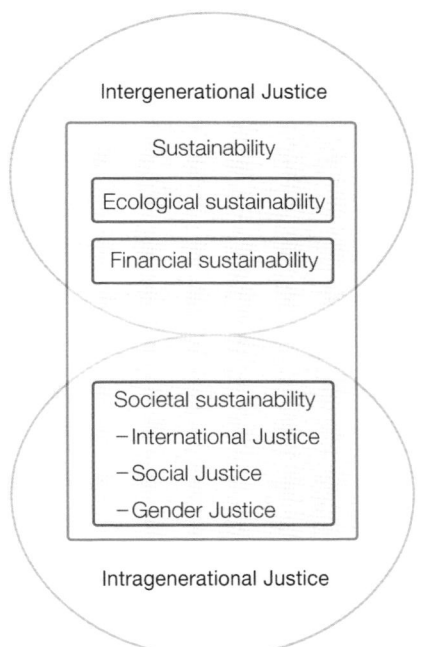

이에 대해 구체적으로 살펴보자면, '세대간 공정'(Fairness between generations)이란 "현세대가 복지를 추구하는 것이 미래세대에게 품위 있고 나은(good and decent) 삶의 기회를 감소시켜서는 안 된다"는 선언[39]에 기반한 것이고, '세대간 형평'(intergenerational equity)[40]이란 환경적 측면에서 세대간 급부의 공정을 추구하는 것으로 시간적 분배에 관한 것이다.[41]

38) Joerg Chet Tremmel, 「A theory of intergenerational justice」, Routledge, 2009, p.8.
39) UN Secretary－General, "Intergenerational solidarity and the needs of future generations－Report of the Secretary－General," UN Digital Library, 2013, p.3.
40) World Commission on Environment and Development, 「Our Common Future」, Oxford University Press, 1987, p.286.
41) 'OECD Glossary of Statistical Terms'에서는 이를 국제적 형평성에 대해 지속가능 발전 관련 이슈로 규정하고 특히 환경적 맥락에서 자연자원과 그것을 이용할 권리 측면에서의 시점간 분배에 대한 공정성으로 규정하고 있다. 기후변화에 관한 현세대와 미래세

그리고 '세대간 정의'(intergenerational justice)란 이같이 단순한 분배적 균형이나, 절차적 불균형 회복 차원의 형평을 뛰어넘어 더 넓은 개념으로 이해될 수 있다.[42]

또한 지속가능한 발전의 맥락에서의 세대간 정의는 현세대가 부채나 투자, 입법을 통해 아직 태어나지 않은 세대에게 원치 않는 부담을 떠넘기지 않도록 미래세대에 대한 의무를 요구하는 것이다.[43] 이러한 세대내 정의와 세대간 정의 그리고 지속가능성과의 상관관계는 위의 [그림 1]을 통해 알 수 있다.

본 연구에서는 세대간 정의를 세대간에 공평한 부담과 혜택을 받을 수 있도록 하기 위한 다른 세대에 대한 의무이자 권리로 규정하고자 한다. 그러나 과연 어떻게 세대간 배분을 해야 정의로운 것인가의 문제는 철학적 시각에 따라 상이한 결론과 해법을 제시하게 된다. 따라서 이와 관련된 정책적 논의를 할 때에는 먼저 그 전제가 되는 철학적 시각이 어떤 것인가를 고려하는 것이 필요하다.

II. 세대간 정의에 관한 법철학적 논의

그동안 세대간 정의를 둘러싼 다양한 법철학적 논의가 전개되어 왔다. 그러한 논의의 가장 중요한 핵심은 과연 미래세대의 권리나 세대간 정의는

대 간 형평성 문제로서의 국제적 논쟁은 E. Brown Weiss, "Climate Change, Intergenerational Equity, and International Law", Georgetown Law Faculty Publications and Other Works, 2008, p.620 참조.

42) UN Secretary-General, "Intergenerational solidarity and the needs of future generations - Report of the Secretary-General," UN Digital Library, 2013. p.3.

43) J. Thompson, "What is Intergenerational Justice?", *Future Justie,* Future Leaders,, 2010, p.6; A. Gosseries and L. Meyer(eds.), 「Intergenerational Justice」, Oxford University press, 2009; World Commission on Environment and Development, 「Our Common Future」, Oxford University Press, 1987, p.65.

인정될 수 있는 것인가에 관한 것이다. 이러한 논의는 뒤에서 다룰 세대간 정의 관련 헌법상 권리론이나 기본권 논쟁에서 헌법 규정의 법적 권리나 효과를 해석하고 운용하는데 중요한 논리적 기반이 되고 있는 만큼 이를 먼저 살펴볼 필요가 있다.

세대간 정의 문제를 부정적으로 비판하는 이론으로는 Nozick 등의 자유지상주의 이론(libertarian approach),[44] De George 등의 계약주의 이론(contractarian approach)[45] 등이 있다. 이에 대항하여 세대간 정의를 긍정적으로 보는 이론으로는 Rawls의 계약주의 권리중심이론(contractarian rights – based approach),[46] Narveson 등 공리주의의 비용편익분석이론(utilitarian coat – benefit approach),[47] Solum 등의 평등주의 이론(egalitarian approach),[48] 그리고 Bamett 등의 자유주의 이론(liberalism),[49] de – Shalít 등의 공동체주의 이론(communitarianism)[50] 등이 있다.[51] 그러면 이에 관해 차례로 살펴보기로 한다.

---

44) Robert Nozick, 「Anarchy, State, and Utopia」, Basic Books lns., 1974, 제7장 참조.
45) Richard T. De George, "Do We Owe the Future Anything?," Law and the Ecological Challenge, 1978, pp.180 – 190.
46) J. Rawls, 「A Theory of Justice」, Belknap Press, Harvard university press cambridge, london, 1971, Chapter 4 참조.
47) J. Narveson, "Utilitarianism and New Generation," Mind Vol.76, Oxford University Press, 1967, pp.62 – 72.
48) Lawrence B. Solum, "To Our Children's Children's Children: The Problems of Intergenerational Ethics," Georgetown Law Faculty Publications and Other Works. 873, 2001. pp.177 – 185.
49) Randy E. Barnett, 「The Structure of Liberty: Justice and the RuJe of Law」, Oxford university press, 1998, pp.63 – 83.
50) Avner De – Shalit, 「Why Posterity Matters: Environmental Policies and Future Generations」, London Routledge, 1995; Michael Sandel, 「Liberalism and the Limits of Justice」, Cambridge University Press, 1982, pp.1 – 2.
51) 오병선, "세대간 정의의 자유공동체주의적 접근", 법철학연구 6(2), 한국법철학회, 2003, 296쪽.

1. 미래세대의 권리 및 세대간 정의 부정론

첫째, 로버트 노직(Robert Nozick) 등의 자유지상주의 철학자들은 미래세대에 대한 의무라는 관념을 인정하기를 거부한다. 즉 노직은 최소국가론(minimal–state doctrine)에 입각해 다른 사람의 재산권과 신체적 안전을 침해하지 않는다면 정의의 문제는 일어나지 않는다고 주장한다.[52] 기본적으로 자유주의자들은 국가의 권위를 완전히 거부하거나 그것을 최소화할 것을 요구하며, 한정된 자원 분배의 정당성을 결정하는 것은 그 결과의 정당성이 중요한 것이 아니라, 그것을 어떠한 방법으로 분배했는지가 중요하다고 한다. 즉 개인이 자유시장에서 상품을 자유롭게 획득하고 교환할 수 있게 한데 따른 분배의 결과라면 무엇이든지 정당하다고 본다. 따라서 정부가 분배문제에 일체 개입하지 않는다면 재정측면의 세대간 정의 문제도 일어날 수 없다.

둘째, 의사설에 입각해 미래세대가 현존하지 않기 때문에 현세대와 미래세대 간 권리 의무 관계의 존재를 부인하며 따라서 세대간 정의도 부정하는 주장이 있다. 이와 관련한 이론으로는 하트(H.L.A. Hart)의 의사설(will theory)[53] 또는 선택설(choice theory)과 웰만(Carl Wellman)이 주장하는 지배설(dominion theory)[54] 등이 있다. 하트의 의사설이나 웰만의 지배설은 본질적으로 권리보유자의 의사라는 요소를 중시하며, 웰만의 지배설은 합리적 행위를 할 심리적 능력을 보유한 자만이 권리를 취득할 수 있다고 한다. 따라서 청구, 권능, 변제 및 자유는 권리보유자가 갖는 법적 권리의 핵심요소이며 이러한 권리를 행사할 수 없는 자에게 지배, 통제 및 자유를 부

---

52) Robert Nozick, 「Anarchy, State, and Utopia」, Basic Books lns. 1974, p.153.
53) H.L.A. Hart, 「Essays on Bentham: Jurisprudence and Political Philosophy」, The Cambridge Law Journal, Oxford Clarendon Press, 1982, p.193.
54) Carl Wellman, 「Real Rights」, Oxford University Press, 1995, pp.137–145.

여하는 것은 잘못이라고 주장한다. 이러한 논리에 따르면 태아는 아무런 합리적 행위를 할 수 있는 능력이 없기 때문에 출생전의 태아는 법적 권리를 취득할 수 없다고 본다.[55] 그러나 이러한 주장은 출생전의 태아에게도 이미 법적권리를 부여하는 각국의 법적 현실과 환경법의 영역에서 미래세대 권리론이 발전하고 있는 현실과는 배치되는 주장이다. 이와 함께 계약주의 입장에서도 당사자 간 상호주의적 관계를 기초로 정의론을 설명하므로 미래세대에 대한 도덕적 의무를 부정하거나[56] 미래세대가 존재하지 않아서 협상력이 없다는 문제를 제기하며 미래세대의 이익이나 권리를 부정한다. 즉 현세대가 죽은 뒤 훨씬 뒤에나 살게 될 미래세대에 대해서는 관계의 상호성이 결여되어 있기 때문에 도덕적 의무를 진다는 논리가 성립될 수 없다는 것이다.

셋째, 다른 세대와의 불균형 여부를 비교해 판단하는 것이 현실적으로 불가능하기 때문에 세대간 정의를 부정하는 견해가 있다. 예를 들어 평등원칙과 관련하여 각 세대들은 자라난 성장요건 및 사회적 경험에 따른 기여도가 서로 다르기 때문에 차별 취급 여부를 확인하기 어렵다는 것이다.[57] 기본적으로 세대간 불균형에 영향을 미치는 관련 변수가 워낙 많기 때문에 이를 모두 반영해서 세대간 불균형 여부를 평가하기란 불가능하다는 것이다. 예를 들어 우리나라의 전전(戰前) 세대는 전쟁의 고통과 극도로 어려운 경제적 여건 하의 혹독한 근로시간과 근로조건 하에서 많은 희생을 한 반면 지금의 미래세대는 그 성장과실을 공유하며 훨씬 뛰어난 근로조건과 교

---

55) Carl Wellman, "The concept of fetal rights," Law and Philosophy vol.21, no.1, 2002 p.85.
56) Brian Barry, "Justice between Generations", Law Morality and Society : essays in honor of H.L.A Hart, Oxford Clarendon Press, 1977, pp.268－284.
57) 박재흥, "세대 개념에 관한 연구 : 코호트적 시각에서", 한국사회학 제37집 제3호, 한국사회학회, 2003, 3－4쪽.

육기회 등을 누리고 있는데, 두 세대 간 불균형 여부를 판단하기 위해서 이러한 상황들을 모두 고려한다는 것은[58] 현실적으로나 기술적으로 어렵다는 것이다.[59] 특히 단순히 재정측면의 부담과 혜택의 불균형만 가지고 세대간 불균형 여부를 판단할 수 없다고 주장한다. 이와 같은 세대간 정의 부정론들의 논거에 입각해 그동안 평등권에 의한 세대간 불균형이 인정되지 않았고 태어나지 않은 미래세대의 기본권도 부정되었으며 독일에서 미래세대 권리를 강화하려는 기본법 제20b조항 신설이 허용되지 않았다.[60] 이러한 주장은 세대간 정의론의 발전에 걸림돌이 되고 있다.[61]

2. 미래세대의 권리 및 세대간 정의 긍정론

이와 반대로 미래세대에 대한 의무 긍정론과 세대간 정의 인정론을 주장하는 견해들이 있다.

첫째, 롤즈는 세대간 정의의 시각에서 세대간 권리와 의무의 관계를 처음으로 밝혔다.[62] 그는 자유주의 철학에 기반한 사회계약론의 입장에서 사회적 합의의 범위를 사회구성원 개인에서 '세대(generation)'까지 확장했고, 비록 아직은 존재하지 않지만 앞으로 그 존재가 확실시되는 미래세대까지 세대간 정의를 위한 합의의 주체에 포함시켰다. 그리고 정의로운 사회를 실

---

58) Anne Lenze, Gleichheitssatz und Generationengerechtigkeit, Der Staat vol.46, no.1, 2007, p.89; 김연명, "국민연금, 미래세대의 가혹한 부담인가?", 월간복지동향70, 참여연대, 2004, 16 – 19쪽.
59) 홍일선, "세대간 정의와 평등 – 고령사회를 대비한 세대간 분배의 불균형문제를 중심으로", 헌법학연구 제16권 제2호, 한국헌법학회, 2010, 471쪽.
60) 박진완, "미래세대를 위한 세대간 정의 실현의 문제로서의 지속성의 원칙", 법과정책 24권 2호, 제주대학교 법과정책연구원, 2018, 143쪽; 이에 관해서는 뒤의 독일 헌법사례 쪽에서 별도로 설명함.
61) 홍종현, "세대간 정의와 국가재정의 지속가능성", 유럽헌법연구 제34호, 유럽헌법학회, 2020, 251쪽.
62) 전광석 외, 「지속가능성과 법학의 과제」, 연세대학교 출판문화원, 2012, 295쪽.

현하고 유지하기 위한 부담에 있어서 각자의 공정한 몫을 성실히 이행한다는 정의로운 저축의 원칙(just savings principle)을 제기하고, 비록 자신이 사회적 혜택을 가장 적게 받는 최소 수혜자가 되더라도 사회적 합의를 선택했다는 "차등의 원칙"을 제시하며 이러한 사회를 정의로운 사회로 규정했다. 따라서 세대간 정의 문제의 핵심과제는 정의로운 사회를 위한 각자의 의무 부담의 정도, 즉 사회적 최소치의 저축량을 결정하는데 있다고 보았다.[63] 이와 함께 노먼 다니엘스(Norman Daniels)의 사회계약론 견해에 따르면 세대간 정의를 위한 사회적 합의란 다른 연령대 집단 사이에서 이루어지는 문제로 생각하면 안 되고, 일인칭 시각에서 한 사람이 청년기, 장년기, 노년기를 통과하며 살아갈 때 한정된 자원을 각 연령대별로 어떻게 스스로 배분하고 살 것인지를 선택하는 시각에서 바라봐야 한다는 것이다. 따라서 자신이 지금 젊은층인지 노인층인지의 시각에서 벗어나야 하고, 앞으로 맞이할 청소년기, 장년기 및 노년기 간에 어떻게 자원을 분배할지에 관한 선택을 결정하고 나면 노년기에 접어들어서도 자신이 한 선택에 따르고 살아갈 것을 전제해야 한다는 것이다. 이러한 시각에 의하면 노인층과 젊은층에게 의료나 복지에 관한 혜택 수준이 다르더라도 시간이 지나고 나면 각 사람은 각 연령대의 삶을 똑같이 겪으면서 결국 모두 공평한 대우를 받게 되고 정의가 이루어지게 된다고 본다. 무엇보다 이러한 시각으로 바라봐야 사람들이 연령대별 자원 분배를 선택할 때 각자의 현재의 연령대 삶의 단계에 지나치게 편향되는 것을 막고 진정한 세대간 합의를 도출할 수 있다는 것이다.[64]

---

63) 오병선, "세대간 정의의 자유공동체주의적 접근", 법철학연구 6(2), 한국법철학회, 2003, 306－307쪽.
64) N. S. Jecker, "Aging and the Aged: Societal Aging." In Encyclopedia of Bioethics, vol. 1. Edited by W. T. Reich. New York: MacMillan Publishing Company, 1995. pp.91－94.

둘째, 공리주의 입장에서도 미래세대의 권리를 인정한다. 즉 공리주의의 세대간 정의 이론에 따르면[65] 현세대는 미래세대에 의무를 지고 있으며, 그 의무는 특정한 사람들에 대한 것이 아니고 전체의 공리를 극대화해야 한다는 의무이고, 여기에는 아직 태어나지 않은 미래세대의 행복의 극대화까지 포함된다. 기본적으로 공리주의에 따르면 최대 효용의 만족을 산출하는 경우가 올바른 분배가 되는 정의로운 것이고 전체 효용 총량이 개인들에게 어떻게 분배되는지는 중요하게 여기지 않는다. 그 결과 공리주의는 미래세대에 대해 현세대의 지나친 희생을 요구할 수 있고 자원 이용에 대한 제재를 부과하기도 하며, 미래세대의 보다 큰 복지를 위해 현세대의 행복을 희생하도록 '의무'를 지우기도 한다. 따라서 공리주의에 의하면 100만 명이 낮은 삶의 질 속에서 사는 것이 4만 명이 높은 삶의 질 속에서 사는 것보다 바람직할 수 있고,[66] 또한 환경파괴로 미래세대 삶의 질이 저하돼도 미래세대를 많이 낳게만 만든다면 바람직한 것으로 평가할 수 있다.[67] 이같이 공리주의가 전체 효용의 극대화를 추구하는데 비해 롤즈의 정의는 정의로운 사회를 유지할 차등화 된 최소치의 충족을 목표로 한다는 점에서 차이가 있다.

셋째, 이익설(interest theory of rights)에 기반한 미래세대의 권리 긍정론이다. 맥코믹(Neil Ma Cormick)[68]이나 파인버그(Joel Feinberg)의 주장이 대표적이다. 파인버그는 호펠드(Wesley Hohfeld)의 권리유형 중에서 특히

---

65) J. Narveson, "Utilitarianism and New Generation", Mind Vol.76, Oxford University Press, 1967, pp.62 - 72.
66) Derek Parfit, 「Reasons and Persons」, Oxford University Press, 1986, pp.387 - 389.
67) 목광수, "기후변화와 롤즈의 세대 간 정의 - 파핏의 비동일성 문제를 중심으로", 환경철학 22권, 한국환경철학회, 2016, 39쪽.
68) Neil MacCormick, "Children's Rights: A Test - Case for Theories of Rights", ARSP 62, 1976, p.316.

청구권을 중시하면서, 권리를 갖는 자는 이익 청구권을 갖거나 가질 수 있는 자이어야 하고 그러지 않은 자는 보호받거나 대변될 수 없다고 주장했다.[69] 그리고 미래세대가 현세대에 대해 취득하는 권리는 앞으로 미래세대가 태어나서 그 존재가 현실화되는 것을 조건으로 성립하는 '잠재적 이익'으로 설명했다.[70] 고세리스(Gosseries)도[71] 호펠드의 권리론에 기반해[72] '의무에 상응하는(correlate) 권리(청구권)' 개념에 입각해 미래세대의 권리를 인정했다. 이러한 주장에 따르면 미래세대 사람들이 의사를 가지고 실존하는지 여부는 권리의 존재 여부 결정과는 상관없다는 것이다. 그러나 이러한 이익설 주장에 기반한 헌법규정의 규범력에 대해서는 회의적인 의견들이 있다. 그 이유는 이들 주장에 따르면 미래세대 보호가 미래세대의 권리(Recht)가 아닌 단순 이익(Interessen)을 대상으로 해야 하기 때문이다.

넷째, 세대 공동체론과 세대간 계약론에 기반한 미래세대 권리 인정론이 있다. 기본적으로 국가란 세대간 공동체로서 현세대와 미래세대간 합의라는 세대간 계약을 통해 성립된 것으로 본다. 그동안은 세대간 정의에 관한 자유주의 철학이론들이 지나치게 개인주의적이고 경쟁적인 이기심을 중시하는 문제점을 가지고 있어서 세대간 정의 문제에 대응할 수 없었고[73] 특히 세대간 연속되는 공동체 속에서의 문화적 상호작용이나 계승을 소홀히

---

69) Joel Feinberg, "The Rights of Animals and Unborn Generations", in *Rights, Justice, and the Bounds of Liberty*, Princeton University Press, 1980, p.167.
70) M. A. Warren, "Do Potential Persons Have Rights?, in Responsibilities to Future Generations: Environmental Ethics, ed. E. Patridge. Prometheus, 1981. pp.261－273.
71) Axel P. Gosseries, On Future Generations' Future Rights, The journal of political philosophy: vol. 16, no. 4, 2008, pp.446－474.
72) 김연미, 호펠드의 권리범주에 대한 법철학적 연구, 법학논집 제7권 제2호, 이화여자대학교 법학연구소, 2003, 201－229쪽.; 김도균, 권리담론의 세 차원: 개념분석, 정당화, 제도화, 법철학연구 제7권 제1호, 한국법철학회, 2004, 181－210쪽.
73) 오병선, "세대간 정의의 자유공동체주의적 접근", 법철학연구 6(2), 한국법철학회, 2003, 314쪽.

한다는 문제점이 제기되었으며, 이에 대한 비판으로 공동체의 공동선을 강조하는 공동체주의 철학이 발전하게 되었다.[74] 이들은 '자율적인 공동체적 자아'(autonomous communitarian self)라는 개념을 발전시켜 세대간 공동체 (intergenerational community), 또는 도덕공동체라는 관념을 구성하고 이를 기반으로 미래세대에 대한 의무를 도출했다.[75] 미국의 골딩(M. P. Golding)은 도덕적 선에 기반하여 세대간 연대가 형성되는데 그 실체는 바로 도덕적 공동체이며, 미래세대에 대한 책임은 이러한 공동체의 존속을 위해 정당화될 수 있다고 주장했다. 단 너무 먼 미래세대에 대한 책임은 실체적 명확성을 확증할 수 없기 때문에 성립될 수 없다고 보았다. 이러한 도덕공동체는 사회협정에 의해 형성되는 만큼 그 구성원들은 사회협정을 유지하기 위한 부담을 공유할 의무를 지게 된다.[76] 헤벨레(Peter Häberle)는 헌법을 이러한 국가공동체의 세대간 계약의 내용을 장기적으로 규율하는 실체로 보았다. 스위스의 살라딘(P. Saladin)과 젱어(C. A. Zenger)는 이러한 입장에서 세대간 정의를 보다 현실화하기 위해 1988년 미래세대의 권리 초안을 마련했으며 이들의 초안은 1990년대부터 일부 유럽국가에서 헌법 개정 또는 세대간 연대 정책의 법적 토대가 되었다.[77] 이와 함께 환경정의와 공동체주의가 융합되면서 1995년 드 샤리트(A. de‑Shalit)는 현세대와 미래세대는 세대간 공동체를 이루고 있기 때문에 환경과 자원문제에 있어서 분배

74) 장동진, "자유주의와 공동체주의의 구성원리: 정당성과 선", 법철학연구 제6권 제2호, 한국법철학회, 2003, 267‑269쪽.
75) Avner de‑Shalít, Avner De‑Shalit, 「Why Posterity Matters: Environmental Policies and Future Generations」, London Routledge, 1995, p.35; M. P. Golding, "Obligations to Future Generations", Monist Vol. 56 No. 1., 1972, pp.85‑99.
76) 오병선, "세대간 정의의 자유공동체주의적 접근", 법철학연구 6(2), 한국법철학회, 2003, 301‑302쪽.
77) 배건이, 「미래세대보호를 위한 법이론 연구‑세대간 계약을 중심으로」, 글로벌법제전략연구 20‑17‑1, 한국법제연구원, 2020, 40‑49쪽.

적 정의를 실현하기 위해 현세대의 미래세대에 대한 책임이 정당화된다고 주장하며 세대간 계약론을 구조화했다.[78]

　다섯째, 세대주권론에 입각해 미래세대의 권리와 세대간 정의를 인정하는 주장들이 있다. Davidson은 미래세대도 헌법적 주권을 가지고 있다는 세대주권(generational sovereignty) 이론에 의해 미래세대의 권리를 주장했다. 즉 미래세대는 '자연법(law of nature)'에 근거하여 다른 세대로부터 독립된 헌법적 주권을 가지고 있고, 이에 근거해 각 세대는 국가자원에 대한 용익권(usufruct)을 갖는다는 것이다.[79] 이러한 주장에 따르면 현세대는 마음대로 환경을 파괴할 권리가 없고 그것이 헌법적으로 정당화될 수도 없다. 그리고 미국 연방헌법 전문과 수정헌법 제5조, 제14조의 적법절차조항 등 헌법의 곳곳에 미래세대를 중시하는 세대 주권 정신이 이미 내재되어 있으며, 따라서 헌법 문언에 '세대 간 정의'라는 직접적 언급이 없다고 해서 쉽게 미래세대의 권리를 무시할 수 없다는 것이다.

3. 세대간 정의 관련 법철학 이론 평가

　이상에서 미래세대 권리론 및 세대간 정의론 등에 관한 다양한 법철학적 논의에 대해 살펴보았다. 이같이 법철학적 측면에서 미래세대의 권리 인정론과 부정론의 상반되는 주장이 대립하고 있지만, 대체적 의견은 의사설이나 생명권 이론에 기반하여 태어나지 않은 미래세대의 경우 아직 존재하지 않고 생명이 없기 때문에 이들의 권리를 포함한 주체로서의 현실적인 이익

---

78) 하철영·한귀현, "장래세대에 대한 환경보호 의무의 정당화－A. de－Shalit에 의한 세대간정의의 공동체론적 어프로치를 중심으로", 동의법정 제17권, 동의대학교 지방자치연구소, 2001, 170－172쪽.
79) John Edward Davidson, "Never Say Never: Reconciling Generational Sovereignty with Environmental Preservation", SSRN Papers, 2019, p.2.

향유자가 될 수 없다는[80] 미래세대의 기본권 주체성을 부정하는 견해가 많은 편이다.[81]

그러나 이러한 주장은 미래세대 이익에 대한 구체적 침해가 현실적으로 확대되는 상황을 맞이해 새로운 비판을 맞이하고 있다. 예를 들어 환경파괴로 인한 이상 기후 변화가 본격화되면서 미래세대의 이익 침해가 명확히 확인되고 있고, 또한 재정측면에서도 현세대가 재정지출과 국가부채를 크게 늘려서 미래세대에게 떠넘기는 문제가 심각한 사회문제로 부상하고 있기 때문이다. 특히 최근 들어 저출산·고령화가 심화되면서 현세대와 미래세대간 재정 불균형 문제가 더욱 심각해지고 있고, 각국에 경제위기가 반복되면서 국가채무가 빠르게 급증하여 미래세대 부담을 가중시키며 이러한 논란이 가중되고 있으며, 나아가 앞으로 4차 산업혁명으로 인해 미래세대가 더욱 큰 위기를 맞이할 것으로 전망되기 때문에 법철학 이론도 새로운 변화가 불가피해졌다. 이미 각국에서는 미래세대의 권리 부정론자들의 주장들을 뛰어넘어 미래세대의 권리를 보호하는 다양한 법제화 시도들이 확산되고 있으며, 새로운 헌법재판소 결정이 등장하는 변화가 이어지고 있다. 무엇보다 헌법은 소수의 약자들의 권리를 보호하기 위한 가장 중요한 장치로 간주되고 있는 만큼 미래세대의 명시적 이익 침해가 현실적으로 확대되고 있는 상황에서는 헌법을 통해 미래세대의 권리를 보호할 필요성이 더욱 커지고 있다. 이에 따라 각국에서는 그동안의 법철학적 담론이나 순수 헌법이론적인 영역에 머물던 연구에서 벗어나 미래세대의 권리를 보호하기 위

---

80) 이성환, "미래세대의 헌법적 지위", 입법학연구 제19집 1호, 한국입법학회 2022, 102 – 103쪽
81) 미래세대를 태어나지 않은 존재까지 모두 포함하는 광의의 개념으로 볼 때에는 주관적 권리주체의 실체가 불명확하여 기본권 형태로 미래세대 권리를 규정하기에는 한계가 있다는 것이다.

한 헌법정책적 연구들이 확대되고 있고, 헌법에 미래세대의 권리 규정을 보다 강화하고 명확히 하려는 개헌 노력도 전개되고 있으며, 독일 등의 헌법재판소에서는 미래세대의 권리를 기본권으로 보호하는 새로운 판례들을 내놓는 다양한 헌법적 노력이 확대되고 있다. 이에 따라 독일, 노르웨이, 남아프리카공화국, 폴란드 등의 헌법에는 미래세대에 대한 국가의 의무가 규정되었고,82) 네덜란드, 콜롬비아, 필리핀 등의 판례에서는 개인이나 환경단체 등에게 태어나지 않은 미래세대를 대리하여 그들의 목소리를 대변할 수 있도록 소의 제기를 허용하고 있다. 결국 앞으로 새로운 재정환경 변화가 확대되고 미래세대의 피해와 부담이 더욱 커지고 세대간 불균형이 확대될수록 법철학적 측면에서 미래세대의 권리를 인정하고 보호하기 위한 새로운 사조와 노력이 확산될 전망이다.

제 2 절 세대간 정의 실현을 위한 재정법제의 의의

Ⅰ. 재정법제의 정의

재정법제란 국가와 지방자치단체의 재정에 관해 규율하는 헌법, 법률, 기타 법규명령을 의미하는 것으로서, 내용적으로는 국가와 지방단체의 재정 및 회계에 관한 기본 원칙, 예산의 작성·집행·결산 등 재정운용에 관한 규정 등을 포함하는 것이다. 우리나라 국가재정법 제1조에는 "국가의 예산·기금·결산·성과관리 및 국가채무 등 '재정에 관한 사항'을 정함으로써 효율적이고 성과 지향적이며 투명한 재정운용과 건전재정의 기틀을 확

---

82) 독일 기본법 제20a조, 노르웨이 헌법 제112조, 남아프리카공화국 헌법 제24조, 폴란드 헌법 제74조.

립하고 재정운용의 공공성을 증진하는 것을 목적으로 한다"고 규정하고 있다. 그동안 우리나라에서는 재정법제 관련 연구들이 많이 이루어졌고 한국법제연구원에서 그동안의 재정법제 연구대상을 아래 [표 2]와 같이 정리했다.[83)]

[표 2] 재정법제 연구대상

주제	주요 내용	비고
재정법 일반론	일반법리	• 재정원칙(효용성의 원칙, 경제성의 원칙 등) • 재정준칙 • 재정민주주의(국민참여예산제 등)
	개념	• 재정법 주요개념 • 예산법률주의
	연혁 등	• 재정법제사
재정작용법	재정계획의 수립	• 단기, 중기, 장기 재정계획
	재정수입법	• 세법 • 세외 수입(준조세) • 재정차입
	예산적용	• 각 부처의 예산수립 • 프로그램 예산제도 • PAY GO • 사전예산, 준예산 • 추가경정예산
	재정운용・관리작용	• 예비비 운용 • 재정 이・전용 • 국가재정건전성(국가채무관리) • 예비타당성
	결산작용	• 각 부처의 결산
	재정절차법	• 재정의 종류별 절차

83) 강주영・김도승・신영수・곽관훈・서보국, 「재정법의 체계 및 범위에 관한 연구」, 재정혁신지원법제연구 19-20-④, 한국법제연구원, 2019, 23-24쪽.

주제	주요 내용	비고
재정조치법	기획재정부, 국세청 감사원, 국회	• 재정권력분립
재정통제법	국회 감사원	• 결산검사 • 결산심의

앞서 제1장 제3절에서는 재정법제 연구대상을 어디까지로 볼 것이냐에 관해 상세하게 설명했으므로 여기서는 생략하기로 한다. 그 결론만 설명하면 본 연구의 연구대상은 위의 재정법제 연구대상 분류표에 있는 재정운용 규율과 관련된 재정법제들인 재정헌법, 중장기 재정계획, 재정준칙 등을 포함하도록 하였다. 이러한 재정법제들은 그동안 재정건전성과 지속가능성 도모를 위한 가장 중요한 수단으로 사용되었는데, 이제는 세대간 정의를 도모하는데도 가장 중요한 역할을 할 수밖에 없기 때문이다. 이미 이를 중심으로 세대간 균형을 중시하는 재정법제로의 발전이 이루어지고 있다.

Ⅱ. 재정법제의 특징

기본적으로 본 연구에서 연구대상으로 삼고 있는 재정법제란 재정운용을 규율하는 법제들을 의미하는 것이며,[84] 여러 가지 공법 중 하나이다. 특히 재정법제는 행정법의 영역과 중첩되는 것이 많고 여러 가지 공통적인 특징들을 가지고 있어서 행정법제에 속하는 것으로 분류되지만, 행정법과는 여러 가지 측면에서 다른 특성을 가지고 있다. 즉 상호 법적 특성, 적용대상, 운용방식, 환경변화에 대한 의존성 등에서 차이를 보이고 있다. 따라서 재정법제를 살펴보려면 행정법제와는 다른 시각의 접근법이 필요하다. 그러면 지금부터 행정법제와 재정법제의 다른 점을 살펴보기로 한다.

---

84) 따라서 조세법 같은 재정법제는 본 연구에서 중점 연구대상으로 삼지 않는다.

첫째, 재정법제가 다른 법제들과 다른 가장 큰 차이점은 환경 변화에 커다란 영향을 받으며 계속 법제가 빠르게 바뀌고 그 해석과 적용도 바뀌는 변동성이 크다는 점이다. 왜냐면 기본적으로 재정법제란 경제환경과 재정환경 변화에 대응한 재정운용을 규율하는 것이기 때문에 환경 변화에 크게 영향을 받을 수밖에 없다. 따라서 재정법제를 논하려면 먼저 경제환경과 재정환경 변화를 살펴보는 것이 필요하다. 특히 지금같이 경제환경과 재정환경의 대격변기에는 이를 먼저 자세히 살펴보지 않고는 재정법제 자체를 논하기 어렵다. 예를 들어 재정준칙만 해도 경제위기가 반복되는 새로운 상황을 맞이해 제대로 대응하지 못하고 변화가 불가피해지면서 이를 유연화한 차세대 재정준칙으로 바뀌었는데, 이제는 저출산·고령화 등으로 세대간 불균형이 확대되는 새로운 변화를 맞이하여 재정준칙의 또 다른 변형과 발전이 이루어지고 있다. 따라서 재정법제를 분석하려면 행정법제와 달리 재정환경을 연계 분석하는 것이 중요하다.

둘째, 행정법제는 일반 국민을 상대로 하는 행정작용법이 중심이라 할 수 있는데 이에 비해 재정법제란 정부를 규율하는 내부적 법제라는 점에서 다르고, 또한 행정조직법이 행정부 내부의 조직을 규율하는데 비해 재정법제는 주로 국회와 정부 간의 재정운용 관계를 규율한다는 점에서 다르다. 그것은 그동안 재정법제들이 재정민주주의 차원에서 국회와 정부 간의 관계를 기반으로 발전해온데 따른 결과로 볼 수 있다. 이러한 재정법제의 특성으로 인해 하위법령에 있어서도 행정법제와 다른 차이점이 있다. 예를 들어 행정법에서의 위임입법의 경우 정부관료들이 법적 위임이 없는데도 임의적으로 행정규칙들을 만들어 국민들에게 부담과 규제를 부과하는 문제를 중시하는데 비해,[85] 재정법제에서는 의회가 정부에 부과한 각종 법적 구속을

---

85) 장용근, 「예산의 법적 성격 및 예산통제에 관한 연구」, 현안분석 05 − 16, 한국법제연구

우회하기 위해 정부관료들이 각종 편법이나 탈법, 잘못된 법규명령을 남용하여 재정민주주의 원칙을 침해하고 국회의 예산심사권을 훼손하는 문제들이 중시된다.[86]

셋째, 행정법제와 재정법제는 법적 구속력을 활용하는 방법에서도 차이가 있다. 즉 행정법제는 행정부 내부의 규율을 중시하고, 헌법과 법률에서 위임받은 한도 내에서 행정명령을 올바로 수립 시행하는지가 중요하고 국회와의 연계 관계는 별로 중시하지 않는데 비해, 재정법제는 국회와 정부 간의 관계 하에 발전해온 만큼 법적 구속력을 부과하는 방법도 국회와의 연계관계를 중시한다. 즉 정부관료들이 국회에 보고하도록 하거나 심의 받게 하는 방식을 통해 법적 구속력을 부과하는 경우가 많다. 예를 들어 우리나라 국가재정법에는 정부에 대한 수많은 국회 보고 의무와 보고서 제출 의무가 있다.[87] 이러한 국회 보고는 흔히 생각하는 것보다 중요한 법적 구속력을 발휘한다. 즉 국회는 이러한 보고를 통해 문제점을 확인하면 곧바로

원, 2005, 61쪽; 위임입법의 형식적 한계 문제는 행정법 분야에서는 행정규칙의 법적 효력의 문제로서 주로 논의되는 주제이며 위임입법의 실질적 한계 문제에 대해 헌법재판소의 기준은 예측가능성의 유무를 기준으로 하고 있고(헌재결 1995. 7. 21. 94헌마 125, 헌재결 1994. 6. 30. 93헌가15, 16, 17) 구체성·명확성의 두 가지를 제시하고 있으며 위임이 이루어지는 각 분야별로 구체성·명확성의 정도가 다르다는 전제하에 그 구성요소로 ① 기본권의 성질 ② 행정분야 ③ 국민에 대한 영향력의 정도 ④ 현실적·입법기술적 곤란성 ⑤ 수임자의 민주적 정당성·조직형태 등을 제시하고 있다.(헌재결 1997. 12. 24. 95헌마390 참조.) 특히 처벌법규나 조세법규는 위임 요건 범위가 보다 엄격히 제한되어야 하며(헌재결 1994. 7. 29. 92헌마49·52) 다양한 사실관계를 규율하거나 사실관계가 수시로 변화할 것으로 예상될 때에는 위임의 명확성의 요건은 완화되는 것이다.(헌재결 1995. 11. 30. 94헌바40, 95헌바13(병합))

86) 전수경·박종수, "추가경정예산 제도 개선방안에 관한 연구", 공법연구 50(2), 한국공법학회, 2021, 209-217쪽.

87) 정부의 국회 보고 의무로는 국가재정법 제7조 제8항과 제9항의 국가재정운용계획 관련 국회 보고, 제20조 제2항의 국채한도 초과 발행시 국회 보고, 제30조의 예산안 편성지침 국회 보고, 제38조 제2항 제10호의 예비타당성조사 면제 사유와 내역 국회 보고, 제50조 제2항 및 제4항의 사업타당성 재조사 결과 국회 보고, 제66조 제4항의 기금운용계획안 작성지침 국회 보고 등이 있다.

이를 통제하거나 필요한 예산이나 법률안을 마련하는 등의 조치를 취할 수 있기 때문이다. 따라서 행정부 내부의 일반적 보고 보다 그 구속력이 크다고 할 수 있다.

넷째, 재정법제는 법적 성격 측면에서도 다르다. 대표적인 것이 예산의 법적 성격인데 그것은 법률도 아니고 법규명령도 아니다. 그러나 국회에서 의결된 예산의 내용은 정부가 임의로 바꿀 수 없고 추가경정예산안을 제출하고 국회의 의결을 통해서만 바꿀 수 있다는 점에서, 그 법적 효과는 대통령령보다는 크고 법률에는 미치지 못하는 준법률적 성격을 갖는다고 볼 수 있다.[88] 물론 많은 예산법률주의 국가에서는 아예 예산을 법률로 운용하고 있기 때문에 법률과 같은 모습을 보이고 있지만, 그 역시 효력에서는 차이가 난다. 반면에 우리나라의 경우 법률이 아닌 형태로 국회에서 의결하는데 이 경우 예산내용을 수정하려면 국회의 의결을 요한다는 점에서 정부에 대해서는 법률 처리와 똑같은 법적 요건을 요구하기 때문에 상당한 법적 구속력을 발휘한다고 볼 수 있다. 따라서 예산의 법적 효력과 관련해서는 법규범설이 통설이다.[89] 우리나라에서도 예산의 법적 구속력을 보다 높이기 위해 미국식의 예산법률주의를 도입하자는 주장이 이어지고 있다.

다섯째, 재정법제가 행정법제와 또 하나 다른 점은 법제의 적용과 해석에

---

88) 헌법상 예산과 법률의 차이는 그 존재형식에서도 다르고 제출권 심의 절차나 효력 측면에서도 다르다. 예산의 효력은 1년간이고 국가기관을 구속할 뿐 일반국민을 구속하지 않는다. 국가의 공적 재정세출예산은 정부를 구속하는 법적 구속력을 가진다. 세입예산은 세입예정액을 추정하는 의미 이상을 갖지 못하고 그에 따른 세금 징수 권한을 부여하는 것도 아니고 세입예산 범위 내에서만 세금을 거두도록 제한하는 것도 아니다.; 장용근, 「예산의 법적 성격 및 예산통제에 관한 연구」, 현안분석 05-16, 한국법제연구원, 2005, 22쪽.
89) 법규범설에 따르면 예산은 법률과 병립하는 국법의 한 형식으로 보거나 정부의 행위를 규율하는 법규범으로 보며 예산법률설에 의하면 예산을 법률의 형식으로 의결해야 한다고 보는데 통설은 법규범설이다; 김철수, 「헌법학개론」, 박영사, 2005, 1183쪽; 권영성, 「헌법학원론」, 법문사, 2010, 903쪽.

있어서 일률적이고 강제적인 적용보다 유연한 적용과 해석이 불가피하다는 점이다. 그 이유는 무엇보다 재정법제가 급변하는 경제환경과 재정환경 변화에 대응한 재정운용을 규율하는 것이라 환경변화에 따라 민감하게 바뀔 수밖에 없기 때문이다. 예를 들어 2008년 영국 등에서는 경제위기가 발생하여 재정지출과 국가부채가 크게 늘어나 법률의 재정준칙 한도를 넘어서자 곧바로 새로운 법률을 만들어 바꾸었다. 역사적으로 재정법제는 경제환경과 재정환경의 변화에 따라 계속 바뀌어왔고, 또한 경제학이나 재정학의 변화에 따라 계속 바뀌어왔다. 따라서 재정법제는 계속되는 환경변화에 대응하기 위해 보다 유연한 특성을 가질 수밖에 없고, 재정법규의 해석도 보다 유연한 해석과 적용이 불가피하다. 물론 조세법의 경우는 일반 국민들에게 직접적인 부담과 의무를 부과하는 것이므로 조세법률주의의 원칙이 엄격히 경직적으로 적용되어야 하지만 그 외의 일반 세출예산 관련 법제들은 상당히 유연한 규율과 운용이 불가피하다.

여섯째, 따라서 재정법제는 행정법제와 달리 무조건 법제화를 통해 법적 구속력을 강화하는 것이 능사가 아니고, 오히려 그렇게 하다가는 역효과를 유발하기 쉽다. 프랑스에서 중기재정계획을 법률로 만들어 운용했지만 이것이 제대로 준수되지 못하고 준수도가 레벨5로 뒤처지는 반면, 중기재정계획을 법률로 운용하지 않는 스웨덴은 오히려 중기재정계획을 가장 잘 준수하는 레벨1로 평가되고 있는 이유도 그 때문이다. 즉 프랑스처럼 중기 재정계획의 오차가 크고 신뢰성과 객관성이 낮은 상황에서 이를 법제화하면 잘못된 중기재정계획을 법적으로 강제화하는 결과를 낳기 쉽다. 따라서 재정법제의 경우 무조건 법적 구속력을 강화하기보다 계속 바뀌는 환경변화를 고려하여 각종 법제와 비법제들을 다양하고 유연하게 배합해 효과적인 구속력을 발휘하도록 디자인하는 것이 중요하고, 특히 의회와의 효과적인 연계관계를 이용해 규범력을 높이는 것이 필요하다. Caselli et al.(2018)와 Eyraud et al.(2018)[90]는 '잘 설계된 재정준칙'이 재정준칙의 성패를 좌우한다고 말했듯이 재정법제는 재정환경 및 경제환경 변화와 국회와 정부와의 관계 등을 종합적으로 고려해 효과적으로 디자인하는 것이 중요하다.

이상에서 살펴보았듯이 재정법제와 행정법제는 여러 가지 측면에서 다른 차이점을 가지고 있는 만큼 재정법제를 분석할 경우 행정법제와는 다른 시각과 접근법이 필요하다.

Ⅲ. 재정법제 발전 3단계

그동안 각국의 재정운용을 규율하는 재정법제들은 계속되는 새로운 경제환경과 재정환경의 변화에 대응하여 3가지 단계의 발전이 이루어졌다.[91]

첫째, 재정법제의 1단계의 발전은 재정민주주의 차원에서 권력분립이라는 원칙하에 국회가 정부의 재정운용에 대한 규율과 통제력을 강화하는 차원에서의 발전이 오랫동안 이어져왔다. 17세기 영국의 명예혁명 이후 의회가 정부의 재정권을 통제하기 위해 재정민주주의 차원에서 재정 관련 제도들을 발전시켜온 기나긴 역사적 과정이 이루어졌다. 그 중에서도 미국의 재정법제 발전 사례가 대표적이라 할 수 있다. 미국은 과거 케인지언 정책을 중시하던 버츠컬리즘의 큰 정부 시대에는 정부의 재정권한이 매우 컸지만, 이후 정부의 강력한 재정권을 견제하기 위해 의회의 예산권과 의회예산제도를 확충하기 위한 다양한 제도적 개선 노력이 이루어졌고, 그 결과 이제는 의회가

---

90) Eyraud et al. "Second‑Generation Fiscal Rules: Balancing Simplicity, Flexibility, and Enforceability," *IMF Staff Discussion Notes* 18/04, IMF, 2018, p.4.
91) 여기서의 재정운용 규율 재정법제는 조세법 이외의 일반 재정운용 관련 법제들을 의미하는 것이다.

예산을 주도하는 위상을 확고히 정립하게 되었다. 의회는 세출측면에서 예산과정의 전반을 주도하고 예산편성권까지 행사하고 있는 것으로 평가되고 있다.[92] 의회의 예산위원회에서는 다음해의 재정총량과 분배방향을 설정하고 각 소관 위원회에 이를 시달하면, 각 소관 위원회는 세부 예산안들을 책정하고 관련 정책을 함께 담아 예산법률안의 형식으로 의결한 뒤 상하원 전체회의 의결을 통해 확정한다. 나아가 의회는 정부의 예산집행까지 일일이 간여하며 의회가 예산의 주도권을 행사하고 있고 예산과 법률 측면에서 확고한 의회 우위가 정립되어 있다.[93] 그리고 이를 뒷받침하기 위해 의회에 CBO, GAO, CRS 등 수천 명의 전문인력들을 활용하고 있다. 이와 함께 많은 선진국에서는 예산법률주의를 도입하여 예산이 법률적 효력을 갖도록 했고, 또한 프랑스의 경우는 예산법률주의에서 한걸음 더 나아가 중기재정계획의 내용까지 모두 법률로 만들어 운용하는 발전이 이루어지고 있다. 마찬가지로 우리나라에서도 그동안 국회의 예산결산특별위원회 상설화나 상임위원회화를 추진했고, 국가재정법 등 다양한 관련 법제들을 확충하는 한편, 정부의 예산안 편성과 국회 심의에 관한 각종 절차와 규정을 마련하는 등 국회의 예산심의권을 확충하기 위한 다양한 노력을 기울여왔다. 이같이 역사적으로 재정법제 발전은 권력분립이라는 원칙 하에 의회가 정부의 재정운용을 통제하기 위해 다양한 법제와 규율과 절차적 기준을 강화하는 재정민주주의 측면에서 이루어져 왔다.[94] 그러나 우리나라에서는 정부의 재정운용

---

92) 지출승인을 하는 예산법률안을 의미한다면 미국은 국회에 편성제출권이 있다고 볼 수 있다.; 장용근, 「미래 재정 위협 요인을 고려한 재정개혁 과제에 관한 연구」, 2016년도 연구용역보고서, 국회예산정책처, 2016, 98쪽.

93) 전수경 · 박종수, "추가경정예산 제도 개선방안에 관한 연구", 공법연구 50(2), 한국공법학회, 2021, 216 – 221쪽.

94) 장용근, 「미래 재정 위협 요인을 고려한 재정개혁 과제에 관한 연구」, 2016년도 연구용역보고서, 국회예산정책처, 2016, 5쪽.

에 있어서 아직도 수많은 각종 탈법적, 편법적 운용이 계속되며 국회의 예산 심의권을 무력화시키는 사례들이 많은 만큼 우리나라는 아직 1단계의 재정 법제 발전도 제대로 성취하지 못한 것으로 평가할 수 있다.[95]

둘째, 재정법제의 2단계의 발전은 90년에 이후 각국에 경제위기가 반복되어 국가부채가 크게 증대하고 재정과 복지의 지속을 위협하는 새로운 상황을 맞이해 이에 대응하여 재정의 건전성과 지속가능성을 도모하기 위한 새로운 발전이 이루어졌다. 지금 각국에서 발전하고 있는 대부분의 재정법제들은 이러한 2단계의 지속가능성을 위한 재정법제로 볼 수 있다. 그 대표적인 것이 각국의 재정준칙과 중장기 재정계획을 도입 활용하는 것이고, 그 목표는 국가부채 증대를 통제하여 재정의 지속가능성을 도모하려는 것이다. 이러한 지속가능성 재정법제들은 90년대의 세계 권역별 경제위기와, 이후 2008년에 세계경제위기가 일어나면서 각국으로 확산되었다. 지속가능성 재정법제의 대표적 수단은 재정준칙이라 할 수 있다. 특히 각국은 국가부채의 급증을 통제하기 위해 통합재정수지나 국가부채의 한도를 규율하는 재정준칙을 도입해 활용했다. 예를 들어 독일정부의 경우 신 지속가능발전전략(Deutsche Nachahltigkeitsstrategie Neueauflage 2016)을 수립하고 독일연방통계청의 재정지속가능성 관련 분석 지표를 운용했는데, 여기에는 '재정적자', '구조적 재정적자', 그리고 '국가채무' 등의 지표가 있고[96] 이를 위한 재정준칙들을 운용했다. 우리나라 정부도 최근에 재정준칙 도입 방안들을 추진하였고, 각종 공적연금과 건강보험 등에 대해 중장기 재정전망 및 중장기 재정계획 운용을 강화하고 있다. 따라서 우리나라의 재정법제는 2단계

---

95) 전수경·박종수, "추가경정예산 제도 개선방안에 관한 연구", 공법연구 50(2), 한국공법학회, 2021, 219－216쪽.
96) 국회예산정책처, 「2016－2020년 국가재정운용계획 분석」, 2016, 108쪽.

의 지속가능성 재정법제의 도입 발전이 이루어지는 단계에 놓여있다고 볼 수 있다.[97] 그러나 외형적으로는 2단계 재정법제의 틀을 갖추어가고 있지만 중장기 재정전망이나 재정계획의 실제적인 운용은 대부분 극히 형식적으로 운용되고 있다. 저출산·고령사회 기본계획의 경우 재원규모 및 조달방안은 한 장짜리의 형식적 보고서 작성에 그치고, 지속가능발전 국가기본전략의 경우 재정의 지속가능성을 위한 구체적 지침이 담겨져 있지 않다. 이같이 우리나라는 지속가능을 추구하는 법제들이 미비하고 제대로 작동하지 못한 결과 국가부채가 급증하여 2023년 우리나라 국가부채는 2,439조원에 이르렀고 국가부채증가율이 OECD 최고 수준에 속하게 되었다.

셋째, 21세기 들어서 재정법제들은 다시 3단계 재정법제로의 발전이 이루어지고 있다. 그것은 무엇보다 각국에 저출산·고령화 현상이 전면화 되고 대형 경제위기가 반복되며 4차 산업혁명이 본격화되면서 미래세대의 부담이 커지고 세대간 불균형이 크게 확대되는 새로운 상황을 맞이했기 때문이다. 이러한 변화에는 단기적 재정수지의 균형(FB)만 추구하는 2단계 재정법제로 대응할 수 없게 되면서 이제는 세대간 균형(GB)을 중시하는 새로운 재정법제로의 전환이 이루어지고 있다. 특히 우리나라는 새로운 재정환

---

97) 우리나라 국가재정법에는 건전재정을 위한 여러 조항들이 있는데 우리나라 재정법제는 아직 2단계 지속가능성 재정법제 수준에 머물고 있는 것으로 평가할 수 있다. 즉 예산원칙 규정상의 재정건전성 확보를 규정하고 있는 제16조, 정부로 하여금 재정건전화를 위해 노력할 것을 명시한 제86조, 재정부담을 수반하는 법령의 제·개정시 재원조달방안을 첨부하도록 한 제87조, 국세감면율 일정비율 이하로 유지하도록 하고 새로운 국세감면 도입시 보충방안을 제출하도록 한 제88조, 세계잉여금의 공적자금 및 국가채무 우선상환을 규정한 제90조 등의 규정들이다. 보다 넓게 보면 그 외에도 추가경정예산의 요건을 규정하는 제89조, 국가채무의 관리를 규정하는 제91조, 국가보증채무의 관리를 규정하는 제92조 등 제5장 재정건전화의 모든 규정이 포함되며, 국가의 세출은 원칙적으로 국채·차입금 외의 세입을 그 재원으로 한다고 규정하고 있는 제18조도 건전재정을 위한 원칙 조항으로 볼 수 있다.; 국회예산정책처, 『국가재정법 이해와 실제』, 2014, 625쪽.

경 변화가 세계에서 가장 급격히 확산되고 있어서 새로운 재정법제의 변화가 더욱 시급한 상황이다. 즉 세계 최저의 초저출산율과 세계에서 가장 빠른 고령화 문제로 인해 국가의 소멸이 예견되고 재정과 복지의 존속 자체가 위협받는 상황을 맞이했고, 경제위기가 반복되면서 세계에서 가장 빠르게 국가부채비율이 증가하여 미래세대 부채 부담을 더욱 가중시키고 있으며, 나아가 앞으로 4차 산업혁명으로 인해 미래세대는 로봇과 AI에 의한 노동력 대체와 수십억 명의 세계 노동자들과의 투명한 글로벌 무한 경쟁 속으로 내몰리면서 삶의 어려움이 더욱 가중되고 재정부담과 복지부담의 고통이 극대화될 것으로 전망되고 있기 때문이다. 이에 따라 이러한 문제에 대응하는 것이 가장 중요한 국가과제로 부상하게 되었다.[98] 따라서 이러한 새로운 변화에 대응하려면 기존의 2단계의 단기적 재정수지 균형(FB)만 추구하던 방식에서 벗어나 3단계의 중장기적으로 세대간 균형(GB)을 도모하는 새로운 재정운용과 재정법제로의 전환이 필요해진 것이다.

그동안 세대간 정의를 추구하는 법제는 지속가능성을 도모하는 재정법제의 범주 안에 포함된 것으로 보기도 했고[99] 독일 등 각국의 지속가능성 전략에는 세대간 정의가 그 실현을 위한 하나의 지표로 속해 있었지만, 이제는 세대간 정의가 지속가능성의 울타리를 뛰어넘어 더욱 중요한 핵심 변수로 부상하고 있다. 독일의 많은 트렌드 연구자들은 "세대간 정의"가 향후 각국의 핵심 이슈로 부상할 것으로 예측하고 있다.[100]

---

98) 재정법 및 정책 측면에서 저출산·고령화 문제에 접근함에 있어서는 단기적인 재정위기가 아닌 국가재정 패러다임의 전환에 관한 사안이라는 인식이 전제될 필요가 있다. 장용근, 「미래 재정 위협 요인을 고려한 재정개혁 과제에 관한 연구」, 2016년도 연구용역보고서, 국회예산정책처, 2016, 22쪽.

99) 전광석, "지속가능성과 세대간 정의", 헌법학연구 제17권 제2호, 한국헌법학회, 2011, 276쪽.

100) Horst Opaschowski, Bindung auf Dauer ist nicht mehr im Trend, in: General‒Anzeiger vom. 4.1, 2000, S. 6.

기존의 2단계 재정법제로 새로운 재정환경 변화에 대응할 수 없는 이유는 다음 두 가지가 중요하다. 첫째로 저출산·고령화로 인한 재정부담 변화는 당장의 재정수지에는 별 영향이 없지만 중장기적으로는 미래세대에게 엄청난 부담을 떠안기며 세대간 불균형을 확대시키는데, 기존의 단기적 재정수지 균형만 추구하는 2단계의 재정법제로는 이러한 문제에 대응할 수 없기 때문이다. 둘째로 재정수지 균형에는 문제가 없어도 세대간 불균형은 계속 심화되는 경우가 많다. 예를 들어 각국이 초저금리 기조 하에서는 국가부채를 늘려도 지속가능성에는 별 문제가 없다면서 재정지출을 크게 확대하여 세대간 불균형을 확대하는 경우가 대표적이다. 또한 우리나라에서는 다른 나라보다 재정이 건전하다며 단기간 내에 재정지출과 국가부채를 급증시켜 건전재정 여력을 일부 세대가 단번에 소진하고 있는 것도 마찬가지이다. 또한 국가부채가 크게 늘어나게 되더라도 그 돈으로 미래세대에 효과적으로 투입하면 미래세대의 커다란 성장 발전을 이루어 세대간 균형을 크게 향상시키는 결과를 얻을 수 있다. 이같이 재정의 지속가능성과 세대간 불균형은 정반대로 가는 경우가 많기 때문에 다른 재정법제가 필요해진 것이다.

　이로 인해 2단계 재정법제와 3단계 재정법제는 그 수단 측면에서도 다르다. 예를 들어 2단계 지속가능성 재정법제는 재정총량을 통제하는 재정준칙을 주로 사용하는데 비해, 3단계 재정법제는 중장기 재정계획이 가장 중요할 수밖에 없고 '예산내용을 규율하는 재정 프레임워크' 같은 새로운 형태의 통제방식이 필요해졌다. 또한 2단계 재정법제는 지속가능성이라는 다소 애매한 목표를 추구하고 분명한 목표치가 없기 때문에 국가부채비율 등 준칙 한도가 수시로 바뀌는데 비해, 3단계의 재정법제는 세대간 균형이라는 명확한 장기재정계획의 목표치를 중심으로 장기 - 중기 - 단기 계획과 재정목표치를 설정하고 이를 실현할 재정준칙을 운용한다는 점에서 다르다.

결국 새로운 재정환경 변화로 인해 2단계 재정법제가 3단계 재정법제로 전환하는 것은 불가피해졌으며, 앞으로 각국에서 이러한 변화가 더욱 확산될 전망이다. 그러나 2단계 재정법제에서 3단계 재정법제로 전환하는 과정은 무엇보다 현세대의 반발과 저항을 극복하기 위한 기나긴 투쟁의 역사로 점철될 전망이다. 즉 지금의 민주정치 구조 하에서 미래세대는 투표권이 없고 자신의 의사를 반영할 수 없는데 비해, 현세대는 모든 입법과정을 지배하며 자신의 이익을 우선적으로 반영할 수 있기 때문이다. 특히 환경분야와 달리 재정분야의 세대간 균형 문제에 있어서는 현세대와 미래세대간 이익이 정반대로 배치되는데, 앞으로 미래세대의 부담과 세대간 불균형이 더욱 확대될수록 현세대와 미래세대 간 이해 충돌은 더욱 확대될 수밖에 없다. 더구나 세대간 균형을 이루려면 현세대에게 엄청난 부담과 피해를 부과하는 재정개혁이 필수적인데 현세대가 이를 용인하지 않고 회피하거나 지연할 가능성이 높아서 문제이다. 이에 따라 앞으로 현세대가 미래세대의 권리를 침해하고 각종 부담을 전가하며 나아가 재정개혁을 거부하는데 대항해 미래세대의 이익을 지키기 위한 기나긴 투쟁의 역사가 전개될 전망이다. 그 결과 과거 1단계의 재정법제 발전 과정이 재정민주주의 차원에서 정부에 대한 의회의 견제력을 확충하기 위한 기나긴 투쟁의 역사였다면, 앞으로 3단계 재정법제의 발전 과정은 현세대의 저항과 반발로부터 미래세대의 권리를 지키기 위한 새로운 기나긴 투쟁의 역사가 전개될 전망이다.

Ⅳ. 지속가능성 재정법제와 세대간 정의 재정법제의 차이점

2단계 재정의 지속가능성을 추구하는 재정법제와 3단계 세대간 정의를 추구하는 재정법제는 구체적으로 어떤 점에서 다른가? 다음 4가지 측면에서 다르다고 볼 수 있다.

첫째, 2단계 지속가능성 재정법제는 단기적 재정수지 균형(FB)을 도모하는 것인데 비해 3단계 세대간 정의 재정법제는 중장기 세대간 균형(GB)을 추구한다는 점이 가장 중요한 차이다. 즉 지금같이 저출산·고령화와 반복되는 경제위기, 4차 산업혁명 등의 재정환경 변화로 인해 미래세대의 부담이 확대되고 재정의 세대간 불균형이 가중되는 변화에는 단기적 재정수지만 도모하는 2단계 방식으로는 대응할 수 없게 되었기 때문이다. 예를 들어 고령화로 노인세대의 연금과 의료비의 지급이 빠르게 장기화되고 의료비용이 중장기적으로 급증하여 결국 미래세대의 재정부담을 폭증시킬 것으로 전망되지만 단기적으로 지금 당장은 재정수지에 별 영향을 미치지 않기 때문에 2단계의 단기적 재정수지 균형만 바라보는 방법으로는 이러한 문제에 대응할 수 없다. 따라서 세대간 균형을 중시하는 3단계의 재정법제가 필요해진 것이다. 여기서 말하는 세대간 균형 목표(GB)란 단기적 재정수지 균형 목표를 뛰어넘는 것으로 향후 미래세대 부담이 증대할 것에 대비하여 재정의 여유분 확보를 목표로 설정하는 것으로, 이 경우 스웨덴 같이 흑자 재정 목표를 장기적으로 운용하며 국가부채비율을 계속 저하시키게 된다. 이러한 세대간 균형(GB) 목표를 위해 운용되는 중장기 재정계획과 재정준칙이 3단계 세대간 정의 재정법제라 할 수 있다.

둘째, 2단계 지속가능성 재정법제로 대응해서는 오히려 세대간 불균형을 심화시키는 경우가 많아서 새로운 3단계 재정법제로 대응하는 것이 필요하다. 물론 지속가능성을 추구하는 것과 세대간 정의를 추구하는 것이 같은 방향으로 움직이는 경우도 많다. 예를 들어 재정준칙으로 국가부채의 증대를 통제하여 미래세대에게 국가부채가 전가되는 것을 막아서 간접적으로 미래세대를 보호하는 역할을 한다. 특히 우리나라같이 경제성장률이 세계적으로 가장 빠르게 장기간 계속 저하되는 상황에서 재정지출과 국가부채를 크게 확대할 경우 그 대부분이 미래세대의 부담으로 전가되어 세대간 불균형을 크게 확대시키므로 이를 통제하는 것은 미래세대를 보호하고 세대간 균형을 향상시키는 결과를 가져오게 된다.

그러나 지속가능성과 세대간 정의는 여러 가지 측면에서 같이 가지 못하고 오히려 정반대로 가는 경우가 많다. 이에 관한 세 가지 사례를 설명하기로 한다. 첫 번째 사례로는 최근 들어 저금리 기조 하에서 국가부채를 크게 늘려도 이자부담이 크지 않기 때문에 재정의 지속가능성에는 문제가 없다면서 국가부채를 크게 확대하는 사례를 들 수 있는데, 그 결과 각국의 국가부채비율이 100%를 넘어서게 되었다. 나아가 MMT(현대화폐이론)에 입각해 돈을 무한정 찍어내 재정지출을 확대하자는 방안까지 거론되고 있다. 그러나 크게 늘어난 국가부채를 누가 갚을 것이냐의 시각에서 바라보면 이는 실로 심각한 문제이다. 특히 우리나라에서도 GDP 대비 국가부채비율이 다른 나라보다 낮고 재정건전성이 높다면서 단기간 내에 국가부채를 크게 늘려서, 특정세대가 건전재정 여력을 한꺼번에 소진하면서도 재정의 지속가능성에는 문제가 없다고 주장하고 있다.[101] 그러나 이 역시 국가재정은 세대 공유의 자산이고 건전재정 여력도 세대간에 균형 있게 배분되어야 한다는 세대간 정의 측면에서 바라보면 심각한 문제인 것이다. 결국 지금 당장은 재정의 지속가능성에는 문제가 없는 듯이 보여도 중장기적으로는 세대간 불균형을 더욱 크게 확대시키는 결과를 유발한다. 두 번째 사례로는 국가부채가 크게 늘어나는 경우에도 세대간 균형을 오히려 향상시킬 수 있는

---

101) 우리나라의 GDP 대비 국가부채비율은 단기간 급증해 2026년이면 69.7%에 달해 비기축통화 OECD 국가 중 이스라엘, 핀란드에 이어 세계 3위로 부상할 것으로 전망되고 있다.

경로가 열려있다는 점이다. 예를 들어 국가부채를 크게 늘릴 경우에도 그 돈으로 미래세대에 효과적으로 투입하여 이들의 성장 발전을 이루면 세대 간 균형을 크게 향상시킬 수 있다. 그 대표적인 사례가 우리나라 개발연대의 재정운용 방식이다. 당시 막대한 국가부채를 늘렸지만 그 돈으로 각종 산업인프라 건설과 경제개발에 집중 투입함으로써 미래세대의 커다란 성장 발전을 이루었다. 이러한 시각에 입각해 최근 각국에서는 세대간 불균형을 해결하기 위해 기존의 재정총량 통제 방식보다 이같이 예산내용을 미래세대에 포커스를 맞추어 운용하도록 규율하는 새로운 방법이 확대되고 있다. 세 번째 사례로는 지속가능성만 추구하다가 세대간 불균형이 확대되는 문제에 대응할 기회를 놓치는 경우이다. 예를 들어 그동안 독일정부는 온실가스배출 감축이라는 지속가능성 목표를 계속 추진하기는 했지만 온실가스배출 부담에 있어서의 세대간 균형은 고려하지 않아서 결국 연방헌법재판소로부터 위헌 판결을 받게 되었다. 이같이 재정의 지속가능성과 세대간 균형은 다른 방향으로 따로 가는 경우가 많아지면서 재정의 지속가능성만 바라봐서는 세대간 불균형 확대를 놓칠 수 있기 때문에 세대간 균형을 함께 고려하는 새로운 시각의 재정운용이 필요해졌다.

셋째, 기본적으로 세대간 불균형이 확대되는데 대응하려면 재정법제 수단 측면에서도 새로운 변화가 불가피해졌다. 즉 2단계의 재정법제에서는 재정부채를 통제하는 재정준칙이 중심이었고 이를 통해 재정의 건전성과 지속가능성을 이루려한데 비해, 3단계의 세대간 정의 재정법제에서는 세대간 불균형 확대 문제는 중장기 재정계획으로 대응하는 것이 중요해지면서 3단계 재정법제의 핵심 수단으로 부상하게 되었고, 재정준칙의 경우도 기존의 재정총량 규율보다 '예산내용을 규율하는 재정 프레임워크' 쪽으로 중심축이 옮겨가고 있다.

넷째, 3단계 재정법제가 2단계 재정법제와 가장 큰 차이점은 3단계의 재정법제는 중장기 재정 통합 연계 규율 체계 운용을 매우 중시하는데 비해, 2단계의 재정법제는 관련 법제들을 따로따로 분리 운용한다는 점이다. 기본적으로 3단계의 재정법제는 세대간 균형이라는 명확한 목표치를 중심으로 장기－중기－단기 재정계획과 목표치를 설정하고 이를 실현하기 위해 중장기 재정계획과 재정준칙을 통합적으로 연계 규율 운용하는 것이다. 그래야 중장기적으로 세대간 불균형이 확대되는 문제에 대응할 수 있다. 그것은 마치 환경측면에서 각국이 탄소중립이라는 목표를 실현하기 위해 장기－중기－단기 계획과 목표치를 설정하고 관련 법제들을 연계 운용하며 대응하는 것과 흡사하다.

그러면 2단계 재정법제와 3단계 재정법제의 차이점을 6가지 재정법제 유형별로 알아보기로 한다.

첫째, 2단계 헌법과 3단계 재정헌법이 다른 점은, 2단계 재정헌법 규정은 독일 헌법의 제109조와 제115조 2항과, 스위스연방 헌법의 제126조 같이 재정총량 한도를 통제해 단기적 재정수지 균형과 지속가능성을 도모하는 재정준칙 관련 규정들이 중심인데 비해, 3단계 재정헌법 규정은 독일의 기본법 제20b조 같이 세대간 정의 원리를 재정측면으로 확장하려는 새로운 개헌안 같은 것이다. 또한 헌법재판소의 심사 기준도 그동안 미래세대를 보호하기 위해 입법자의 형성권에 많은 것을 위임하던 2단계의 심사기준에 머물렀지만, 3단계의 심사기준은 입법자의 형성권을 줄이고 엄격한 심사기준을 적용하는 방향으로 발전하고 있으며 나아가 미래세대의 권리를 기본권으로 보호하는 방향으로 발전하고 있다. 그 대표적인 사례가 2021년 독일 연방헌법재판소의 기후보호법 헌법불합치 판결이다. 즉 2021년 이전에 독일 연방헌법재판소의 판례는 입법자의 형성권을 많이 존중했지만 2021

년 연방헌법재판소는 온실가스배출권 부담에 있어서의 세대간 불균형이 미래세대의 기본권을 침해한 헌법 위반으로 결정함으로써 입법자의 형성권을 크게 줄였다. 따라서 3단계 헌법재판 심사기준의 특징은 입법자의 형성권을 줄이고 기본권 침해 등의 법리로 미래세대를 직접 보호하려는 것이다.

둘째, 3단계 중장기 재정전망 및 재정계획이 2단계 중장기 재정전망 및 재정계획과 다른 점은, 2단계는 단순히 단기적 '재정수지 균형 목표'(FB)를 추구하는데 비해 3단계는 '세대간 균형 목표'(GB)를 추구한다는 점이며, 특히 장기 – 중기 – 단기 세대간 균형 계획과 목표치를 중심으로 통합 연계 규율 체제를 운용한다는 점에서 차이가 있다. 이를 세부적으로 살펴보자면, '중장기 재정전망'의 경우 2단계 중장기 재정전망은 단순한 재정추계에 그치는데 비해 3단계 중장기 재정전망은 세대간 불균형을 파악하기 위해 세대간 회계, 톱다운 추계방식과 통합추계방식 등을 활용한다는 점에서 다르다. 이러한 3단계의 중장기 재정전망을 실시해 그 결과를 발표하면 대대적인 재정개혁을 유발하는 방아쇠 역할(trigger effect)을 하게 된다. '장기재정계획'의 경우, 2단계는 명확한 장기재정계획이나 목표치가 없는 단순한 장기전망으로 그치는데 비해, 3단계의 장기재정계획은 세대간 균형을 달성하기 위한 명확한 장기목표치를 설정하고 이를 중심으로 중기재정계획과 단년도 예산을 연계 규율한다는 점에서 다르다. 그 대표적인 사례가 호주의 세대간 리포트이다. '중기재정계획'의 경우 2단계 중기재정계획은 중기 재정수지 균형을 추구하며 단년도 예산의 참고자료로 운용되는데 비해, 3단계의 중기재정계획은 세대간 균형(GB)이라는 목표를 추구하며 한편으로는 장기재정계획과 목표치를 반영하고 다른 한편으로는 중기재정계획의 목표치를 세워 단년도 예산을 실질적으로 규율한다는 점에서 다르다. 이에 관한 모델이 스웨덴과 프랑스의 중기재정계획이다. 그동안 스웨덴의 중기예산프레임워크(MTBFs)는 그 목적이 기존의 재정의 지속가능성을 중시하던 것이었지만 이제는 여기서 벗어나 세대간 균형을 중시하는 방향으로의 변화가 이루어지고 있다.[102]

셋째, 3단계 재정준칙 및 재정프레임워크가 2단계 재정준칙과 다른 점은 2단계 재정준칙이 단기적 재정수지 균형(FB)이라는 목표치를 규율하는 것인데 비해, 3단계 재정준칙은 세대간 균형이라는 목표치(GB)를 규율하는 것이라는 점에서 다르다. 예를 들어 스웨덴의 재정준칙의 경우 그 목표치 설정이 단순히 재정수지 균형을 이루는 것을 뛰어넘어 흑자재정이라는 목표를 장기적으로 계속 운용하며 국가부채비율을 계속 줄여나가는데, 그 이유가 향후 미래세대의 부담 확대에 대비하여 재정여력을 비축하기 위한 것이다. 또한 다른 측면에서는 2단계 재정준칙이 재정총량 통제만 추구하는데 비해 3단계 재정프레임워크는 예산내용을 세대간 정의 원리로 규율함으로써 미래세대의 성장 발전을 통해 장기적인 세대간 균형을 도모한다는 점에서 다르다. 그 대표적인 사례가 OECD 국가들의 새로운 재정 프레임워크이다. 이상에서 살펴보았듯이 2단계 재정법제와 3단계 재정법제는 여러 가지 측면에서 근본적으로 다른 측면을 가지고 있다.

Ⅴ. 3단계 세대간 정의 재정법제의 통합 연계 규율체계

3단계 재정법제의 가장 중요한 특징의 하나가 '중장기 재정 통합 연계 규율 체계'를 운용한다는 점이다. 사실 그동안 재정법제들은 따로따로 분리 운용되었다. 중장기 재정전망 따로, 장기재정계획 따로, 중기계획이나 단년

---

102) Robert Boije and Albin Kainelainen, "The importance of fiscal policy frameworks – Swedish experience of the crisis", Banca dItalia, Perugina, March 31 – April 2. p.329.

도 예산도 각각 따로따로 운용되었고, 재정준칙도 별도의 독자적 목표치를 가지고 운용되었다. 기본적으로 2단계 재정법제는 지속가능성이라는 다소 애매하고 불분명한 목표를 추구하기 때문에, 이러한 현상이 어쩌면 당연한 결과라 할 수 있다. 무엇보다 중장기 재정계획이나 재정준칙에서 설정한 목표치에 대한 근거가 부족하고 정부의 목표치도 계속 바뀌었다. 이런 상황에서는 명확한 중장기 목표치를 중심으로 재정을 통합 연계 규율한다는 것은 불가능하다.

그러나 이와 반대로 3단계 재정법제의 경우는 세대간 균형이라는 명확한 목표치를 추진하기 때문에 다를 수밖에 없다. 예를 들어 명확한 세대간 균형이라는 목표치와 달성연도가 주어지면 이를 중심으로 장기 – 중기 – 단기 계획과 목표치를 수립하고 중장기 재정계획과 재정준칙을 이용해 이러한 목표치를 달성해가는 것이다. 이것이 중장기 재정 통합 연계 규율 체계이다. 이러한 방식은 이미 환경분야에서는 현실적으로 이루어지고 있다. 즉 순탄소배출을 0으로 만드는 명확한 탄소중립의 목표치와 달성연도가 주어지면 이를 실현하기 위한 장기 – 중기 – 단기 계획과 목표치를 설정하고 이를 뒷받침할 법률과 시행령 등을 만들어 목표치를 성취하는 것이다. 마찬가지로 재정측면의 세대간 균형을 이루는 것도 똑같다. 적립식 공적 연금의 경우 세대간 균형이라는 목표치와 달성연도가 주어지면 세대간 회계와 Top – down 추계방식 등의 중장기 재정전망을 이용해 세대간 불균형이 앞으로 얼마나 확대될지 파악한 뒤 이를 해결할 장기 – 중기 – 단기 – 계획과 목표치를 수립하고 중장기 재정계획과 재정준칙을 이용하여 해결하면 된다.

그러나 재정측면에서 이러한 중장기 재정 통합 연계 규율 체계를 완비한 모델은 없다. 아직 초기 발전단계이고 각 분야별로 단편적인 연계 규율 체계가 발전하고 있을 뿐이다. 예를 들어 호주에서는 장기재정계획으로 단년도 예산을 규율하고 있고, 프랑스에서는 중기재정계획을 법률로 만들어 단년도 예산을 규율하고 있으며, 스웨덴에서는 재정준칙으로 중기재정계획의 흑자 목표치 달성을 뒷받침한다. 그러나 점차 이러한 변화들이 서로 연계되면서 하나의 통합된 연계 규율 체계로 발전하고 있다. 앞으로 이러한 변화는 더욱 확산될 전망이다. 그 이유는 저출산·고령화 등 3가지 환경 변화로 인해 미래세대 위기가 가중되고 세대간 불균형이 확대될수록 이를 해결하려면 세대간 균형을 목표로 삼고 통합 연계 규율체계를 구축하고 대응해야 하는 것이 필수적이기 때문이다. 따라서 앞으로 통합 연계 규율 체계는 '중장기재정전망 – 장기재정계획 – 중기재정계획 – 단년예산 – 중기재정준칙 – 장기재정프레임워크' 등을 하나로 통합 연계 운용하는 모습으로 발전할 전망이다.

Ⅵ. 세대간 정의 실현을 위한 재정법제의 정의

그러면 '세대간 정의를 위한 재정법제'란 어떻게 정의할 수 있는가? 세대간 정의를 위한 재정법제란 세대간 균형(GB)을 목적으로 운용되는 재정법제라 할 수 있다. 기본적으로 저출산·고령화와 반복되는 경제위기 4차 산업혁명 같은 재정환경 변화로 인해 미래세대의 부담과 세대간 불균형(GI)이 크게 확대되는 새로운 상황에서는 기존의 단기 재정수지 균형을 추구하던 2단계 지속가능성 재정법제로 대응할 수 없게 되었고 세대간 균형을 목표로 삼은 새로운 재정운용 방식과 재정법제의 등장이 불가피해졌기 때문이다. 따라서 3단계 세대간 정의 재정법제의 시각은 국가부채와 재정총량 증대를 중시하기보다 국가부채나 재정부담을 어느 세대가 더 지느냐의 형평성을 중시하는 것이다. 즉 재정은 세대 공유의 자산이며 그것을 한 세대가 모두 소진해서는 안 되며 모든 세대에게 공평하게 나누어져야 한다는 시각을 우선시한다. 따라서 세대간 정의를 위한 재정법제는 '세대간 균형'이라는 배분적 요소[103]를 우선적으로 고려하는 재정법제를 의미하는 것으로 볼 수 있다.

세대간 정의를 위한 재정법제를 방법론적 측면에서 바라보면 세대간 균형이라는 목표를 실현하기 위한 중장기 통합 연계 규율 체계의 틀 안에서 운용되는 모든 재정법제를 일컫는 것이라고 할 수 있다. 따라서 이에 해당되는 것으로는 미래세대의 보호를 명시한 헌법규정과 세대간 균형을 중시하는 중장기 재정계획과 중장기 재정준칙 및 재정 프레임워크 같은 것들을 들 수 있다. 3단계 세대간 정의 재정법제의 사례로는 헌법의 경우 세대간 정의 원리를 재정측면에까지 반영하기 위한 독일의 기본법 제20b조 개헌안이나, 재정수지 균형을 뛰어넘어 향후 미래세대의 부담이 확대될 것을 감안해 흑자재정준칙을 운용하여 국가부채비율을 계속 줄여나가는 스웨덴식의 재정준칙이 있고, 세대간 정의 원리로 예산내용을 규율하는 새로운 재정 프레임워크도 있다.

이 중에서 세대간 균형을 실현하기 위해서 가장 중요한 수단은 바로 중장기 재정계획과 재정준칙이라 할 수 있다. 그러나 그동안 세대간 정의 관련 재정법제를 분류하는 기준에는 이러한 것들이 포함되지 않았다. 예를 들어 배건이(2020)의 연구에서는 아래 [표 3]에서 보듯이 미래세대 보호를 위한 각국의 규범화 방식을 3가지로 분류했는데, 여기에는 일반 재정법제 사례 중 세대간 정의를 위한 중장기 재정계획이나 재정준칙 같은 것들은 빠져 있고, 미래세대위원회나 옴부즈만 같은 것들만 제시되었다. 물론 민주정치 정책결정과정에서는 미래세대의 의사를 반영할 창구가 없기 때문에 이

---

103) 장철준, "세대간 정의의 헌법규범화 방안 – 미국과 유럽의 논의를 중심으로", 미국헌법연구 제26권 제3호, 미국헌법학회, 2015, 174쪽.

러한 장치들이 필요하지만,[104] 정작 이보다 세대간 균형을 이루는데 직접적이고 실질적인 역할을 할 수밖에 없는 중장기 재정계획이나 중장기 재정준칙 등을 소홀히 한 것은 문제이므로 본 연구에서는 이를 포함시켜 함께 살펴보고자 한다.

이와 함께 세대간 정의를 위한 재정법제들은 실체법적인 규범과 절차법적인 규범으로 나누어볼 수 있다. 실체법적인 규범으로는 세대간 정의 원리로 재정을 직접 통제하는 재정헌법 규정과 세대간 균형을 추구하는 경제위기 대응 재정준칙 및 세대간 정의 원리로 예산내용을 규율하는 재정프레임워크를 들 수 있다. 절차법적인 규범으로는 장기재정계획, 중기재정계획 및 미래세대위원회, 미래세대 옴부즈만 같은 사례들을 들 수 있다.

[표 3] 미래세대 보호를 위한 주요국가의 규범화 동향[105]

헌법	기본권 규정을 통한 보호	없음
	국가목표규정을 통한 보호	독일기본법 제20a조, 스위스 연방헌법 제2조 등
법률	개별 법률제정 통한 보호	영국 웨일즈 미래세대후생법
조직 및 입법절차 관련규정	조직 및 입법절차 관련 규정을 통한 보호	이스라엘 미래세대위원회, 핀란드 미래위원회, 스웨덴 아동옴부즈만
		독일 및 스위스 법안에 대한 지속가능성 심사

---

104) 홍일선, "세대간 정의와 평등-고령사회를 대비한 세대간 분배의 불균형문제를 중심으로", 헌법학연구 제16권 제2호, 한국헌법학회, 2010, 458쪽.
105) 배건이, 「미래세대보호를 위한 법이론 연구-세대간 계약을 중심으로」, 글로벌법제전략연구 20-17-1, 한국법제연구원, 2020, 101쪽.

1. 세대간 정의 재정법제의 요건

세대간 정의를 위한 재정법제의 요건은 무엇인가? 그것은 다음 4가지를 들 수 있다. 따라서 이러한 요건을 갖춘 재정법제들을 세대간 정의를 위한 재정법제로 구분할 수 있다.

첫째, 세대간 정의를 위한 재정법제의 공통적 요건은 세대간 정의라는 배분적 시각을 재정법제 운용에 우선적으로 반영하며 세대간 균형(GB)이라는 목표를 추구하는 것이다. 반면 기존의 재정법제들은 세대간 균형은 중시하지 않고 단기적 재정균형(FB)만 추구하며 재정의 건전성이나 지속가능성만 바라본다는 점에서 다르다.

둘째, 세대간 정의를 위한 재정법제의 또 하나의 요건은 단기적 시계의 단년도 예산 중심의 재정운용에서 벗어나 중장기 시계 하에 중장기 재정계획을 중심으로 세대간 균형을 도모한다는 점이다. 기본적으로 세대간 불균형이라는 문제는 중장기 단위에서 발생하는 것이므로 이에 대응하려면 중장기 재정계획이 가장 중요할 수밖에 없다.[106] 따라서 재정운용의 중심축이 단년도 예산에서 중장기 재정계획 쪽으로 옮겨가고 있다.[107] 그 대표적인 것이 프랑스와 스웨덴이 중기재정계획을 중심으로 재정을 운용하는 사례이다.

셋째, 세대간 정의를 위한 재정법제의 또 하나의 요건은 관련 재정법제들을 따로따로 운용하지 않고 세대간 균형이라는 목표를 중심으로 통합적으로 연계 운용한다는 점이다. 즉 먼저 중장기 재정전망을 통해 세대간 불균

---

106) OECD, "Governance for Youth, Trust and Intergenerational Justice," OECD Public Governance Reviews, 2020, p.117.
107) 김도승, "행정부의 다년간 재정운용계획에 대한 법적 규율 – 프랑스 공공재정계획법률과 그 규범성 논란을 중심으로", 공법연구 39(2), 한국공법학회, 2010, 460쪽.

형이 앞으로 얼마나 확대될지 파악한 뒤 세대간 균형을 이루기 위한 장기 재정계획의 목표와 지침을 수립하고 중기재정계획을 규율하며, 이를 바탕으로 중기재정계획의 목표와 지침을 수립하고 단년도 예산을 규율 운용한다. 따라서 세대간 정의를 위한 재정법제란 이러한 중장기 통합 연계 규율체계의 틀 안에서 운용되는 재정법제를 의미한다.

넷째, 세대간 정의를 위한 재정법제의 또 하나의 요건은 세대간 균형을 이루기 위해 설정된 장기 – 중기 – 단기 목표치 달성을 위한 새로운 3단계 재정준칙들을 연계 운용한다는 점이다. 기존의 2단계 재정준칙들은 지속가능성이라는 다소 애매한 목표를 추구하기 때문에 목표치가 불명확하고 설정 기준도 없어서 늘 기준이 바뀌었다. 예를 들어 국가부채비율의 한도를 국내총생산(GDP) 대비 40%로 정해야할지 60%나 100%로 해야할지 특별한 원칙이나 근거가 없어서 늘 한도를 정할 때마다 논란이 벌어지곤 한다. 기본적으로 국가부채비율 한도는 각국의 경제여건과 재정여건이 상이한데 따라 달리 정할 수밖에 없고, 기축통화국이냐 비기축통화국이냐에 따라 달라질 수밖에 없다. 예를 들어 우리나라의 경우는 3가지 재정환경 변화가 세계에서 가장 극심하게 전개되고 있고, 경제성장률은 세계에서 가장 장기간 심각하게 저하되고 있는데다가 국가부채비율도 세계에서 가장 빠르게 증대하고 있으며, 국가채무 외에 숨은 잠재채무가 워낙 방대하고 가계부채도 세계에서 최고 수준이며 비기축통화국인 상황이다. 따라서 우리나라의 국가부채비율 한도를 정할 경우 다른 나라의 한도를 그대로 따를 것이 아니라 보다 더 엄격하고 더 낮은 국가부채비율 한도를 설정할 수밖에 없다. 그러나 현실적으로 구체적 기준을 설정하는 것은 매우 힘들다. 결국 각국은 준칙 한도를 계속 바꾸고 높이면서 국가부채비율이 줄줄이 100%선을 넘나드는 수준으로 올라섰다. 이와 달리 3단계의 재정준칙의 경우는 세대간 균형이라는 명확한 기준을 중심으로 장기 - 중기 - 단기 계획에서 구체적인 목표치를 설정하고 이를 중심으로 재정준칙을 연계 운용한다는 점에서 다르다. 또한 3단계 재정준칙은 그 수단 측면에서도 다르다. 즉 지금같이 경제위기와 장기침체가 계속 이어지고 세대간 불균형이 중장기적으로 계속 확대되는 상황에서는 2단계의 단년도 재정총량을 통제하는 재정준칙으로는 대응할 수 없게 되었고 새로운 형태의 재정준칙으로 전환하고 있다. 그것이 경제위기 대응 재정준칙과 예산내용을 규율하는 새로운 재정 프레임워크이다.

이상에서 새로운 재정법제의 4가지 요건에 대해 살펴보았는데 이러한 요건을 갖춘 재정법제들을 3단계 세대간 정의를 위한 재정법제로 구분할 수 있고 아래 [표 4]와 같다. 물론 아직은 이러한 4가지 요건을 모두 갖춘 재정법제를 운용하는 나라는[108] 찾아보기 어렵지만, 각국의 재정법제들은 이러한 방향으로의 변형과 발전이 계속 이루어지고 있다.

[표 4] 세대간 정의를 위한 재정법제의 4가지 요건

2단계 재정법제의 요건	3단계 세대간 정의를 위한 재정법제 요건
• 재정 수지 균형과 지속가능성 중시	• 재정측면의 세대간 균형 목표를 중시
• 단년도 예산 중심 재정 운용	• 중장기 재정계획 중심 재정운용
• 장기 · 중기 · 단기 계획 분리 운용	• 세대간 균형 목표 중심 장기 - 중기 - 단기 계획 통합 연계 운용
• 단년도 재정총량 통제 재정준칙 - 재정수지 국가채무 준칙 한도 수시 변경	• 명확한 세대간 균형 장기 - 중기 - 단기 목표치 중심 중장기 재정준칙 연계 운용 - 재정총량 통제 준칙과 예산내용 규율 지침 병용

---

108) Caselli et al.(2018), Eyraud et al.(2018) 등의 잘 설계된 재정준칙이 효과 있고 잘못 설계된 재정준칙은 효과가 없다는 주장을 참고로 잘 설계된 세대간 정의를 위한 재정법제는 무엇인지 살펴볼 필요가 있다.

2. 세대간 정의를 위한 재정법제 분류기준

3단계 세대간 정의를 위한 재정법제를 구분하는 기준은 무엇인가?

각국의 재정법제들 중에서는 세대간 정의를 위한 재정법제와 관련된 것이라고 쉽게 구분할 수 있는 것들이 있다. 예를 들어 미래세대 보호 관련 헌법 규정, 세대간 회계 등을 활용하여 세대간 불균형을 확인하기 위한 중장기 재정전망, 호주의 세대간 리포트같이 세대간 균형을 중시하는 장기재정계획, OCED 국가들의 새로운 재정프레임워크 등과 같이 세대간 정의 원리로 제반 법제와 예산 내용을 직접 규율하는 사례의 경우, 그것이 세대간 정의를 위한 재정법제임을 누구나 쉽게 알 수 있다. 이와 함께 스웨덴의 중기재정계획이나 재정준칙의 경우도 단순히 중기 재정수지 균형을 이루는 목표를 뛰어넘어 흑자재정 준칙을 계속 운용하며 국가부채비율을 장기간 저하시켰는데, 그 이유가 미래의 재정부담 증대에 대비해 재정여력을 비축하기 위한 세대간 형평성 목적임을 분명히 밝히고 있는 만큼 이를 세대간 정의를 위한 재정법제로 볼 수 있다. 그러면 6가지 재정법제 유형별로 대표적인 사례들에 어떠한 것이 있는지 살펴보기로 한다.

첫째, 3단계 헌법으로 볼 수 있는 것은 미래세대 보호 헌법조항을 가지고 있고 그것을 환경측면을 뛰어넘어 재정측면에도 적용하는 경우를 의미한다. 이에는 독일 기본법 개헌안의 제20b조가 대표적이다. 반면 독일 기본법 제109조 제115조의 재정수지 균형을 이루기 위한 규정들은 2단계 헌법규정으로 볼 수 있다. 또한 각국의 헌법재판소 판례 중 3단계 판례로 볼 수 있는 것은 독일 연방헌법재판소의 2021년 기후보호법에 대한 헌법불합치 결정을 들 수 있다. 이것은 미래세대의 보호에 관한 기본법 제20a조 국가목표조항과 자유권적 기본권 조항을 결합해 미래세대의 온실가스배출 부담에 관한 세대간 균형의 권리를 보호한 것이다. 비록 환경측면의 판례이기는 하지만 앞으로 재정측면으로 확산될 수 있는 중요한 사례이다.

둘째, 3단계 중장기 재정전망으로 볼 수 있는 것은 세대간 불균형(GI)을 파악하기 위해 세대간 회계나 Top‐down추계 및 통합 추계기법 등을 활용하는 사례를 의미한다. 반면에 기존의 중장기 재정전망은 단순한 재정추계로 재정불균형(FI)만 파악할 뿐 세대간 불균형(GI)은 고려하지 않는다.

셋째, 3단계 장기재정계획으로 볼 수 있는 것은 세대간 균형을 목표로 운용되는 장기재정계획이다. 특히 '중장기재정전망‐장기재정계획‐중기재정계획‐단년도 예산'으로 이어지는 통합적 연계규율 체계 안에 운용되는 장기재정계획을 의미한다. 즉 세대간 불균형을 파악한 중장기 전망치를 토대로 세대간 균형 실현을 위한 장기재정계획과 목표치를 수립하고 그 방침으로 단년도 예산을 규율하는 것이다. 그 가장 발전된 사례가 호주의 세대간 리포트이다.

넷째, 3단계 중기재정계획으로 볼 수 있는 것은 세대간 균형을 목표로 운용되는 중기재정계획이다. 따라서 그 목표는 단기적 재정수지 균형이 아니라 미래의 재정부담 증대를 고려하여 그만큼 더 낮은 목표치를 설정 운용하며 재정여력을 비축하는 경우를 의미한다. 그리고 이러한 목표를 이루기 위한 중기재정계획을 세워서 이를 중심으로 단년도 예산을 규율 운용하는 것을 말한다.[109] 이러한 3단계 중기재정계획은 장기‐중기‐단기 재정계획의 통합 연계 규율 체제의 중심축 역할을 한다. 즉 한편으로는 장기재정계획에서 정한 방침을 중기재정계획에 반영하고, 다른 한편으로는 중기재정계획에서 정한 방침으로 단년도 예산을 규율하기 때문이다. 이에 가장 가까

---

109) 백웅기・홍승현, 「중장기 재정운용전략 수립의 제도적 개선 방향」, 2013년도 한국재정학회 춘계정기학술대회, 한국재정학회, 2013, 14쪽.

운 모델은 프랑스와 스웨덴의 중기재정계획이다.[110]

다섯째, 3단계 재정준칙으로 볼 수 있는 것은 세대간 균형 목표치를 달성하기 위한 재정준칙을 의미한다. 따라서 재정준칙 목표치 설정시 향후 경제위기나 저출산·고령화 등으로 미래에 재정부담이 증대할 것으로 예상되는 분량만큼 차감한 국가부채비율 등의 목표치를 설정하고 이를 규율하는 재정준칙이 해당된다. 특히 그러한 목표치는 세대간 균형 실현을 위한 장기-중기-단기 목표치와 연계하여 설정되는 것이다. 반면에 2단계 재정준칙은 단년도 재정총량을 통제하여 단기적 재정수지 균형만 도모하는 것으로, 세대간 균형을 중시하지도 않고 장기-중기-단기 연계 목표치도 없다. 3단계 재정준칙의 가장 가까운 사례는 스웨덴의 새로운 경제위기 대응 재정준칙이다. 그것은 반복되는 경제위기 속에서 중기 균형재정 준칙을 중심으로 평상시 흑자재정 준칙, 위기시 유연성 준칙, 복원시 적자상환 준칙 등을 통합적으로 연계 운용하며 세대간 균형를 도모하는 것이다.

여섯째, 3단계 재정 프레임워크로 볼 수 있는 것은 세대간 정의의 원리로 제반 예산 법률 정책의 내용을 규율하는 새로운 재정 프레임워크를 의미한다. 그 대표적인 사례가 OECD 국가들의 재정 프레임워크와 지표들이다. 즉 세대간 정의의 원리로 예산의 내용을 규율하여 미래세대의 성장 발전을 이루고 세부담 역량과 복지부담 역량을 키워서 장기적 세대간 균형을 도모하려는 것이다. 따라서 이것은 기존의 재정준칙과는 다른 변형된 재정통제 방식이고 아직은 이론적으로 체계화되지 못했지만 앞으로 더욱 크게 활용될 전망이다.

이상에서 살펴본 6가지 유형별 세대간 정의 재정법제 관련 사례들을 정

---

110) 김동건·윤영진·박정수·이원희, 「각 부처 중장기 계획과 국가재정운용계획 연계 방안」, 한국재정연구회, 2006.

리하면 아래의 [표 5]와 같다.

[표 5] 세대간 정의를 위한 재정법제 유형별 6가지 해외사례

법제유형	2단계 재정법제	3단계 세대간 정의를 위한 6가지 재정법제

헌법	• 환경측면 중심 헌법규정
	  − 헌법상 국가목표규정
	• 헌법상 재정준칙 운용
	• 헌재 심사시 입법자의 형성권을 많이 허용
		• 재정측면 세대간 정의 헌법규정
		  − 세대간 정의 국가목표규정 (독일 기본법 20b조)
		• 헌재 심사시 입법자의 형성권 축소(독일 헌재 2021년 기후보호법 관련 위헌 판결)

중장기 재정전망	• 재정불균형(FI) 중심 전망
	  − 세대간 불균형 파악 않음
		• 세대간 불균형(GI) 전망 병행 (세대간 회계 등)
		  − 세대간 불균형 전망치 토대로 중장기 계획 운용

장기 재정계획	• 단년도예산 중심 재정운용 − 장기재정전망으로 그침	• 세대간 균형 위한 장기재정계획으로 중기계획과 단년도 예산 규율(호주의 세대간 리포트)
중기 재정계획	• 단년도예산 중심 재정운용 − 중기재정계획은 참고자료	• 세대간 균형 장기계획 기반 중기계획 수립해 단년도 예산 규율 (스웨덴·프랑스 중기재정계획)
중기 재정준칙	• 단기적 재정수지 균형 규율 재정준칙	• 세대간 균형 장기−중기−단기 목표치 규율 재정준칙(스웨덴의 경제위기 대응 재정준칙)
장기재정 프레임워크	• 재정총량 규율 재정준칙 예산내용 규율 준칙 부재	• 세대간 정의 원리로 예산내용 규율 프레임워크(OECD 국가들의 새로운 재정 프레임워크)

제 3 절 3가지 재정환경 변화에 의한 3단계 재정법제의 발전

본 연구에서는 재정환경 변화를 매우 중요하게 여기고 이를 자세히 살펴보고자 한다. 그 이유는 재정운용을 규율하는 재정법제의 경우 다른 일반 법제들과 달리 경제상황, 재정상황 변화에 커다란 영향을 받으며 계속 조정이 이루어지고 그 해석과 적용도 계속 바뀌는 등 변동성이 크기 때문이다.

따라서 재정법제를 살펴보려면 먼저 재정환경을 살펴보는 것이 중요하다. 특히 지금같이 경제환경과 재정환경의 대격변기에는 재정환경 변화를 살펴보지 않고는 재정법제를 논할 수 없고 그 발전방향도 알 수 없으며 올바로 대응하는 것도 불가능하다. 더구나 주요 재정환경 변수를 제대로 고려하지 않고 누락시킬 경우 이를 토대로 만들어진 중장기 재정전망이나 중장기 재정계획은 그 오차가 클 수밖에 없고 오히려 정부로 하여금 잘못된 방만한 재정운용을 하도록 조장하는 그릇된 결과를 유발할 수 있다. 따라서 본 연구에서는 저출산·고령화의 인구변수 외에[111] 반복되는 경제위기 및 4차 산업혁명 변수 등 3가지 재정환경 변화도 포함해 함께 살펴보기로 한다. 이러한 변수들은 저출산·고령화 못지않게 미래세대에 커다란 영향을 미칠 것으로 전망되고 있기 때문이다.

---

111) 이덕연, "헌법명제로서 '살림'의 패러다임과 경제와 재정의 '지속가능성'", 법학연구 21권 4호, 연세대학교 법학연구원, 2011, 219쪽; 홍일선, "세대간 정의와 평등 – 고령사회를 대비한 세대간 분배의 불균형문제를 중심으로", 헌법학연구 제16권 제2호, 한국헌법학회, 2010, 460쪽.

Ⅰ. 저출산 · 고령화에 따른 인구구조 변화

1. 세계 최고 저출산 · 고령화로 인한 재정 복지의 존속 위기

우리나라는 저출산·고령화로 인해 세계적으로 가장 심각한 위기를 맞이할 것으로 전망되고 있다. 2013년 부산에서 열린 세계인구총회에서 영국의 옥스퍼드인구문제연구소는 우리나라의 세계 최저 수준의 저출산율로 인해 22세기에 지구상에서 가장 먼저 사라질 나라로 대한민국을 꼽았다. 실제로 우리나라에서는 한명의 여자가 평생 낳을 자녀의 숫자를 의미하는 합계출산율이 1960년대의 6.0명에서 최근 2023년에는 0.72명으로 급락했고 전문가들은 이러한 추세가 앞으로 더욱 심각해질 것으로 전망하고 있다. 통계청이 2024년 2월 발표한 '2023년 인구동향조사 출생·사망통계'에 따르면 2024년 합계출산율은 0.68명으로 더 낮아질 것으로 예상했다. 유엔미래포럼이 발간한 2009년 유엔미래보고서에서는 우리나라의 초저출산율로 인해 오는 2305년이면 한국은 남자 2만명, 여자 3만명만 남을 것이라고 예측했다.

더구나 우리나라는 저출산에다가 2021년에는 사망자 수도 늘어나 인구 자연 감소 추세가 2020년, 2021년 연속해서 이어지고 있다. 2020년에 자연 감소한 인구는 32,000명으로 이는 보은군 인구수가 사라진 것에 맞먹고, 2021년에는 57,000명이 줄어들어 의성군 인구수가 사라졌으며 매년 군단위 인구가 없어지고 있다. 2040년부터는 더욱 급격한 감소를 보여서 매년 30만명에서 40만명의 중소도시 하나씩 문을 닫게 되고 100년 뒤에는 한민족이 없어질 것으로 전망되고 있다. 정부는 2006년부터 2020년까지 지난 15년간 저출산 대책에 380조 2,000원의 예산을 투입했지만 이러한 하락세는 더욱 심화되었다.[112]

---

112) 감사원은 2021년 7월 13일 '저출산·고령화 대책 성과분석 및 인구구조 변화 대응실태(지역과 노후소득보장)' 감사 결과를 발표하면서 저출산·고령화 대책과 관련한 정

이러한 급속한 저출산과 인구감소는 우리나라 경제에 치명타가 될 수 있다. 앞으로 경제활동인구가 급격히 줄어들어 경기침체가 가중되고 부동산 가격이 폭락하며 국방을 지킬 사람이 없어지고 미래세대의 부담이 극대화되어 결국 복지와 재정이 중단될 전망이다. 이미 우리나라의 생산연령인구 순위가 2019년 세계 9위에서 2055년부터는 세계 최하위로 떨어질 것으로 예측되고 있다. 2020년 3,737만 9,000명이던 국내 생산가능인구(15~64세)는 향후 5년간 177만명 감소할 것으로 예상되고, 2070년이면 1,736만 8,000명으로 반 토막이 우려된다. 한국금융연구원은 이런 추세가 이어지면 2030년 잠재성장률이 0%대에 진입할 것으로 전망했다.[113]

더욱 심각한 것은 우리나라는 고령화도 세계에서 가장 빠르게 진행되고 있어서 더욱 문제를 가중시키고 있다는 점이다. 통계청 인구전망에 따르면 한국의 고령화 속도는 세계 평균의 3배에 달해 2045년에는 37%에 이르러 세계 최고령국가인 일본(36.7%)을 제치고, 2067년에는 세계 평균인 18.6%의 2배 이상을 상회한 46.5%로 2위 타이완(38.2%), 3위 일본(38.1%)보다 크게 앞서면서 세계 최고의 고령국가가 될 것으로 전망되고 있다. 더구나 유전자·줄기세포 공학기술의 비약적인 발전으로 100세 시대에 이어서 120세 시대로 빠르게 전환할 것으로 전망되고 있어서 더욱 위험스러운 상황이다. 무엇보다 고령화가 심화될수록 연금수급기간이 장기화되어 부담을

책 방향이 잘못됐거나 한계가 드러난 대책의 보완을 촉구했다.
113) 한국금융연구원은 2022년 3월 15일 '향후 우리나라의 잠재성장률 경로 추정' 보고서에서 국내 잠재성장률이 2025년 1.57%로 떨어진 후 2030년(0.97%)에는 0%대에 진입하고, 2045년엔 0.60%까지 곤두박질칠 것으로 전망했다. 잠재성장률은 물가상승을 자극하지 않으면서 달성할 수 있는 최대 성장률인데, 국내 잠재성장률은 2000년대 초반만 해도 5% 안팎에서 현재 2.0%(2021~2022년)까지 떨어진 상태다. 더욱 심각한 문제는 이러한 전망은 그나마 경제활동참가율 등이 현재 수준으로 유지됐을 때를 가정한 수치라는 점이다. 경기가 활력을 잃어 자본 투입이 제대로 되지 않을 경우 잠재성장률은 수직 낙하한다. 2030년 0.68%를 찍은 뒤 2045년엔 마이너스(-0.08%)에 진입할 것으로 전망됐다.

감당할 수 없게 되고, 특히 노년으로 갈수록 의료비용이 크게 늘어나고 장기요양기간이 길어져 각종 의료 복지 부담이 기하급수적으로 폭증하게 된다. 따라서 기존의 재정 복지방식으로는 대응이 불가능할 전망이다. 무엇보다 이러한 저출산·고령화 현상은 OECD 국가 등 세계 공통적인 현상으로 메가트렌드로 자리잡게 되었고, 그 선두에 우리나라가 있다.

2. 저출산·고령화에 의한 세대간 불균형 확대 경로

저출산·고령화 현상이 세대간 불균형을 확대시키는 변화는 다음의 세 가지 경로를 통해 이루어지고 있다고 볼 수 있다.

첫째, 저출산·고령화로 고령층의 수명 연장이 계속되면서 소수의 미래세대가 다수의 고령층을 부양하게 되어 세대간 불균형이 심화되는 것이다. 1960년대에는 40명이 노인 1명을 부양했는데, 지금은 2.5명이 노인 1명을 부양하고, 앞으로는 이러한 추세가 더욱 가속화되어 미래세대 부담을 가중시킬 전망이다. OECD 국가들은 공통적으로 저출산·고령화로 인해 노동연령인구(16~64세) 대비 노령자가 차지하는 '노령 의존도 비율'(the old-age dependency ratio)이 계속 높아져 1990년에는 노동연령인구 100명 중 65세 이상이 평균 21명인 반면, 2020년에 31명으로 증가했고, 앞으로 2050년에는 53명으로 증가할 전망이다.[114] 특히 우리나라는 가장 현저하게 증대하고 있어서 우리나라의 GDP 대비 복지지출 비중은 2060년에 27.8%로 2016년 현재 북유럽 노르딕 국가들의 세계 최고 수준에 도달할 전망이다.[115] 그 결과 아래 [그림 2]처럼 미래세대의 총부양비가 증대하며 세대간 불균형을 크게 가중시킬 것이다.

---

114) Gallup World Poll (database).
115) 옥동석, 「한국의 중장기 재정위험과 관리방안」, 2018년도 연구용역보고서, 국회예산결산특별위원회 2018, 213쪽.

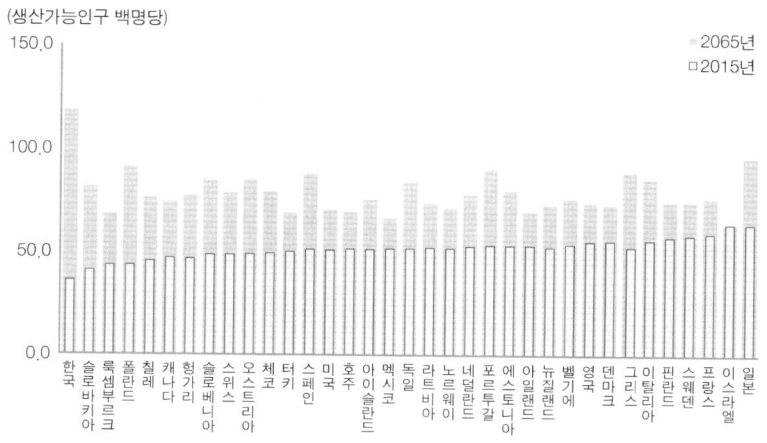

[그림 2] OECD 국가별 총부양비 비교(2015 · 2065년)

(생산가능인구 백명당)

※ 자료 : 2017~2067년 장래인구특별추계, 통계청

둘째, 우리나라의 미래세대 부담 확대는 아래 [그림 3]과 [그림 4]에서 보듯이 공적 연기금 등 사회보험 분야에서 더욱 현저하게 나타나고 있다. 이미 적자보전중인 공무원·군인연금에 이어 국민연금, 사학연금도 곧 적자로 전환할 예정이고[116] 결국 그림 아래쪽 부문의 천문학적 누적 부채는 미래세대에게서 세금을 거두어 막아야 한다. 더구나 유전자 공학 등 의료기술의 획기적 발전으로 수명 연장이 더욱 가속화되면 공적 연기금과 건강보험 등 사회보험들의 유지가 아예 불가능해질 수 있다. 즉 과거에는 30여년 일하고 은퇴 후 10여년 동안 연금과 의료보험 혜택을 받고 살았지만 앞으로는 30년 일하고 30년에서 50년 이상 연금과 의료보험 혜택을 받게 되는데다가, 노후로 갈수록 질환이 많아지고 장기요양기간이 크게 늘어나 의료비용이 급증하고 병상에서 보내는 기간 연장이 가속화되어 결국 국민연금 건

---

116) 신화연·원종욱·이선주·전영준, 「사회보장 중장기 재정추계모형 개발을 위한 연구」, 연구보고서 2013-27, 한국보건사회연구원, 2013, 108-109쪽.

강보험 등 사회보험의 중단 시점이 더욱 빠르게 앞당겨질 수 있다.

[그림 3] 국민연금기금 재정수지 및 적립금 전망(2019~2060년)[117]

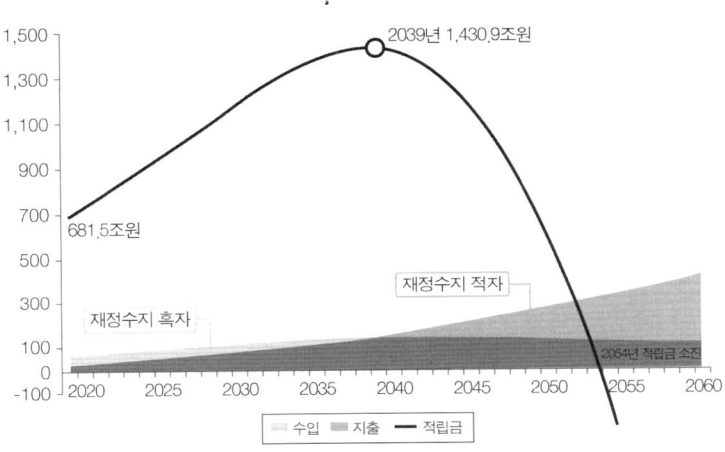

[그림 4] 공적연금 재정수지 전망(2020~2090년, 단위 : 조원)[118]

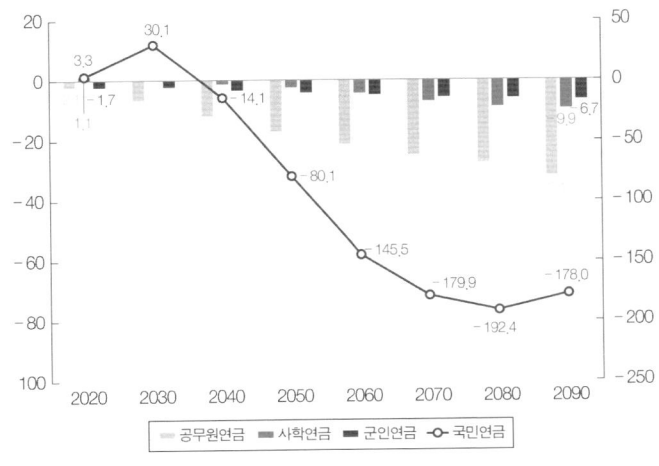

---
117) 국회예산정책처, 「2019 - 2060년 국민연금 재정전망」, 2019, 70쪽.
118) 국회예산정책처, 「4대 공적연금 장기 재정전망」, 2020, 81쪽.

셋째, 정치적 측면에서도 미래세대는 투표권이 없어서 자신의 이익을 반영하지 못하는 가운데 고령 유권자들의 비중이 더욱 커지고 정치적 영향력이 확대되면서[119] 정부의 정책 결정이나 재정운용에서 현세대에게 편중된 접근이나 포퓰리즘적 재정운용을 더욱 증대시키는 결과를 유발하고 있고, 앞으로 고령층이 더욱 늘어남에 따라 미래세대의 부담과 세대간 불균형은 더욱 가중될 전망이다. 반면에 미래세대를 위해 현세대에게 부담을 지우는 재정개혁들은 성취되기가 더욱 어려워질 것이다. 결국 이같이 저출산·고령화는 3가지 측면에서 미래세대에게 감당할 수 없는 부담을 확대할 것이다. 그러나 앞으로 미래세대 그 누구도 이를 부담하려 하지 않을 것이고 4차 산업혁명 등의 영향으로 국가로부터 더욱 쉽게 이탈하게 되면서[120] 결국 기존 복지와 재정이 중단되는 위기로 내몰릴 수 있다.

3. 새로운 재정법제 요구

결국 급격히 심화되는 저출산·고령화는 기존의 재정운용 방식과 재정법제에 대한 혁명적인 패러다임 전환을 요구하고 있다.[121]

첫째, 저출산·고령화는 정부의 재정을 바라보는 시각 자체부터 근본적인 변화를 요구하고 있다.[122] 저출산·고령화로 인한 재정과 복지의 중단과 국가의 소멸까지 전망되는 심각한 상황에 대응하려면 기존의 재정정책이나 재정법제의 일부 개편이나 지출조정의 파인튜닝(fine tuning)만으로는

---

119) OECD, "Governance for Youth, Trust and Intergenerational Justice," OECD Public Governance Reviews, 2020, p.117.
120) 이에 대해서는 뒤의 4차 산업혁명 분야에서 상세히 설명하기로 한다.
121) https://www.oecd.org/newsroom/global-strategy-group-discusses-megatrends-and-role-of-the-oecd-in-a-changing-world.htm.
122) Vanhuysse and Goerres, 「Ageing populations in post-industrial democracies」, Routledge, 2012, p.9.

크게 부족할 수밖에 없다. 둘째, 저출산·고령화는 현세대보다 미래세대를 중시하고 세대간 정의를 우선시하는 새로운 재정운용 방식으로의 전면적 전환을 요구하고 있다. 즉 미래세대 부담이 폭증하는 문제를 해결하려면 현세대의 복지 부담을 크게 늘리고 수혜는 줄이면서 한정된 재원을 미래세대의 성장과 발전에 집중 투입하는 '친 미래세대 재정운용 방식'으로의 전환이 필요하기 때문이다. 셋째, 저출산·고령화는 단년도 예산 방식에서 벗어나 중장기 재정계획 중심의 재정운용 방식으로의 일대 전환을 요구하고 있다.[123] 즉 세대간 불균형은 중장기적으로 확대되는 문제인 만큼 이에 대응하려면 중장기 시계 하에 중장기 재정전망을 통해 세대간 불균형이 앞으로 얼마나 확대될지 파악하고 이를 중심으로 중장기 재정계획을 세워서 단년도 예산을 규율하는 것이 필수적이기 때문이다.[124] 넷째, 저출산·고령화는 재정총량 통제를 중시하는 기존의 재정법제로부터 예산내용 규율을 중시하는 새로운 재정법제로의 전환을 요구하고 있다. 특히 앞으로 4차 산업혁명으로 인해 각국 경제주체들의 글로벌 이동성이 무한대로 높아질수록 국가 단위에서의 세율 제약은 더욱 심화될 수밖에 없을 것으로 전망되고 있고, 그럴수록 예산내용을 규율하는 방식을 활용해 세대간 균형을 도모하는 방법이 더욱 중요해질 수밖에 없다. 따라서 미래세대의 성장 발전에 포커스를 맞추어 예산내용을 운용하는 새로운 재정운용 방식으로의 전환이 요구되고 있다. 이미 많은 OECD 국가들은 청소년층과 미래세대에 포커스를 맞춘 청

---

123) 신영수·현대호·김도승, 「재정법제의 현대적 과제(Ⅰ) - 저출산·고령화 대응」, 재정법제연구 10 - 12 - 2 - 1, 한국법제연구원, 2010, 13 - 28쪽.; Jennie Bristow, 「Stop Mugging Grandma : The 'Generation Wars' and Why Boomer Blaming Won't Solve Anything」. Yale University Press, 2019.; Joseph C. Sternberg, 「The Theft of a Decade : How the Baby Boomers Stole the Millennials' Economic Future」. PublicAffairs, 2019.

124) 프랑스와 스웨덴이 단년도 예산에서 중기계획 중심 재정운용으로 전환한 것이 대표적이다.

소년 역량 강화정책(NYS, national youth strategies)이나 고령화에 대응한 새로운 공공 가버넌스로 전환하는 등 다양한 노력을 기울이고 있으며 그 결과 세대간 불균형 문제를 상당히 해소하는 성과를 얻고 있다.[125]

Ⅱ. 반복되는 경제위기에 따른 재정구조 변화

1. 반복되는 경제위기에 의한 국가부채비율 급증

세대간 불균형을 크게 확대시키는 또 하나의 중요한 재정환경 변화가 반복되는 경제위기이다. 90년대 들어서 세계 각국은 권역별로 순환적 경제위기를 맞이한데 이어서 2008년에는 세계경제위기를 맞이하고, 다시 2020년 코로나위기를 맞이하는 등 대형 경제위기가 반복되면서 각국은 이에 대응해 정부의 재정지출 확대를 장기간 계속하고 국가채무가 급증하면서 재정위기가 가중되었고, 이로 인해 미래세대의 부담이 더욱 증대하고 세대간 불균형이 확대되는 결과를 유발하게 되었다. 더구나 대형 경제위기 발생 이후 경기침체가 장기화되면서 국가부채 증대가 장기간 이어지게 되었다. 2008년 세계경제위기로 인해 유럽국가들은 대대적 재정 금융 확장정책을 실시하고 제로금리 양적완화 같은 극단적 정책을 장기간 계속했는데, 그 상처가 채 아물기도 전에 다시 2020년에 코로나 위기를 맞이하면서 각국은 더욱 커다란 경기부양 패키지를 확대하고 국가부채가 크게 급증하게 되었다. 그 결과 각국의 국가부채비율이 100%를 넘나드는 상황을 맞이하게 된 것이다. 특히 아이슬란드 같은 나라는 건전재정을 유지하다가 단 한 번의 금융위기로 국가부채비율이 100%를 넘어서기도 했다.[126] 더욱이 각국의 국가부채

---

125) Arevalo et al., "The intergenerational dimension of fiscal sustainability," European Economy Discussion Paper 2015‑112, European Commission, 2019, p.30.
126) https://www.ceicdata.com/ko/indicator/iceland/government‑debt‑of‑nominal‑gdp.

비율이 장기간 계속 높아지고 있는데 경제위기 이후에도 [그림 5]와 [그림 6]에서 보듯이 다시 원위치로 회복되지 않고 있어서 문제이다.

[그림 5] OECD 국가들의 부채비율[127]

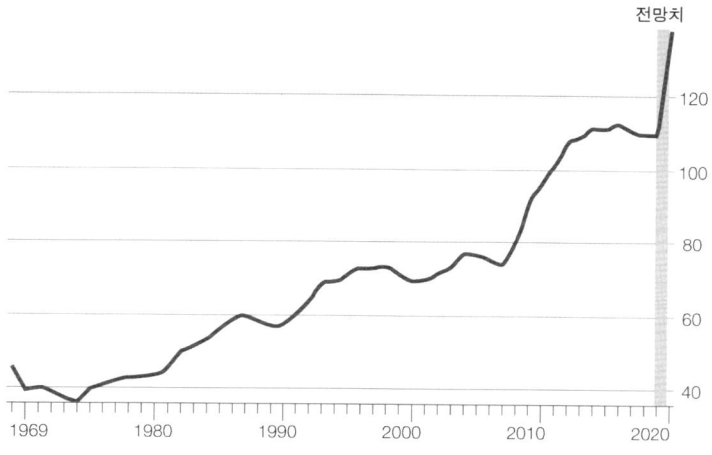

[그림 6] 우리나라 연도별 국가채무(조원)

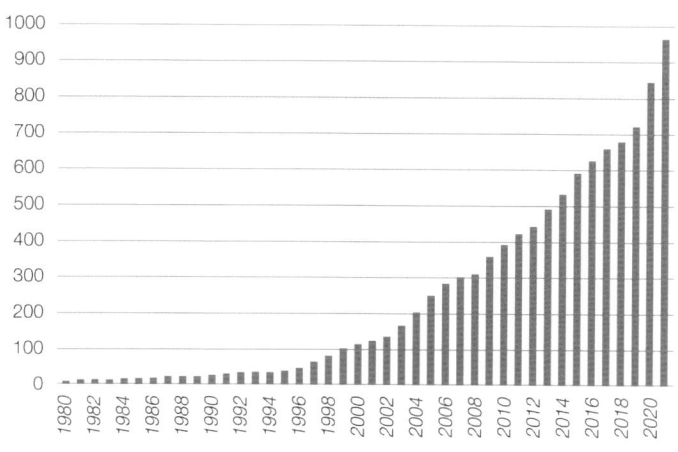

※ 자료 : OECD, 파이낸셜타임스(FT) / 예산정책처 재정경제통계시스템, 국가채무시계

---

127) 아주경제, "OECD, 코로나19 대응에 부채 눈덩이... 1인당 1600만원 빚 늘어", 2020. 5. 25.

그 결과 미국의 국가부채비율은 2차 세계대전 후보다 높아졌고, 영국과 프랑스, 이탈리아, 스페인 등도 비슷한 상황으로 나가면서[128] 일본식 30년 장기침체 현상이 각국으로 확산되고 있다.[129] IMF 수석 이코노미스트 Oivier Blanchard는 "이제 저금리에 의지한 유동성 공급, 통화팽창, 확장적 재정정책으로 상징되는 지금의 경제적 대응방식을 우려하는 경제학자들은 거의 없어졌고, 많은 국가들이 재정지출을 계속 확대하면서 조만간 GDP 대비 100%의 부채비율을 넘는 현상이 일반화될 것"이라고 전망한바 있다.[130] 이에 따라 유럽의 많은 나라에서는 경기침체 장기화가 뉴 노멀이 되었다고 보고 있다. 가장 문제는 앞으로 경제위기가 더욱 빈발할 수밖에 없는 구조적 경제위기를 만들어놓았다는 점이다. 기축통화국들은 마이너스 금리나 양적완화 같은 극단적이고 비정상적인 금융 재정 확장정책을 장기간 확대하면서 버블위기를 더 큰 버블로 덮으며 버티었고 그 결과 이제는 금융 버블위기나 부동산버블 위기가 구조화되었으며 세계경제는 카지노 경제로 바뀌면서 언제 버블 붕괴와 부채 위기가 다시 터질지 모르는 극도로 불안정한 상황을 맞이하게 되었다.[131] 가장 문제는 우리나라이다. 우리나라는 IMF 위기 이후 장기간 경제성장률의 하락 폭이 평균 0.19% 속도로 세계에서 경제성장률 저하가 가장 빠르게 장기적으로 지속되는 나라 중 하나가 되었고, 2030년대 이후에는 0%대 성장률을 보이면서 OECD 국가 중 최

---

128) IMF, Fiscal Monitor: Policies for the Recovery, 2020. 10. p.74.

129) Janet Yellen 전 연준의장은 2020년 1월 5일 전미경제학회 연례총회(AEA)에서 "미국과 유럽 경제가 일본식 '잃어버린 20년'의 전철을 밟을 수 있다"고 경고했고, Mario Draghi 전 유럽중앙은행(ECB) 총재도 "유럽이 일본식 장기불황에 빠질 위험이 있다"고 말했다. 관련 연구는 김윤기·유승선·황종률·오현희,「일본의 장기침체기 특성과 정책대응에 관한 연구」, 경제현안분석 제90호, 국회예산정책처, 2016 참고.

130) Olivier Blanchard, "Public debt and low interest rates," *American Economic Review* 209(4): 1197-1229, 2019.

131) 홍종현·정성호,「국가채무 및 재정수지 관리 법제의 현황과 개선방안 연구」, 재정혁신지원법제 연구 20-20-6, 한국법제연구원, 2020, 63쪽.

하위 성장률을 보일 것으로 전망되고 있다. 정부가 이러한 장기침체에 대응하기 위해 확장적 재정지출을 장기화하면서 국가부채비율도 급격히 높아지고 있다. 그동안 우리나라의 GDP 대비 국가부채 비율은 G20 국가들 중 낮은 수준으로 평가되었지만, 2026년이면 69.7%로 비기축통화국 OECD국가 중 이스라엘, 핀란드에 이어 세계 3위로 부상할 것으로 전망되고 있다.[132] 무엇보다 우리나라는 국가부채의 증가 속도가 세계적으로 가장 빠른 편이어서 문제이다. 우리나라의 2017년~2020년 국가부채 증가 속도는 25.8%로 칠레(32.5%)에 이어 세계 2위를 기록했다.[133] 더구나 국민연금 등 8대 사회보험의 잠재부채까지 포함한다면 이미 기축통화국가들을 빼고는 세계에서 가장 위험한 수준에 이르렀다.[134] 나아가 우리나라는 가계부채와 기업부채도 세계적으로 가장 높은 편에 속해서 더욱 문제이다. 2020년 한국은행의 금융안정보고서에 따르면 코로나 위기로 경기침체가 심화되면서 가계와 기업의 부채는 빠르게 늘어 GDP 대비 민간부채비율은 201.1%로 200%를 돌파했고, 우리나라의 민간부채 증가 속도는 세계 2위 수준이라고 경고 받고 있다.[135] 즉 2019년 말 우리나라 GDP 대비 민간부채비율은 197.6%로 1년 새 10%포인트 뛰었고 그 증가폭은 41개 주요국 중 칠레의 11.1% 포인트 다음이다. 따라서 앞으로 우리나라가 경제위기를 맞이할 경우 급격히 높아진 가계부채, 기업부채들이 연쇄적으로 폭발하면서 국가부

---

132) 중앙일보, "한국, 2025년 OECD 비기축통화국 중 3위 부채대국 된다", 2021.2.16. 기사 참조.
133) 윤성주, "경제주체별 GDP 대비 부채비율 추이와 시사점", 재정포럼 2019년 11월호, 한국조세재정연구원, 2019.
134) 백웅기, "저성장·고령화 시대의 재정건전성 강화를 위한 재정정책과 제도의 개선방향", 예산정책연구 제3권 제1호, 국회예산정책처, 2014, 3쪽.
135) 황종률, "우리나라 민간신용 증가 추이와 시사점", NABO 포커스 제22호, 국회예산정책처, 2020, 1쪽; 본 보고서는 우리나라 민간부채 증가 속도가 세계 2위이며 그 위험성을 경고했다.

채를 폭증시킬 위험성이 매우 높은 상황이다.[136] 결국 우리나라 경제는 국가부채와 민간부채가 급증하면서 부채경제로 변화하였고 그 결과 미래의 소비력을 미리 가져다 대거 소진하여 고갈시킴으로써 장기침체를 구조화시키고 있다. 따라서 그동안 미래세대 부담 증대와 세대간 불균형 확대를 유발한 주원인으로 주로 저출산·고령화 변수를 살펴보았지만 이제는 반복되는 경제위기로 인해 국가부채가 빠르게 급증하며 미래세대의 부담을 크게 가중시키는 문제를 중장기 재정운용에 반드시 고려하고 반영할 필요가 있다.

2. 반복되는 경제위기에 의한 세대간 불균형 확대 경로

반복되는 경제위기로 인해 국가부채가 크게 늘어나 미래세대의 부담을 가중시키고 세대간 불균형을 확대시키면서 미래세대의 위기를 가중시키는 변화는 다음의 두 가지 경로를 통해 이루어지고 있다.

첫째, 기본적으로 반복되는 경제위기는 각국의 '균형재정의 원칙'을 파괴하고 재정지출과 국가부채를 무분별하게 증대하게 만들어 미래세대에게 전가함으로써 미래세대 부담과 세대간 불균형을 크게 확대시키는 결과를 유발하고 있다.[137] 현세대가 증대시킨 국가부채는 결국은 미래세대가 갚을 수밖에 없기 때문이다. 특히 우리나라같이 경제성장률이 장기적으로 하락하는 상황에서 국가부채를 계속 늘리면 그것은 대부분 미래세대의 부담으로 전가되고 세대간 불균형을 더욱 확대시키게 된다. 둘째, 경제위기가 반복되어 재정여건이 악화되면 미래세대에 대한 투자가 줄어들어 세대간 불균형

---

136) 이덕연, "헌법명제로서 '살림'의 패러다임과 경제와 재정의 '지속가능성'", 법학연구 21권 4호, 연세대학교 법학연구원, 2011, 222쪽.
137) 한종석·김선빈, 「일반균형 중첩세대 모형을 이용한 재정지속가능성 평가: 세대간 분배를 중심으로」, 한국조세재정연구원, 2016, 68쪽.

을 더욱 확대시키는 악순환을 유발하게 된다. 즉 각종 신산업 인프라 투자나 교육서비스, 재교육서비스, 일자리 서비스 등에 대한 정부의 재원 공급이 줄어들게 되어 미래세대의 성장 발전을 가로막고 세대간 불균형을 더욱 가중시키게 되는 것이다.[138]

그러나 여기서 유념해야할 중요한 포인트는 국가부채 증대가 반드시 미래세대 부담을 증대시키고 세대간 불균형을 확대시키는 것은 아니며, 오히려 정반대로 세대간 균형을 향상시키는 또 다른 경로도 함께 열려 있다는 점이다. 즉 국가부채가 크게 늘어날 경우에도 그 돈을 어떻게 쓰느냐에 따라서, 즉 예산내용을 어떻게 운용하느냐에 따라서 미래세대를 살리는 정반대의 결과를 유발할 수 있는 것이다. 예를 들어 재정을 미래세대의 성장과 발전에 집중 투입하면 지금보다 훨씬 더 나은 삶을 제공하고 세대간 불균형을 해소할 수 있다. 그 대표적인 사례가 우리나라 개발연대의 재정운용 사례이다. 즉 우리나라는 지난 개발연대에 국가부채가 크게 증대했지만 그 돈으로 미래세대의 성장 발전을 위해 효과적으로 투자해 미래세대의 커다란 발전을 이루고 이들의 세부담 능력과 복지부담 능력을 키워서 세대간 균형을 향상시키는 결과를 얻었다. 즉 경제성장률이 부채증가율보다 더 빠르게 증가하면서 국가부채를 갚고 미래세대에게 훨씬 향상된 삶을 안겨주는 '친 미래세대 재정운용 방식'을 한 것이다. 최근 유럽 각국에서도 미래세대를 중시하는 새로운 재정운용 방식이 확산되는 사례가 늘어나고 있다.

3. 새로운 재정법제 요구

반복되는 경제위기는 위의 두 가지 경로를 통해 미래세대에게 상반되는

---

138) Pieter Vanhuysse, "Intergenerational Justice in Aging Societies : A Cross－National Comparison of 29 OECD Countries," Bertelsmann Stiftung, 2013, p.20.

영향을 미치고 있다. 즉 한편으로는 국가부채를 늘려서 미래세대에 전가해 세대간 불균형을 확대시키는 반면, 다른 한편으로는 그 돈을 잘 활용할 경우에는 미래세대의 부담을 줄이고 세대간 불균형을 향상시킬 수 있는 경로가 함께 열려있는 것이다. 따라서 이러한 두 가지 상반되는 경로를 함께 고려한 새로운 재정법제가 요구되고 있다.

첫째, 그동안의 재정의 지속가능성만 바라보던 시각의 재정법제에서 세대간 정의를 중시하는 시각의 새로운 재정법제로 전환할 것을 요구하고 있다. 무엇보다 그동안 재정의 지속가능성만 바라보는 시각에 입각한 초저금리 기조 하에서는 국가부채를 크게 늘려도 지속가능성에 문제가 없다며 국가부채를 더욱 크게 늘리도록 유도하는 결과를 낳았고,[139] 그 결과 미래세대 부담과 세대간 불균형을 더욱 확대시키게 되었다. Oivier Blanchard는 "최근의 초저금리로 인해 경제성장률보다 이자율이 더 낮은 경우에는 적극적 재정정책으로 인한 높은 국가부채가 해로운 것이 아니다"라고 주장했다.[140] 이에 따라 2020년 3월 미국의 므누신(Steven Mnuchin) 재무장관은 "위기에 몰린 미국인들에게 즉시 수표를 보낼 계획이다"라며 총 1조 달러(1,237조원) 규모의 경기부양책을 실시했다. 나아가 미국에서는 MMT(Modern Monetary Theory, 현대화폐이론)에 기반해 정부가 초저금리 하에 돈을 계속 찍어내 풀어도 인플레가 유발되지 않는다는 사실을 강조하며 정부가 재정지출 확대를 훨씬 더 적극적으로 할 필요가 있다는 주장까지 대두되었다.[141] 그러나 이렇게 할 경우 천문학적으로 늘어난 부채를 누가 갚을 것이냐의 시각에서 바라

139) Financial Times, "Governments face 'massive' rise ln pubic debt, IMF warns," 2020. 4. 15.
140) Greg Robb, "Capitol Report: Leading economist says high public debt might not be so bad," Jan. 7, 2019. Market Watch.
141) Stephanie Kelton, 「The deficit myth. Modern Monetary Theory and the Birth of the People's Economy」, PublicAffairs, 2020.

보면 미래세대에게 감당할 수 없는 부담을 증대시키고 세대간 불균형을 더욱 확대시킨다는 측면에서 심각한 문제를 초래하고 있는 것이다.[142] 이와 마찬가지로 우리나라에서도 재정이 건전하다며 정부가 재정지출을 단기간에 폭증시켜 특정 세대가 재정건전 여력을 한꺼번에 소진하고 있는데, 그 결과 GDP대비 국가부채비율이 급등해 2026년에는 69.7%으로 폭증하게 되었다.[143] 이 역시 지속가능성만 바라본데 따른 결과이다. 더구나 이같이 지속가능성만 추구하며 국가부채를 계속 늘린 결과 구조적 경제위기를 유발해 미래세대 부담을 더욱 가중시키는 결과를 초래하고 있다. 미국 프린스턴 대학교의 Atif Mian 교수는 미국에서 연방정부와 기업 및 가계의 부채가 GDP 대비 250%를 초과하는 등 연준이 통화량을 증가시켜 공짜돈(Free money)으로 시장의 규율을 왜곡시킨 결과 미국도 일본과 비슷한 '부채의 덫'(debt trap)에 갇히게 되었다고 비판했다.[144] 결국 지속가능성만 바라보는 시각으로 대응하면 오히려 세대간 불균형 확대를 더욱 조장할 수 있다. 기본적으로 재정은 여러 세대의 공유자산이라 할 수 있고, 설사 국가의 건전재정 여력이 있다 하더라도 그것을 특정 세대가 단기간 내에 한꺼번에 모두 소진해서는 안 되며 세대간에 공정하게 배분되어야 하는 것이다. 따라서 이제는 세대간 균형을 중시하는 새로운 접근법이 요구되고 있다. 즉 기존의 재정의 지속가능성만 바라보던 2단계 재정법제로부터 세대간 균형을 중시하는 3단계의 세대간 정의 재정법제로의 전환이 필요해졌다. 이미 각국에서는 이러한 새로운 시각으로 대응하는 모습이 확대되고 있다.

둘째, 그동안 지속가능성을 도모하기 위한 2단계 재정법제의 대표적인 수단이었던 재정준칙도 새로운 변화가 불가피해졌다. 기존의 재정준칙으로

---

142) World Commission on Environment and Development, op. cit.(주 32), 1987, p.35.
143) IMF, Fiscal Monitor: A Fair Shot, 2021. 4. p.73.
144) Atif Mian and Amir Sufi, 「House of Debt」, University of Chicago Press, 2014.

는 더 이상 국가부채가 급증하는 것을 막지 못하고 준칙 한도의 초과가 빈번해지면서 효용성을 잃게 되었기 때문이다. 더구나 중장기적으로 세대간 불균형이 확대되는 문제는 기존의 단년도 재정총량을 통제하던 재정준칙으로는 막을 수 없는 것이다. 더구나 이제는 국가부채가 늘어나더라도 그것을 어떻게 사용하느냐에 따라 미래세대의 사활을 바꿀 수 있다는 점에서 국가부채의 새로운 활용경로 이용이 중요해졌다. 이에 따라 각국은 기존의 재정총량을 통제하는 재정준칙에서 예산내용을 규율하는 새로운 재정 프레임워크로의 전환에 나서고 있다. 즉 미래세대에 포커스를 맞추어 예산내용을 규율하는 변형된 재정 프레임워크 등 친 미래세대 재정운용을 확대하면서 또 하나의 새로운 경로를 활용하고 있는 것이다. 그 결과 미래세대의 성장 발전을 이루어 세대간 불균형을 해소하는 성과를 얻고 있다.

셋째, 중장기 재정전망이나 중장기 재정계획을 운용할 때에는 반복되는 경제위기라는 변수를 반드시 핵심 변수로 고려하도록 해야 이로 인해 유발되는 세대간 불균형 확대에 대비할 수 있다. 즉 저출산·고령화 변수 못지않게 반복되는 경제위기는 국가부채를 급증시켜 미래세대 부담과 세대간 불균형을 크게 확대하는 중요변수로 부상하게 되었다. 그럼에도 이러한 변수를 중장기 전망 및 계획에 고려하지 않는 것은 문제라 할 수 있다. 결국 각국은 이를 소홀히 하다가 경제위기 때마다 중장기 재정계획을 송두리째 바꾸는 일을 반복하고 있다. 더구나 경제위기가 구조화되어 앞으로 버블위기, 부채위기 등 경제위기가 계속 반복될 가능성이 높은 만큼 반복되는 경제위기 변수를 중장기 재정운용에 반드시 고려할 필요가 있다.[145]

---

145) 코로나위기로 미국은 2조 2,000억 달러 규모 경기부양 패키지 법안을 시행하여 2008년 글로벌 금융위기 때보다 훨씬 많은 돈을 시중에 풀었고, 독일은 역사상 가장 큰 규모인 1조 유로의 부양책을 시행했는데, 이는 독일의 연 GDP의 30% 이상의 규모에 해당한다. 일본은 56조엔 지원계획이고, 이탈리아 정부는 250억 유로 규모 지원책을

결론적으로 반복되는 경제위기는 기존의 지속가능성만 추구하던 재정준칙 등의 2단계 재정법제로부터 이제는 미래세대를 중시하고 세대간 균형을 중시하는 새로운 3단계 재정법제로의 전환을 요구하고 있다. 이미 각국은 이러한 방식으로 전환하고 있으며 이를 잘 활용한 일부 국가들은 재정과 복지를 지키는 성과를 얻고 있다. 그 중에서 대표적인 성공사례가 스웨덴이다. 20년 이상 흑자재정 기조를 장기적으로 유지하면서 국가부채비율을 계속 줄이는 등 새로운 재정운용 방식으로 대응한 결과, 반복되는 경제위기에 효과적으로 대응하며 재정의 지속가능성과 세대간 균형을 잘 유지하고 있다. 반면에 일본의 경우는 반복되는 경제위기에 제대로 대응하지 못하고 국가부채가 장기간 급증하여 세대간 불균형이 극도로 악화되는 길로 나가고 있다. 마찬가지로 우리나라도 일본의 모델을 따르고 있어서 문제이다.[146]

Ⅲ. 4차 산업혁명에 따른 노동시장 구조 변화

1. 4차 산업혁명에 의한 경제·재정환경의 전면적 변화

세대간 불균형을 확대시킬 수 있는 또 하나의 중요한 변수가 바로 4차 산업혁명이다. 4차 산업혁명이라는 개념[147]은 2016년 세계경제 포럼(World Economic Forum, WEF) 의장인 K. Schwab이 주창한 것으로[148] 로봇, 인공

시행하였다.

146) OECD, Sovereign Borrowing Outlook for OECD Countries 2021; 백웅기, "저성장·고령화 시대의 재정건전성 강화를 위한 재정정책과 제도의 개선방향", 예산정책연구 제3권 제1호, 국회예산정책처, 2014, 20쪽.

147) Schwab이 주장하는 바와 같이 "4차 산업혁명이 3차 산업혁명의 연장선상에 있는 것이 아니라 이것과는 확실히 단절되는 새로운 산업혁명"이라는 주장에 대해 부정적인 견해도 있었지만 최근 각국으로 빠르게 확산되며 인정되는 방향으로 나아가고 있다. 이에 관해서는 염명배 "4차 산업혁명 시대, 경제패러다임의 전환과 새로운 경제정책 방향 : (임금)노동의 소멸, 여가혁명, 기본소득에 대한 담론", 경제연구 제36권 제4호, 한국경제통상학회 2018, 32쪽 참조.

지능(AI), 빅데이터 가상현실(VR), 사물인터넷(IoT), ICT 기술 등이 유발한 신 기술혁명을 일컫는 말이다. 이미 21세기에 들어서 세계는 AI 기반 '초연결', '초지능'으로 상징되는 4차 산업혁명의 세상으로 빠르게 전환하고 있다.

그러나 4차 산업혁명의 진로는 당초 예상되던 AI 로봇 등의 기술혁명이 이루어지는 수준을 넘어서 글로벌 디지털 플랫폼 혁명, 메타버스혁명, 텔레프레전스 혁명, AI언어동시통역혁명 등 새로운 신기술 발전이 계속 이어지면서 인간의 생활양식의 근본적 변화는 물론 기존의 경제·산업·일자리·재정·복지·교육·정부 방식에 이르기까지 모든 것을 바꿔놓는 총체적 변화의 기폭제(disruptive technology)로 부상하고 있다.[149] 무엇보다 이러한 4차 산업혁명은 재정측면에서도 다양한 경로를 통해 재정구조를 바꿔놓고 미래세대의 위기를 가중시키며 세대간 불균형을 더욱 크게 확대시킬 것으로 전망되고 있다. 따라서 이에 대응하기 위해서는 기존의 재정운용 방식 전반에 걸친 재정 패러다임의 근본적인 변화가 요구되고 있다.[150] 더욱이 4차 산업혁명으로 인한 이러한 변화들은 앞으로 20년에서 30년 내로 현실화될 것으로 전망되고 있어서 문제이다. 따라서 40년에서 50년을 내다보는 중장기 재정전망과 장기재정계획에는 이러한 변수를 반드시 반영하고 대비하여야 한다. 그러면 지금부터 4차 산업혁명이 유발하는 재정측면에서의 미래세대의 변화에 초점을 맞추어 검토하기로 한다

---

148) Klaus Schwab, The fourth industrial revolution, Crown business, 2017.; 4차 산업혁명이 처음 제창되었을 때에는 3차 산업혁명의 연장선 상에 있는 것이라는 부정적 의견들이 제시되었으나 이후 이러한 의견들은 크게 줄어들고 용어 사용이 보편화되고 있다. 송성수, "산업혁명의 역사적 전개와 4차 산업혁명론의 위상", 과학기술학연구 제17권 제2호, 33쪽 참조.

149) 하원규·최남희, 「제4차 산업혁명 초연결 초지능 사회로의 스마트한 진화 새로운 혁명이 온다!」, 콘텐츠하다, 2015.

150) 류덕현, 「4차 산업혁명과 재정정책의 변화」, 2017 한국응용경제학회 정책세미나, 한국응용경제학회, 2017, 5쪽.

2. 4차 산업혁명에 의한 세대간 불균형 확대 경로

4차 산업혁명이 미래세대 삶을 어렵게 만들고 재정여건과 세대간 불균형을 확대시키는 경로는 크게 두 가지 방향으로 이루어지고 있다. 첫째는 4차 산업혁명에 의한 AI 로봇이 크게 발전하면서 인간의 노동력을 전면 대체하여 미래세대의 위기를 가중시키는 경로이고, 둘째는 4차 산업혁명이 글로벌 디지털 플랫폼 혁명, AI언어동시통역혁명, 메타버스 혁명, 텔레프레전스 혁명 등을 통해 언어장벽을 완전히 허물고 인간의 경제생활 바운더리를 전 세계로 전면적으로 확장시켜 세계시민 모두를 글로벌 시장의 무한 경쟁과 글로벌 초이동시장 속에서 살아가도록 내몰아 미래세대의 위기를 가중시키는 변화의 경로이다.

가. 로봇 AI의 인간 노동력 대체로 인한 노동시장 구조 변화

4차 산업혁명으로 인해 가장 많이 거론되는 문제가 AI와 로봇의 발전으로 인간 노동력을 전면적으로 대체할 가능성에 관한 것이다.[151] 특히 AI 기술이 빠르게 발전해 특이점('Singularity')[152]에 이르면 AI 지능이 인간 지능을 빠르게 앞지르면서 로봇 AI에 의한 인간의 노동력 대체가 전면적으로 확산될 것으로 전망되고 있다. 예를 들어 하나의 AI 회계프로그램이 전 세계 수백만 명의 회계사들을 한꺼번에 대체하며 일자리에서 밀어낼 수 있다. 이러한 일자리 대체 가능성을 둘러싸고 각국에서 계속 논쟁이 벌어지고 있

---

151) 차상균, "4차 산업혁명, 디지털혁신 인재가 이끄는 글로벌 일자리 전쟁", 나라경제 2017년 8월호, KDI 경제정보센터, 2017, 64쪽.
152) Ray Kurzweil, 「The Singularity Is Near The Singularity Is Near: When Humans Transcend Biology」, Penguin Books, 2006; Calum Chace, 「The Economic Singularity: Artificial inteligence nad the death of capitalism」, Three Cs, 2016.

는데, 그 하나의 논쟁의 초점은 로봇과 AI에 의한 인간 노동력 대체가 앞으로 전면적으로 이루어질 것이라는 주장과 오히려 더 많은 일자리가 창출될 것이라는 상반되는 주장 간 논쟁이고, 또 하나는 로봇과 AI가 단순한 육체노동서비스나 중간기술 일자리만 대체할 것이라는 주장과 이와 반대로 첨단기술지식 서비스 분야에까지 전면적인 대체가 확대될 것이라는 주장 간의 논쟁이다. 과연 어느 주장이 맞는 것인가? 이러한 논쟁들은 향후 중장기 재정전망을 할 때 매우 중요하게 고려해야 할 변수이기 때문에 여기서 살펴보기로 한다.

첫째, 한쪽에서는 AI와 로봇에 의한 인간 노동력 대체가 앞으로 전면화될 것이라고 주장하고 있다. 즉 그동안 3차 산업혁명까지는 신기술 혁명이 일자리를 대체하는 것보다 더 많은 새로운 일자리를 창출하기는 했지만 "이번에는 다를 것이다"라고 주장하면서[153] 여러 가지 연구결과를 통해 이를 뒷받침하고 있다.[154] 즉 OECD의 '2019년 노동의 미래' 보고서,[155] 2017년 맥킨지 글로벌 인스티튜트의 리포트[156] 등에서는 "로보스틱스 인공지능 머신러닝의 발전으로 인간노동력보다 기계 활용 비용이 저렴해지면서 앞으로 15~20년 사이 저숙련·저임금 노동을 중심으로 현재 일자리 중 14%가 자동화로 대체되는 등 인간의 노동을 차례로 대부분 바꿔놓을 것으로 전망했고, 제레미 리프킨(Rifkin)은 전 세계의 제조업 일자리수가 현재의 1억 6,000여만 개에서 2040년에 수백만 개로 줄어들 것으로 보았으며, '유엔미래보고

153) Erik Brynjofsson and Andrew McAfee, 「The second machine age: Work, Progress, and Prosperity in a Time of Brilliant Technologies」, W.W.Norton&Company, 2014. p.139.
154) Amy Bernstein and Anand Raman, "The Great Decoupling: An Interview with Erik Brynjolfsson and Andrew McAfee", Harvard business review 2015, pp.66-74.
155) OECD Employment Outlook 2019, The Future of Work.
156) James Manyika et al. "Harnessing automation for a future that works," *McKinsey Global Institute Report*, McKinsey & Company, 2017, p.5 이하.

서 2050',[157] 독일 베텔스만 재단의 '2050 노동의 미래' 보고서,[158] 밀레니엄 프로젝트(The Millennium Project) 등도 앞으로 일자리 대체로 인해 세계 실업률이 2050년이면 24%에 이를 것으로 전망했다. 특히 프라이스워터하우스쿠퍼스(PwC)는[159] 2030년까지의 자동화 발전 단계를 '알고리즘 단계(the algorithm wave)', '증강단계(the augmentation wave)', '자율성 단계(the autonomy wave)'의 3단계를 거쳐 완성될 것으로 전망했다. 즉 알고리즘 단계는 2020년대 초반에 성숙단계에 진입할 것으로 보았고, 증강단계는 2020년대 후반까지로 대부분의 반복 가능한 작업들이 자동화되고 비정형 데이터들까지도 통계분석이 가능해지며, 드론, 로봇, 부분적인 자율주행 차량 등이 보급될 것으로 전망했으며, 이어서 자율성 단계는 2030년 중반까지로 인공지능은 인간의 개입 없이 자율적인 데이터 분석과 의사결정 및 물리적 활동까지 수행하며 완전히 자동화된 무인차량, 자율 로봇 등이 크게 확산될 것으로 전망했다. 이에 따르면 앞으로 10여년 내에 이러한 변화가 전면화 된다는 것이다. 이와 함께 자동화의 일자리 대체 범위에 관한 연구로 Frey and Osborne(2013)은 주로 사무직, 서비스 업종을 대상으로 이루어질 것으로 보았고, Mckinsey(2017)는 재무관리사, 의사, 고위간부 등 고숙련·고임금 직업도 상당수 영향을 받고, Baweja et al.(2016)는 중간 숙련도 일자리가 광범위로 해체될 것으로 보았으며, 나아가 최석현(2017)은 자동화가 이루어지지 않는 분야가 거의 남아있지 않을 것으로 예상하고, 훈련을 통한 신기술 흡수도 쉽지 않기 때문에 기술실업(technological unemployment) 문제가 심화될

157) 박영숙·제롬 글렌, 「세계미래보고서 2050」, 이영래 옮김, 교보문고, 2016.
158) Cornelia Daheim and Ole Wintermann, "2050: Die Zukunft der Arbeit," Bertelsmann Stiftung, 2016.
159) John Hawksworth and Richard Berriman, "Will robots really steal our jobs?: An international analysis of the potential long term impact of automation," PwC, 2018, p.15 이하.

것으로 전망했다.

둘째, 이러한 주장과 달리 4차 산업혁명은 일자리를 대체하겠지만 더 많은 일자리를 창출할 것이라는 주장이 대립하고 있다. 경제학계에서는 그동안의 3차례 산업혁명의 경험에 비추어 기술 진보가 인간의 일자리를 줄인다는 주장에 대해 회의적인 시각으로 보아왔고,[160] 4차 산업혁명도 더 많은 새로운 일자리를 만들 것으로 전망하고 있다. 세계경제포럼(WEF)은 2018년 '미래의 일 보고서'[161]에서 2025년까지 로봇에 의해 대체될 일자리는 7,500만개이나 새롭게 창출될 세계 일자리는 1억 3,300만개로 예상했고, McKinsey & Company의 '일자리 변화' 보고서도 2030년까지 4억 명에서 8억 명이 일자리를 잃지만 5억 5,500만~8억 9,000만개의 일자리가 생겨나고, 7,500만 명에서 3억 7,500만 명은 새로운 직업으로 전환할 것으로 전망했으며, McKinsey & Company 보고서[162]는 자동화로 완벽하게 대체될 일자리는 5%에 불과하고 앞으로 로봇이 사람 수준의 언어를 이해하더라도 자동화는 최대 58%에 그칠 것으로 전망했다. 또한 MGI Report(McKinsey Global Institute, 2017)인 "A future that works: Automation employment and productivity"는 자동화가 생산성 향상과 GDP 향상을 유발하고 인구 고령화에 따른 위기도 커버해 줄 것으로 긍정적으로 전망했다.

이같이 AI와 로봇에 의한 일자리 대체론과 새로운 일자리 창출론이 대립하고 있는데 과연 어느 주장이 맞는 것인가? 아직은 위에서 보았듯이 일자리 대체론이 다수설이라 할 수 있다. 특히 AI 로봇 산업의 발전 초기단계에

---

160) 허재준, "인공지능과 노동의 미래: 우려와 이론과 사실", 한국경제포럼, Vol. 12, No. 3, 한국경제학회, 2019, 1쪽.
161) World Economic Forum, 「The Future of Jobs Report 2020」, 2020, p.26 이하.
162) James Manyika et al., "Jobs Lost, Jobs Gained: Workforce Transition in s Time of Automation," McKinsey & Company, 2017. p.2 이하.

는 새로운 신산업들이 대대적으로 창출되면서 새로운 일자리 창출 효과가 더 크고 로봇과 AI 기술 도입 확대로 생산성과 효율성이 높아져서 경제성 장률을 향상시킬 가능성이 있지만, 중장기적으로 보면 AI 발전이 빠르게 진전되어 '특이점'을 지나서 인간의 지능을 훨씬 뛰어넘고 스스로 필요한 알고리즘을 창조할 단계에 이르게 되면 인간의 노동력은 첨단 서비스 분야나 신기술 창조 분야까지 전면적으로 대체될 가능성이 예고되고 있다. 무엇보다 우리가 이러한 일자리 대체 논쟁에서 얻을 수 있는 양측 주장에서 공통적으로 제기된 중요한 시사점은 앞으로 기존 일자리들이 전면적으로 대거 바뀌는 일자리 쉬프트가 전면화 될 것이라는 사실이다. 따라서 지금부터 일자리의 전면적 대체와 빠른 일자리 전환에 대비하여 기민하게 대응하고 전면적 변신을 도모하지 않으면 앞으로 수많은 기업과 노동자들이 이러한 변화에 뒤처져 몰락하면서 재정측면에서 세출수요가 급증하며 재정위기가 가중되고 세대간 불균형이 확대되는 결과를 유발할 전망이다. 그러므로 지금부터 4차 산업혁명에 의한 미래세대의 일자리 전면 전환에 대비하기 위해서는 재정측면에서도 새로운 재정운용과 재정법제로의 전환이 요구되고 있는 것이다.

나. 글로벌 경쟁 전면화에 따른 재정위기

4차 산업혁명이 미래세대의 위기와 세대간 불균형을 확대시키는 또 하나의 경로는 글로벌 무한 경쟁을 전면화시켜 미래세대의 위기와 재정위기를 가중시키는 변화이다. 그것은 두 가지 방향으로 이루어질 전망이다. 즉 한편으로는 글로벌 경쟁을 전면화시키고 양극화를 심화시켜 복지수혜자를 크게 늘려서 재정지출 수요를 확대하는 변화이고, 다른 한편으로는 자본과 노동의 글로벌 이동성을 무한 급신장시켜서 각 국가단위에서는 세율을 높이기 더욱 어렵게 만들고, 나아가 국가간 세율 인하 경쟁을 심화시켜 세수 제약과 재정위기를 가중시키는 변화이다. 그 결과 앞으로 각국은 세출요구는 급증하는데 세율 인상은 마음대로 할 수 없는 이중고 속에서 재정을 운용해야 하는 상황을 맞이할 전망이다.

첫째, 4차 산업혁명은 글로벌 무한 경쟁을 전면화시켜 양극화와 소득 불평등을 확대시키고 복지수혜자들을 양산하여 재정지출 수요를 확대시킬 전망이다. 즉 4차 산업혁명은 초연결성을 전 세계 모든 곳으로 확장하고 초국적 원격소비, 원격노동, 원격교육, 원격의료 등을 보편화시켜 세계시민 누구나 자유롭게 전 세계적으로 소비와 고용과 투자를 하고 지구 반대편에 노동이나 서비스를 제공하고 살아가게 만들어줄 것으로 전망되고 있다. 특히 4차 산업혁명은 언어장벽을 완전히 허물고 3차 산업혁명 시대의 '제한적 세계화'를 뛰어넘어 '세계화의 완성'을 이룰 전망이다. 그 결과 세계시민들은 언어장벽이 완전히 사라진 하나의 공간 안에서 글로벌 디지털 플랫폼과 메타버스를 이용하며 함께 어우러져 살아갈 것이고, 누구나 AI서비스의 도움으로 전 세계에서 자신에게 가장 잘 맞는 상품이나 교육서비스 일자리 서비스를 추천받아 활용하며 살아가게 될 것이다. 그 결과 인간의 삶은 그동안 각 국가시장 안에서 따로따로 살던 데에서 벗어나 하나로 통합된 글로벌 시장 안에 들어가 모두가 무한 경쟁을 벌이며 살아가게 될 것이다. 이에 따라 각국에서는 이미 무한 경쟁이 나날이 심화되고 고통이 가중되고 있다. 문제는 이러한 변화의 원인을 제대로 보지 못하는 과거의 잘못된 시각을 바로잡지 못하고 있다는 점이다. 즉 그동안은 이러한 경쟁 심화의 원인을 각국 내에서 찾았고 특히 대기업이나 자본가들의 전횡에서 찾았지만, 지금의 무한 경쟁을 확산시킨 주원인은 국내가 아닌 세계적인 글로벌 경제활동과 세계소비의 확산이 보다 중요한 원인이라는 사실을 인식할 필요가 있다. 전 세계 소비자들이 세계시장에서 가장 뛰어나고 저렴한 상품이나 서비스를 찾아 소비하게 되면서 상대적으로 전 세계의 공급자들은 글로벌 무한 경쟁으로 내몰리게 된 것이다. 그 결과 전 세계의 공급자들 중 최고의 상품과 서비스를 공급하는 자들만 살아남고 이보다 뒤처진 각국의 다수의 동종업종 기업과 노동자들은 몰락하면서 각국에 양극화가 심화되고 있다. 앞으로 4차 산업혁명에 의한 AI언어동시통역 서비스와 글로벌 디지털 플랫폼과 메타버스의 AI 서비스가 발전할수록 세계소비는 더욱 전면화 되고 보편화될 것이며 전 세계 공급자들간 투명한 글로벌 경쟁은 더욱 극대화될 전망이다. 그 결과 각국 소비자들은 국내에서는 도저히 만들 수 없는 낮은 가격에 뛰어난 품질의 상품과 서비스를 사용하게 되면서 소비자의 편익과 후생이 극대화되겠지만[163] 소비자의 반대편 입장인 공급자의 입장에서는 완전히 투명한 글로벌 시장의 무한 경쟁 속으로 내몰리면서 다수가 몰락하는 위기를 맞이할 전망이다. 이미 선진국 노동자들은 수십억 명의 세계 노동자들과 투명한 무한 경쟁 속으로 내몰리고 있고[164] 인도, 동남아의 초저임 노동자들과 대등한 경쟁을 벌이며 살아가는 세상을 맞이하게 되었다.[165] 이로 인해 앞으로 노동의 양극화와 소득의 불평등이 더욱 극대화될 전망이다. 결국 각국에는 소수의 세계 최고들은 살아남고 다수의 기업과 노동자들이 뒤처져 몰락하면서 복지수혜자들이 양산되고 재정지출 수요가 급증하며 재정위기가 가중될 전망이다. 이미 많은 연구와 보고서들은 4차 산업혁명이 소득 불평등을 확대시킨다는 사실을 확인해주고 있다. 그동안 4차 산업

---

163) 류덕현, 「4차 산업혁명과 재정정책의 변화」, 2017 한국응용경제학회 정책세미나, 한국응용경제학회, 2017. 1쪽.
164) 대통령 직속 4차산업혁명위원회 제13차 전체회의(2019.10.10)에서 의결.
165) 이미 중국은 첨단산업분야에서 신재생에너지 AI 빅데이터 산업 등 많은 신산업 분야에서 세계최고를 석권하고 있고 인도도 빠르게 각 첨단산업 분야에서 선두로 나서고 있다.

혁명의 인더스트리 4.0과 소득 불평등 사이의 관계에 관한 연구로는 Acemoglu[166], Barro[167], Krueger[168], Krusell et al.[169], Hornstein et al.[170], Berman et al.[171], Card and DiNardo[172], Huber and Stephens[173], and Benioff[174] Birdsall[175] Papageorgiou et al.[176]의 연구와 Deloitte 글로벌 보고서[177] Kuzmenko and Roienko[178] Swiss bank UBS[179] 보고서 등이 있는

166) Daron Acemoglu, "Technical change, inequality and the labor market." *Journal of Economic Literature*. Vol.40, No.1, American Economic Association, 2002, pp.7 − 72.

167) Robert J. Barro. "Inequality, and growth in a panel of countries." *Journal of Economic Growth*. Vol. 5, No. 1. Springer, 2000.

168) Alan B. Krueger. "How computers have changed the wages structure − Evidence from microdata 1984 − 1989." *Quarterly Journal of Economics*. Vol. 108 No. 1, Oxford University Press, 1993. pp.33 − 60.

169) Per Krusell, Lee E. Ohanian, José − Víctor Ríos − Rul,l and Giovanni L. Violante, "Capital − Skill Complementarity and Inequality: A Macroeconomic Analysis." *Econometrica*. Vol. 68, No. 5, The Economic Society, 2000, pp.1029 − 1053.

170) Andreas Hornstein, Per Krusell, Giovanni L. Violante, "The effects of technical change on labor market inequalities." 「Handbook of Ecomomic Growth」 Vol. 1, Part B, Elsevier, 2005, pp.1275 − 1370.

171) Eli Berman, John Bound, Stephen Machin, "Implications of Skill − Biased Technological Change: International Evidence." *Quarterly Journal of Economics*. Vol. 113 No. 4, Oxford University Press, 1998, pp.1245 − 1279.

172) David Card, and John E. DiNardo. "Skill Biased Technological Change and Rising Wage Inequality: Some Problems and Puzzles." *Journal of Labor Economics*, Vol. 20, No. 4, The University of Chicago Press, 2002.

173) Evelyne Huber, and John D. Stephens, "Income Inequality and Redistribution in Post − Industrial Democracies: Demographic, Economic, and Political Determinants." *Socio − economic revew* 12, No. 2, 2014. pp.245 − 267.

174) Marc Benioff, "4 Ways to Close the Inequality gap in the fourth industrial revolution," World Eonomic Forum, 2017.

175) Nancy Birdsall, "The World is not Flat: Inequality and Injustice in our Global Economy." The UNU World Institute for Development Economics Research(UNU − WIDER), 2007.

176) Florence Jaumotte, Subir Lall, and Chris Papageorgiou, "Rising income inequality: Technology, or trade and financial globalization?," IMF Working Paper. 2008.

177) Deloitte. "The Fourth Industrial Revolution is Here − Are you ready?," 2018, p.6.

178) Olha Kuzmenko, and Victoria Roienko, "Nowcasting income inequality in the context of the Fourth Industrial Revolution." *SocioEconomic Challenges*, Vol. 1, No. 1, 2017.

179) B. Baweja et al., "Extreme automation and connectivity: The global, regional, and investment implications of the Fourth Industrial Revolution," UBS London, 2016.

데, 이들 모두 4차 산업혁명에 의한 양극화와 소득 불평등의 확대를 확인해 주고 있다. 이에 따라 각국은 앞으로 전면화 될 '국경 없는 노동시장' 시대의 투명한 글로벌 무한 경쟁과 양극화가 심화되는 세상에 대비해 지금부터 재정운용 방식을 근본적으로 전환할 것을 요구받고 있다.[180]

둘째, 4차 산업혁명은 또 다른 측면에서 전 세계의 투자자본과 노동 서비스 상품의 글로벌 이동성을 무한대로 급신장시켜[181] 각 국가단위에서는 세율을 높이기 더욱 어렵게 만들어 재정위기를 가중시킬 전망이다. 이미 각국 투자자본의 글로벌 이동성이 크게 높아진데 이어서 앞으로는 글로벌 고용 매칭 서비스인 업워크나, 버추얼 오피스, 텔레프레전스, 글로벌 노동 클라우드 등의 발전에 힘입어 노동의 글로벌 이동성도 무한 급신장할 전망이다. 그 결과 국경을 뛰어넘어 전 세계에 투자하고 전 세계에 노동을 제공하며 세계를 이동하며 살아가는 글로벌 초 이동시장 시대[182]를 맞이할 전망이다. 이같이 각국의 기업과 노동자들이 더 투자여건이 뛰어나고 더 세율이 낮은 나라로 보다 쉽게 이동할 수 있게 될수록 '세금 마이그레이션'[183]이 보편화되면서[184] 각국 정부가 다른 나라보다 세율을 더 높이기 어렵게 만들 것이다.[185] 섣불리 다른 나라보다 세율을 높였다가는[186] 곧바로 투자와 고용의 이탈을

---

180) Jeehee Min, Yangwoo Kim, Sujin Lee, Tae-Won Jang, Inah Kim, and Jaechul Song, "The Fourth Industrial Revolution and Its Impact on Occupational Health and Safety, Worker's Compensation and Labor Conditions," *Safety and Health at Work* Vol. 10, Issue 4, 2019, pp.400-408.
181) 안홍, 「써드노멀」, 2017, 111쪽; 한국전자통신연구원, 「한국전자통신연구원 사십년사 1976-2016」: Part 3. 제4차 산업혁명을 선도하다, (주)홍커뮤니케이션즈, 2017, 142쪽.
182) 안홍, 「써드노멀」, 2017. 63쪽 이하.
183) A. Kristina Zvinys, "Evidence Suggests that Tax Rates Influence Migration Decisions," Tax Foundation, 2020.
184) Arjan Lejour, "How does corporate tax inversion work?," World Economic Forum, 2015.
185) Evanthia K. Zervoudi, "Fourth Industrial Revolution: Opportunities, Challenges, and Proposed Policies," 「Industrial Robotics-New Paradigms」, IntechOpen, 2020, p.4. 이하.
186) Anders Borg, "How will the Fourth Industrial Revolution affect economic policy?," World

유발해 오히려 세수가 크게 줄어드는 결과를 초래할 수 있다.[187] 나아가 각국은 전 세계를 이동해 다니는 투자자본과 첨단 노동자들을 유치하기 위해 세율 인하 경쟁을 더욱 격화시킬 가능성이 높다. 이미 각국간 법인세율 인하 경쟁의 결과 법인세율이 크게 낮아졌고 최근에는 마지막까지 버티던 일본이나 미국까지 법인세율을 대폭 내리면서 각국의 법인세율이 하나의 세계세율로[188] 비슷하게 수렴한데 이어서, 앞으로 이러한 변화가 소득세율 등 다른 일반 세제로도 확산될 전망이다. 특히 앞으로 각국 노동자들이 지구 반대편에 초국적 원격 노동서비스를 제공하고 살아가는 것이 용이해지고 소득세율이 낮은 나라로 이동하기 자유로워지면서 저세율 국가에 노동 서비스를 제공하고 원천과세를 받고 살아가는 모습이 확산될 것이며, 그럴수록 각국 정부는 세수가 줄어드는 것을 막고 이들을 유치하기 위해 소득세율 인하 경쟁을 확대할 전망이다. 결국 4차 산업혁명은 각국 정부로 하여금 갈수록 세율을 높이기 어렵게 만들고 세수 제약을 가중시킬 전망이다.

　이상에서 4차 산업혁명은 두 가지 경로를 통해 재정여건에 커다란 영향을 미친다는 사실을 살펴보았다. 그러나 그동안의 4차 산업혁명이 세출과 세수 등 재정에 미치는 영향에 관한 연구들은 4차 산업혁명의 이러한 2가지 경로를 통한 영향을 모두 함께 고려하지 못하고 그 일부만 고려함으로써 제대로 된 전망 결과를 내놓지 못하였다. 우리나라에서도 전병목(2016), 류덕현(2017) 등의 4차 산업혁명의 법인세와 소득세 세수에 미치는 영향에

　　Economic Forum, 2016.; 전병목・김빛마로・안종석・정재현, 「4차 산업혁명과 조세정책」, 연구보고서 20－01, 한국조세재정연구원, 2020, 49－53쪽.

187) 박종상, "주요국들의 법인세 인하 움직임과 시사점", 주간금융브리프 22권 10호, 한국금융연구원, 2013, 4쪽.

188) 안홍은 전게서(2017)에서 각국의 투자자본의 글로벌 이동성이 높아질수록 각국이 세율을 다른 나라보다 더 높이기 어려워지고 법인세율부터 세율 인하 경쟁을 벌이면서 비슷한 세계세율로 수렴하고 있다고 설명한다.

관한 연구가 이루어졌지만, 이 역시 일부의 변수만 고려하였다. 즉 전병목(2016)의 연구는 4차 산업혁명에 따른 AI와 로봇에 의해 저숙련 일자리들은 다수 대체되겠지만 고임 고숙련 일자리들이 소폭으로 늘어나고 누진세율 체제 하에서는 세수가 상당히 늘어날 것으로 전망했고, 류덕현(2017)의 연구도 4차 산업혁명으로 비숙련 노동자와 중간숙련 일자리들이 대체되어 소득세가 줄어들겠지만 고숙련 고임금 일자리가 새로 창출되어 소득세가 증가할 것으로 전망했다.[189] 그러나 이들의 연구는 로봇에 의한 일자리 대체만 주로 고려하였고 AI에 의한 일자리 대체 문제는 제대로 고려하지 않았으며, 글로벌 경쟁 확대에 따른 재정에 미치는 영향이나 신흥국들의 수십억 노동자들의 공세로 인한 선진국의 일자리 대체 등의 측면도 고려하지 않았다. 또한 이미 첨단산업 분야에서도 일자리 대체가 이루어지고 있는 문제도 고려하지 않았다. 그리고 두 연구에서는 모두 앞으로 법인세율 제약이 더욱 심화될 가능성도 고려하지 않았다. 그 결과 법인세에 미치는 영향을 서로 상이하게 전망했는데, 전병목(2016)의 견해에 따르면 4차 산업혁명에 의해 국가간 장벽이 낮아지고 기업들간 글로벌 경쟁이 심화되고 소수의 세계 최고 기업들과 다국적 기업들에 의한 독과점이 심화되어 법인세수가 감소할 것으로 전망한데 반해, 류덕현(2017)의 견해에 따르면 4차 산업혁명으로 인해 AI와 로봇의 발전에 의한 자본소득이 증가해 법인세수가 오히려 높아질 것으로 전망했다.

결국 이러한 기존의 연구들은 4차 산업혁명에 의한 다양한 경로가 재정에 미치는 영향을 제대로 반영하지 못함에 따라 신뢰성을 갖기 어려울 것이다. 따라서 앞으로 중장기 세수전망이나 재정전망에 있어서 4차 산업혁

---

189) 류덕현, 「4차 산업혁명과 재정정책의 변화」, 2017 한국응용경제학회 정책세미나, 한국응용경제학회, 2017, 25－26쪽.

명에 의한 다양한 경로의 영향을 모두 함께 고려하는 새로운 시각의 접근법이 필요하다.

3. 새로운 재정법제 요구

이상에서 살펴본 바와 같이 4차 산업혁명으로 인해 미래세대는 지금과는 완전히 다른 새로운 삶을 맞이할 것으로 전망되고 있고, 특히 미래세대로 갈수록 위기가 가중되고 세대간 불균형이 더욱 심화될 것으로 예측되고 있다. 따라서 이러한 변화에 대응하기 위해서는 지금부터 재정측면에서 재정운용 방식과 재정법제의 일대 전환이 요구되고 있다. 4차 산업혁명의 새로운 재정법제에 대한 요구로는 다음 세 가지가 중요하다.

첫째, 4차 산업혁명에 의한 가장 중요한 요구는 앞으로 미래세대는 감당할 수 없는 부담을 떠안게 되고 세대간 불균형도 더욱 커질 것으로 전망되는 만큼 이에 대응하려면 지금부터 미래세대에게 부담을 떠넘기는 일체의 행위를 원칙적으로 전면 금지하고 통제하는 노력이 필요하다는 점이다. 특히 앞으로 미래세대는 더욱 소수화 되고 더욱 다수로 확대될 고령층에 대한 천문학적 부담을 감당해야 하는 만큼 앞으로 재정운용은 미래세대의 성장 발전을 이루는데 우선순위를 두고 추진해야 하며 그래야 미래세대의 세부담 역량과 복지부담 역량을 키워서 세대간 균형을 도모할 수 있다. 따라서 친 미래세대 재정운용으로의 전면적 전환이 요구되고 있다. 그것은 지속가능성만 추구하는 2단계 재정법제에서 벗어나 세대간 정의를 중시하는 3단계 재정운용과 재정법제로의 전환을 요구하고 있는 것이다.

둘째, 4차 산업혁명이 재정에 미치는 다양한 영향을 최대한 재정전망과 재정운용에 함께 반영하는 노력을 요구하고 있다. 즉 4차 산업혁명으로 인해 경제환경과 재정여건이 송두리째 바꾸는 변화가 10년에서 늦어도 30년 내에 전면화 될 것으로 전망되는 만큼, 앞으로 30년, 40년을 내다보는 중장기 재정 전망과 중장기 재정계획에는 4차 산업혁명이 재정에 미치는 영향을 반드시 고려하도록 하고, 특히 위에서 설명한 2가지 경로의 변화는 물론 기존의 연구에서 누락한 다음의 5가지 영향을 함께 반영하는 노력이 필요하다. 첫째로 는 그동안의 연구에서 주로 로봇에 의한 일자리 대체 문제만 주로 고려했고 AI에 의한 일자리 대체는 제대로 고려하지 않은 만큼 이를 고려하도록 할 필요가 있다. 예를 들어 한국과 일본은 이미 로봇의 활용이 많으므로 앞으로 4차 산업혁명에 의한 일자리 대체가 적을 것으로 전망하며 AI에 의한 일자리 대체 가능성은 고려하지 않은 문제가 있다. 특히 AI서비스는 무한 복제가 가능해 앞으로 하나의 AI서비스가 전 세계의 변호사나 의사, 회계사들의 일자리를 한꺼번에 모두 대체할 수 있는 측면을 고려해야 한다. 둘째로는 그동안의 연구에서는 4차 산업혁명으로 인한 글로벌 무한 경쟁 전면화가 재정에 미치는 영향을 제대로 고려하지 않은 만큼 이를 고려하는 것이 필요하다. 이미 선진국에는 수십억 신흥국 노동자들의 공세가 확대되어 일자리 대체와 노동자들의 위기가 확대되고 있기 때문이다. 나아가 앞으로 4차 산업혁명으로[190] AI언어동시통역혁명이 완성되고[191] 초국적 원격 교육이나 원격 의료, 원격 노동 서비스가 보편화되며 전 세계 노동자들이 하나의 글로벌 공간에서 무한 경쟁으로 살아가게 되면서 특히 선진국 노동자들의 위기가 전면화될 수 있다. 그 결과 지금부터는 선진국에서조차 다수의 노동자들이 밀려나 양극화가

---

190) 물론 신흥국들의 새로운 경제성장에 따라 선진국들의 시장도 커지며 함께 성장하는 시너지 성장 효과도 있지만 선진국에서는 그러한 효과를 주로 고부가산업 노동자들이 누리고 다수의 저임, 저부가 산업 노동자들은 일자리 대체 효과를 겪게 되는 것이 문제이다.

191) 중국 하이난에서 2018년 8월 8일 열린 보아오포럼에서 사상 최초로 AI 동시통역서비스가 진행되었다.

더욱 확대되고 복지수혜자가 양산되어 재정지출 수요가 급증하며 재정여건이 더욱 악화되는 변화를 고려해야 한다. 셋째로는 기존의 연구에서는 4차 산업혁명으로 인해 첨단산업 일자리는 대체되지 않을 것이라는 전제 하에 전망했는데 앞으로 첨단산업 일자리 대체도 전면화 될 전망이다. 한편으로는 AI에 의한 의사, 변호사, 회계사 등 전문직과 첨단산업 지식서비스 분야까지 일자리 대체가 전면화 되고, 다른 한편으로는 신흥국들의 공세가 선진국의 첨단산업분야로 빠르게 확산되면서 빅데이터, AI, 신재생에너지산업 등 신산업들을 대부분 장악해 가는[192] 변화를 함께 고려할 필요가 있다. 앞으로 아프리카 등 세계 오지의 학생들도 MOOC 같은 것을 통해 미국 MIT에서 첨단기술 무상강의를 듣고 전 세계에 첨단산업 일자리 경쟁에 뛰어들 것이고, 또한 4차 산업혁명에 의한[193] 업워크 등 글로벌 일자리 매칭 서비스, 글로벌 휴먼 클라우드 기술, 버추얼 오피스 기술, 메타버스 기술 등의 발전에 힘입어 후진국 학생들도 선진국 학생들과 똑같이 교육받고 세계 일자리 경쟁에 나설 것이므로, 글로벌 경쟁은 첨단산업 분야에도 전면화 될 수밖에 없다는 점을 고려해야 한다.[194] 넷째로는 4차 산업혁명으로 인해 세율 제약이 심화되는 문제도 함께 고려하도록 해야 한다. 앞으로 법인세 세율 제약은 더욱 전면화 될 것이고 나아가 소득세 세율 등 다른 세율에도 제약이 확산될 전망이다.[195]

---

192) KISTEP 차이나포럼, "기술패권 시대의 대중국 혁신 전략", KISTEP 이슈페이퍼 통권 305호, 한국과학기술기획평가원, 2021, 11쪽 이하.

193) 하원규, "초연결성·초지능성 기반 맞춤형 생산체제로 전환", 나라경제 2016년 3월호, KDI 경제정보센터, 2016, 61쪽.

194) OECD가 2022년 4차 산업혁명에 따른 로봇(AI 활용 로봇 포함) 등의 기계화가 인간의 노동 감소(labour-saving)에 미치는 영향을 분석한 결과에 따른 평가이다.

195) Andrew D. Maynard, "Navigating the fourth industrial revolution," *Nature Nanotechnology* Vol. 10, 2015.; 기존의 재정제도나 복지제도들은 각국에서 다수 노동자들이 일자리에 참여하는 높은 수준의 노동시장 참가율을 전제로 만들어진 것이기 때문에, 4차 산업혁명으로 인해 일자리가 크게 줄어들거나 다수가 비정규직, 임시직 긱(Gig) 일자리로 내몰려 재정여건이 악화된다면 재정제도, 복지제도의 근본적 변화

앞으로 한 국가단위에서 홀로 세율 인상을 추진하다가는 그 나라에서 투자와 노동이 대거 이탈하여 세수가 더욱 줄어들 수 있다. 따라서 그동안의 연구에서는 로봇 AI에 대한 자본소득세 세수가 높아질 것으로 전망한 경우가 많았는데, 이 역시 앞으로 세율 제약으로 인해 국가단위에서는 세율 인상이 어려워질 가능성을 고려할 필요가 있다. 마찬가지로 기본소득제 재원으로[196] 자본소득세 신설이나 탄소세, 토지세, 공유자산 강제배당 등 새로운 세율이나 부담을 부과하는 방안을 제시하고 있는데, 이 역시 앞으로 세율 제약 측면을 고려하지 않았다는 점에서 문제가 있다. 다섯째로는 앞으로 국가단위의 조세권은 약화되고 세계단위에서의 공동 조세협력과 세계 조세권이 확대되는 측면을 고려해야 한다. 특히 앞으로 초국적 서비스가 보편화될수록 국가조세권 약화는 더욱 심화될 전망이다. 예를 들어 지금 미국에서 넷플릭스 같은 초국적 서비스를 제공할 경우 대상 국가에 고정사업장이 없으면 세금을 내지 않아도 되고,[197] 마찬가지로 초국적 노동서비스를 제공하면 서비스 대상국가에서 원천과세로 세금을 떼고 국내에서는 감면받는데[198] 앞으로 이러한 초국

가 불가피해진다.

196) 필리프 판 파레이스·야니크 판데르보흐트, 「21세기 기본소득」, 홍기빈 옮김, 흐름출판, 2018.

197) 세계적으로 구글세 문제가 부상하며 그 논란의 중심에 고정사업장(PE, Permanent Establishment)문제가 있는데, 이것이 조세조약에서 해외기업의 사업활동에 대하여 원천지국과 거주지국 간 과세권 배분의 기준으로 사용되면서 그 해석 및 적용을 놓고 각국 간 첨예한 이해관계가 대립하고 있다. 고장사업장이란 OECD 모델조약, UN 모델조약 및 다수의 조세조약 등에 따르면 기업의 사업이 전적으로 또는 부분적으로 영위되는 사업상의 고정된 장소를 의미하며, 블룸버그 사례 등 판례(대법원 2011. 4. 28. 선고 2009두19229, 19236 판결)는 해외법인이 처분권한 또는 사용권한을 가지는 사업상의 고정된 장소를 통해 본질적이고 중요한 사업활동을 수행하여야 한다고 본다.; 홍성훈 외, 「외국법인의 과세사업자 요건 국제비교 연구」, 세법연구 2013권 9호, 한국조세재정연구원, 2013, 21쪽 참조.

198) 우리나라의 외국납부세액공제처럼 거주자의 국외소득이 외국에서 과세되고 국내에서 다시 과세되어서 이중과세가 되지 않도록 조정함.; 안종석·구자은, 「주요국의 이중과세배제방법 및 외국납부세액공제제도 현황과 시사점」, 세법연구 6-4, 한국조제재정연구원, 2006, 26쪽 이하.

적 서비스가 크게 보편화될 경우 각국에는 세수가 크게 줄어들 수밖에 없고 따라서 초국적 서비스의 과세권을 둘러싼 각국간 충돌이 더욱 확대될 전망이다. 아직은 각국간에 일일이 합의를 통해 문제를 해결하고 있지만 앞으로 초국적 서비스가 보편화되고 글로벌 분업화 안에서 다국간 초국적 서비스가 복합적으로 크게 얽히게 되면 더 이상 각국 간에 개별 합의를 통해 대응하기 어려워질 것이다. 결국 세계단위에서의 공동의 조세 룰을 정립하고 대응할 수밖에 없게 될 것이다. 이미 국제 조세협력은 나날이 확대되고 있다. OECD는 1998년부터 조세 인하 경쟁이 심화되자 유해조세제도에 대한 공동 대응을 추진한바 있고,[199] 최근에는 G20 재무장관들이 2021년 중반까지 디지털세 과세 방안에 대해 합의하고 글로벌 기업들에게 최저한세율을 공동으로 부과하기로 했다. 결국 4차 산업혁명은 초국적 서비스와 경제활동이 크게 확산될수록 국가 조세권은 점점 더 약화되고 세계조세권이 강화되는 변화가 불가피해질 전망이므로 이를 고려해야 한다.

셋째, 4차 산업혁명은 기존의 재정여건을 크게 바꿔놓는 변화를 유발하는데 그치지 않고 기존의 재정 패러다임에 보다 근본적이고 전면적인 변화를 요구하고 있다. 그동안의 재정운용 방식이란 각국이 국가시장을 따로따로 운영하며 살아갈 때의 방식으로 지난 국가시장 시대의 방식이라 할 수 있다. 따라서 이때에는 국가시장 실패를 조율하는 것이 국가 재정운용의 핵심 과제였고, 특히 국내시장의 수요 부족으로 인한 침체를 수요 확대 재정정책으로 대응하는 것이 중요했다. 그러나 앞으로 4차 산업혁명으로 인해 언어장벽과 국가장벽이 완전히 사라지고 모두가 하나의 세계시장 안에서 살아가는 글로벌 시장 시대를 맞이하게 되면[200] 재정운용 방식도 근본적

---

199) 김태형, "유해조세제도(Harmful Tax Practice) 대응 관련 국제적 동향에 관한 연구", 조세학술논집 제34집 제3호, 한국국제조세협회, 2018, 147 – 177쪽.

변화가 불가피해질 것이다. 즉 각국의 공급자들은 세계소비수요를 공동으로 활용하며 살아가게 되면서 각국의 글로벌 경쟁력을 갖춘 자만이 이러한 세계소비수요를 차지하고 성장할 수 있게 될 것이다. 이에 따라 수요 진작 정책은 세계단위에서 공동으로 하고 세계소비수요를 공동으로 이용하고 살아갈 것이고, 반면에 각 국가단위에서는 수요 조절 정책의 중요성은 크게 줄어들고 상대적으로 공급 측면이 중요해질 것이다. 이미 각국은 국내의 공급경쟁력을 투자경쟁력, 세율경쟁력을 높이는데 주력하는 새로운 재정운용 방식으로 전환하고 있다. 그래야 글로벌 시장 무한 경쟁과 신흥국의 수십억 저임 노동자들의 공세와 세계 산업 일자리의 변화 속도가 나날이 빨라지는 글로벌 초 이동시장의 속도전 속에서 국내 경제주체들을 최대한 살아남게 만들어 성장과 고용 재정 복지를 유지할 수 있기 때문이다. 따라서 이제는 글로벌 시장 실패에 대응하는 것이 국가의 재정운용의 핵심 과제로 부상하게 되었다. 그것은 그동안 국내시장에서 형성된 국내가격에 의존하던 경제 재정운용 방식에서 벗어나 세계시장에서 형성된 세계가격에 의존하는 경제 방식과 재정운용 방식으로의 전환을 의미하는 것이다. 즉 세계가격, 세계임금, 세계세율보다 공급경쟁력이 뒤처진 국가나 기업이나 노동자는 살아남지 못하는 세상이 도래했기 때문이다.[201]

---

200) 이종호, 「4차 산업혁명과 미래 직업」, 북카라반, 2017, 부록(인공지능 로봇으로 대체될 직업, 살아 남을 직업) 참조.

201) 안홍(2017)은 저서 「써드노멀」에서 3차, 4차 산업혁명으로 세계시장에서의 경제활동이 확산되면서 세계시장에서 형성된 세계가격, 세계임금, 세계세율 등이 각국의 시장을 지배하는 모습이 확대되고 있다고 설명하였다. 즉 중국 등 신흥국들의 초저가(세계가격) 상품들의 공세로 인해 선진국에서는 그보다 비싼 가격의 상품과 제조업들이 대거 몰락하는 것이나, 중국, 인도 등의 초저임(세계임금) 노동력이 들어간 상품들의 공세로 선진국의 그보다 높은 임금 노동자들이 저임산업에서부터 대거 몰락하고 그들과 비슷한 임금을 받는 저임 비정규직으로 전락하고 있으며, 세계 각국 간에는 글로벌 비교 투자를 하는 국내외 투자자본들을 유치하기 위한 세율 인하 경쟁이 법인세부터 시작되어 결국 각국의 법인세가 비슷한 세율(세계세율)로 수렴하고 있다고 설명하

이에 따라 4차 산업혁명은 지난 국가시장 시대의 수요 중심 재정운용 패러다임을 글로벌 시장 시대의 공급 중심 재정운용 패러다임으로 전환할 것을 요구하고 있다. 그리고 소비수요 진작은 세계단위에서 기축통화국들이 중심이 되어 공동으로 추진하는 것이 불가피해졌다.[202] 국가단위에서 수요 진작을 해봐야 바깥으로 새나가 세계적으로 공유되기 일쑤이고, 글로벌 분업화에 참여하는 전 세계 공급자들에게 나누어지기 때문이다. 미국에서 재정 확장정책을 실시하면 중국경제와 한국경제가 먼저 살아난다. 이에 따라 각국은 그동안의 수요 중심 재정운용 방식을 공급 중심 재정운용 방식으로 전환하고 국내의 글로벌 산업경쟁력, 노동경쟁력, 세율경쟁력을 높이는데 주력하고 있다. 그 대표적인 사례가 유럽국가들이 과거의 수요 조절 코포라티즘을 새로운 공급 조절 코포라티즘으로 전환한 것이다.[203] 결국 4차 산업혁명은 재정운용 패러다임의 새로운 전환을 요구하고 있다.

고 있다. 안홍, 「써드노멀」, 2017, 112쪽 참조.
202) 2008년 세계금융위기와 2019년 코로나위기 이후 기축통화국들 중심으로 전 세계 국가들이 공동으로 금융·재정 확장정책을 함께 펼치며 공동 대응하는 추세가 확산되고 있다.
203) 정병기, "서유럽 코포라티즘의 성격과 전환", 한국정치학회보 제38집 제5호, 한국정치학회, 2004.

Ⅳ. 2단계 재정법제에서 3단계 재정법제로의 전환

1. 3단계 세대간 정의 실현을 위한 재정법제로의 변화 요구

이상에서 살펴본 바와 같이 3가지 재정환경 변화는 공통적으로 미래세대에게 새로운 위기와 세대간 불균형을 더욱 확대시키고 있으며 이에 대응하기 위해서는 새로운 재정운용 방식과 재정법제로의 패러다임 전환이 요구되고 있다. 3가지 재정환경의 새로운 재정법제에 대한 요구를 정리한 것이 아래의 [표 6]이다. 그 중의 핵심적 요구는 다음 4가지이다.

첫째, 그동안 지속가능성만 중시하는 2단계 재정법제에서 벗어나 세대간 균형을 함께 중시하는 새로운 3단계 재정법제로의 전환을 요구하고 있다. 즉 3가지 재정환경 변화로 미래세대의 부담이 감당할 수 없이 커지고 세대간 불균형이 더욱 확대되는 상황에 대응하려면 무엇보다 미래세대에 포커스를 맞추고 세대간 균형(Generational Balance)을 중시하는 새로운 재정운용 방식의 전환이 필요해진 것이다. 특히 현세대가 미래세대의 재정자원을 가져다 독식하거나 막대한 국가부채를 쌓아서 전가하지 못하도록 통제하며 미래세대에게 필요한 재정자원을 보존하도록 규율하는 새로운 재정운용 방식이 요구되고 있는 것이다.

둘째, 세대간 균형을 도모하려면 중장기 단위에서 대응할 수밖에 없기 때문에 재정운용의 중심축을 기존의 단년도 예산에서 중장기 재정계획 쪽으로 전환할 것을 요구하고 있다. 기본적으로 중장기적으로 확대되는 세대간 불균형에 대응하려면 중장기 재정전망과 중장기 재정계획이 가장 중요한 수단이 될 수밖에 없다. 따라서 그동안 단년도 예산 중심의 재정운용에서 벗어나 중장기 재정계획을 중심으로 단년도 예산을 규율하며 재정운용을 하는 시각의 전환을 요구하고 있는 것이다.

셋째, 3가지 재정환경 변화로 인해 국가부채가 계속 증대하고 미래세대에게 대거 전가되는 문제에 대응하려면 재정준칙도 새로운 변화가 요구되고 있다. 즉 기존의 단년도 재정총량을 통제하던 방식에서 벗어나 세대간 균형 목표치를 중심으로 다양한 재정준칙을 복합적으로 운용하여 중기단위에서 세대간 균형을 도모하는 새로운 접근법이 요구되고 있다. 또한 다른 한편으로는 기존의 재정총량만 통제하던 방식에서 벗어나 세대간 정의 원리로 예산내용을 규율하는 새로운 가버넌스 툴을 운용할 것을 요구하고 있다. 앞으로 세율 제약이 심화될수록 예산내용을 규율하여 미래세대를 보호하는 방식이 더욱 중요해질 수밖에 없기 때문이다.

넷째, 그동안 국가시장 안에서 수요 조절에 치중하던 재정운용 방식과 재정법제들은 효용성을 잃게 되면서 이제는 글로벌 시장의 무한 경쟁과 신흥국들의 글로벌 공세에 대응하여 국내 공급경쟁력 제고에 치중하는 공급측면을 중시하는 새로운 재정운용과 재정법제로의 전환이 요구되고 있다.

[표 6] 3가지 재정환경 변화가 유발한 새로운 재정법제 요구

재정 환경	2단계 재정법제의 한계	3단계 세대간 정의 재정법제 요구
공통	• 재정수지 균형(FB)과 지속가능성 중시한 재정운용 → 세대간 균형은 외면	• 세대간 균형을 중시한 재정운용

	• 단기 시계 단년도 예산 방식의 한계 → 세대간 불균형 확대에 대응 못함	• 중장기 시계의 중장기계획 중심 재정운용
		  - 장기계획 - 중기계획 - 단년 예산 연계 규율
		• 세대간 균형 중장기 목표치 규율 재정준칙
		  - 장기 - 중기 - 단기 세대간 균형 목표치 규율

재정 환경	2단계 재정법제의 한계	3단계 세대간 정의 재정법제 요구
		−중기균형 재정준칙 및 장기 재정 프레임워크
	• 중장기 전망과 계획에 고령화 변수만 고려	• 중장기 전망과 계획에 고령화, 반복적 경제위기, 4차 산업혁명 변수를 함께 고려
고령화 현상	• 현세대 고령세대 중시 재정운용 심화	• 미래세대 중시 친 미래세대 재정 운용
	• 연금·건보 세대간 불균형 고려 부족, 국가부채 관리시 잠재채무 고려 부족	• 연금·건보 세대간 불균형 추계 및 개혁, 국가부채 관리시 잠재부채도 통합추계
반복 되는 경제 위기	• 반복된 경제위기와 장기침체에 단기 재정준칙으로는 대응 불가	• 향후 경제위기 고려한 중기준칙 목표 운용 −중기 균형재정 준칙 중심 '평상시 − 위기시 − 복원시' 재정준칙 운용해 중기목표 달성
	• 차세대 재정준칙은 재정준칙의 강제성에 유연성을 보강했지만 복잡성·준수성 저하 등 문제 유발	• 중기 균형재정 준칙 중심 강제성·유연성·단순성 함께 달성
4차 산업 혁명	• 4차 산업혁명에 의한 재정제약 요인 중 일부만 고려 −로봇 AI에 의한 일자리 대체만 고려	• 4차 산업혁명의 재정제약 요인 종합 고려 −세출요구 확대, 세율제약 확대 고려 −로봇 AI의 일자리 대체, 글로벌 시장 경쟁 전면화, 자본과 노동의 글로벌 이동성 증대로 Exit 용이화 등 재정 영향 고려
	• 국가시장 시대의 수요 중심 재정운용 방식의 한계(국내시장의 소비·투자·고용 대응 재정운용)	• 글로벌 시장 시대의 공급경쟁력 중심 재정운용(세계소비·세계투자·세계고용 대응 재정운용)

2. 세대간 정의 재정법제 해외사례의 비교 분석 필요성

이상에서 살펴보았듯이 3가지 재정환경 변화는 재정운용과 재정법제의 새로운 변화를 요구하고 있으며 이에 대응하여 새로운 재정법제로의 변화가 이루어지고 있다. 즉 그동안의 재정의 지속가능성을 중시하던 2단계 재정법제로부터 3단계의 세대간 정의를 중시하는 재정법제로의 발전이 이루어지고 있는 것이다. 앞으로 3가지 재정환경 변화가 전면화 될수록 3단계 재정법제로의 발전은 더욱 가속화될 전망이다. 특히 우리나라는 그 어느 나라보다 3가지 재정환경 변화가 세계에서 가장 빠르고 심각하게 전개되는 상황이다. 그 결과 앞으로 재정과 복지 위기가 가중되는 것은 물론 국가의 소멸 가능성까지 예견되고 있다. 따라서 새로운 재정법제로의 변화가 가장 시급한 상황이라 할 수 있다.

그러나 아직 우리나라에는 이러한 변화에 대응하기 위한 노력이 부족하다. 지속가능성이라는 추상적 목표만 제기되고 있을 뿐 앞으로 세대간 불균형 확대가 어떻게 전개되고 이에 어떻게 대응해야 할지 재정법제 방법론 측면에서의 연구와 대응이 매우 부족한 실정이다. 이에 따라 세대간 불균형 문제가 그대로 방치되고 있다. 무엇보다 지금 당장은 재정수지에 미치는 영향은 적기 때문에 단기적 재정수지 균형만 바라보는 재정운용을 하지만 이래서는 미래세대가 막대한 재정 복지 부담을 떠안게 되는 문제에 대비할 수 없다. 머지않아 미래세대에게 막대한 부담이 구체적으로 청구되기 시작할 것이고, 그러면 앞으로 성인으로 자라난 미래세대의 그 누구도 현세대가 떠넘긴 막대한 부담을 떠안기를 거부하면서 기존의 국가중심 연금 복지체제에서 이탈하게 될 것이다. 그러면 세대간 연대가 와해되고 국가의 재정과 복지가 중단될 수 있다. 더구나 이러한 재정 복지 위기가 현실화되는데 그리 오랜 시간이 걸리지 않을 것으로 전망되고 있다. 따라서 지금 당장 미래세대들의 저항과 문제 제기가 없다는 이유로 현세대가 계속 국가채무와 잠재채무를 무한정 키워서 미래세대에 떠넘기면서 재정개혁을 미루는 것은 신구세대의 공멸을 유발하는 매우 위험한 선택이다.

그러므로 미래세대에 대한 재정 복지 부담 폭탄이 조만간 현실화될 것에 대비하여 지금부터 그동안의 지속가능성을 추구하던 2단계 재정운용 방식과 재정법제에서 벗어나 3단계의 세대간 정의를 위한 재정법제로 전환하는 것이 필요하다. 그래야 세대간 균형을 유지하고 현세대의 복지와 미래세대의 삶을 함께 지킬 수 있다.

이미 해외 각국에서는 새로운 3단계 재정법제로의 변화가 이루어지고 있다. 물론 3단계 재정법제의 완전한 모델이 있고 이러한 것으로의 변화가 한꺼번에 이루어지는 것은 아니며 아직은 각국마다 단편적인 변화들이 이루어지고 있을 뿐이다. 그러나 이러한 단편적인 변화 사례들을 함께 비교하고 종합하면 앞으로 3단계의 세대간 정의를 위한 재정법제의 발전 방향을 확인할 수 있다. 그러나 우리나라에서는 아직 세대간 정의 재정법제의 발전사례를 찾아보기 어렵고 특히 재정측면에서의 새로운 재정법제의 발전사례는 더욱 부족하다. 무엇보다 재정의 세대간 불균형 확대 문제를 해결하려면 중장기 재정계획과 재정준칙과 같은 방법을 활용하여 대응할 수밖에 없는데 그동안 이에 대한 연구가 부족했다. 따라서 본 연구에서는 해외 사례에 포커스를 맞추어 분석하고자 한다.

그러면 지금부터 세대간 정의 재정법제에 관한 해외의 선도적 발전사례들을 차례로 살펴보기로 한다. 본 연구에서 살펴볼 6가지 대표적인 재정법제 발전사례는 독일의 미래세대 보호 헌법규정, EU 국가들의 세대간 회계, 호주의 세대간 리포트, 스웨덴·프랑스의 중기재정계획, 스웨덴의 경제위기 대응 재정준칙, OECD 국가들의 세대간 정의 재정 프레임워크 등이다. 이처럼 본 연구에서는 한 두 개의 재정법제 사례를 집중적으로 분석하지 않고 다양한 6가지 재정법제들을 함께 살펴보는 이유는 세대간 불균형을 해결하려면 한 두 개의 재정법제만 가지고는 안 되고, 다양한 재정법제들을 함께 세트로 활용하며 대응하는 것이 필수적이고, 또한 6가지 재정법제들이 세대간 균형이라는 하나의 목표를 위해 상호 긴밀한 연계 규율 체제를 맺으며 발전하고 있기 때문이다. 따라서 6가지 재정법제들을 함께 살펴보아야 그 통합 연계 운용 매커니즘을 파악할 수 있다.

그러면 지금부터 해외사례들을 3개의 장으로 나눠서 살펴보고자 한다. 먼저 제3장에는 헌법과 관련한 해외의 발전사례를 살펴보고, 제4장에는 중장기 재정전망 및 재정계획과 관련한 사례를 알아보며, 제5장에서는 새로운 재정준칙과 재정프레임워크의 사례들을 살펴보기로 한다.

제 3 장 세대간 정의 실현을 위한 헌법규정

제 1 절 재정환경 변화에 의한 3단계 헌법규정의 발전

21세기 들어서 세계 각국에는 저출산·고령화, 반복되는 경제위기, 4차 산업혁명 등의 커다란 재정환경 변화가 확산되면서 미래세대 부담이 커지고 세대간 불균형이 확대되는 새로운 상황을 맞이해 헌법에도 새로운 변화가 요구되고 있다. 이에 따라 미래세대를 보호하기 위해서는 과연 어떠한 헌법규정이 필요한지 살펴보기로 한다. 따라서 본 연구는 헌법이론적 연구라기보다[204] 헌법정책적인 연구라 할 수 있다.

특히 그동안 세대간 정의와 관련한 헌법적 연구는 주로 환경측면에서 이루어졌고, 재정측면에서는 독일과 스위스 등의 헌법에 재정수지 균형을 이루도록 하는 재정준칙 등의 관련 조항에 대한 연구가 있을 뿐이다. 본 연구에서는 재정측면의 헌법적 발전에 포커스를 맞추어 해외의 선도적 발전사례들을 분석해 우리나라 재정헌법의 발전 방향을 제시하기로 한다.

Ⅰ. Tremmel의 각국 헌법 분류

헌법에 대해 살펴보려면 먼저 헌법의 분류에 대해 알아보는 것이 필요하다. Tremmel은 각국 헌법의 세대간 정의 관련 조항 사례들을 비교 분석하여 아래 [표 7]과 같이 3가지 유형으로 분류했다.[205] 첫째로 세대간 정의에

---

204) 장철준, "세대간 정의의 헌법규범화 방안 – 미국과 유럽의 논의를 중심으로", 미국헌법연구 제26권 제3호, 미국헌법학회, 2015, 180쪽.
205) Joerg Chet Tremmel, "Establishing intergenerational justice in national constitutions", 「Handbook of intergenerational justice」, 2006, p.190 이하.

관한 일반조항(general clauses)을 두는 경우, 둘째로 환경 생태적 측면에서 세대간 정의 조항을 두는 경우, 셋째로 재정에 관한 세대 정의 조항을 두는 경우이다.[206]

[표 7] 세대간 정의를 위한 3가지 유형별 헌법 조항 주요국가 사례

[1유형] 세대간 정의를 위한 헌법 일반조항		
에스토니아	전문	[...] 현세와 후세에 사회적 발전과 복지를 맹세하고 [...]
폴란드	전문	[...] 천년이 넘는 우리 유산 중 가치 있는 모든 것을 미래세대에게 물려줄 의무를 지며
스위스연방	전문	[...] 이들과 함께 이루어낸 성과와 장래 세대에 대한 그들의 책임을 의식하여, 서로 간의 존중과 그 다양성을 영위하며 함께 살아갈 것을 다짐하고 [...]
[2유형] 환경 생태적 측면의 세대간 정의 헌법 조항		
아르헨티나	제41조	모든 국민은 미래 세대의 요구를 위태롭게 하지 않으면서 현재 요구를 충족하는 생산활동을 위해 인간 개발에 맞는 건강하고 균형 잡힌 환경을 누릴 권리가 있고, 환경을 보전할 의무가 있다. [...]
체코	제7조	국가는 천연자원을 보호하고 천연자원의 효율적 활용을 고려하여야 한다.
핀란드	제20조	자연과 그 생물학적 다양성, 환경과 국가 문화유산은 모든 국민의 책임이다. 공공기관은 모든 국민에게 건강한 환경에 대한 권리와 본인의 생활환경과 관계되는 결정에 영향을 미칠 가능성을 보장하도록 노력한다.
독일	제20a조	국가는 미래 세대를 위한 책임으로서, 헌법질서의 범위 내에서 입법을 통하여 그리고 법률 및 법이 정하는 바에 따라 행정과 사법을 통하여 자연적 생활기반과 동물을 보호한다.

---

206) 홍종현, "세대간 정의와 국가재정의 지속가능성", 유럽헌법연구 제34호, 2020, 256쪽.

그리스	제24조 제1항	자연 및 문화 환경의 보호는 국가의 의무이며 모든 사람의 권리이다. 국가는 지속가능한 발전 원칙의 맥락에서 환경의 보존을 위해 특별한 예방적 및 억제적인 조치를 채택해야 한다. [...]
이탈리아	제9조	[...] 국가는 자연 경관과 역사적, 예술적 문화유산을 보호한다.
네덜란드	제21조	[...] 국가는 국토 환경을 인간의 생활에 적합하게 유지하고 환경을 보호 및 개선하기 위해 노력한다.
남아프리카 공화국	제24조	모든 국민은 다음의 권리를 가진다. a. 자신의 건강 또는 행복에 유해하지 않은 환경에 대한 권리. b. 다음의 합리적 입법 조치 및 기타 조치를 통해, 현재 및 미래 세대의 이익을 위해 환경을 보호 받을 권리 [...]
스페인	제45조 제2항	국가는 생활수준을 보호·개선하고, 환경을 보존·복원하기 위하여 불가결의 공동연대감을 가지고 천연 자원의 합리적 이용 여부를 감시하여야 한다.
스웨덴	제2조	[...] 공공기관은 현세대와 미래세대에 좋은 환경으로 이어질 지속가능 개발을 추진한다.
스위스연방	제73조	연방 및 주는 자연과 그 재생능력 및 인간의 자연이용 수요 사이에서 지속가능한 균형을 달성하기 위하여 노력한다.
[3유형] 재정에 관한 세대간 정의 헌법 조항		
에스토니아	제116조	국가 예산이나 예산 법률안에 대한 수정 제안으로 인하여 추산 수입의 감소, 지출의 증가, 지출의 재분배 등이 야기되면, 예산안 제안자는 지출 충당에 필요한 수입원을 입증하는 수정 재정 계산 내역을 첨부하여야 한다. [...]
핀란드	제84조	[...] 예산의 세입 예측으로 예산에 포함된 세출이 충당되어야 한다. [...]

| 독일 | 제109조
제2항 | 연방 및 주는 [...] 유럽공동체의 법령으로부터 나오는 독일연방공화국의 의무를 공동으로 이행하고 이와 관련하여 전체 경제 균형의 요청을 고려한다. |
| | 제115조 | [...] 정상국면을 벗어난 경기변동으로 인하여 추가적인 신용차입을 할 경우에는 경기호황 및 침체 시의 재정에 대한 영향을 균형있게 고려하여야 한다. [...] |

※ 자료 : Tremmel(2006), pp.192-196; 국회도서관(2018), 「세계의 헌법」 참조.

각국의 세대간 정의 관련 헌법규정 사례들을 살펴보면 일반조항을 두는 사례가 다수이고,[207] 이 경우 헌법전문에 세대간 정의나 미래세대 보호책임에 관한 조문을 두는 경우가 많지만, 유럽의 많은 나라들은 이와 함께 미래세대 보호를 위한 헌법규정을 별도로 두고 있다.[208] 이 경우 세대간 정의라는 용어를 직접 쓰는 경우는 드물고 미래세대 보호라는 용어를 많이 활용한다.

또한 헌법규정을 내용적으로 비교해 보면 환경보호를 위해 세대간 정의의 헌법 규정을 두는 사례가 많다.[209] 이와 관련해 일부 국가는 헌법에 지속가능 발전 규정을 두고 세대간 정의를 그 세부 원칙의 하나로 활용하기도 한다.[210]

207) 이러한 사례로는 EU 헌법제정조약, 에스토니아 헌법, 폴란드 헌법, 스위스 연방헌법, 체코 공화국 헌법, 우크라이나 헌법 등의 헌법규정이 있다.
208) 홍일선, "세대간 정의와 평등, 고령사회를 대비한 세대간 분배의 불균형 문제를 중심으로", 헌법학연구 제16권 제2호, 한국헌법학회, 2010, 461쪽.
209) 환경보호 측면의 헌법규정으로는 아르헨티나 헌법 제41조 제1항, 브라질 헌법 제225조 제1항, 독일 기본법 제20a조, EU 헌법제정조약 제1-3조 제3항, 핀란드 헌법 제20조, 프랑스 2004년 환경헌장 제6조, 그리스헌법 제24조, 이태리 헌법 제9조, 라트비아 헌법 제115조, 리투아니아 헌법 제54조 제1항, 네덜란드 헌법 제21조, 폴란드 헌법 제74조 제1항, 남아공 헌법 제24조, 포르투갈 헌법 제66조, 스웨덴 헌법 제1장 제2조 제4항, 스위스 연방헌법 제73조, 슬로바키아 공화국 헌법 제44조 제2항, 제4항, 슬로베니아 헌법 제72조, 스페인 헌법 제45조 제2항, 체코 공화국 헌법 제7조, 헝가리 헌법 제18조, 우루과이 헌법 제47조 등이 있다.
210) 홍종현, "세대간 정의와 국가재정의 지속가능성", 유럽헌법연구 제34호, 유럽헌법학

반면에 재정측면에 적용하기 위해 별도의 미래세대 보호 규정을 두는 사례는 찾아보기 어렵다.[211] 재정측면에 미래세대 관련 조항으로는 대체로 '재정정책', '균형예산' 등의 표현으로 규정하거나 독일, 스위스연방 헌법과 같이 구체적 재정총량 한도 제한 수치를 명시하는 재정준칙을 도입 운용하는 경우가 있으며 점차 이러한 사례가 늘어나고 있다.[212]

Ⅱ. 2단계 지속가능성 재정헌법 규정의 한계

역사적으로 각국의 헌법규정은 새로운 환경 변화에 대응하여 계속 변화와 발전이 이루어져 왔다. 그동안 자연환경 측면에서 지구생태계 파괴와 기후위기 문제가 대두되면서 먼저 환경 측면에서 미래세대 보호를 위한 헌법규정들이 발달했다. 그러나 21세기 들어서 각국에 저출산·고령화와 반복되는 경제위기와 4차 산업혁명이 전면화되는 새로운 재정환경 변화로 인해 미래세대의 부담이 커지고 세대간 불균형(GI)이 확대되면서 세대간 균형(GB)에 대한 관심이 커지고 재정측면에서 미래세대를 보호하기 위한 새로운 헌법적 방안을 모색하기 시작했다. 이에 따라 각국 헌법에 재정측면에서의 미래세대 보호 관련 헌법규정들이 발달하기 시작했다. 그것은 두 가지 측면에서의 발전이 이루어지고 있다.

첫째, 먼저 재정의 수지 균형을 이루기 위한 새로운 헌법규정들이 발달하였다. 무엇보다 각국에서는 2008년 세계경제위기 등으로 국가부채가 급증

회, 2020, 255쪽.; 김기순, "지속가능발전 개념의 법적 지위와 적용사례 분석", 국제법학회논총 vol.52, no.3. 대한국제법학회, 2007, 27쪽.

211) 이러한 사례로는 독일 기본법 제109조 제2항, 제115조, 에스토니아 헌법 제116조 제1항, 핀란드 헌법 제84조, 폴란드 헌법 제216조 제5항 등이 있다.

212) 그 외에 헌법에 균형재정 원칙을 천명하거나 재정수지나 국가부채 비율 같은 재정총량 한도를 헌법으로 규정하는 사례들이 있는데 이것은 뒤의 재정준칙 분야에서 다루기로 한다.

하면서 미래세대로 부채가 전가되는 것을 막기 위해 헌법에 재정준칙을 두어 통제하려는 새로운 헌법적 변화가 이루어졌다. 그 대표적인 것이 스위스 연방 헌법 제126조와 독일 기본법 제109조와 제115조 등의 재정관련 헌법 규정이다. 이러한 헌법규정들은 통합재정수지나 국가부채비율 등의 한도 등을 통제해 재정의 수지 균형을 도모하는 것으로 간접적으로 미래세대를 보호하려는 것이다. 따라서 이러한 독일의 기본법 제109조, 제115조와 스위스의 연방헌법 제126조 규정은 재정수지 균형을 도모함으로써 재정의 지속가능성을 추구하는 것으로 2단계 헌법규정으로 볼 수 있다. 그러나 앞에서 설명했듯이 이같이 단기적인 수지 균형만 도모하는 방법으로는 지금같이 중장기적으로 미래세대 부담과 세대간 불균형이 크게 확대되는 상황에는 대응할 수 없다. 더구나 앞에서 설명했듯이 국가부채의 증대와 세대간 불균형 확대가 같은 방향으로 가지 않고 따로 가는 경우가 많고, 또한 재정의 지속가능성이 유지되어도 세대간 불균형은 더욱 확대되는 경우가 많다. 이에 따라 새로운 헌법규정이 필요해진 것이다.

둘째, 기존의 미래세대를 보호하기 위한 헌법규정들은 대부분 환경측면에 포커스를 맞춘 것이고 재정측면에 관한 것은 크게 부족했던 만큼 재정측면의 새로운 세대간 정의 규정이 필요해졌다. 특히 저출산·고령화 등의 재정환경 변화로 인해 공적 연금과 건강보험 등의 분야에서 미래세대 부담과 세대간 불균형이 크게 확대될 것으로 전망되면서 이에 대응하기 위한 재정측면에서의 새로운 헌법 규정이 필요해졌다. 독일에서도 그동안 미래세대의 보호를 위해 기본법 제20a조를 두었지만, 이 역시 환경측면을 대상으로 한 것으로, 재정측면의 세대간 불균형이 확대되는 문제에는 적용하기 어려워지면서 새로운 헌법개정을 추진하였다.

Ⅲ. 3단계 세대간 정의 재정헌법 규정으로의 전환

이같이 재정측면에서 미래세대 보호를 위한 새로운 헌법규정이 필요해지면서, 각국에서는 새로운 헌법적 시도가 이루어지고 있다. 그 대표적인 사례가 독일에서 기본법 제20b조를 신설하기 위해 개헌을 추진한 것이다. 이는 무엇보다 저출산·고령화로 인해 미래세대의 연금 부담이 커지고 세대간 불균형이 확대되는 문제가 부각되면서 세대간 정의의 법리를 재정측면으로 확장하기 위한 새로운 헌법이 필요해졌기 때문이다. 이러한 독일의 새로운 헌법적 시도는 기존 기본법 제109조, 제115조 같은 재정수지 균형(FB)을 도모하던 2단계 헌법규정에서 벗어나 세대간 균형(GB)을 추구하는 3단계 헌법규정으로의 발전이 이루어지는 것으로 볼 수 있다.

이와 함께 독일의 연방헌법재판소도 새로운 판례를 통해 세대간 정의와 관련한 법리를 발전시키고 있다. 그 대표적인 사례의 하나가 2021년 기후보호법에 관련한 헌법불합치 결정을 내린 것이다. 즉 정부의 온실가스배출권 부담의 세대간 불균형을 미래세대 기본권을 침해한 것으로 보아 헌법불합치 결정을 내렸다. 물론 이러한 연방헌법재판소의 위헌 결정은 환경측면의 문제에 대한 것이기는 하지만 앞으로 재정측면으로도 확산될 것으로 전망되고 있다.

이러한 새로운 3단계 헌법의 발전과 관련해 짚어볼 중요한 문제는 재정측면의 세대간 균형을 이루기 위해서는 대대적 재정개혁이 필수적이고 현세대에게 막대한 부담을 늘릴 수밖에 없다는 현실을 고려할 때, 과연 현세대의 입법자들이 이를 충실히 이행할 것이냐의 문제가 제기된다. 기본적으로 세대간 정의 문제는 워낙 먼 미래시기의 세대간 균형을 다루는 문제인만큼 그동안 각국의 헌법재판소는 입법자에게 형성의 자유를 많이 허용해

왔다. 그러나 환경분야와 달리 재정분야에서의 세대간 정의 문제에 있어서 현세대와 미래세대 이익이 워낙 정반대로 상충되는 것이 문제이다. 더구나 지금의 민주정치 구조 하에서 미래세대는 투표권이 없고 자신의 의사를 반영할 수 없는데 비해, 현세대는 입법과정 전체를 지배하고 있고 앞으로 고령화가 심화될수록 현세대 입법자들의 지배력은 더욱 커질 수밖에 없는 상황에서, 과연 현세대의 입법자들이 미래세대의 보호를 위해 자신에게 엄청난 부담을 안기는 재정개혁 입법의 실천을 기대할 수 있느냐가 문제가 된다. 오히려 현세대 입법자들은 이러한 입법을 이행하기보다 기피하거나 지연시킬 가능성이 높기 때문이다. 따라서 미래세대 보호를 현세대 입법자들의 형성권에 맡기는 것이 타당한 것인지에 의구심이 제기될 수밖에 없다. 이러한 문제를 해결하려면 현세대 입법자들이 헌법적 책무를 기피하지 못하도록 규율할 강력한 법적 구속력을 확보하는 것이 필요하다. 결국 재정측면에서의 세대간 정의의 성패는 현세대 입법자들이 형성권을 자의적으로 행사하는 것을 통제할 강력한 법적 장치를 갖출 수 있느냐에 달려있다고 볼 수 있다. 더구나 앞으로 3가지 재정환경 변화가 확산될수록 세대간 균형을 이루기 위해 현세대가 떠맡아야 할 재정부담이 급증하게 될 것이고 그럴수록 세대간 균형이나 미래세대의 보호를 현세대 입법자의 형성권에 맡기기 더욱 어려워질 수밖에 없다. 그 결과 점점 더 헌법에 관련 규정을 신설하거나 헌법재판소의 판례를 통해 미래세대를 보호하는 방법에 의존할 수밖에 없게 될 것이다. 기본적으로 헌법은 소수자의 이익을 지켜주는 핵심적 수단이기 때문이다. 이러한 측면에서 볼 때 2021년 독일 연방헌법재판소의 기후보호법의 헌법불합치 결정은 입법자의 형성권을 줄이고 헌재의 결정에 의해 미래세대를 직접 보호하려는 새로운 시도로 이해할 수 있다.

결국 앞으로 미래세대 보호를 위한 새로운 재정헌법 규정과 헌법재판소

결정이 계속 발전하면서 세대간 정의를 위한 새로운 헌법적 틀이 순차적으로 갖추어질 전망이다. 그것이 3단계 세대간 정의를 위한 헌법이다. 그러면 2단계 헌법에서 3단계의 헌법으로의 변화를 중심으로 분석하기로 한다.

제 2 절 우리나라 헌법규정의 현황 및 문제점

Ⅰ. 현황

1. 우리나라 헌법 전문의 미래세대 보호 관련 조문

대한민국 헌법 전문에는 "항구적인 세계평화와 인류공영에 이바지함으로써 우리들과 우리들의 자손의 안전과 자유와 행복을 영원히 확보할 것을 다짐하면서"라는 조문이 있다. '자손' 즉 현 세대와 인접한 세대만이 아닌 먼 후세대까지 포함한[213] 미래세대의 안전과 자유, 행복을 확보해야 한다는 점을 명시하고 있는 것이다.

이러한 헌법 전문의 성격 내지 법적 효력에 대해서는 단순히 선언문 성격에 그치는 것이 아니라 법적 효력을 인정하는 것이 일반적인 견해이다.[214] 우리나라 헌법재판소도 헌법 전문의 규범적 성격과 효력에 대해 그동안 줄곧 인정하는 입장을 취해왔다.[215] 그러나 본 헌법 전문만 가지고는

---

213) 이성환, "미래세대의 헌법적 지위", 입법학연구 제19집 제1호, 한국입법학회, 2022, 100 – 101쪽.
214) Carl Schmitt, Rudolf Smend, Konrad Hesse 등의 학자와 독일 헌재, 프랑스 헌법원 등에서 인정하고, 법실증주의자들은 반대하지만 법실증주의적 헌법관이 극복된 오늘날 헌법 전문의 법적 성격이나 효력을 부인하기 어렵다. 이에 관하여는 허영, 「한국헌법론」, 박영사, 2007, 134쪽 참조.
215) 헌재 1989. 9. 8. 88헌가6 결정, 헌재 1994. 7. 29. 92헌바49 결정, 헌재 2003. 7. 24. 2001헌바96 결정, 헌재 2006. 3. 30. 2003헌마806 결정 등.

국가의 미래세대 보호책임을 이끌어내기 어렵다고 평가할 수 있다.

해외의 경우에도 그동안 미국, 일본, 독일, 스위스 등의 나라는 헌법 전문에 미래세대에 대한 책임을 규정하고 있음에도 불구하고 20세기 후반부터 많은 나라들이 헌법 본문에도 미래세대 보호나 지속가능 발전 등의 조문을 마련하고 있다. 이러한 점을 고려할 때, 우리나라도 미래세대에 대한 국가의 보호와 책임 규정을 별도로 헌법 본문에 명확히 두는 것이 필요할 것이다.[216]

2. 헌법 제35조 제1항의 환경권 조항

우리나라 헌법 제35조 제1항에서 "모든 국민은 건강하고 쾌적한 환경에서 생활할 권리를 가지며, 국가와 국민은 환경보전을 위하여 노력하여야 한다"고 규정하여 기본권으로서의 환경권을 두고 있다. 이러한 환경권의 본질은 환경보전 그 자체를 목적으로 선언한 것이라기보다 환경 보전을 수단으로 인간다운 삶, 쾌적하고 건강한 삶이라는 인간 권리 향유를 목적으로 하는 것이라 할 수 있다.[217] 따라서 이를 미래세대를 보호하기 위한 헌법조항의 하나로 볼 수 있다.[218]

헌법 제35조 환경권의 법적 성격에 관하여는 그것이 기본권으로 규정되어 있음에도 불구하고 다른 기본권 같이 국가에 대한 국민의 공권으로 볼 수 있는지에 대한 논란이 지금도 계속되고 있다. 즉 환경권은 주관적 공권이 아니라 국가목표조항이라는 주장이 있고,[219] 또한 이를 권리라고 보는

---

216) 이성환, 미래세대의 헌법적 지위, 입법학연구 제19집 제1호, 2022, 99쪽.

217) 고문현·안태용, "환경보호조항의 헌법적 수용 — 독일기본법 제20a조와 대한민국헌법 제35조의 비교를 중심으로—", 법학논총 통권 34호, 숭실대학교 법학연구소, 2015, 15쪽.

218) 홍성방, 「헌법학(중)」, 박영사, 2015, 356－357쪽.; 성낙인, 「헌법학」, 법문사, 2016, 1400쪽.; 양건, 「헌법강의」, 법문사, 2014, 685쪽.

219) 한수웅, 「헌법학」, 법문사, 2017, 1058쪽; 환경권은 국가의 환경보호의무의 이행을 통하여 비로소 실현되는 기본권이며, 환경보호를 위하여 개인의 자유권에 대한 제한을

견해 중에도 그것을 자유권으로 보아야 할 것인지[220] 사회권으로 볼 것인지,[221] 아니면 자유권과 사회권 모두를 포괄하는 종합적 권리로 볼 것인지[222]에 대한 논란이 이어지고 있다. 헌법재판소는 환경권을 종합적 기본권의 성격을 갖고 있는 것으로 설명하고 있고,[223] 대법원은 환경권을 추상적 권리의 성격을 가지는 사회권의 하나로 입법자의 구체적 형성이 있어야 한다는 입장을 보이고 있다.[224] 이와 함께 환경권을 '환경국가원리'를 규정한 국가목표조항으로 보는 견해도 있다.[225]

이같이 우리나라에서는 환경권을 헌법상 기본권의 하나로 규정한데 비해 독일은 20여 년간의 논의의 결과 기본권 형태에 대한 비판적인 견해가 우세함에 따라[226] 결국 제20a조의 국가목표조항을 두게 되었다.[227] 세계적으로 헌법에 환경보호를 기본권 조항으로 명문화한 국가는 스페인, 우리나라

전제로 하는 기본권이므로 본질상 주관적 권리가 아니라 일차적으로 객관적 성격을 가지고 있다고 보기도 한다.
220) 허영, 「한국헌법론」, 박영사, 2010, 704쪽.
221) 홍준형, 「환경법」, 박영사, 2001, 41쪽.
222) 김철수, 「헌법학개론」, 박영사, 2005, 859쪽.
223) 헌재 2008. 7. 31. 2006헌마711, 2014. 6. 26. 2011헌마; 환경권적 기본권이 미래세대 보호를 위한 경제 및 사회영역 등의 물적 요건에 대한 기반도 요건화한다면 자유권적 성격을 비롯해 국가에게 적극적 보장을 요구할 수 있는 사회권적 성격도 갖게 될 수 있다. 이와 관련 홍성방, 「헌법학(中)」, 박영사, 2010, 328 – 329쪽 참조.
224) 대법원 1995. 5. 23. 선고 94마2218 결정; "국민에게 직접적으로 구체적인 사법상의 권리를 부여한 것이라고 보기는 어렵고…, 사법상의 권리로서 환경권이 인정되려면 그에 관한 명문의 법률규정이 있거나".
225) 환경국가원리는 '국가가 환경이 인류의 삶의 터전이라는 점을 인식, 국민이 쾌적한 환경에서 생활을 영위할 수 있도록 하는 가치규범'이라고 정의할 수 있다.; 허창환, "헌법상 기본원리에 관한 연구 – 환경국가원리의 인정여부를 중심으로 –", 성균관법학, 제33권 제3호, 성균관대학교 법학연구원, 2021. 18쪽.
226) 홍일선, "세대간 정의와 평등 – 고령사회를 대비한 세대간 분배의 불균형문제를 중심으로, 헌법학연구 제16권 2호, 2010, 464쪽 주17 참조.(Astrid Epiney, in: von Mangoldt/Klein/Stark, GG II, 5. Auflg. 2005, Art. 20a, Rn. 32; Karl – Peter Sommernann, in: von, Münch/Kunig, GGK II, 5. Auflg. 2001, Art. 20a, Rn. 1 참조)
227) 고문현, "저탄소 녹색성장을 위한 비교헌법적 연구", 환경법연구 32권 3호, 한국환경법학회, 2010, 123 – 159쪽.

등 소수이다. 이같이 국가목표조항으로서의 환경보호 조항을 둔 경우와 기본권조항으로서의 환경보호 조항을 둔 경우는 그 법적 성격 측면에서 차이가 있다고 볼 수 있다. 즉 독일 기본법 제20a조는 국가목표조항으로 해석되며 환경보호를 위해 입법자에게 구체적인 행위를 하도록 적극적인 의무를 부여하는 것으로 보는데 비해,[228] 우리나라의 환경권은 기본권 조항으로서 '국민의 권리구제'에 초점을 맞추고 있다는 점에서 다르다. 따라서 우리 헌법 제35조 제1항은 모든 국민이 건강하고 쾌적한 환경에서 생활할 권리를 가지고 있음을 확인하고, 환경권이 침해되었을 경우 다시 구제받도록 하겠다는 의지를 명시한 것으로 볼 수 있다. 그러므로 환경권 침해시 헌법 제35조로부터 이를 이유로 한 개인적 권리구제를 위한 소구가능성이 도출되며, 이것이 독일의 환경보호 국가목표조항과의 가장 중요한 차이점이라 할 수 있다.[229] 이와 함께 우리나라 헌법의 환경권은 입법, 행정, 사법 등 모든 국가권력을 기속하는 효력을 가지고 있고,[230] 따라서 국가가 자연환경이나 생활환경을 오염 및 훼손하는 행위를 통해 개인의 생명, 신체, 건강, 안전, 재산 등을 침해한 때에는 환경권의 방어권적 기본권으로서의 성격을 통해 국가의 침해행위에 대해 배제와 예방을 청구할 수 있는 헌법적 근거로 기능한다.[231]

특히 환경권을 기본권의 하나로 규정하는 것과 관련된 문제로는 이미 태어난 세대는 기본권 권리의 주체가 될 수 있어서 보호받을 수 있겠지만, 아직 태어나지 않은 세대는 권리의 주체가 될 수 없어서[232] 청구권 행사가

---

228) U. Scheuner, Die Funktion der Grundrechte im Sozialstaat, in: DÖV, 1971, S. 505 ff.
229) 고문현·안태용, "환경보호조항의 헌법적 수용-독일기본법 제20a조와 대한민국헌법 제35조의 비교를 중심으로-", 법학논총 통권 34호, 숭실대학교 법학연구소, 2015, 27쪽.
230) 성낙인, 「헌법학」, 법문사, 2016, 1401쪽; 정종섭, 「헌법학원론」, 박영사, 2015, 886쪽.
231) 전광석, 「한국헌법론」, 집현재, 2016, 500쪽.
232) 홍성방, "21세기의 기본권 이해", 서강법학연구 제6권, 서강대학교 법학연구소, 2004,

어렵다는 주장에 관한 것이다.[233] 즉 그동안 환경행정소송에서의 미래세대의 원고적격을 인정하지 않은 판례[234] 등을 감안할 때, 아직 출생하지 않은 자는 출생을 조건으로 태아에게 인정되는 극히 예외적인 경우를 제외하고는 원칙적으로 권리주체성이 인정되지 않고 개인적 권리구제에 대한 원고적격이 제한된다는 주장이다. 그러나 헌법은 환경권을 "기본권 형성적 법률유보규정"으로 보장하고 있는 만큼[235] 입법자는 헌법조항의 취지에 부합하도록 법률로 이를 구체화해야 할 의무를 진다. 물론 이 경우 입법자에게 비교적 넓은 재량과 형성의 자유가 부여된다고 볼 수 있겠지만[236] 그 역시 분명한 한계가 있다. 즉 환경권 보장을 위한 입법이 전혀 없거나, 혹은 환경권을 보장하기에 명백하고 현저하게 불충분하여 국민의 환경권을 과도하게 침해하는 경우는 헌법이 입법자에게 부여한 환경권의 내용과 행사에 대한 형성의 의무를 다하지 못한 것으로 보아야 할 것이고, 이 경우 국민은 환경권 침해에 대해 헌법재판소에 그 구제를 청구할 수 있다.[237]

II. 개선 노력

위에서 살펴본 바와 같이 우리나라는 환경측면에서의 미래세대 보호를 위한 헌법규정이 있다고 볼 수 있지만 재정측면에서는 그러한 헌법규정이 없는 만큼 그동안 이를 보환하기 위한 새로운 노력이 이루어졌다. 특히 지

36쪽.
233) 반면 미래세대의 자연인에게까지 환경권의 주체성을 인정해야 한다는 견해도 있다.; 김철수, 「헌법학신론」, 박영사, 2009, 881쪽 이하 참조.
234) 새만금간척사업 사건.(서울행정법원 2001. 7. 25. 선고, 2000구12811 판결)
235) 허영, 「한국헌법론」, 박영사, 2016, 474쪽.
236) 이세주, "헌법상 환경국가원리에 대한 고찰", 세계헌법연구 22권 2호, 세계헌법학회한국학회, 2016, 92쪽.
237) 헌재 2008. 7. 31. 2006헌마711.

난 2018년 제10차 개헌 논의를 중심으로 국회와 정부의 새로운 개헌안이 추진되었는데 여기서는 이를 중심으로 우리나라의 헌법규정 개선 노력을 검토해보기로 한다.

1. 국회 헌법개정특위 제10차 헌법개정안의 미래세대 보호

그동안 우리나라에서는 미래세대의 권리 보호에 관한 헌법규정이 불비하다는 문제점이 제기되면서 헌법에 미래세대 보호에 관한 국가의 의무를 명확히 규정하기 위한 노력이 전개되었다. 특히 2018년에는 국회 제10차 개헌 논의과정을 통해 이에 관한 구체적 방안들이 제시되었다. 국회 헌법개정특별위원회는 2018년 1월 자문위원회 보고서를 채택하였고, 또한 대통령 개헌안 준비 작업을 담당한 국민헌법자문특별위원회에서도 2018년 3월 대통령 제안의 헌법개정안을 발의했으며, 헌법 전문과 기본권 분야에 세대간 형평성 또는 미래세대의 기본권 확보에 관한 규정을 반영하거나 강화한 새로운 개정안이 제시되었다.

이를 구체적으로 살펴보면, 먼저 미래세대 보호를 위한 일반 헌법규정을 강화했다. 그 사례로는 2018년 1월 채택된 국회 헌법개정특별위원회 자문위원회 보고서의 개정안에서 현행 헌법 전문의 "우리들과 우리들의 자손의 안전과 자유와 행복을 영원히 확보할 것을 다짐하면서"라는 조문을 "모든 분야에서 지속가능한 발전을 추구함으로써 우리와 미래세대의 자유와 안전과 행복을 영원히 확보할 것을 다짐하면서"로 수정하였다.[238] 즉 '자손'을 '미래세대'로 바꾸고, "지속가능한 발전"을 분명히 명시했다. 또한 헌법 전문 외에 현행 헌법 제35조 개정 방안으로 제37조를 신설하여 기본권으로서

---

238) 국회헌법개정특별위원회 자문위원회 보고서, 2018, 33쪽.

환경권을 강조하고 '미래 세대에 대한 책임'을 직접 규정했다. 즉 제37조 제4항에 "국가는 지구생태계와 미래세대에 대한 책임을 지고, 환경을 지속가능하게 보전하여야 한다"라고 미래세대에 대한 국가책임을 명시했다.[239]

이와 함께 재정측면에서는 재정 건전성을 확보하기 위한 규정을 강화하였다. 즉 국회 헌법개정특위 자문위원회는 현행 헌법의 국회와 정부의 장에 분산되어 있는 재정 관련 조항들을 모아서 "재정의 장"을 신설하고, 재정의 장 첫 조항에 "재정의 민주성, 건전성, 경제성을 확보하여야 한다"고 규정하여 재정의 기본원칙인 "재정의 건전성"을 확보하는 노력을 강화했다. 이와 함께 재정건전성 확보를 위한 구체적인 헌법 조문안으로 예산법률주의 도입과 기금에 관한 별도의 근거 규정을 마련하였다.[240] 이러한 헌법조항들은 재정 측면의 세대간 형평성을 도모하기 위한 중요한 진전으로 평가할 수 있다. 아울러 지방분권의 장에 지방재정운용원칙을 규정하는 조항을 신설하고 제119조 제6항에 "지방정부는 재정건전성의 원칙에 따라 수지균형을 이루도록 투명하게 재정을 운영할 것"을 명시하였고, 또한 바로 다음 제7항에는 "지방정부의 채무는 법률이 정하는 기준에 따라 관리되어야 한다"고 규정함으로써[241] 헌법 조문에 재정건전성 원칙을 직접 명시하고 지방정부가 재정 부담을 미래세대에 전가하지 못하도록 했다. 또한 제10차 개헌 관련 개헌특위 개헌안에서 재정준칙을 헌법에 넣을 것인지에 관한 논의가 있었으나, 독일처럼 GDP 대비 국가부채비율을 구체적으로 규정하면 재정운용의 유연성이 떨어질 수 있다는 문제점과 독일은 개헌이 쉬운 반면 우리나라는 그렇지 않다는 점 때문에 헌법에 이러한 재정준칙은 반영하지 않았다.

---

239) 국회헌법개정특별위원회 자문위원회 보고서, 2018, 130쪽.
240) 국회헌법개정특별위원회 자문위원회 보고서, 2018, 213쪽.
241) 국회헌법개정특별위원회 자문위원회 보고서, 2018, 267쪽.

2. 대통령 제10차 헌법개정안에 담긴 미래세대 권익 보호

2018년 3월에 정부측에서도 대통령이 헌법개정안을 제안하였는데, 그 내용 중 미래세대의 권익과 관련 내용은 다음과 같다. 우선 헌법 전문에 "우리들과 미래 세대의 안전과 자유와 행복을 영원히 확보할 것을 다짐하면서"라고 선언하여 미래 세대를 명시하였다. 또한 현행 헌법 제35조의 환경권 관련 규정을 강화하는 내용도 제38조에 담았다. 특히 여기서 주목할 점은 현행 헌법 제35조와 달리 대통령 개헌안 제38조는 제2항에 '지속가능한 발전'이라는 문구를 넣었다는 사실이다. 즉 제38조 제2항에 "국가와 국민은 지속가능한 발전이 가능하도록 환경을 보호해야 한다"라고 명시하여 지속가능 발전의 필요성을 헌법에 담았다. 그러나 이러한 대통령 개헌안의 환경권은 국회의 개헌안보다는 다소 소극적인 내용이라고 볼 수 있다. 국회 개헌안에서는 환경권에 미래세대에 대한 책임을 직접적으로 언급한 반면, 대통령 개헌안에는 국가의 미래세대에 대한 책임은 별도로 언급하지 않고 있기 때문이다. 또한 재정측면에서의 지속가능성이나 미래세대를 보호하기 위한 헌법규정은 국회 헌법개정안에 비해 매우 미흡하다.

3. 평가

비록 2018년의 제10차 개헌안이 처리되지 못했지만 기본권으로서 환경권을 강화하고, 미래세대에 대한 국가의 책임을 명시하고자 했다는 점과, 재정의 장을 별도로 신설하여 재정수지 균형과 재정의 건전성을 강조한 규정들을 도입하고 체계화시켰다는 점에서 커다란 진전이 있다고 볼 수 있다.

그러나 재정측면의 헌법개정안 규정들 역시 그 대부분이 재정의 수지 균형과 지속가능성 측면에 초점을 맞춘 것이고 세대간 정의 측면에 대한 접근은 크게 부족하다. 따라서 우리나라 헌법개정안의 재정측면의 헌법규정들은 2단계의 지속가능성 헌법규정을 마련하려는 시도로 평가할 수 있다.

Ⅲ. 미래세대 보호를 위한 4가지 헌법적 방법론 검토

새로운 재정환경 변화로 앞으로 미래세대의 부담이 커지고 세대간 불균형이 확대될 수밖에 없는 상황을 맞이해 이에 대응하여 미래세대의 이익을 보호하려면 어떠한 헌법규정이 필요한가?

이에 관하여 다음 4가지 헌법적 방법론에 대해 차례로 검토하기로 한다. 즉 '기본권 규정을 신설하는 방법', '기존의 평등권 규정을 원용하는 방법', '새로운 국가목표조항을 신설하는 방법', '헌법에 재정준칙을 두는 방법' 등이다.

1. 헌법상 미래세대 기본권 신설방안

가. 헌법상 기본권을 통한 미래세대 보호의 필요성

각국에서는 미래세대의 권리를 헌법상 기본권으로 보다 명확히 설정하려는 노력이 이어졌다. 헌법에 미래세대의 권리를 명시한 규정을 둔 나라로는 일본이 있는데 헌법 제11조에 "국민에게 보장하는 기본적 인권은 현재와 미래의 국민에게 부여된다"고 명시하고 있다. 트레멜(Tremmel)은 세대간 정의의 원리를 헌법에 보다 명확히 반영하기 위해 생태권(ecologic rights)이라는 미래세대 기본권 보장 방안을 제시하고 구체적인 권리조항을 예시했고 헌법에 이를 넣을 것을 주장했다. 그러나 트레멜의 생태권 조항도 환경측면을 중시한 것으로 재정측면의 특성을 특별히 고려하지는 않았다.[242]

---

[242] Chet Jörg Tremmel, "Establishing Intergenerational Justice in National Constitutions," 「Handbook of Intergenerational Justice」, Edward Elgar Publishing, 2006, p.203 이하.;

우리나라에서도 세대간 정의를 위해 환경측면과 재정측면을 함께 고려한 기본권 설정에 관한 연구가 이루어졌고, 미래세대의 권리를 기본권으로 설정하기 위한 구체적 헌법조항이 제시되기도 했다. 장철준(2015)은 재정측면과 환경측면을 함께 고려한 헌법상 일반조항 방식으로 세대간 정의를 위한 기본권 창설 방안을 제시했다. 앞의 법철학적 연구에서 설명한 미래세대의 권리를 긍정하는 논리를 바탕으로 미국, 벨기에, 독일 및 유럽 학자들의 견해를 참조하여 우리 실정에 맞는 미래세대의 기본권 헌법조항을 제시한 것이다. 이같이 미래세대의 기본권 조항을 신설하려는 이유는 정부의 각종 정책 수립 집행에 있어서 세대간 정의의 원리를 명확히 반영하는 헌법적 틀을 정립하고, 이에 위반한 기본권 침해에 대하여는 사법적 위헌 판단의 근거로 삼아 구제하기 위한 것이다.[243] 특히 우리 헌법 제10조에는 국민 기본권에 대한 국가의 보호 의무를 명시하고 있는 점과 연계해 미래세대의 기본권을 보장하려는 것이다. 이같이 미래세대의 권리가 기본권으로 인정될 경우 국가공권력에 대하여 작위나 부작위를 요구할 수 있는 개인의 법적 권리 즉 주관적 공권을 부여할 수 있고, 헌법재판 등을 통해 개인의 직접적인 권리 구제의 가능성이 열리게 되며, 동시에 국가 모든 기관에 대한 기속력을 가지고 국가권력을 제한하는 규범으로서의 객관적 가치질서로 인정받게 된다.[244]

특히 세대간 정의 문제와 관련해서는 헌법상 기본권 조항을 통해 미래세대를 보호하는 방법의 중요성이 보다 커지고 있다. 그 이유는 두 가지이다.

그가 '미래세대(future generation)' 개념 대신에 '계승세대(succeeding generation)' 개념을 언급한 것은 세대 간 정의의 실천적 소구 가능성을 위한 것으로 보인다.

243) 장철준, "세대간 정의의 헌법규범화 방안 - 미국과 유럽의 논의를 중심으로", 미국헌법연구 제26권 제3호, 미국헌법학회, 2015, 187 - 190쪽.
244) 한수웅, 「헌법학」, 법문사, 2011, 420쪽.

첫째, 기존의 미래세대 보호 관련 헌법규정들은 대부분 국가목표규정으로 해석되면서 그 구체적 실현을 현세대 입법자들에게 맡겨야 한다는 점에서 규범력의 한계가 있기 때문이다. 기본적으로 머나먼 미래세대의 불확실한 문제에 관한 입법에 관하여는 아무래도 입법자에게 보다 많은 형성권을 허용할 수밖에 없다. 그러나 국가목표조항은 모든 국가기관을 구속하는 기속력을 가지고 있기는 하지만 미래세대의 개인적 권리 청구권은 도출되지 않는다는 측면에서 사법적 규범력에 한계가 있다.

둘째, 환경측면과 달리 재정측면에서는 현세대와 미래세대는 이해가 정반대로 상충되기 때문에 미래세대의 보호를 헌법의 국가목표규정으로 규정하여 현세대 입법자에게 맡기는 방법은 한계가 있을 수밖에 없다. 특히 지금의 민주정치 구조 하에서는 아직 태어나지 않은 미래세대나 어린세대와 청소년세대는 투표권이 없어서 자신들의 이익을 반영하지 못하는데 비해, 현세대 입법자들이 모든 입법과정을 지배하고 있다. 이러한 상황에서 미래세대를 보호하고 세대간 균형을 이루려면 현세대에게 커다란 재정부담이나 피해를 부과하는 재정개혁을 입법해야 하는데, 현실적으로 현세대와 입법자들이 이러한 자신에게 피해를 가하는 입법을 이행할 것이라고 기대하기에 한계가 있다. 그동안 호주 등에서 미래세대를 위한 소소한 재정개혁을 추진했음에도 사회적으로 엄청난 반발이 유발된바 있다.

이에 따라 미래세대 보호를 헌법의 국가목표조항에 규정하고 입법자의 형성권에 맡기기보다는 오히려 헌법의 기본권 조항이나 헌법재판소의 기본권 조항을 이용한 판례를 통해 미래세대의 권리를 직접 보호하는 방법이 중요해졌다. 그래야 현세대 입법자들이 자신의 이익에 상반되는 입법을 기피하거나 지연하는 것을 못하도록 헌법적으로 직접 강제화할 수 있기 때문이다. 이미 이러한 기본권을 원용한 헌법재판소의 결정을 통해 입법자의 형성권을 줄이고 미래세대를 직접 보호하기 위한 새로운 판례들이 등장하고 있다. 그 대표적인 사례가 2021년 독일 연방헌법재판소가 기후보호법의 온실가스배출권 부담과 관련한 세대간 불균형을 미래세대의 기본권을 침해한 것으로 결정하여 미래세대의 이익을 직접 보호한 것이다. 앞으로 저출산·고령화 등 새로운 재정환경 변화가 더욱 전면화 되고 미래세대 피해가 더욱 커질수록, 또한 이로 인해 세대간 균형을 이루기 위해서 현세대가 떠안아야 할 재정부담 분량이 확대될수록 현세대와 미래세대 간 충돌은 더욱 커질 수밖에 없다. 또한 그럴수록 현세대 입법자의 형성권에 맡겨서 미래세대를 보호하는 방법은 점점 더 효용성이 저하되고, 결국 헌법상 기본권 규정이나 헌법재판소 등의 결정을 통해서 미래세대 이익을 직접 보호하는 방법이 더욱 중요해질 것이다.

나. 헌법상 미래세대의 기본권 신설 방안의 한계

그러나 미래세대의 권리를 기본권으로 보호하려고 할 경우 다음과 같은 두 가지 문제점이 있다.

첫째, 미래세대의 권리를 기본권으로 설정하는 것이 현실적으로 가능한가의 법리상 한계이다. 즉 기본권 규정으로는 이미 태어난 어린세대와 청소년세대를 보호하는데 효과적이지만 아직 태어나지 않은 세대를 보호하는데는 한계가 있다는 점이다. 즉 광의의 의미의 미래세대를 기본권으로 보호하려 할 경우 이미 태어난 미래세대의 권리는 보호할 수 있지만 아직 태어나지 않은 미래세대의 권리를 보호할 수 있느냐에 관해서는 논란이 있다. 기본적으로 기본권은 현재 살아있는 개인을 대상으로 향유하는 권리이기 때문에 아직 태어나지 않은 미래세대는 주관적 권리를 가질 수 없어서 기본권의 주체도 될 수 없기 때문에 아직 태어나지 않은 불특정한 집단인 미래세대에게 기본권 주체성을 인정하기를 부정한다.[245] 이같이 법이론적으로 미래세대의 권리에 대해 부정적인 견해가 다수설이고 이러한 논지에 입각해 독일에서는 기본법 제3조 제1항의 일반적 평등원칙의 적용을 미래세대로 확대하자는 주장이 거부되었고,[246] 기본법 제20b조항 신설도 허용되지 않았으며,[247] 미래세대의 권리를 기본권으로 설정하는 방안도 부인되었다. 따라서 기본권을 설정하려면 이러한 현실적인 이론적 한계를 뛰어넘어야 가능하다.

둘째, 앞으로 미래세대의 기본권을 신설할 경우 그 법적 성격은 자유권적 기본권과는 다를 수밖에 없고 오히려 사회적 기본권과 유사할 수밖에 없을 것으로 보고 있다. 자유권적 기본권의 경우 소극적 방어권적 권리이므로 이를 뒷받침하기 위한 다양한 법적, 제도적, 예산적 조치들이 필요하지 않지만, 사회적 기본권의 경우는 그 권리의 보호내용을 구체적으로 특정하지 않고 결국 입법자의 형성권에 맡길 수밖에 없어서[248] 그 법적 성격이 국가의 재정에 유보된 기본권의 성격을 갖는다고 볼 수 있다.[249] 이에 따라 다른 사회적 기본권들과 마찬가지로 새로운 미래세대의 기본권 역시 이를 실현하려면 헌법규정만 가지고는 안 되고 경제제도, 노동제도, 복지제도, 예산제도 등의 다양한 법적 뒷받침이 필요하다. 그래야 국민 각자에게 필요한 최소한도의 복지급여 등을 지급하며 사회적 기본권을 보장할 수 있기 때문

---

245) Michael Kleiber, 「Der grundrechtliche Schutz künftiger Generationen」, Recht der Nachhaltigen Entwicklung 13. Tübingen: Mohr Siebeck, 2014, S. 13 - 14.
246) Christian Calliess, 「Rechtsstaat und Umweltstaat」, Mohr Siebeck, 2001, S. 11.
247) 박진완, "미래세대를 위한 세대간 정의 실현의 문제로서의 지속성의 원칙", 법과정책 24권 2호, 제주대학교 법과정책연구원, 2018, 143쪽.
248) 사회적 기본권의 법적 성격과 효력에 대하여 자세한 것은 차진아, "사회적 평등의 이념과 21세기적 과제", 토지공법연구 제77집, 2017, 400 - 402쪽 참조.
249) 명재진, "국가목표조항의 헌법적 지위와 위헌심사척도에 관한 연구", 법학연구 제25권 제2호, 충남대학교 법학연구소, 2014, 22쪽.

이다.[250] 만일 이러한 필요한 제반 법제나 재정적 기반을 구비하지 못할 경우 과거 우리나라의 사회적 기본권들의 사례처럼 헌법에는 사회적 기본권이 명시되어 있음에도 현실적으로는 오랫동안 그 권리를 보장받지 못하고 사문화 규정이 되었던 전철을 밟을 수 있다. 따라서 헌법상 미래세대 기본권을 설정한다고 해도 그 현실적 실현 여부는 이를 뒷받침할 제반 재정 복지 법제들의 확충 여부에 결정적으로 좌우될 수밖에 없다. 문제는 이러한 법적 제도적 기반을 갖추는 것이 용이하지 않다는 점이다. 앞에서 설명했듯이 세대간 정의 문제에 있어서는 현세대와 미래세대 이익이 정반대이고 현세대 입법자들이 장악한 의회에서 현세대에게 커다란 피해를 안겨줄 재정개혁을 입법하는 것이 불투명할 수밖에 없기 때문이다. 따라서 이에 관한 입법자의 형성의 재량을 축소하고 명확히 강제화할 수 있는 법적 구속력 장치가 필요하며, 이러한 것을 갖추지 못하면 미래세대 보호를 위한 기본권을 규정해도 헌법상의 형식적 선언 규정으로 그치게 될 것이다.

다. 헌법상 미래세대의 주관적 권리 구제제도 한계 극복방안

그동안 기본권을 통한 미래세대의 권리를 보호하는데 있어서 위와 같은 한계를 극복하기 위해 다음과 같은 연구와 새로운 시도들이 이루어졌다.

첫째, 고세리스(Axel P. Gosseries)는 미래세대의 권리를 위한 사법적 집행이 어렵다는 주장을 부정하면서 이를 대체할 다양한 방법들이 있음을 주장했다. 즉 미래세대 권리는 그 실현 가능성 측면에서 두 가지의 문제점이 발생하는데, 첫째는 미래세대가 권리를 갖는다고 할 경우 그것을 사법적으로 소구할 수 있는 제도적 방안이 무엇인가의 강제성 문제(enforceability)이

---

250) 차진아, "사회국가의 실현구조와 토지공개념의 헌법상 의미", 공법학연구 제19권 제1호, 한국토지공법학회, 2017, 12쪽.

고, 둘째는 설사 사법적으로 소구할 수 있다 하더라도 과연 그 집행을 관철할 수 있겠는가라는 자기집행(self-sanction)의 문제가 있다는 것이다. 그러나 미래세대의 법적 권리를 실현하는 방법은 사법적 집행만이 유일한 방법이 아니고, 그 외 행정집행, 옴부즈맨, 후견(guardian), 의회 감찰(parliamentary commissioners) 등의 다양한 집행 방법들이 있음을 강조했다. 또한 고세리스는 미래세대가 현재 존재하지 않는다고 해서 그들이 실천적으로 소구할 방법이 없다고 할 수 없으며, 이를 위해 사전적(ex ante) 집단소송(class action) 방식, 예측적 불법행위소송(preconception tort suits) 등의 방식이 있다고 주장하였다.[251] 즉 미래세대 권리에 대한 소구 주체가 현재와 미래의 피해자를 동시에 대리하고 있다고 인정되는 상황에서는 미래세대에 관한 소송을 받아들일 수 있다는 것이다. 예를 들어 지금의 환경오염 피해가 미래세대에도 영향을 미칠 수 있다고 인정된다면 그 범위에서 미래세대의 권리를 위한 소구를 수용할 수 있고 미래세대의 권리 침해에 대해 우리 스스로 집행할 수 있다는 것이다.[252]

둘째, 입법과정에서 미래세대의 대표성을 반영하지 못하는 문제를 해결하기 위해 미래세대 보호관(ombudsman)을 선임해 이들에게 헌법소송과 행정소송에서의 심판청구인 내지 원고적격을 부여하는 객관적 소송제도를 도입하는 방안들이 추진되었다. 이를 통해 미래세대의 기본권 침해에 대한 우려가 있는 경우 미래세대의 소구권을 대행하게 함으로써 소구권 한계 문제를 극복하려는 것이다. 이뿐 아니라 미래세대 보호관은 관련 법률안의 입안, 부령의 제정과 같은 준입법권, 정부의 정책결정과 처분 등에 대한 사전

---

251) Axel P. Gosseries, On Future Generations' Future Rights, The journal of political philosophy: vol. 16, no. 4, 2008, pp.450-464.
252) 손해의 가해자와 피해자가 함께 존재하고 있는 순간을 세대가 중첩되고 있다고 볼 수 있다.; Axel P. Gosseries, ibid., 2008, pp.464-468.

동의 내지 협의권과 같은 행정적 권한 행사와 더불어, 행정청이 발령한 행정처분 등이 관련 법령에 위반하여 미래세대의 권익을 침해한다고 판단하는 경우 당해 처분에 대한 무효확인과 취소 등을 구할 수 있다.[253] 또한 미래세대보호관은 이와 같은 소송의 수행과정에서 재판의 전제가 되는 법률이 헌법에 위반한다고 주장하는 경우 위헌법률심판제청에 대한 청구권을 가질 수 있다.

셋째, 현실적으로 미래세대의 소송적격을 인정하는 사례도 늘어나고 있다. 비록 아직은 사법적 소구권 문제에 대한 비판이 주류설이고 미래세대의 권리를 인정하지 않고 미래세대의 소송적격을 인정하지 않고 있지만 일부에서는 소수이지만 이를 인정하는 사례가 점차 늘어나고 있다. 이미 미래세대의 이익은 국제사법재판소(ICJ)와 국제관행, 다자협약 등에서 확고하게 인정되고 있고, 앞으로 환경위기가 나날이 심화되고 미래세대의 이익이 위협받게 될 가능성이 높아짐에 따라 미래세대의 소송적격을 인정하는 사례도 늘어나고 있으며, 현세대와 미래세대의 이익 배분의 문제도 앞으로 보다 명확히 정립될 것으로 보인다.[254] 또한 아직까지 국제사회에서는 미래세대에게 직접 강제력 권한을 부여하는 구속력을 가진 국제기구는 존재하지 않지만, 이미 각국 법정에서는 세대간 정의와 형평의 원칙을 위반했다는 법리에 입각한 판결이 호주, 네덜란드, 노르웨이, 영국, 미국 및 기타 비OECD 국가의 법정에서도 늘어나고 있다. 예를 들어 2019년 12월 네덜란드 대법원은 2015년 온실가스 배출은 생명과 복지에 심각한 영향을 미치기 때문에 온실가스 배출량을 1990년 수준에 비해 최소 25% 감축해야 한다는 판결을

---

253) 김성수, "미래세대 보호를 위한 법제 설계", 경희법학 제54권 제4호, 경희대학교 법학연구소, 2019, 351쪽.
254) 김기순, "지속가능발전 개념의 법적 지위와 적용사례 분석", 국제법학회논총 제52권 제3호, 대한국제법학회, 2007, 26 - 27쪽.

내렸고,[255] 2020년 2월 영국 법원은 2016년 파리 기후협정에 명시된 기후목표치를 근거로 런던 히드로 공항의 세 번째 활주로에 대한 설치계획을 불법으로 판결했다.[256] 결국 각국에서는 새로운 시대적 요구에 부응해 미래세대의 권리를 중시하고 보호하려는 새로운 헌법적 움직임이 확산되고 있고 소구권을 인정하는 범위도 점차 확대되고 있음을 확인할 수 있다.

그러면 헌법규정 측면에서 미래세대를 보호하기 위해서는 기본권 규정을 어떻게 운용하는 것이 바람직한지 두 가지 측면에서 검토해보기로 한다.

첫째, 헌법의 미래세대 보호 국가목표규정과 자유권적 기본권 조항을 결합해 미래세대의 이익을 보호하는 방안이 효과적이다. 즉 기본권 규정만으로는 태어나지 않은 미래세대의 권리를 보호하는데 한계가 있고, 또한 국가목표규정을 가지고는 태어나지 않은 세대까지 보호할 수 있지만, 이해가 완전히 상반되는 현세대 입법자들의 형성권에 미래세대의 보호를 맡겨야 하므로 그 보장이 불투명할 수밖에 없다. 따라서 이 두 가지 조항을 결합하여 태어나지 않은 미래세대의 이익까지 보호하도록 하는 한편, 미래세대의 이익 침해를 기본권 침해로 인정하여 소구권 행사를 통해 침해를 바로잡도록 함으로써 미래세대의 이익을 보다 확고히 보호할 수 있다. 이미 이러한 시각에 입각한 새로운 헌법재판소의 판결이 이루어지고 있는데 그 대표적인 것이 2021년 독일 연방헌법재판소의 기후보호법 관련 위헌판결이다. 즉 독일 헌재는 기본법 제20a조의 국가목표규정과 기본권 조항을 결합하여 온실가스배출권 부담의 세대간 불균형을 미래세대의 기본권을 침해한 것으로

---

255) Harvard Law Review (2019), State of the Netherlands v. Urgenda Foundation, https://harvardlawreview.org/2019/05/state-of-the-netherlands-v-urgenda-foundation.
256) "Top UK court overturns block on Heathrow's third runway". The Guardian, 2020 12. 16. (Heathrow third runway ruled illegal over climate change) https://www. theguardian.com/environment /2020/dec/16/top-uk-court-overturns-block-on-heathrows-third-runway.

결정하여 기본권을 통한 미래세대 이익 침해에 대한 구제의 길을 터주었다. 마찬가지로 우리나라에서도 환경권의 기본권 조항 규정을 토대로 헌법소송이 계속되고 있다. 물론 이러한 독일 연방헌법재판소의 판결은 환경측면에서 미래세대의 기본권 침해를 인정한 것이지만 앞으로 재정측면의 연금 문제 등에도 이러한 법리가 확장될 수 있을 전망이다. 따라서 재정측면에서도 미래세대의 기본권 침해 결정을 받아내기 위해서는 헌법상 세대간 정의 원리를 재정측면에 적용할 수 있는 새로운 국가목표조항을 마련하는 것이 우선과제라 할 수 있다.

둘째, 헌법의 미래세대 보호 규정이나 헌법재판소의 결정에 따른 헌법적 명령을 실현하려면 구체적인 입법이 필요하다. 그러면 헌법적 명령에 따라 재정측면에서 미래세대를 보호하기 위해서는 어떠한 입법이 필요한가? 앞에서 설명한 미래세대 보호관을 통한 대리소송을 하는 방법 등도 필요하겠지만, 설사 이러한 소송에서 승소해 연금문제 등에 대해 세대간 균형을 실현하도록 헌법적 시정 명령을 얻어낸다고 해도 결국 그것을 실현하려면 중장기 재정계획이나 재정준칙 같은 것을 활용해서 이루는 수밖에 없다. 이와 관련해 참고할 사례로는 독일 연방헌법재판소의 기후보호법의 헌법불합치 결정에 따른 독일정부의 후속조치를 들 수 있다. 즉 독일정부는 헌재 결정에 의한 헌법적 명령을 실천하기 위해 세대간 균형이라는 기준 하에 온실가스중립을 위한 장기계획과 목표치를 설정하고, 이를 뒷받침할 법률과 법규명령을 마련하여 헌법적 명령을 실현하였다. 마찬가지로 앞으로 재정측면에서도 연금이나 재정 문제 등에 대해 세대간 균형을 이루도록 헌법재판소의 헌법적 명령이 내려질 경우, 이를 실현하기 위해서는 세대간 균형이라는 목표 하에 장기-중기-단기 재정계획과 목표치를 설정하고 이를 규율할 중장기 재정준칙을 운용해야 가능하다. 따라서 헌법적 명령을 이행하기 위한 가장 중요한 입법조치는 세대간 균형을 목표로 하는 중장기 재정계획이나 재정준칙 등 새로운 법제의 틀을 마련하는 것이라 할 수 있다.

그러나 이러한 입법도 결코 용이한 일이 아니다. 기본적으로 현재의 입법자들은 모두 현세대들이고 이들이 자신의 이익과 완전히 상반되는 새로운 재정법제들을 입법하기를 기대하기란 쉽지 않기 때문이다. 오히려 현세대들은 헌법적 명령에 관해 책임 회피를 하며 현세대의 이익을 고수하려고 재정개혁을 회피하거나 지연시킬 수 있다. 따라서 재정의 세대간 균형이라는 헌법적 명령을 실천하게 만들려면 현세대 입법자들이 자신이 원치 않는 입법을 강제할 수 있도록 보다 강력한 법적 장치를 확충하는 것이 필요하다. 특히 재정의 세대간 균형을 실현하는데 가장 중요한 역할을 할 새로운 중장기 재정계획과 재정준칙의 실시를 법적으로 의무화하는 것이 필요하고, 나아가 헌법에 그 실시를 규정하는 방안도 검토할 필요가 있다. 그래야 현세대 입법자들이 자신의 이익을 뛰어넘어 미래세대 보호라는 헌법적 명령을 준수하며 형성권 책무를 다하도록 만들 수 있다.

2. 헌법상 평등권 원용 방안

이어서 헌법의 평등권 조항을 통해 세대간 불균형 문제를 해결할 수 있는가에 대해 검토해보기로 한다. 우리나라의 경우 헌법 제11조 제1항에 일반적 평등권이 규정되어 있다. 그러면 현세대와 미래세대 간 재정측면의 혜택과 부담의 불균형 문제를 헌법의 일반적 평등원칙 규정에 위반한 것으로 판단할 수 있는가? 그리고 만일 평등권을 위반하였다면 입법자에게 이를 시정하기 위한 헌법상 명령권을 요구할 수 있는 것인가? 이에 대해 차례로 검토해보기로 한다.

가. 일반적 평등원칙의 적용 여부

기본적으로 헌법 제11조 제1항의 일반적 평등원칙은 다른 기본권 조항들에 비해서 훨씬 더 포괄이고 개방적인 특성을 가지고 있으므로 재정측면의 세대간 분배의 불균형 문제에도 적용이 가능하다고 볼 수 있다.[257] 기본적으로 평등원칙에 반하느냐 여부를 판단하는 것은 시대적 상황의 변화에 따라 달라질 수밖에 없고, 평등의 개념과 합리적 차별의 판단기준에 대해서 다양한 해석가능성이 존재할 수 있으므로 일반적 평등원칙은 거의 모든 생활영역에 적용되는 일반조항으로서의 성격을 갖고 있다고 볼 수 있기 때문이다. 따라서 세대간 분배의 불균형 문제도 헌법 제11조 제1항 적용범위에 포함되는 것으로 볼 수 있다

나. 차별적 취급의 존재 여부

세대간 분배의 불균형 문제가 일반적 평등원칙에 위반한다고 주장하기 위해서는 세대간 차별적 취급 여부를 확인해야 한다. 기본적으로 평등원칙 위반 여부 심사는 차별대우의 확인과 차별대우의 헌법적 정당성이라는 2단계로 구성된다.[258] 기본적으로 평등권이란 정치적·경제적·사회적·문화적 모든 영역에서 각 개인이 일정한 비교적 관점에서 타인과 공통점을 갖고 있을 때 타인이 국가로부터 받는 보호와 동일한 보호를 요구할 수 있는 상대적 기본권이라 할 수 있다. 이에 따라 평등권은 독자적인 보호영역을

---

257) 홍일선, "세대간 정의와 평등 – 고령사회를 대비한 세대간 분배의 불균형문제를 중심으로", 헌법학연구 제16권 제2호, 한국헌법학회, 2010, 467쪽; 김주환, "일반적 평등원칙의 심사 기준과 방법의 합리화 방안", 공법학연구 9 – 3, 한국비교공법학회, 2008, 201쪽.
258) Bodo Pieroth and Bernhard Schlink, 「독일기본권개론」, 정태호(역), 헌법재판소, 2000, Rn. 10, 430쪽 참조.

갖지 않고 있음으로 인해 관련 기본권에 대한 제한의 정도에 따라 심사기준을 달리 적용해야 하는 특수성이 존재한다.[259]

차별적 취급에 대한 헌법적 정당성을 심사하기 위한 평등원칙 심사기준으로는 자의금지원칙과 비례원칙이 있고, 각각 완화된 심사척도와 엄격한 심사척도라고 볼 수 있다. 자의금지(Willkürverbot)원칙은 본질적으로 같은 것을 다르게 취급하였거나, 본질적으로 다른 것을 같게 취급할 경우 이를 평등권 위반으로 보는 것이다. 따라서 현세대와 미래세대가 본질적으로 같은 것인지의 여부부터 먼저 확인할 필요가 있다.[260] 무엇보다 이러한 차별적 취급에 대한 심사척도의 선택 기준은 입법자에게 인정되는 입법형성권의 정도에 따라 달라진다고 볼 수 있다.[261] 입법형성권의 폭이 좁은 경우에는 엄격한 심사척도를 적용하고, 그 폭이 넓은 경우에는 완화된 심사척도를 적용하게 된다. 즉 자의금지원칙에 의거해 합리적인 차별여부만 심사하는 경우 보다 완화된 심사방식에 의거해 입법형성의 자유가 비교적 넓은 영역으로 적용될 수 있다. 반면 비례원칙에 입각해 목적의 정당성, 수단의 적합성, 법익균형성 여부까지 구체적으로 심사할 경우에는 보다 엄격한 심사척도에 따라 입법자에게 인정되는 입법형성권의 폭이 상대적으로 줄어들게 된다.[262] 이에 관해 최신의 정식(die neuesete Formel)에 따르면 일반적 평등원칙은 규율대상과 차별기준에 따라서 각각 단순한 자의금지로부터 비례성 심사에 이르기까지 입법자를 구속하는 다양한 한계가 도출된다고 한다.

---

259) 손상식, "비례성 심사에 의한 위헌적 차별성 판단 - 관련 헌법재판소 결정에 대한 검토를 중심으로", 세계헌법연구 제25권 2호, 세계헌법학회한국학회, 2019, 14쪽.
260) Konrad Hesse, 「Grundzüge des Verfassungsrechts der Bundesrepublik Deutschland」, 20. Auflage, C.F. Müller, 1999, Rn. 439.
261) 김주환, "일반적 평등원칙의 심사 기준과 방법의 합리화 방안", 공법학연구 제9권 제3호, 2008, 210쪽.
262) 허영, 「헌법이론과 헌법」, 박영사, 2010, 521 - 522쪽.

우리나라 헌법재판소는 평등을 심사하는 기준과 관련하여 입법형성권을 축소하여 엄격한 심사척도가 적용되어야 하는 세 가지의 규범영역을 들고 있다. 첫째, 헌법에서 특별히 평등을 요구하고 있는 경우, 둘째, 헌법이 스스로 차별의 근거로 삼아서는 아니 되는 기준을 제시하거나 차별 금지 영역을 제시하고 있는 경우, 셋째, 차별적 취급으로 인하여 관련 기본권에 중대한 제한이 초래되는 경우이다. 따라서 이러한 때에는 "입법형성권이 축소되어 비례의 원칙이 엄격한 심사척도가 적용되어야 하나, 그러한 경우가 아니라면 자의금지 원칙에 따른 심사를 한다"라고 하여 헌법재판소는 '최신의 정식'을 택하고 있다.[263] 그러나 이러한 심사에 의해 세대간 분배 불균형이 차별적 취급으로 인정된다 해도 그러한 차별적 취급을 정당화할 합리적 사유가 존재한다면 평등원칙을 침해한다고 볼 수 없다.[264]

다. 일반적 평등원칙의 세대간 연금수익률 차이에 적용 문제

그러면 재정측면의 세대간 불균형 문제를 헌법상 일반적 평등원칙의 위반으로 볼 수 있는 것인가의 문제에 관한 구체적인 사례를 중심으로 살펴보기로 한다. 그동안 이와 관련해 많이 논의되었던 사례가 연금문제이다. 즉 저출산·고령화가 심화되면서 젊은세대와 고령세대 간의 연금수익률의 차이로 인한 세대간 분배의 불균형 문제가 발생하는데, 이를 평등권 침해로 볼 수 있느냐의 문제이다.[265] 즉 고령화로 인해 고령세대 연금수급자에 대

263) 헌법재판소 2004. 1. 29. 2002헌가22; 홍일선, "세대간 정의와 평등-고령사회를 대비한 세대간 분배의 불균형문제를 중심으로", 헌법학연구 제16권 제2호, 한국헌법학회, 2010, 469쪽.
264) 김주환, "일반적 평등원칙의 심사 기준과 방법의 합리화 방안", 공법학연구 9-3, 한국비교공법학회, 2008, 201쪽 이하.
265) 홍일선, "세대간 정의와 평등-고령사회를 대비한 세대간 분배의 불균형문제를 중심으로, 헌법학연구 제16권 2호, 2010, 467-476쪽.

한 연금지출이 증대하지만, 다른 한편으로 출산율 저하로 인한 경제활동인구 감소로 인해 연금지출을 충당할 재원 수입이 줄어들면서 미래세대의 부담이 점점 더 커지고 있기 때문이다. 이에 따라 젊은세대들은 앞으로 자신의 연금수익률이 고령세대보다 축소되는 것은 헌법상 평등원칙에 반하는 것이라고 주장할 수 있는가의 문제가 제기된다. 또한 젊은 세대들이 이를 근거로 현재의 고령세대에게 지급되는 연금액을 축소하라고 입법자에게 국민연금법의 개정을 요구할 수 있는가도 문제가 된다. 따라서 이에 대해 검토해보고자 한다. 여기서 비교 대상이 되는 집단은 미래세대와 현세대이고, 비교기준은 세대간 부담 분배와 혜택의 분배 간 형평으로 볼 수 있다. 그리고 심사기준은 기본적으로 case by case로 선정해야 하는데 본 사안에 관하여는 위에서 제시한 3가지 엄격한 심사기준의 요건에 해당된다고 보기 어렵고, 기본적으로 미래세대에 대한 재정투입을 어느 정도 할 것이냐에 관한 문제는 입법자에게 형성의 재량권을 인정해야 하므로 완화된 심사기준인 자의금지 원칙으로 심사하는 것이 필요하다. 이에 따라 연금수익률 관련 평등원칙 위반 여부에 대해 판단한 결과는 다음과 같다.

먼저 일반적 평등원칙의 개방적 특성으로 세대간 분배의 불균형 문제는 앞에서 살펴보았듯이 일반적 평등원칙의 적용범위에 포함될 수 있기 때문에 연금 문제에도 평등원칙이 적용될 수는 있다고 볼 수 있다. 그러면 과연 세대간 차별적 취급은 존재하는가의 여부를 판단하기 위해서는 첫째로 현재의 젊은세대와 노인세대는 본질적으로 같은 연금납부자인가 여부와, 둘째로 같은 연금납부자라면 서로 다른 연금액을 수령하는 차별적 취급이 존재하는가를 검토하는 것이 필요하다. 그러나 우리나라의 현재세대 및 미래세대는 성장요건 및 사회적 경험에 따른 기여도가 각각 다르기 때문에 젊은세대와 노인세대를 본질적으로 같은 연금납부자로 판단하기 어렵다. 지금의 고령세대는 일제강점기와 한국전쟁 및 전쟁 복구과정에서 비극적인 상황들을 겪으며 훨씬 더 열악한 교육과 근로조건 속에서 더 어린 나이에 노동을 시작하여 혹독하게 일하며 경제발전과 민주화를 이루어온데 비해, 지금의 젊은세대는 이러한 발전의 과실의 향유자라 할 수 있고 고령세대보다 훨씬 뛰어난 근로조건과 교육기회를 누리고 있으므로[266] 두 세대가 본질적으로 같은 세대인가에 관해서는 의문이 제기될 수밖에 없다.[267]

둘째, 미래세대가 현세대보다 더 적은 혜택과 더 큰 부담을 지게 되는 것이 평등원칙에 반하는 차별적 취급이라는 문제에 관하여는, 세대간 불평등 여부를 단순히 미래세대가 부담할 재정측면의 국가부채 등의 부분적 불이익만 가지고 파악하기는 어렵다는 점이 문제이다. 예를 들어 우리나라의 젊은 세대는 혼인이나 양육, 자산승계 등에 있어서 노인세대에게 크게 의존하는 경우가 많고[268] 대부분 대학졸업 이후 취업 또는 혼인 전까지 경제적으로 부모에 의존하는 경우도 많은 만큼 이러한 제반 상황과 기여도를 종합적으로 고려하지 않고 단순히 재정 측면에서의 미래세대의 재정부담의 차이만으로 세대간 분배의 차별적 취급이 존재한다고 판단하는 것은 문제가 있을 수 있다.

결론적으로 현재세대와 미래세대의 연금납부는 본질적으로 같은 것이라고 보기 어렵고, 미래세대의 연금수익률이 낮다는 점만 가지고 불합리한 차별이라고 볼 수 없기 때문에 세대간 연금수익률 차이가 헌법 제11조 제1항

---

266) A. Lenze, Gleichheitssatz und Generationengerechtigkeit, Der Staat vol.46, no.1, 2007, 89(95); 김연명, "국민연금, 미래세대의 가혹한 부담인가?", 월간복지동향70, 2004, 16쪽 이하.

267) 홍일선, "세대간 정의와 평등 - 고령사회를 대비한 세대간 분배의 불균형문제를 중심으로", 헌법학연구 제16권 제2호, 한국헌법학회, 2010, 478쪽.

268) 독일 연방헌법재판소는 연금법규정과 관련하여 자녀양육 여부와 상관없이 연금납부자를 동일하게 취급하는 것은 평등원칙에 반한다고 결정내린바 있다. BVerfGE 87, 1 참조.

의 일반적 평등원칙을 위반한 차별적 취급이라고 인정하기 어렵다.[269)]

라. 평등권 침해에 따른 헌법적 명령권 여부

나아가 설령 연금수익률의 차이에 차별적 취급이 존재한다는 점을 인정하더라도, 이를 근거로 입법자에게 현재세대의 연금지출액을 삭감하라는 등의 어떠한 헌법적 명령을 도출할 수 있는가에 관한 문제가 있다. 무엇보다 입법자에게 이를 시정할 헌법적 명령을 도출하려면 세대간 불균형을 보다 명확하게 입증하는 것이 필요하다. 그러나 지금 제기되는 세대간 분배의 불균형에 관한 문제점들은 일정한 자료들을 근거로 해서 미래세대가 상대적으로 분배적 불이익을 받는다는 추정적인 상황 판단에 기반한 것인데, 이러한 불확실한 추정과 미래상황 예측에만 의존해 평등원칙 위반으로 판정하고 입법자에게 이를 시정할 입법적 조치 등 헌법적 명령을 강제하기란 어렵다고 볼 수 있다.[270)] 오히려 이러한 불확실하고 정확한 측정이 어려운 미래상황을 예측하고 대응해야 하는 경우에는 입법자에게는 보다 광범위한 형성의 자유가 부여되어야 한다고 보아야 할 것이다.[271)]

따라서 입법자에게 연금수익률에 관한 미래세대에 대한 차별적 취급을 시정하도록 헌법적 명령을 내리게 하려면 훨씬 정교하고 복잡한 분석과 자료 제공을 통해 미래세대의 이익 침해 여부와 정도를 확인하고 세대간 불균형을 보다 명확히 입증하는 것이 필요하다. 물론 최근 들어 세대간 회계 등을 통해 공적연금이나 건강보험 등에서 세대간 불균형이 앞으로 구체적

269) 홍일선, "세대간 정의와 평등 – 고령사회를 대비한 세대간 분배의 불균형문제를 중심으로", 헌법학연구 제16권 제2호, 한국헌법학회, 2010, 471쪽.
270) 홍일선, 상게논문, 2010, 475쪽.
271) Konrad Hesse, 「Grundzüge des Verfassungsrechts der Bundesrepublik Deutschland」, 20. Auflage, C.F. Müller, 1999. Rn. 320.

으로 얼마나 확대될지 확인하고 바로잡을 구체적 방안들도 제시되고 있지만 아직은 설득력 있게 제시하기에는 부족한 측면이 있고 보완이 필요한 상황이다.[272] 따라서 입법자에게 형성의 자유를 인정하지 않고 시정 명령을 요구할 수 있는 경우란 입법자가 과거의 경험으로부터 근거하여 미래세대에게 불이익이 가해질 수 있는 상황을 충분히 예측할 수 있었음에도 불구하고 이를 개선하기 위한 조치를 전혀 취하지 않은 입법적 태만을 명백히 확인할 수 있는 경우에 국한되어야 한다고 볼 수 있다.[273]

마. 소결

이상에서 살펴본 바와 같이 젊은세대와 고령세대간 연금수익률 차이를 헌법 제11조 제1항의 일반적 평등원칙을 위반한 것으로 볼 수 있느냐의 문제에 관한 결론은 이를 평등원칙 위반으로 보기 어렵고 오히려 입법자에 부여된 광범위한 입법형성권에 의한 미래세대 보호에 관한 입법정책적 과제에 해당된다고 보아야 할 것이다.[274]

결국 평등권 심사 기준과 그에 따른 결정은 입법자에게 형성권을 얼마나 인정하느냐에 크게 좌우되는 것이다. 즉 지금같이 연금수익률 차이에 의한 미래세대의 피해가 구체화되지 않고 측정하기도 어려우며 세대간 연금 부

---

272) 김상호, "국민연금법 개정(안)과 세대간 소득재분배", 사회보장연구 20-3, 한국사회보장학회, 2004, 83쪽 이하; 최성철, 「베이비붐세대가 국민연금에 미치는 영향에 관한 연구」, 원광대학교 대학원 박사학위논문, 2008, 64쪽 이하 참조.
273) BVerfGE 14, 288(304); 43, 291(321); 50, 290(331); 입법자는 기본적으로 입법절차 및 과정 속에서 입법형성의 의무(Gesetzgebungspflicht), 법률이 제정된 이후 그 이행 및 흠결로 인한 부작용 등에 대해 법률을 관찰할 의무(Beobachtungspflicht), 그리고 지속적인 모니터링을 통해 나온 결과에 따라 해당 법률을 개선하고(Nachbesserungspflicht) 교정할 의무(Korrekturpflicht)를 진다고 본다. 최윤철 "입법자의 법률의 하자 제거의무", 법조 제52권 제6호, 법조협회, 2003, 147쪽.
274) 홍일선, "세대간 정의와 평등-고령사회를 대비한 세대간 분배의 불균형문제를 중심으로", 헌법학연구 제16권 제2호, 한국헌법학회, 2010, 475쪽.

담과 혜택의 격차도 불분명한 상황에서는 연금수익률 운용은 입법자에게 보다 많은 형성권을 부여할 수밖에 없을 것이다. 그리고 지금의 연금수익률 문제에 관한 헌재 심사에서는 완화된 심사기준인 자의금지원칙으로 심사할 수밖에 없다.

그러나 앞으로 재정환경이 새롭게 바뀌면 심사기준도 새롭게 바뀔 수 있다. 즉 앞으로 저출산·고령화가 전면화되어 미래세대에게 천문학적 피해와 부담이 부과되는 것이 명확해지고, 이를 측정하는 방법도 정교해지며, 그 시정방안도 구체적으로 제시될 수 있게 되면 차별적 취급에 대한 심사기준도 그동안의 자의금지원칙에 벗어나 엄격한 비례성 심사가 적용될 가능성을 배제할 수 없다. 나아가 앞으로 위와 같은 새로운 재정환경 변화가 확산될수록 차별적 취급에 대한 심사기준이 지금의 자의금지원칙에서 점차 비례원칙에 의한 완화된 심사로 바뀌고 다시 비례원칙에 의한 엄격한 심사로 바뀔 수도 있을 것이다.[275] 이미 각국 헌법재판소의 심사기준은 이러한 방향으로 점차 바뀌고 있다. 예를 들어 독일 연방헌법재판소는 그동안 미래세대에 대한 온실가스배출권 부담 차별 문제에 관하여 입법자에게 재량을 많이 부여했지만 이제는 기후변화에 따른 미래세대의 피해가 명확해지고 온실가스배출권 부담의 불균형도 구체적으로 확인되고 시정할 수 있게 되면서 결국 2021년에 독일 연방헌법재판소는 미래세대에 대한 온실가스배출권 부담 불균형을 기본권 침해로 결정하였다. 따라서 앞으로 연금 등 재정측면에서도 미래세대에 대한 차별적 취급에 관해 점차 엄격한 비례성 심사에 의해 헌법상 평등권 침해로 결정되는 새로운 변화가 이루어질 가능성을 배제할 수 없다.

---

275) 손상식, "비례성 심사에 의한 위헌적 차별성 판단 – 관련 헌법재판소 결정에 대한 검토를 중심으로", 세계헌법연구 제25권 2호, 세계헌법학회한국학회, 2019, 7쪽 및 18 – 21쪽 참조.

3. 헌법상 국가목표조항 신설 방안

가. 헌법상 국가목표규정을 통한 미래세대 보호

헌법에는 기본권의 특성을 가지지 아니한 것으로 국가기관의 행위에 대한 지시와 지침에 관한 규정들이 있는데 이러한 것을 국가목표조항 (Staatszielbestimmung)이라 한다. 현대헌법에서는 이러한 국가목표조항들을 두어 국가에게 역동적인 실현 의무를 부과하고 있다. 이에 따라 국가목표조항은 입법권·행정권·사법권 등 국가공권력 전체를 기속하며 기본권을 보호하는 역할을 하는 헌법적 지위를 갖는다.[276] 그동안 각국은 미래세대 보호를 위해 헌법에 세대간 정의 관련 국가목표조항을 두는 방법을 많이 활용해 왔다. OECD 국가 중 최소 8개 국가가 헌법에 미래세대의 권리에 대해 규정하고 있으며, 주로 '세대간 연대'와 '미래세대에 대한 책임', '지속가능한 발전'과 '자연환경 보호'라는 용어를 활용하고 있다. 그리고 에스토니아, 체코, 헝가리, 폴란드, 스위스연방 헌법은 헌법전문에 미래세대 관련 조문이 있다.[277] 이같이 많은 나라들은 헌법에 미래세대 보호 관련 규정을 두고 있는데 이에 관한 헌법학적 해석에 따르면 대부분 국가목표조항으로 본다.[278]

미래세대를 보호하는데 있어서 국가목표조항이 중요하다. 그 이유는 헌법상 기본권으로는 태어나지 않은 미래세대 권리를 보호하기가 어렵고, 헌법상 일반적 평등권에 의해서도 차별적 취급을 인정받기 어렵기 때문에 결국 국가목표조항을 두고 운용하는 방법을 택할 수밖에 없기 때문이다. 그동

---

276) 명재진, "국가목표조항의 헌법적 지위와 위헌심사척도에 관한 연구", 법학연구 제25권 제2호, 충남대학교 법학연구소, 2014, 19쪽.
277) 각국 헌법의 미래세대 보호 관련 규정은 앞서 109−112쪽에서 살펴보았다.
278) 독일은 기본법 제20a조항을 국가목표조항으로 해석하고 있다.

안 대부분의 국가의 미래세대 보호 조항은 환경측면을 고려해 도입된 것이다. 그러나 이제는 재정측면에서 미래세대의 부담과 불균형이 확대되면서 재정측면에도 적용될 새로운 국가목표규정을 두는 것이 필요해졌고 이에 따른 새로운 개헌 시도들이 이루어지고 있다. 그 대표적인 것이 독일이 기본법 제20b조 신설을 추진한 사례이다.

나. 헌법상 국가목표규정의 법적 효력

그러면 국가목표조항은 과연 어떠한 법적 성격과 효과를 갖는가? 그동안 이에 관한 상이한 헌법학적 해석을 둘러싸고 논란이 이어졌다. 무엇보다 이러한 헌법규정들을 법적 구속력이 제한적인 국가목표조항으로 볼 것인지, 아니면 직접적인 법적 구속력을 갖는 효력 규정으로 볼 것인지의 해석론을 둘러싸고 논쟁이 벌어졌다. 그것은 이를 어떻게 해석하느냐에 따라 세대간 정의 규정의 법적 실천과 관련한 중요한 차이를 유발하기 때문이다.[279) 전자와 같이 법적 구속력을 부인한다면 세대간 정의 규정에 어긋나는 조치들을 구제할 방법이 존재하지 않게 되고, 이에 따라 미래세대의 보호라는 헌법적 의지는 추상적인 선언적 규정으로 그칠 수 있다. 그러나 후자와 같이 법적 구속력을 갖는 효력 규정으로 해석할 경우에는 미래세대에 대한 헌법적 보호를 구체적으로 어떠한 절차와 방법으로 실현할 수 있을 것인지의 문제에 직면하게 된다.

기본적으로 헌법의 국가목표조항은 입법권·행정권·사법권 등 모든 국가기관에 대한 기속력을 갖는 헌법적 효력을 갖는 것으로 해석된다.[280) 우

---

279) 홍일선, "세대간 정의와 평등 - 고령사회를 대비한 세대간 분배의 불균형문제를 중심으로", 헌법학연구 제16권 제2호, 한국헌법학회, 2010, 466쪽.
280) 명재진, "국가목표조항의 헌법적 지위와 위헌심사척도에 관한 연구", 법학연구 제25권 제2호, 충남대학교 법학연구소, 2014, 30쪽.

리나라의 헌법재판소의 판례들도 국가목표조항이 입법권을 직접 구속하는 기속력이 있고 입법자는 국가목표조항을 이행해야 한다는 의무에 관해 확인하였다. 그러나 그 구체적 실현은 입법자의 재량에 맡기는 것으로 보는 것이 주류 해석론이다.

그러면 국가목표조항은 기본권 조항과 어떠한 법적 효과의 차이를 가지고 있는지 검토해보기로 한다. 기본권 조항과 국가목표조항의 공통점은 다음 두 가지이다. 첫째, 국가목표조항이든 기본권조항이든 모두 국가기관을 구속하는 기속력을 가지고 있다는 점이다. 즉 국가목표조항은 모든 국가기관을 기속하고, 기본권도 방어권으로서 대국가적 효력을 갖고 모든 국가기관을 구속한다.[281] 따라서 기본권 규정이든 국가목표조항이든 헌법에서 부여된 국가의 임무가 제대로 이행되지 않았을 때에는 소송을 통한 권리구제 가능성이 똑같이 열려있다.[282] 둘째, 기본권 조항과 국가목표조항은 모두 구체적인 입법을 통해 그 내용적 실현이 가능하다. 특히 국가목표규정의 경우 추상적으로 규정되어 있는 경우가 보통이라 헌법재판소는 이를 구체화할 입법자의 형성권을 인정하지만 헌법규정에 명백히 위반된 법률제정이나 국가목표규정의 실현에 관한 국가의 부작위가 명백한 경우에는 위헌으로 선언될 수 있다.[283]

그리고 기본권과 국가목표조항의 주요 차이점은 다음 두 가지이다. 첫째, 기본권은 국가공권력의 침해에 대해 소송을 제기할 수 있는 주관적 공권성과 함께 객관적 가치질서의 성격을 함께 갖고 있는데 비해,[284] 국가목표조

---

281) 명재진, "국가목표구정에 관한 비교법적 연구", 세계헌법연구 제17권 제2호, 세계헌법학회, 2011, 32-34쪽.
282) Wolfgang Kahl, Nachhaltigkeit durch Organisation und Verfahren, Tübingen, 2016. S. 11.
283) 명재진, "국가목표조항의 헌법적 지위와 위헌심사척도에 관한 연구", 법학연구 제25권 제2호, 충남대학교 법학연구소, 2014, 44쪽.
284) BVerfGE 7, 198(204f.); 조한상, "기본권의 성격 - 주관적 성격과 객관적 성격", 법학논

항은 국가에게 구체적 입법과제를 수행할 책무는 부여하지만, 주관적 공권성은 인정되지 않기 때문에 국민에게는 기속력이 없고 개별적 청구권도 도출할 수 없다고 해석된다. 둘째, 기본권은 국가 공권력의 침해에 대한 방어역할을 하며 국가의 소극적 행동을 요구하는데 비해, 국가목표조항은 국가에게 특정과제 수행이라는 적극적 행위를 명령한다는 점에서 다르다.[285] 이같이 기본권과 국가목표조항은 법적 효과 측면에서 차이가 있기는 하지만 양자는 본질적으로 다르다고 보기보다 상호보완적인 것으로 이해할 필요가 있다.

다. 헌법상 국가목표규정의 한계

국가목표조항 역시 장단점을 가지고 있다. 먼저 그 장점은 두 가지이다.

첫째, 헌법의 국가목표조항은 국가의 목표를 제시하고 모든 국가기관을 구속하며 입법자에게 능동적 입법을 통해 구체적으로 실현하도록 명확한 책무를 부여하는 것이다. 이같이 국가목표 방향성을 구체적으로 설정하고 이를 중심으로 국민적 통합기능을 발휘한다.

둘째, 미래세대 보호에 관한 국가목표조항의 경우 아직 태어나지 않은 미래세대와 함께 이미 태어난 어린세대 젊은세대까지 포괄적으로 보호할 수 있다는 이점이 있다. 즉 기본권은 아직 태어나지 않은 미래세대는 권리주체성이 불분명하여 이들에게 적용하기 어렵고, 평등권은 세대간 동질성이나 차별대우를 특정하기 어려워서 활용도가 제한적인데 비해, 국가목표규정은 아직 태어나지 않은 미래세대까지 포함한 광의의 미래세대의 보호를 위한

총 제21집, 숭실대학교 법학연구소, 2009, 10쪽; 계희열, 「헌법학(중)」, 박영사, 2007, 57쪽; 장영수, 「헌법학」, 홍문사, 2008, 435쪽.

285) 명재진, "국가목표조항의 헌법적 지위와 위헌심사척도에 관한 연구", 법학연구 제25권 제2호, 충남대학교 법학연구소, 2014, 19 – 30쪽.

명확한 책무를 국가에게 부여한다는 장점이 있다.

그러나 국가목표조항에는 단점도 있다. 특히 미래세대 보호에 관한 국가목표조항의 단점으로는 다음과 같은 것이 있다.

첫째, 국가목표조항은 추상적인 내용을 규정하고 구체적 실현은 입법자에게 위임하는 것이므로 사법적 규범력에 한계가 있다. 즉 입법자들을 구속하기는 하지만 특정한 입법을 강요할 수 없고, 결국 입법자의 형성권에 맡겨야 하며 그 행위 결과에 대해서 헌법심사를 할 수 있을 뿐이다. 특히 지금같이 저출산·고령화 등 새로운 재정환경 변화로 인해 미래의 불확실성이 커지는 상황에서 머나먼 시계의 미래세대의 이익을 보호하는 문제에 관하여는 아무래도 입법자에게 형성의 자유를 보다 폭넓게 인정할 수밖에 없고 그 결과 규범력의 약화를 유발할 수 있다. 둘째, 무엇보다 현세대가 지배하는 민주정치 의사결정 구조 하에서 미래세대의 보호를 입법자의 형성권에 맡기는 방법은 한계가 있을 수밖에 없다. 즉 미래세대는 아직 태어나지 않거나 어려서 투표권이 없기 때문에 자신의 의사를 입법에 반영할 수 없고, 결국 현세대가 입법적 결정을 일방적으로 수용할 수밖에 없다.[286] 특히 환경분야와 달리 재정측면의 세대간 정의 문제에 있어서는 현세대와 미래세대의 이익이 정반대로 충돌하는데, 앞으로 고령화가 더욱 심화되고 고령세대의 입김이 더욱 커지는 실버데모크라시[287] 정치구도 하에서는 미래세대 이익을 지키기 더욱 어려워질 수밖에 없다. 나아가 저출산·고령화와 반복되는 경제위기 및 4차 산업혁명 같은 재정환경 변화로 인해 미래세대의 위기가 심화되고 세대간 불균형이 확대될수록 현세대에게 더욱 큰 재정부담을 부과해야 세대간 균형이 이루어질 수 있게 되면서 현세대와 미래세대

---

286) Wolfgang Kahl, Staatsziel Nachhaltigkeit und Generationsgerechtigkeit, 2009, S. 2.
287) 우치다 미츠루·이와부치 카츠요시,「실버 데모크라시」, 김영필 역, 논형, 2006.

간 충돌이 점점 더 심화될 수밖에 없다. 이러한 상황에서 미래세대 보호를 현세대 입법자의 형성권에 맡겨서는 한계가 있을 수밖에 없다. 더구나 재정 측면에서 세대간 균형을 이루기 위해서는 현세대에게 커다란 부담과 피해를 안겨주는 재정개혁을 입법해야 하는데 현세대 입법자들에게 이를 기대하기 어려운 것이 현실이다. 이미 호주 등에서 미래세대를 위한 작은 사소한 재정개혁조차 현세대의 커다란 반발을 유발했다. 이러한 문제점을 극복하고 미래세대의 이익을 민주정치 의사결정 과정에 반영하기 위해 이스라엘의 미래세대위원회나 스웨덴의 옴부즈만 제도 등을 운용했지만, 이 역시 세대간 불균형을 조정하는 최종 입법은 결국 현세대 중심의 입법자들에 의해 처리될 수밖에 없기 때문에 한계를 벗어나기 어렵다. 이러한 문제점 때문에 이스라엘의 미래세대위원회 등은 효용성을 잃게 되었다.

라. 국가목표규정을 통한 새로운 미래세대 보호 방안

이상에서 살펴보았듯이 헌법상 국가목표조항은 국가가 이에 따른 책무를 제대로 이행하지 않을 경우 국가에 대한 소송을 통해 권리구제 가능성이 열려 있기는 하지만, 기본권처럼 국가공권력의 침해에 대해 소송을 제기할 수 있는 주관적 공권성은 인정받지 못하기 때문에 개별적인 구체적 청구권이 도출되지 않는다는 한계가 있다. 또한 미래세대 보호를 완전히 이익이 상반되는 현세대의 입법형성권에 맡겨야 하는데 따른 법적 규범력의 한계가 있다. 각국은 이러한 국가목표조항의 문제점을 극복하기 위해 헌법에 세대간 정의 원칙을 보다 명확히 규정하고 강화하려는 노력을 기울여왔다. 특히 독일에서는 세대간 정의 관련 규정을 보다 강화하려는 연이은 개헌 노력이 이루어졌다. 그러나 문제는 새로운 기본법 제20b조항을 신설한다고 해도 그 법적 성격은 국가목표규정으로 해석될 수밖에 없다는 점이다.

그러면 이러한 국가목표조항의 한계를 어떻게 극복할 것인가? 무엇보다 민주정치 의사결정 구조 하에서 현세대 입법자에게 미래세대 보호를 맡기는 방식이 한계가 있다면, 결국 새로운 헌법규정이나 헌법재판소 결정을 통해 미래세대의 권익을 확고히 지켜주는 방법이 중요해질 수밖에 없다. 그러면 이를 위해서는 어떠한 헌법적 방법이 필요한가? 첫째로는 새로운 기본권 규정을 만들어 미래세대를 보호하는 방법이 있을 수 있지만 이 역시 앞에서 설명한 문제점을 가지고 있다. 둘째로는 헌법재판소의 새로운 결정을 통해 국가목표조항과 기본권 조항을 결합하여 미래세대의 권리를 보다 확고히 보호하는 방법이 있을 수 있다. 즉 기본권 조항만으로는 이미 태어난 어린세대나 청소년 세대들을 보호할 수 있지만 아직 태어나지 않은 미래세대의 권리를 보호하기 어렵고, 또한 국가목표조항으로는 태어나지 않은 미래세대까지 보호할 국가의 책무를 입법자에게 강제화할 수는 있기는 하지만, 현세대가 지배하는 의회의 입법형성권을 맡겨서는 한계가 있을 수밖에 없다는 문제가 있다. 그러나 기본권과 국가목표조항을 효과적으로 결합하여 운용하면 양쪽의 부족한 단점을 보완하고 시너지 효과를 내어 미래세대를 보다 명확하고 구체적으로 보호할 수 있다. 이러한 가능성을 보여주는 사례가 뒤에서 설명할 독일의 2021년 연방헌법재판소의 결정사례이다. 물론 본 결정은 환경측면의 문제에 대해 기본법 제20a조항의 국가목표조항과 자유권적 기본권 조항을 결합하여 이루어진 것이므로 재정측면에 적용하는 데는 한계가 있을 수 있다. 그러나 우리나라도 앞으로 독일의 제20b조 개헌안과 같은 재정측면에까지 적용될 수 있는 헌법의 국가목표조항을 마련하고 이것을 기본권 조항과 결합하면 미래세대의 이익을 보다 확고하게 보호할 수 있을 것이다. 따라서 앞으로 재정측면에서 미래세대를 보호하려면 이러한 방식의 새로운 헌법 규정과 헌법재판소의 결정들이 필요하며 이를 3

단계의 세대간 정의를 위한 헌법으로 볼 수 있다.

4. 헌법상 재정준칙 신설 방안

가. 독일과 스위스의 헌법상 재정준칙 사례

미래세대를 보호할 수 있는 또 하나의 헌법적 방법이 헌법에 재정준칙을
규정함으로써 정부가 재정적자와 국가부채를 증대하여 미래세대에게 전가
하는 것을 통제하는 것이다. 그동안 많은 나라들이 정부의 방만한 재정지출
확대를 통제하고 재정의 건전성과 지속가능성을 도모하기 위해 국가부채나
재정수지 한도를 통제하는 재정준칙을 두고 운용해왔다. 나아가 독일이나
스위스 같은 나라들은 헌법에 재정준칙을 두고 운용하고 있다. 독일의 경우
2008년 글로벌 금융위기 극복 과정에서 사회안전망 강화, 공공투자 등 경
기부양책 시행으로 재정건전성이 악화되자 이를 해결하기 위해 2009년 헌
법에 재정준칙을 도입했다. 즉 헌법 제109조에 정부의 재정적자를 GDP의
△0.35% 이내, 주정부는 GDP의 0%로 제한하는 재정수지준칙을 도입했다.
또한 2011년 개정된 EU 안정성장협약 상의 재정준칙에 따라 정부부채가
GDP의 60% 기준 초과 시, 과거 3년 평균 초과분의 1/20을 감축하면 채무
제한준칙(60%)을 지킨 것으로 보도록 한 규정도 마련했다. 이러한 재정수
지준칙들을 운용한 결과 독일의 국가부채비율은 2012년 GDP 대비 80.7%
에서 2019년 58.9%까지 하락하였다. 이러한 독일의 사례는 뒤에서 구체적
으로 알아본다.

또 다른 사례가 스위스 모델이다. 스위스는 1990년대 들어서 경기침체가
장기화되고 재정지출이 증대하며 GDP 대비 국가부채비율이 1990년도
12%에서 1998년도 28%로 두 배 이상 높아지고[288] 재정위기가 심화되자,

1998년 헌법 개정을 통해 재정준칙을 새롭게 도입했다. 즉 연방헌법 제126조에 2001년까지 재정균형을 달성하도록 하는 조항을 신설하고 재정제도 개혁을 단행하였다. 이러한 재정준칙의 목표는 연방정부의 구조적 재정적자는 방지하되 경기대응적인 재정정책은 허용하며 경기순환 모든 단계에서 연방정부의 재정계정을 통제하려는 것이다. 이러한 스위스의 재정준칙은 debt brake(채무제동준칙)로 설명된다. 그 내용은 경기호황기에는 지출한도를 재정수입 전망치보다 낮게 유지해 흑자를 내도록 하고, 침체기에는 지출한도가 수입을 초과할 수 있게 설정하여 경기순환기 내에(over the cycle) 연방예산이 균형을 이룰 수 있도록 한 것이다. 즉 스위스연방 헌법 제126조 제1항에 "연방은 세입과 세출이 장기적으로 균형을 이룰 수 있도록 한다." 제4항에 "연방은 그 해의 지출이 제2항 및 제3항에 따른 총액을 초과하는 경우에는, 그 초과액은 다음해에 보충한다." 등의 규정을 두었고, 이와 함께 구조적 재정수지 균형 원칙, 지출한도의 설정 및 조정, 지출한도 초과시 조치 등에 대해 규정하였다.[289] 그리고 상세한 내용은 예산법에 정하고 있으며 debt brake의 지출한도 결정방식 및 지출한도 증대의 조건, 지출한도 초과시 보정계정을 이용한 관리방법, 임시수입 지출과 관련한 상환계정을 통한 관리 방법, 한도감축을 위한 예방적 절감 등이 규정되어 있다. 이에 따라 구조적 수입 한도 내에서 총지출 상한액을 정하도록 했고 세입전망치와 경기조정계수를 이용한 지출한도 설정 산식을 법으로 규정하였다. 1998년도 헌법개정시 재정준칙은 다음 공식에 따라 지출한도를 설정하였다.

---

288) 홍승현・이지혜・한혜란,「주요국의 재정준칙 운용사례 : 영국, 스웨덴, 독일, 스위스, 오스트리아, 브라질」, 정책분석 14‒03, 한국조세재정연구원, 2014, 53쪽.
289) 박형수・류덕현,「재정준칙의 필요성 및 도입방안에 관한 연구」, 한국조세재정연구원, 2006, 147쪽.

$$G^{C_{t+1}} = E_t(R_{t+1}) \cdot E_t(C_{t+1})$$

$G^{C_{t+1}}$(1년 후의 지출한도), E_t(t시점에서의 기대치), R_{t+1}(1년 후의 재정수입 전망치), C_{t+1}(1년 후의 경기국면을 나타내는 지표로 추세적 실질GDP와 실질GDP의 전망과의 비율로 측정)

이와 함께 지출한도와 실제 지출액의 편차는 보정계정을 통해 관리하도록 했다. 즉 재정흑자는 보정계정에 적립하고 재정적자는 보정계정에서 인출하도록 했다. 그리고 법률에 의거 보정계정의 적자가 지출의 6% 초과시 지출한도의 하향 조정을 통해 3년 내에 초과적자를 제거하는 조치를 취하도록 했다.

스위스는 2003년부터 이러한 채무제동준칙을 도입하였는데, 국가채무의 안정화 효과가 매우 뛰어난 것으로 평가받고 있다.[290] 특히 스위스는 각종 세목의 세율이 헌법에 명시되어 있어서 세입증대를 위한 세율 변경이 어렵기 때문에 스위스의 국민부담률이 매우 낮은 편인데도, 이러한 채무제동준칙을 통해 매우 강력한 세출증가율 억제하고 재정균형을 이루었다.[291] 2022년 스위스의 GDP 대비 국가부채비율은 40.5%로 코로나 위기 중에서 국가부채비율의 별다른 변화 없이 안정적으로 유지되었다.

나. 헌법상 재정준칙을 통한 미래세대 보호의 실효성

그러면 과연 이러한 헌법상 재정준칙으로 미래세대를 보호할 수 있는 것

---

290) "How the Swiss 'Debt Brake' Tamed Government Behold, a good idea from Europe: Spending in Switzerland can't increase by more than trendline tax revenue," The Wall Street Journal, 2012. 4. 25.
291) The Wall Street Journal(2012), ibid.; 김종면·홍승현, 「재정건전성 제고를 위한 재정법체계 개선방향 연구」, 한국조세재정연구원, 2013, 17쪽.

인가? 이를 살펴보기 위해 헌법상 재정준칙의 장단점을 검토하기로 한다. 먼저 헌법상 재정준칙의 장점은 다음 두 가지를 들 수 있다.

첫째, 독일과 스위스 사례에서 보듯 헌법의 재정준칙은 국가부채 증대를 보다 강력히 막아서 미래세대에 부채가 전가되는 것을 방지하고 건전재정을 유지하며 미래세대를 보호하는 역할을 한다. 특히 90년대 이후 각국에 경제위기가 반복되고 이후 경기침체가 장기화되면서 재정지출과 국가부채 확대도 장기화되고 미래세대 부담이 장기적으로 계속 커지는 상황을 맞이하여 방만한 국가부채 증대를 통제하기 위한 보다 강력한 재정준칙이 필요해졌다.[292] 이에 따라 각국은 경제위기가 반복되어 재정여건이 어려운 상황임에도 재정준칙의 도입을 강화하고 있다.

둘째, 특히 2008년 세계경제위기 이후 초저금리 기조가 장기화되면서 각국은 재정지출을 더욱 무분별하게 확대하려는 흐름이 확산되자, 이를 저지하기 위해 재정준칙을 강화할 필요성이 높아졌다. 즉 각국에서는 장기적 저금리 기조 하에서는 재정지출과 국가부채를 크게 늘려도 이자비용 부담이 크지 않아 재정의 지속가능성에는 문제가 없다며 별 문제가 없다는 주장이 확산되었다. 글로벌 신용평가사 S&P는 2021년 3월 1일자 '국가채무 조정과 대규모 재정 완화' 보고서에서 성장률이 국고채 발행에 따른 이자비용보다 높을 경우 국가순부채 비율이 떨어질 것으로 전망하며, 이같이 성장률이 금리보다 높으면 국가부채가 늘더라도 조세수입도 늘어나 이자비용과 원리금 상환을 감당할 수 있다고 주장했다. 2020년 11월 래리 서머스 하버드대 교수와 제이슨 퍼먼 교수도 그의 논문 '저금리 시대의 재정정책 재검토'에

---

292) Isensee, Schuldenbarriere für Legislative und Exekutive, Festschrift für K. H. Friauf, 1996, S. 705 ff; Henseler, Verfassungsrechtliche Aspekte zukunfsbelastender Parlamententscheidungen, AöR 1983, S. 24 ff.

서 미국의 경우 국고채 10년물 실질금리가 2000년의 4.3%에서 2020년 초반에 −0.1%로 4%포인트 이상 하락했다며, 장기 실질금리가 1.3% 미만이라면 국내총생산 대비 국가부채비율은 150%까지 높여도 문제가 없다고 추정했다. 이러한 시각에 입각해 서머스 교수는 국가채무의 지속가능성을 분석하는 지표를 기존의 'GDP 대비 국가채무비율' 대신 'GDP 대비 실질 국채이자비용 2% 미만'으로 바꿀 것을 주장하기도 했다. 또한 IMF 수석경제학자였던 올리비에 블랑샤르 매사추세츠공대(MIT) 교수는 2021년 2월 인도 아쇼카대학 초청 강연에서 초저금리 시대에는 확장적 재정정책을 지지한다면서 "정부가 이상적인 국가채무비율을 따지는데 집중하지 말아야 한다"고 주장했다. 우리나라에서도 국고채 저금리로 인해 과거보다 재정여력이 크게 높아졌다는 주장이 제기되었다. 류덕현 중앙대 교수는 2021년 1월 국회사무처에 제출한 '코로나19 대응 재정정책의 효과와 재정건전성 관리방안 연구' 보고서에서 "경제성장률이 이자율보다 높은 추세가 지속되는 상황에서는 채무의 지속가능성에 문제가 없다고 평가된다"고 밝혔다. 또한 이강국 일본 리쓰메이칸대 교수도 "명목경제성장률보다 국채금리가 낮은 현실에서는 장기적으로 국가채무비율이 안정화될 수 있어서 재정여력이 높아진다"며 "재정수지적자 비율이나 국가채무비율만을 강조하는 기존의 재정준칙은 문제가 있고 상대적으로 국채이자비용 등의 지표가 재정여력을 더 잘 나타낸다"고 주장했다.

과연 이러한 주장은 맞는 것인가? 이러한 주장이 맞다면 국가부채비율을 통제하는 것이 잘못된 것이라는 결론에 이르게 된다. 더구나 헌법에 강력한 준칙을 두고 운용하는 것은 더욱 문제가 될 수 있다. 그러나 이러한 주장에는 다음 세 가지의 문제점이 있다.

첫 번째 문제는 이러한 주장이 국가부채의 단기적 지속 가능성(FI)이나 국가부채의 관리 가능성만 바라볼 뿐 그것이 누적되고 미래세대로 전가되며 세대간 불균형(GI)이 확대되는 문제를 고려하지 않는다는 점이다.

두 번째 문제는 저금리 기반 국가부채 확대론은 이로 인해 크게 늘어날 국가부채를 누가 갚느냐의 문제를 고려하지 않는다는 점이다. 예를 들어 서머스 교수의 주장대로 저금리 기조에 기대어 국가부채비율을 150%까지 높이게 될 경우 결국 이로 인해 급증한 막대한 부채 상환은 누가 부담할 것인가가 문제가 되는데 이를 고려하지 않는 점이 문제이다. 또한 이들의 주장대로 한 나라가 국가부채를 늘릴 수 있는 여력이 아직 많이 남아있다고 하더라도 그것을 한 세대가 단기간에 독점적으로 모두 소진할 수는 없는 것이다. 예를 들어 우리나라에서도 아직 재정여건이 다른 나라보다 좋다고 주장하며 특정 세대가 재정건전 여력을 한꺼번에 급격히 소진함에 따라[293] 국가부채비율이 급증하여 2026년경에는 69.7%를 넘어서고 비기축통화국 중에서 가장 높은 편에 속하게 될 것으로 전망되고 있다. 그러나 기본적으로 재정은 여러 세대들의 공유자산이고 한 세대가 독점적으로 소진할 수 없는 것이며 전 세대들에게 재정 부담과 혜택이 균형되게 분배되도록 하는 것이 필요하다. 그러나 초저금리 기반 국가부채 확대론은 이러한 측면을 외면하고 있는 것이 문제이다.

세 번째 문제는 저금리 기반 국가부채 확대론은 성장률이 금리보다 높은 추세가 중장기적으로 수십 년간 계속된다면 가능하겠지만 지금같이 저금리 기조가 일시적이고 극히 비정상적인 상황에서는 타당성이 결여된 주장이라고 할 수 있다. 즉 지금의 저금리 기조는 2008년 세계금융위기로 인한 경제적 쇼크에 대응하기 위해 기축통화국들을 중심으로 양적완화와 제로금리

---

293) 우리나라 정부의 국가채무(D1)는 2017년 결산기준 660.2조원(GDP 대비 36%)에서 2022년 제1회 추가경정예산 국회확정 기준 1,075.7조원(50.1%)으로 급증했다.

정책 같은 극히 비정상적이고 극단적인 정책을 추진하며 유발된 것이다.[294] 이러한 극단적 조치를 취했음에도 불구하고 경기침체가 해소되지 않고 장기화되면서 EU 등에서는 2020년 코로나 위기시까지 이러한 비정상적 금융정책을 연장할 수밖에 없었다. 무엇보다 문제는 이러한 초저금리 기조가 장기화되면서 세계경제를 크게 왜곡시키고 구조적 위기를 가중시키는 등 커다란 문제를 유발하고 있다는 점이다. 즉 초저금리에 기대어 부채와 버블이 세계 곳곳으로 무한 확산되면서 부동산 금융자산 등의 버블위기가 크게 확대되고 있고, 다른 한편에서는 경쟁력을 잃은 기업들이나 소득이 저하된 가계들이 저금리에 기대어 부채를 크게 확대해 생명줄을 연장하고 버티면서 한계기업들과 가계의 부채가 양산되고 있다. 결국 각국 경제는 부채와 버블 기반 경제로 바뀌고 세계경제는 막대한 버블과 부채에 기대어 경제성장률을 억지로 유지하는 극히 비정상적인 상황으로 변하면서 그 시한폭탄이 언제 터질지 모르는 위험한 상황을 맞이하게 되었다. 특히 앞으로 금리가 오를 경우 막대한 국가부채가 뇌관으로 작용해 국가부채비율이 높은 나라들부터 단번에 디폴트를 맞이할 수 있다. 이미 IMF의 2020년 7월 '공공채무와 성장률 대비 이자율' 보고서에서는 "각국의 국가채무가 크게 늘어난 상황에서 이자율이 높아져 성장률을 능가할 경우 심각한 재정위기가 확대될 수 있다"고 경고한바 있다. 따라서 초저금리 기반의 국가부채 확대론은 매우 위험한 주장이고, 단지 기축통화국에서나 일시적으로 실행할 수 있는 접근법이라 할 수 있다. 기본적으로 국가재정은 불확실한 가변적

---

294) '국가채무비율만 보는 재정, 성장률·금리 등 종합적 고려해야', 한겨레신문 2021. 3. 2.; 이태석 한국개발연구원(KDI) 연구위원은 "2008년 금융위기와 지난해 코로나19 유행 등으로 주요국에서 정책적으로 저금리를 유지한 탓에 일시적으로 성장률이 이자율보다 높아진 것"이라며 "한국은 계속 성장률 둔화가 예상되므로 저금리라고 국가채무 위험이 줄어든다고 하기 어렵다"고 말했다.

상황을 토대로 투기적으로 운용할 수 없는 것이고 안정성을 중시하며 운용할 수밖에 없는 것이다. 특히 우리나라는 비기축통화국임에도 저금리에 기반한 부채와 버블을 크게 확대하고 있어서 문제이다. 우리나라는 이미 가계부채가 세계 최고 수준으로 높아진 상황이고, 정부부채도 빠르게 급증하며 세계 수준으로 올라서고 있다.

결국 이같이 각국에서 초저금리에 기대서 방만하게 재정지출과 국가부채를 확대하는 흐름이 확산되는 상황에서는 헌법에 강력한 재정준칙을 두고 대응하는 것이 매우 효과적인 방안이 될 수 있다. 이를 통해 현세대가 부채를 늘려 미래세대에게 부채를 전가하는 것을 방지하고 세대간 균형을 도모할 수 있기 때문이다.

다. 헌법상 재정준칙을 통한 미래세대 보호의 한계

그러나 이러한 헌법상 재정준칙을 활용해 미래세대를 보호하는 방안은 다음과 같은 세 가지 한계를 가지고 있다.

첫째, 저출산·고령화 등 새로운 재정환경 변화로 인해 중장기적으로 미래세대의 부담이 커지고 세대간 불균형이 크게 확대될 것으로 전망되는 상황에서는 단기적으로 재정총량을 통제하며 재정수지 균형을 맞추는 재정준칙으로 대응하기 어려워졌다. 예를 들어 저출산·고령화 등에 의한 복지부담 확대는 지금의 재정수지에는 별 영향을 미치지 않지만 미래에는 커다란 영향을 미치며 미래세대의 부담과 세대간 불균형을 크게 확대시킬 것인데, 기존의 단기적 재정준칙으로는 이에 대응하기 어렵다. 따라서 세대간 불균형 확대에 대응할 새로운 재정준칙이 필요해졌다. 특히 우리나라 같이 저출산·고령화가 급속히 전개되는 나라는 단기적 재정수지 균형을 뛰어넘어 중장기적 세대간 균형을 중시하는 새로운 재정운용이 그 어느 나라보다 중요하다.

둘째, 최근 재정준칙의 가장 단점으로 부상한 것이 경직적 재정준칙의 문제이다. 90년대 이후 각국에 대형 경제위기가 반복되고 이후 경기침체가 장기화되고 이에 대응하기 위해 재정적자와 국가부채가 장기간 증대하는 상황에서는 경직된 재정준칙으로 대응하기 어렵고 재정준칙 한도를 초과하는 일이 반복되면서 효용성을 잃게 되었다. 나아가 경직된 재정준칙이 정부의 경제위기에 대한 과감한 대응을 가로막는다는 비판이 제기되었다. 이에 따라 각국은 경직된 재정준칙을 유연화한 차세대 재정준칙으로 전환하고 있다. 그러나 스위스 같이 헌법에 재정준칙을 규정할 경우 경제상황과 재정상황 변화에 따라 준칙을 계속 고치기 쉽지 않아 문제가 될 수 있고, 특히 우리나라와 같이 헌법 개정이 쉽지 않은 나라에서 헌법에 재정준칙을 규정할 경우 더욱 문제가 커질 수 있다.

셋째, 새로운 재정환경 변화로 인해 세대간 불균형이 크게 확대되는 문제는 재정총량을 통제하는 방식보다는 재정내용을 규율하는 방식이 보다 중요해지면서 재정준칙의 새로운 변화가 필요해졌다. 예를 들어 국가부채가 크게 늘더라도 그 돈으로 미래세대 성장 발전에 집중 투입한다면 미래세대의 부를 키우고 세부담 능력, 복지부담 능력을 키워서 세대간 균형을 크게 개선할 수 있기 때문이다. 대표적인 것이 우리나라 개발연대의 재정운용 방식이다. 따라서 국가부채 총량을 통제하는 것도 필요하지만 이로 인해 제한된 예산을 어떻게 운용하느냐가 더욱 중요해지면서 예산내용을 규율하는 방식이 중요해졌다. 이에 따라 헌법에도 세대간 정의 원리로 예산내용을 규율하도록 하는 새로운 접근법이 요구되고 있는 것이다.

기존의 재정준칙이 이러한 문제점들을 노정하면서 이미 새로운 재정준칙의 변형과 발전이 이루어지고 있다. 가장 중요한 변화는 재정총량을 통제하며 단기적 재정수지 균형을 추구하던 재정준칙에서 벗어나, 중장기적 세대 간 균형을 추구하는 재정준칙으로의 변화이다. 그것은 2단계의 지속가능성 을 중시하던 재정준칙이 3단계의 세대간 정의를 중시하는 재정준칙으로 전 환하는 것을 의미하는 것이다. 예를 들어 그동안의 독일과 스위스의 헌법상 재정준칙은 단기적 재정수지 균형에 초점을 맞추고 안정적 경기순환기에 대 응하던 것인 만큼 2단계의 지속가능성 재정법제로 볼 수 있다. 그러나 이러 한 단기적 재정수지 균형을 도모하는 방법으로는 지금같이 경제위기가 반복 되고 이후 장기침체가 계속되는 구조적 경기침체기를 맞이해 각국에 재정적 자와 국가부채 확대가 장기화되는 새로운 상황에 대응하기 어렵고, 나아가 저출산·고령화로 인해 지금 당장의 재정수지에는 별 영향을 미치지 않지만 중장기적으로 미래세대의 부담과 세대간 불균형을 구조적으로 크게 확대시 키는 상황에도 대응할 수 없다. 이에 따라 지금까지의 단기적 재정수지 균형 과 지속가능성을 추구하던 2단계 재정준칙에서 벗어나 세대간 정의를 추구 하는 3단계의 새로운 재정준칙으로의 전환이 요구되고 있다.

5. 종합평가

이상에서 미래세대를 보호하기 위한 4가지 헌법적 방법론에 대해 살펴보 았다. 그러나 4가지 방법론 모두 나름대로 장점도 있지만 문제점도 있는 만 큼 이를 보완한 새로운 접근법이 필요해졌다. 과연 어떠한 헌법적 방법을 통해 미래세대를 보호하는 것이 바람직한가? 이를 위해서는 다음 세 가지 가 중요하다.

첫째, 미래세대 보호를 위한 기존의 헌법적 규정들은 대부분 환경측면에 서 발전한 것으로 재정측면에 적용하기 어려운 것이다. 특히 그동안 재정관련 헌법규정으로는 독일, 스위스 등의 헌법규정이 있지만 그 대부분 단기적 재정수지 균형을 통해 재정의 지속가능성을 추구할 뿐 세대간 균형은 직접 고려하지 않는다. 따라서 이를 2단계의 지속가능성을 추구하는 헌법규정으로 구분할 수 있다. 우리나라에서도 제10차 개헌안을 중심으로 새로운 헌법 개정 노력이 있었는데 주로 환경측면에 치우친 개헌안이 제시되었고 재정 측면의 방안으로는 단기적 재정수지 균형을 통한 3단계의 지속가능성을 추구하는 헌법으로 볼 수 있다. 따라서 재정측면에 적용할 새로운 세대간 정의 헌법규정이 필요하다. 그 대표적인 것이 독일의 기본법 제20b조 개헌안이다.

둘째, 기본권, 평등권 국가목표조항에 의한 미래세대 보호는 그 구체적 실현이 결국 현세대 입법자의 형성권에 맡겨지는 경우가 많기 때문에 사법적 규범력이 제한적이다. 기본적으로 머나먼 미래의 불확실한 재정측면에서의 세대간 균형을 다루는 문제는 아무래도 입법자에게 형성의 자유를 많이 허용할 수밖에 없기 때문이다. 더구나 민주정치 구조 하에서는 미래세대는 투표권이 없어서 의사를 반영할 수 없는데 비해 현세대는 의회에서 주도권을 쥐고 있고, 앞으로 고령화가 심화될수록 더욱 주도권이 강화될 텐데, 이러한 상황에서 현세대에게 커다란 재정부담을 가하는 입법을 현세대 입법자들의 형성의 자유에 맡겨서는 한계가 있을 수밖에 없다. 결국 이러한 상황에서는 헌법의 미래세대 보호 규정이나 헌법재판소의 판결을 통해 미래세대를 직접 보호하고 현세대 입법자의 형성의 자유를 줄일 수밖에 없다. 이미 이러한 방향으로의 변화가 이루어지고 있고 앞으로 더욱 확산될 전망이다. 그 결과 앞으로 기본권과 평등권 심사에 있어서도 입법자의 형성의 자유가 계속 줄어들고 엄격한 심사가 더욱 확대될 수 있으며 미래세대의 연금수익률과 관련한 헌재의 평등권 위반 심사도 기존의 완화된 심사에서 점차 엄격한 비례성 심사로 바뀔 수 있다. 따라서 이러한 새로운 헌법적 변화의 흐름을 고려한 새로운 헌법적 접근이 필요하다.

셋째, 헌법규정이나 헌재 결정에 따라 재정측면의 세대간 균형에 관한 헌법적 명령을 실현하려면 구체적인 입법이 필요하고, 특히 세대간 균형을 추구하는 중장기 재정계획이나 재정준칙을 통해 그것을 이루는 수밖에 없다. 따라서 이러한 제도들을 법제화하는 것이 필요하다. 그러나 문제는 이러한 입법 역시 현세대가 지배하는 민주정치 구조 하에서는 한계를 가질 수밖에 없다는 점이다. 즉 세대간 균형을 이루려면 중장기 재정계획이나 재정준칙에 현세대에게 막대한 부담을 지우는 재정개혁방안들이 포함될 수밖에 없는데 현세대 입법자들이 이를 수용하기가 쉽지 않다. 따라서 현세대 입법자들이 중장기 재정계획이나 재정준칙에서의 재정개혁을 기피하거나 지연시키거나 자의적으로 운용하려 할 경우 이를 못하도록 사법적 규범력을 크게 강화하는 것이 필요하다. 결국 이 문제도 현세대의 입법자에게 맡겨서는 한계가 있고 헌법에 재정의 장을 마련하고 세대간 균형을 목표로 하는 중장기 재정계획과 재정준칙의 운용을 의무화하는 새로운 헌법 규정을 두는 방안도 검토할 필요가 있다.

따라서 위의 3가지 방안을 고려한 새로운 헌법적 운용이 필요하다. 그러면 우리나라는 미래세대 보호를 위해 어떠한 헌법적 방법론을 택할 것인가? 우리나라의 경우 독일이나 스위스의 재정수지 균형과 지속가능성을 추구하는 2단계의 헌법규정을 신설하는 방법보다는 3단계의 세대간 정의 헌법규정을 신설하고 헌법재판소 심사기준을 발전시켜 나가는 것이 필요하다. 이를 위해 독일의 새로운 제20b조 헌법규정안과 2021년 독일의 연방기후보호법 관련 연방헌법재판소의 결정 사례 등을 참고로 할 필요가 있다. 특히 우리나라는 이러한 변화에 가장 선도적으로 앞장서야 할 나라이다. 저출산·고령화 등 새로운 3가지 재정환경 변화가 가장 극심하고 이로 인한 미래세대의 부담과 피해도 가장 크게 확대되고 있으며 앞으로 세대간 불균형도 가장 심화될 것으로 전망되고 있기 때문이다. 따라서 재정측면에서 세대간 균형을 이루지 않고는 "미래세대는 평생 과거 세대의 빚을 갚는데 이용되는 노예가 될 것"이라는 비판에 대응하기 어려울 것이다. 결국 우리나라도 앞으로 3가지 재정환경 변화가 전면화 되고 세대간 불균형이 커질수록 2단계의 지속가능성을 추구하던 재정헌법에서 3단계 세대간 정의를 추구하는 재정헌법으로의 전환이 불가피해질 전망이다.

제3 절 3단계 세대간 정의 헌법규정과 헌재결정 해외사례

지금부터 세대간 정의를 실현하기 위한 해외의 새로운 헌법규정과 헌법재판소의 결정 사례에 대해 살펴보기로 한다. 그 중에서 가장 대표적인 사례는 독일의 기본법 제20b조 개헌안과 2021년 독일 연방헌법재판소의 기후보호법 헌법불합치 판결이라 할 수 있다. 즉 그동안 독일의 세대간 정의 헌법규정은 환경측면에 관한 것이었고 재정측면에서는 재정수지 균형을 추구하는 규정을 두었다. 그러나 독일은 세대간 정의 원리를 재정측면으로 확장시키기 위한 새로운 개헌안을 추진하였고, 또한 독일 연방헌법재판소는 미래세대 보호에 관해 그동안 입법자의 형성권을 많이 인정하던 데에서 벗어나 이제는 미래세대의 기본권을 침해한 것으로 판결하여 기본권 조항에 의한 미래세대의 보호를 도모하였다. 따라서 이러한 독일의 헌법 측면에서의 선도적 발전 사례들을 평가하면 그동안 단기적 재정수지 균형과 지속가능성을 추구하던 2단계의 재정헌법에서 벗어나 3단계의 세대간 정의를 추구하는 재정헌법으로 전환하려는 것으로 볼 수 있다. 그러면 이러한 독일 사례 분석을 통해 우리나라 헌법의 발전방향을 제시하고자 한다.

I. 독일의 세대간 정의 헌법규정 발전사례

독일에서는 그동안 세대간 정의 관련 헌법 규정의 부족한 규범력을 보완하고 명료하게 만들기 위해 새로운 헌법 개정을 계속 추진했다. 먼저 미래세대 보호에 관한 국가의 책무를 명확히 하기 위해 기본법 제20a조를 신설했는데, 이러한 헌법규정의 법적 효과를 둘러싼 헌법학적 해석론들이 제기되었고, 그 결과 이러한 규정을 국가목표조항으로 해석하는 것이 다수설이 되었으며,[295] 이러한 헌법규정으로는 미래세대를 보호하는데 부족하다는 점이 지적되면서 이러한 한계를 극복하기 위해 다시 기본법 제20b조를 신설하려는 노력이 추진되었다. 이러한 독일의 연이은 기본법 개정 노력은 세대간 정의가 중요한 국가과제로 부상하는 새로운 시대적 요구에 대응하기 위한 노력으로 평가할 수 있다.

1. 독일기본법 제20a조의 '미래세대 보호 책임' 해석론

독일은 재정측면에서 균형예산 원칙과 함께 국가부채의 상한을 헌법에 규정하는 것이 재정헌법 관행으로 오래전부터 정착되었다.[296] 그러나 이러

---

295) Astrid Epiney, in: von Mangoldt/Klein/Stark, GG II, 5. Auflg. 2005, Art. 20a; Rn. 32; Karl
 – Peter Sommermann, in: von Münch/Kunig, GGK II, 5. Auflg. 2001, Art. 20a Rn. 1참조.;
 홍일선, "세대간 정의와 평등 – 고령사회를 대비한 세대간 분배의 불균형문제를 중심으로", 헌법학연구 제16권 제2호, 한국헌법학회, 464쪽 주 17 재인용.
296) 이에 대한 상세한 논의는 Möstl, Nachhaltigkeit und Haushaltsrecht, S. 578 ff.; 김성수,
 "미래세대 보호를 위한 법리적, 헌법적 기초", 법학연구 제29권 제4호, 연세대학교 법학연구원, 2019, 19쪽, 주 32 재인용.

한 헌법의 균형예산 규정만 가지고는 미래세대를 보호하는데 부족해지자 헌법에 미래세대에 대한 국가의 책임을 보다 명료하게 규정하기 위해 1994년 헌법개정을 통해 기본법 제20a조항을 신설하였다. 본 조항에서 "국가는 미래 세대를 위한 책임으로서, 헌법질서의 범위 내에서 입법을 통하여, 그리고 법률 및 법이 정하는 바에 따라 행정과 사법을 통하여 자연적 생활기반과 동물을 보호한다."라고 규정함으로써[297] 미래세대라는 용어를 헌법에 처음으로 명시했다.

과연 이러한 헌법규정의 법적 효력을 어떻게 볼 것인가? 그동안 독일에서는 기본법의 '미래세대 보호 책임 조항'의 법적 효과를 둘러싸고 여러 가지 해석론이 제기되었는데 이를 정리하면 다음과 같다.[298] 첫째, 본 조항은 원칙적인 국가목표조항을 규정한 것으로 국가기관을 구속하는 효력은 있으나 개인들에게 '주관적' 권리를 부여하는 것은 아니며, 따라서 헌법재판에 있어서 주관적 공권성은 인정할 수 없고 연방헌법재판소는 입법자의 조치가 충분한지 않은지 여부의 '객관적' 위헌심사만 가능하다는 것이 다수설이다. 둘째, 본 조항은 구체적 미래세대 보호기준의 흠결로 인해 본 조항으로부터 입법자에게 특정 조치를 취하도록 강요할 수도 없고, 구체적인 내용의 입법의무를 도출할 수 없다는 것이다. 셋째, 본 조항은 우선적으로 환경 분야에 적용하기 위해 만들어진 것으로 당초부터 재정측면은 주 고려사항이 아니었다. 넷째, 이러한 이유들 때문에 본 조항은 미래세대의 보호가 필요한 재정분야를 포함한 다른 분야에서는 일정한 한계를 보일 수밖에 없다는 것이다.

---

297) Der Staat schützt auch in Verantwortung für die künftigen Generationen die natürlichen Lebensgrundlagen und die Tiere im Rahmen der verfassungsmäßigen Ordnung durch die Gesetzgebung und nach Maßgabe von Gesetz und Recht durch die vollziehende Gewalt und die Rechtsprechung.
298) 김성수, "미래세대 보호를 위한 법리적, 헌법적 기초", 법학연구 제29권 제4호, 연세대학교 법학연구원, 2019, 30쪽.

이같이 기본법 제20a조항은 미래세대에 대한 국가의 책임을 명시한 국가목표조항으로 해석되면서 국가기관을 구속하는 기속력은 인정되지만 그 구체적인 실천은 입법자의 형성권에 맡기는 것으로 보는 것이 독일 헌법학계의 주류 해석론이었다. 특히 본 조항은 미래세대에 대한 책임을 명시하였지만 환경적인 측면에서의 세대간 정의를 지향하는 것이므로 재정측면의 미래세대에 대한 국가의 책임은 고려되기 어렵다는 점이 한계이다.[299]

2. 독일기본법 제20b조 신설 개헌안 해석론

이같이 독일기본법 제20a조에 국가의 미래세대 책임 규정을 신설했지만 그 대상이 자연적 생활기반 및 동물에 한정되어 있기 때문에 세대간 정의 실현이 재정측면 등으로 확장하기 어렵다는 주장이 계속되었고, 그 법적 성격이 국가적 목표설정에 관한 것이라 국가기관에 대한 기속력은 있으나 구체적인 실천은 입법자의 형성의 자유에 맡길 수밖에 없어서 법적 구속력이 제한적이라고 보는 것이 학계의 주류 해석론이 되었다. 특히 고령화가 심화되고 연금문제가 불거졌지만 본 조항으로는 이러한 재정측면에 대응하기 어려워지자 이러한 문제를 해결하고 국가의 미래세대 보호 책무를 보다 명료하게 규정하기 위한 새로운 개헌이 다시 추진되었다. 그것이 독일의 기본법 제20b조 신설 시도이다. 2006년 11월 독일연방의회 105명 의원들은 교섭단체연합으로 독일기본법의 '세대정의 보장을 위한 법률안'(Gesetzentwurf zur Verankerung der Generationengerechtigkeit im GG), 이른바 세대간정의법률안(Generationengerechtigkeitsgesetz)을 제출하였고 현행 기본법 제20a조와 제109조 제3항, 제115조 제2항 등에 대한 개정도 추진하였다. 그 핵심 내용

---

299) 홍일선, "세대간 정의와 평등 - 고령사회를 대비한 세대간 분배의 불균형문제를 중심으로", 헌법학연구 제16권 제2호, 한국헌법학회, 464쪽 주 43 재인용.

은 지속성의 원칙과 세대간 정의 보장의 내용을 기본법 제20b조에 새롭게 편입시킨 것이다. 즉 기본법 제20b조 개헌안에서 "국가는 자신의 행위 속에서 지속성의 원칙을 존중하고 미래세대의 이익을 보호해야 한다"[300]라고 국가의 미래세대 보호에 관한 책무를 명확히 규정하고, 기본법 제109조 제2항 속에 "연방과 주정부는 예산경영에 있어서 전체경제적인 균형, 지속가능성의 원칙 및 미래세대의 이익을 고려해야 한다."[301]는 내용을 추가하여 규정을 구체화했다.

이것은 잠재적 주권자인 미래세대의 법익을 국가공동체 유지 차원에서 헌법적으로 보호하기 위한 지속성의 원리를 제시하고,[302] 이를 법적으로 구체화하기 위한 것이라 할 수 있다. 특히 본 법안 제출시 제안설명서에는 "법률안에 대한 정치적 결정 과정에서 현재를 우선시하고 미래를 무시하는 경향의 문제점에 대해 지적하고, 미래세대와 어린 세대는 자신의 이익을 대표해 의견을 개진할 수 없기 때문에 미래세대의 이익을 보호하기 위해 정책결정에 있어서 장기적인 고려를 해야 한다"고 강조했다.[303] 이와 함께 법률안 제출권과 부령 제정권, 협의권, 소송제기권(준사법적 권한) 등을 갖는 미래세대보호관(Ombudsman) 제도를 두는 방안도 함께 제출되었다.[304]

---

300) 원문: Art 20b GG [Generationengerechtigkeit]: "Der Staat hat in seinen Handeln das Prinzip der Nachhaltigkeit zu beachten und die Interessen künftiger Generationen zu schützen" Entwurf eines Gesetzes zur Änderung des Grundgesetzes zur Verankerung der Generationengerechtigkeit, BT DRs. 16/3399.

301) 원문: Artikel 109 Abs. 2 GG [Haushaltswirtschaft in Bund und Ländern, Schuldenregel] : "Bund und Länder haben bei ihrer Haushaltswirtschaft den Erfordernissen des gesamtwirtschaftlichen Gleichgewichts, dem Prinzip der Nachhaltigkeit sowie den Interessen der künftigen Generationen Rechnung zu tragen".

302) 박진완, "미래세대를 위한 세대간 정의 실현의 문제로서의 지속성의 원칙", 법과정책 24권 2호, 제주대학교 법과정책연구원, 2018, 141쪽.; 김성수, 미래세대 보호를 위한 법제 설계, 경희법학 제54권 제4호, 경희대학교 법학연구소, 2019, 354쪽.

303) 연방하원, BT-Drs. 16/3399, S. 3.

304) 이스라엘 의회(Knesset)에 있는 미래세대 특별위원회, 핀란드 의회(Eduskunta)의 미래

특히 이러한 조문들은 현재 민주정치 구조 하에서는 미래세대의 이익을 고려하기 어렵다는 측면을 중시하여 그 보완책을 반영한 것으로 볼 수 있다. 그러나 이러한 개헌안이 관철되지 못하자 2017년 9월 24일 연방하원선거를 앞두고 자유민주당(Freie Demokratische Partei)의 Sebastian Czaja를 중심으로 세대간 정의 실현을 위한 기본법 개정 요구가 다시 제기되었다.[305]

그러면 이러한 헌법 개정안 제20b조 규정은 어떠한 법적 효력을 갖는 것인가? 이같이 새로운 규정을 두게 될 경우에도 그 법적 효과에 대해서는 회의적인 견해가 많다. 즉 이러한 새로운 개헌안 조항 역시 주관적 권리 보호조항이 아닌 국가목표조항으로 볼 수밖에 없고, 그 결과 구체적인 실천은 입법자의 형성의 자유에 맡길 수밖에 없다는 것이다.[306] 그 외의 비판은 다음과 같다. 첫째로 기본법 제20b조가 정의하는 내용이 지나치게 광범위하고 불명확하고, 둘째로 기존의 기본법 제20a조와 같이 제20b조를 국가목표로 명문화하더라도 그 내용을 볼 때 세대간 정의를 실현하는데 실질적인 영향을 발휘할지 의심스러우며, 셋째로 지속가능성 방향 등에 대한 구체적인 내용이 포함되지 않은 헌법 개정은 사실상 의미를 갖기 어려울 수 있고, 넷째로 미래세대의 이익을 위한 국가의 노력은 이미 균등한 경제발전이라는 국가목표조항으로 충분히 달성이 가능하다는 지적 등이 제기되었다.[307]

결론적으로 독일기본법의 현행 제20a조나 신설 논의된 제20b조는 모두 국가목표조항으로서 국가기관을 구속하는 분명한 구속력을 가지고 있지만,

---

위원회, 영국 상원의 미래위원회 등을 참고로 한 미래세대보호관을 국회에 각 정당별 비례대표를 통하여 선출될 수 있도록 하는 법제개선방안이 제기되었다.

305) http://www.morgenpost.de/berlin/article211334713/Gleiche‐Last‐fuer‐alle‐Generationen.html,(2022년 5월 31일 최종방문).

306) 김성수, "미래세대 보호를 위한 법리적 헌법적 기초", 법학연구 제29권 제4호, 연세대학교 법학연구원, 2018, 21쪽.

307) http://www.kas.de/upload/dokumente/2013/11/131129_Thesen_Kahl.pdf.

미래세대의 주관적 기본권을 보호하기 위한 것은 아니기 때문에 주관적 공권에 입각해 국가에 적극적 청구권을 요청할 수 있는 것은 아니라는 점에서 한계를 가지고 있다고 볼 수 있다.

Ⅱ. 독일 연방헌법재판소 결정의 발전사례

지난 2021년 3월 독일 연방헌법재판소는 2019년 12월 12일에 제정되었던 연방기후보호법(Bundes – Klimaschutzgesetz)[308]에 관한 헌법소원에 대해 기본법 제20a조의 환경권 조항과 제2조 제1항의 자유권 기본권 조항을 결합하여 연방기후보호법이 2030년 이후의 온실가스 배출량 및 부문별 연간 배출량 허용수준을 명시하지 않아 상대적으로 미래세대에게 과중한 온실가스배출 부담을 증대시켜서 자유권을 침해했다고 일부 위헌을 선언하였다.[309] 즉 미래세대와 현세대의 온실가스배출에 관한 이시적(異時的) 부담은 오늘날의 관점에서 비례적이어야 한다는 것이다. 이것은 세대간 형평이 기본법의 목표임을 확인했다는 점에서 획기적인 판결로[310] 커다란 의미를 가진 것으로 볼 수 있다.

연방헌법재판소의 결정으로 인해 독일 시민사회들은 매우 환영하였고 독일 정치권에서는 연방의회선거를 앞둔 시점에서 기후보호정책을 두고 경쟁이 벌어졌다. 무엇보다 이번 결정은 비단 독일뿐만 아니라 전 세계적으로 공통적으로 맞이한 환경 파괴와 그로 인한 지구 온난화 등 기후 변화 문제에 대응하는데 있어서 미래세대의 권리를 반드시 고려해야 한다는 점에서

---

308) Bundes – Klimaschutzgesetz vom 12. 12. 2019 (BGBl Ⅰ S, 2513).
309) 2021년 3월 24일자 사건번호 1 BvR 2656/18, 1 BvR 96/20, 1 BvR 78/20, 1 BvR 288/20.
310) 김선희, 「기후변화소송에 관한 비교법적 검토」, 비교헌법연구 2021 – B – 11, 헌법재판소 헌법재판연구원, 2021, 114쪽.

경종을 울린 것이고, 앞으로 환경 측면에서 뿐만 아니라 제반 영역에서 미래세대의 권리에 대한 국가의 보호 책무를 논의할 수 있는 계기를 마련했다는 점에서 의의가 크다고 볼 수 있다.

1. 연방기후보호법에 대한 연방헌법재판소 결정 주요 내용

2021년 3월 24일 연방기후보호법 조항들에 대한 헌법소원에서 청구인[311] 들은 국가가 온실가스 배출 감량을 위해 충분한 조치를 취하지 않았고, 무엇보다 온실가스 감축 기간을 2030년까지로 우선 한정하고 그 이후의 감축계획을 제기하지 않았으며, 2025년에 가서야 2030년 이후의 계획에 대한 법규명령을 제정한다고 명시함에 따라, 결국 기본법 제1조(인간의 존엄), 제2조 (생명권과 신체의 완전성), 제14조(재산권), 제20a조(미래세대를 위한 생활기반을 마련할 책임) 상의 기본권을 침해 내지 위반하였다고 주장하였다.

독일 연방헌법재판소는 이에 대해 연방기후보호법 일부 조항에 대해 헌법불합치 결정을 내렸다. 결정주문의 요지는 기후보호법 제3조 제1항 제2문, 그리고 제4조 제1항 제3문과 연계한 부칙 2는 헌법상의 요건을 충족하는 2031년 이후의 배출량 감소와 관련된 조항이 없어서 미래세대의 기본권을 침해한 것으로, 입법자는 늦어도 2022년 12월 31일까지 2031년부터의 지속적인 감축 목표를 사유에 따라 규정해야 한다고 판시했다. 독일 연방헌법재판소 결정의 주요 내용은 다음과 같다.[312]

---

311) 독일, 네팔, 방글라데시 국적의 헌법소원심판 청구인들 중에는 어린이와 청소년이 다수 포함되어 있었고 그린피스, 도이체 움벨트힐페 등 환경단체들도 포함되어 있었는데 이들 단체들은 청구인 적격을 인정받지 못하였다.

312) 이하의 연방헌법재판소 결정 내용은 김선희, 「기후변화소송에 관한 비교법적 검토」, 비교헌법연구 2021-B-11, 헌법재판소 헌법재판연구원, 2021, 109-114쪽.; 정다은, "독일 연방기후보호법의 위헌성에 관한 논의-최근 연방헌법재판소의 결정을 중심으로-", 세계헌법재판 조사연구보고서 2021년 제5호, 헌법재판소 헌법재판연구원,

첫째, 연방헌법재판소는 기본법 제2조 제2항 제1문(생명권과 신체를 훼손당하지 않을 권리)에서 기후변화 같은 환경문제로부터 국민의 생명과 건강을 보호해야 할 국가의 의무가 도출되며 미래세대에 대해서도 이러한 보호 의무가 있다고 판시하였고, 또한 기후변화로 인한 재산상의 피해에 대해서도 국가의 보호 의무가 도출될 수 있다고 하였다. 그러나 연방헌법재판소는 입법자의 재량권 즉 연방기후보호법 제정자의 입법형성권을 고려하였을 때 이와 같은 보호의무 위반은 확인되지 않는다고 판단하였다. 즉 입법자가 기후변화 문제에 대한 대응을 방치한 것도 아니고, 연방기후보호법 제정시 파리협정 목표를 고려했기 때문에 입법자가 결정재량을 넘어섰다고 확정할 수 없다고 보았다.

둘째, 연방헌법재판소는 연방기후보호법이 청구인들의 자유권에 대한 사전침해 유사효과(advance interference-like effect, eingriffsähnliche Vorwirkung)가 있다는 점을 인정하였다. 즉 연방기후보호법이 현재의 온실가스배출량을 상대적으로 많이 허용해 미래에 허용될 수 있는 온실가스배출량을 줄이도록 만들어 미래세대의 온실가스배출 자유권에 대한 불가역적인 법적 위협을 가했다고 본 것이다. 또한 자연적 생활기반의 보호 의무를 규정하고 있는 기본법 제20a조와 부합하는지 여부에 대해서는 '기후변화에 관한 정부간 협의체(Intergovernmental Panel on Climate Change, IPCC)'의 세계 '잔여 탄소예산(CO2-Restbudget)' 수치에 근거해 독일연방정부의 '환경문제 전문가협의회(Sachverständigenrat für Umweltfragen)'가 발표한 독일의 잔여 탄소예산 수치는 부정확할 수 있기 때문에 이를 확실한 헌법적 검토기준으로 적용할 수 없고, 따라서 입법자에게 온실가스 감축목표 및 배출허용과 관련한 결정여지(Entscheidungsspielraum)가 인정될 수밖에 없기 때

2021, 128-131쪽 참조.

문에, 이 사안에 대한 주의의무의 위반이 있다고 보이지 않으므로 연방기후보호법이 기본법 제20a조로부터 도출되는 국가의 기후보호 의무를 위반하지는 않았다고 판단하였다.

셋째, 연방헌법재판소는 연방기후보호법 제3조 제1항 제2문과 부칙 2와 연계한 제4조 제1항 제3문이 온실가스 감축목표 및 허용배출량을 2030년까지만 규정하고 있는 점과 관련하여, 이로 인해 2030년 이후 미래세대에게 허용되는 온실가스 배출량이 줄어들고 감축부담은 높아지기 때문에 비례성의 원칙을 위반하였다고 판단했다. 즉, 입법자는 현세대와 미래세대의 자유권을 모두 존중하고 서로 다른 시점 간을 관통하는 '이시적 자유권 보장(intertemporale Freiheitssicherung)'의 원리에 따라 기후중립을 이룰 때까지 헌법적으로 필요한 온실가스감축을 시기별로 세대 간에 고르게 배분하여야 한다고 하면서, 이에 불구하고 연방기후보호법 상 온실가스감축 기간을 2030년으로 한정함으로써 2030년 이후 미래세대에 더 큰 부담을 전가하여 기본권 침해를 한 것은 위헌이라고 판시하였다.

넷째, 연방헌법재판소는 연방기후보호법 제4조 제6항에서 2030년 이후의 온실가스 허용배출량을 2025년에 연방정부가 법규명령을 제정하여 결정할 수 있도록 허용한 위임입법의 규정과 관련하여 이것이 기본법 제80조 제1항 제2문의 명확성의 원칙과 법률유보의 원칙에 위배된다고 판단하였다. 원칙적으로 2030년 이후의 연간 허용배출량에 관한 사항은 입법자 스스로가 결정해야 하며, 그러지 않고 계속해서 정부에 의한 법규명령의 제정 방식을 선택하고자 한다면 연간 허용배출량의 책정 기준에 대해 더욱 법률에 자세히 규정해야 한다고 판시하였다.

이와 같은 독일 연방기후보호법에 대한 연방헌법재판소 결정의 주요 내용은 아래 [표 8]에 정리하였다.

[표 8] 독일 연방기후보호법에 대한 연방헌법재판소의 헌법소원 판결

2015. 12. 12 UN, 파리협약 채택 (2021년부터 적용)	➡	2016. 11. 독일연방정부 기후보호계획 2050 발표 2050년까지 온실가스중립 달성	➡	2019. 10. 독일연방정부 기후보호프로그램 2030 수립

⬇

2019. 12. 12 **연방기후보호법** 제정		2030년까지 전체 온실가스 배출량 감축목표 및 분야별 연간 배출량 허용수준 규정
헌법 조항	제3조 제1항 제2문	2030년까지 온실가스 배출 최소감축률 55%로 제시
	제3조 제3항	유럽 또는 국제 기후 보호기준에 따르기 위해 55%보다 더 높은 최소감축률 필요시 연방정부는 이를 위한 조치를 취해야 하고 목표치가 55% 아래로 낮춰지는 반대경우는 있을 수 없음.
	제4조 제1항 (부칙 1, 부칙 2)	연간 감축목표 6대 분야 명시(2030년까지 분야별 연간 허용 배출량 규정)
	제4조 제6항	2030년 이후 감축해야 할 연간 배출량은 2025년 연방정부가 법규명령 제정토록 허용, 연방의회 동의 필요 (입법위임규정)

⬇ 〈독일연방헌법재판소, 4건의 헌법소원 병합 심판 (2021. 3. 24)〉 ⬇

청구인	독일, 네팔, 방글라데시 국적 (어린이, 청소년 다수 포함) 그린피스, 도이체 움벨트힐페 등 환경단체 (※청구인 적격 불인정)
헌법소원	**연방기후보호법**의 불충분한 온실가스 감축기준으로 청구인들의 **기본권** 침해

헌재 결정 주요 내용	**생명권, 신체를 훼손 당하지 않을 권리** (기본법 제2조 제2항 제1문) **재산권** (기본법 제14조 제1항)	• 국가는 기후변화 같은 환경문제로부터 국민의 생명과 건강 보호 의무가 도출되며, 미래세대의 보호의무도 도출됨. • 국가는 기후변화에 따른 재산피해 보호의무 도출됨. • 그러나, 연방기후보호법 제정자의 **입법형성권 고려**시 이와 같은 **보호의무의 위반이 확인되지는 않는다**고 판단함.
	자연적 생활기반 보호 기후보호의무 (기본법 제20a조)	• 연방기후보호법이 헌법소원심판 청구인들의 자유권의 사전 침해 유사효과(eingriffsähnliche Vorwirkung) 인정 – 현재 허용되는 탄소배출량으로 미래 탄소배출 자유권 제한 • 그러나, **정확한 수치의 헌법적 통제기준이 없고, 주의의무 위반이 있다고 볼 수 없어서 기후보호의무 위반 불인정** – 잔여 탄소예산(CO2-Restbudget) 수치가 부정확할 우려
	미래세대 기본권 (기본법 제20a조) (기본법 제2조 제1항과 결합)	• 기본법에 보장된 기본권들의 **이시(異時)적 자유권 보장** (intertemporale Freiheitssicherung) 인정 ☞ **위헌 판결** – 침해의 **비례성**을 미래가 아닌 현재 시점 기준으로 판단 – 입법자는 온실가스중립달성 위한 <u>배출량감축을 2050년까지 고르게 분배해야 함</u>에도 연방기후보호법은 2030년까지만 규율하여 <u>2030년 이후 미래세대에 더 큰 감축부담 전가</u>
	명확성·법률유보 원칙 (기본법 제80조 제1항 제2문)	• 연방기후보호법 제4조 제6항 제1문은 헌법적으로 불충분 ☞ **명확성의 원칙과 법률유보 원칙에 위배** – 연방정부가 2025년에서야 겨우 한차례 법규명령 제정하는 것은 늦은 조치이고 2030년 이후 방향성이 불충분함.

2. 연방헌법재판소의 연방기후보호법 헌법불합치 결정 의의

본 판결은 그동안 독일 연방헌법재판소가 환경정책의 입안과 입법에 있어 입법자에게 광범위한 입법형성권을 인정하며 소극적인 태도를 보여온데에서 벗어난 새로운 판결이라 할 수 있다.[313] 즉 기본법의 기본권 조항에 따른 국가의 기본권 보호 책무가 불충분하다는 점을 인정하고 입법자로 하여금 적극적인 시정조치를 취할 것을 명확히 하였다. 무엇보다 본 결정이 가지는 의의는 기본법 제20a조에서 명시하고 있는 국가의 미래세대에 대한 책임을 실제 판결로 이끌어 냈다는 점이라 할 수 있다. 그동안 기본법 제20a조의 법적 성질에 대해 국가의 목표 설정에 불과하고 기본권과 동등한 성격의 주관적 권리를 도출해 낼 수 있는 규정이 아니라는 견해가 다수설이었다.[314] 또한 기본법 제20a조의 대상도 자연적 생활기반 및 동물에 한정되어 있기 때문에 세대간 정의 실현이 실질적으로 어렵다는 주장이 계속되었다.[315] 그런데 이번 판결에서 연방헌법재판소가 기본법 제20a조와 기본법 제2조 제1항을 연결해 입법자로 하여금 청구인을 포함한 광의의 미래세대의 자유권을 보장하는 조치를 취할 의무가 있다는 점을 판시하였고, 또한 이시적 자유권이라는 새로운 자유권에 대한 법리를 전개하여 현세대와 미래세대의 자유권을 모두 균등하게 존중해야 한다는 점을 명확히 하였다는 점에서 미래세대 권익 보호를 위한 매우 중요한 진전이라 할 수 있다. 즉 온실가스배출 감축 의무를 미래세대에게 상대적으로 많이 전가하는 것은

---

313) 김선희, 「기후변화소송에 관한 비교법적 검토」, 비교헌법연구 2021 - B - 11, 헌법재판소 헌법재판연구원, 2021, 114쪽.

314) Meinhard Schröder, The Concept of Intergenerational Justice in German Constitutional Law, Ritsumeikan Law Review No. 28, 2011, p.326.

315) 한민지, "세대간 정의(Generationengerechtigkeit)의 기본법 도입 논의", 독일통신원, 헌법재판소 헌법재판연구원, 2017 참조.

기본권에 의해 보호되는 거의 모든 자유를 위협하는 위험을 초래할 수 있다고 결정하며, 자신의 권리를 보호할 수 없는 무방비 상태의 미래세대를 희생시켜 이익과 권리를 취하는 것을 금지한 것이다.

무엇보다 이러한 독일 헌재의 결정은 환경법을 넘어서 사회보장제도와 공공부채 등의 분야에도 미래세대에 대한 법적 보호를 확장하는 전기가 될 것으로 보고 있다.[316] 즉 미래세대의 자유권 보장을 위해 입법자가 세대간 균형을 고려해야 할 분야는 환경분야 외에도 법정 연금, 건강보험 및 장기요양보험 등 사회보장제도로 확대되어야 한다는 것이다. 왜냐면 여기에도 미래세대의 자유를 위협할 위험성이 존재하기 때문이다. 이번 독일 연방헌법재판소의 결정은 입법자들에게 계승되는 여러 세대에 걸쳐 자유권을 비례적으로 분배할 의무를 명시하고 있다. 따라서 인구통계학적 변화를 고려할 때 법정 사회보험과 자금부담 등과 관련한 미래세대의 급격한 부담 확대 문제를 해소하기 위해서는 현세대에게 상당한 제한 조치를 가하는 광범위한 구조개혁이 필요하며, 이를 입법자가 계속 연기한다면 미래세대의 실질적인 자유권을 크게 위협할 것으로 보는 것이다. 따라서 세대간 균형을 도모하는 분배의 의무는 비단 기후 보호 문제 뿐 아니라 제반 사회보장제도에도 동등하게 적용되어야 하고, 결국 중요한 모든 법제영역에 적용되어야 한다고 주장한다. 결국 이번 독일 헌재의 결정은 기후 보호를 위한 새로운 이정표일 뿐만 아니라 제반 법적 규범들에 세대간 정의의 원리 적용을 확장하는 새로운 전기가 될 것으로 보고 있다.

---

316) Katja Rath and Martin Benner, "Ein Grundrecht auf Generationengerechtiget? Die Relevanz des Klimaschutz－Beschlusses des Bundesverfassungsgerichts für andere Rechtsgebiete mit intergenerationaler Bedeutung", Verfassungsblog on matters constitutional, 2021.5.7. (https://verfassungsblog.de/ein－grundrecht－auf－generationengerechtigkeit/)

Ⅲ. 소결

독일 연방헌법재판소의 연방기후보호법에 대한 일부 헌법불합치 결정은 독일 내부에서 뜨거운 반향을 불러일으켰을 뿐 아니라 다른 국가들에도 커다란 영향을 미치게 되었다. 특히 기후보호를 하나의 기본권으로 인정했다는 점에서 획기적인 판결이라는 점도 있지만, 무엇보다 이미 전 세계적으로 저출산·고령화 현상과 사회경제적 불확실성이 가중되어 미래세대의 권익 보호와 세대간 정의라는 이슈가 나날이 중요해지고 있는 상황에서 이번의 독일 연방헌법재판소 판결로 미래세대의 기본권 침해를 인정했다는 점에 주목받고 있는 것이다. 사실 이러한 판결이 나오게 된 것은 그동안 독일에서 미래세대를 위한 국가의 책임을 명시하는 기본법 제20a조를 도입하고 이후에도 계속 미래세대 권익 보호를 더욱 강화하기 위한 기본법 제20b조 신설 등의 노력을 지속하는 등 끊임없는 입법 노력과 사회적 논의가 있었기에 가능했던 것으로 볼 수 있다.

이러한 독일의 연이은 개헌 노력과 연방헌법재판소의 판결은 우리에게 주는 시사점이 더욱 각별하다고 할 수 있다. 왜냐하면 우리나라는 환경오염과 기후온난화 문제도 심각하지만 전 세계에서 저출산·고령화가 가장 심하고 빠르게 진행되면서 미래세대 권리 보호가 그 어느 나라보다 시급하고 절박한 상황이기 때문이다. 새로운 독일의 판결은 우리에게 아래와 같은 시사점을 던져주고 있다.

첫째, 우리나라 헌법에도 독일 기본법 제20b조와 같은 규정을 신설해 재정측면에 대해서는 미래세대 보호를 위한 국가의 책임을 명확히 할 필요가 있다. 독일에서 기본법 제20b조 신설을 시도한 이유도 제20a조가 자연적 생활기반과 동물 등 환경적인 측면에 한정되어 있어서 저출산·고령화로 인한 연금고갈 문제에는 대응할 수 없다는 한계 때문이었다. 그러나 우리나라의 지난 제10차 헌법 개정안들의 경우는 대부분이 환경권 측면의 지속가능성을 염두에 둔 방안들이었다. 따라서 향후 개헌 논의시 세대간 정의 규정이 비단 환경권뿐만 아니라 재정측면을 포함해 보다 포괄적인 분야에 적용할 수 있도록 하는 방안을 마련하는 것이 필요하다.

둘째, 우리나라는 헌법에 환경권을 기본권으로 규정하고 있는 만큼 우리나라 헌법재판소 역시 이러한 헌법조항과 자유권 등 기본권 조항을 결합하여 독일 연방헌재의 결정과 같은 결정을 환경측면에서는 기대할 수 있을 것이다. 이미 이와 관련한 다양한 헌법소원들이 제기되고 있는 것이 현실이다. 그러나 문제는 재정측면에서 미래세대 권리 보호를 이끌어내기 위해서는 우리나라 헌법규정이 불비하다는 점이다. 따라서 위와 같이 독일의 기본법 제20b조와 같은 조항을 신설해 이를 기본권 규정과 연계하여 연금 등 사회보장제도와 공공부채 문제 등으로 미래세대의 권리 보호의 적용범위를 확장시키는 것이 필요하다.

제 4 절 우리나라의 헌법규정 개선방안

우리나라는 미래세대를 보호하려면 과연 어떠한 재정측면의 헌법조항을 활용하는 것이 필요한가? 이에 관한 3가지 개선방안을 제시하고자 한다.

Ⅰ. 미래세대 보호를 위한 헌법 일반조항 개정 방안

세대간 정의에 관한 헌법규정을 두는 유형으로는 세대간 정의에 관한 일반조항을 두는 방법, 환경측면에서의 세대간 정의 조항을 두는 방법, 재정측면의 세대간 정의 조항을 두는 방법이 있다. 우리나라의 헌법에서 세대간 정의에 관한 일반조항으로 볼 수 있는 것으로는 헌법 전문의 "우리들의 자손의 안전과 자유와 행복"이라는 조문이 있고, 환경 측면의 세대간 정의 관련 조항으로 볼 수 있는 것은 헌법 제35조 제1항의 환경권 조항이 있으나, 재정 측면의 세대간 정의 조항은 불비한 상황이다.

이에 따라 우리나라 헌법의 일반조항에 관한 개선방안은 다음과 같다. 우리 헌법전문에는 "우리들의 자손"에 관해 규정하고 있지만 이러한 조문으로부터 국가의 미래세대에 대한 보호 책임을 이끌어내기는 어렵다고 해석되므로, 헌법 전문의 문구를 보다 명확히 할 필요가 있다. 이를 위한 바람직한 개선방안으로는 2018년 제10차 개헌 논의시 제시되었던 국회 헌법개정 특위 자문위원회의 헌법전문 개정방안을 참조할 필요가 있다. 특히 우리나라는 저출산·고령화 등의 새로운 재정환경 변화로 미래세대의 위기와 세대간 불균형이 크게 심화되고 있는 만큼 헌법전문에 미래세대 보호 책무를 명확히 규정하고 대응하는 것이 필요하므로, 이같이 '미래세대'보호에 관한 국가의 책임을 명확히 규정할 필요가 있다.

II. 미래세대 보호를 위한 헌법 재정조항 신설 방안

우리나라 헌법에는 환경측면의 미래세대 보호를 위한 환경권 조항은 있으나 재정측면의 조항은 불비한 만큼 이를 보완하는 것이 필요하다. 과연 어떠한 재정헌법 조항을 마련할 것인가? 다음의 두 가지 조항이 필요하다.

첫째, 독일 기본법 개정안 제20b조와 같은 새로운 헌법조항 신설이 필요하다. 우리나라의 제10차 헌법개정 논의에서 다양한 개정안들이 제시되었지만 그 대부분이 환경측면의 미래세대 보호에 초점을 맞춘 것이므로 이보다 재정측면에 적용할 수 있는 세대간 정의 조항이 필요하다. 이를 위해 가장 바람직한 모델은 독일의 기본법 개정안 제20b조라고 할 수 있다. 그것은 미래세대의 이익을 보호하기 위한 규정으로 재정측면에도 적용될 수 있는 것이기 때문이다. 독일에서 기본법 제20b조 신설을 추진한 배경도 인구 고령화로 인한 연금문제가 확산되는 상황에서, 기존의 기본법 제20a조의 환경측면의 헌법조항으로는 대응하기 어렵다는 문제점 때문이었다. 이같이 미래세대 보호 헌법조항의 적용 영역을 환경분야에서 재정분야로 확대하는 데 이어서 통일, 교육, 일자리 등 주요 국정분야의 전반으로 확장할 수 있도록 하는 것이 필요하다.

둘째, 우리나라 헌법에 재정의 장을 신설하고 재정운용 관련 헌법조항을 확충하는 노력이 필요하다. 그러나 우리나라는 독일이나 스위스 헌법의 재정준칙 같은 단기적 재정수지 균형을 도모하는 조항을 도입하기보다 세대간 균형을 이루기 위한 새로운 중장기 재정계획과 재정준칙의 실시를 의무화하는 것이 필요하다. 이러한 조항이 필요한 것은 다음 세 가지 이유 때문이다. 첫 번째 이유는 헌법에 재정준칙을 둘 경우 경제환경과 재정환경 변화에 기민하게 대응하기 어렵고, 또한 우리나라는 헌법개정이 쉽지 않아서 부작용이 더욱 커질 수 있기 때문이다. 따라서 재정준칙은 법률로 두는 것이 바람직하다. 둘째, 헌법에 재정의 장을 새롭게 두는 것이 필요하다. 예산법률주의 등 국회 헌법개정특위 자문위원회가 제안한 다양한 방안들을 함께 둘 수 있기 때문이다. 무엇보다 우리나라 정부는 재정규율이 문제가 많은 상황이므로 재정의 장을 마련해 이를 바로잡는 노력이 필요하다. 셋째, 헌법에 재정준칙에 관한 구체적 규정을 두기보다 세대간 균형을 도모하기 위한 중장기 재정계획과 재정준칙을 실시하도록 원칙적인 규정만 두는 방안을 검토할 필요가 있다. 먼저 중장기 재정계획은 세대간 불균형이 중장기적으로 확대되는 것을 해결할 핵심수단으로 부상했으므로 이를 규정하는 것이 필요하다. 즉 세대간 불균형 확대로 인해 개별적 자유권 침해 문제를 각자가 개별적 소송을 통해 일일이 구제하는 방식으로 대응할 수는 없고, 결국 이를 해결하려면 중장기 재정계획을 세우고 대응하여 전체적으로 문제를 함께 해결하는 수밖에 없다. 즉 세대간 정의의 헌법적 명령을 실현하려면 중장기 재정전망을 실시해 세대간 불균형을 파악한 뒤 이를 해소하기 위한 중장기 재정계획을 세워서 과감한 재정개혁을 추진해야만 세대간 불균형을 바로잡을 수 있다. 또한 중장기 재정계획의 법적 규범력을 높이는 것도 필요하다. 무엇보다 현세대 입법자들의 형성의 자유에 맡겨서는 자신에게 막대한 재정부담과 피해를 안겨줄 새로운 재정개혁 입법을 기피하거나 지연할 것이므로, 이를 못하도록 법적 구속력을 강화해야 하고, 필요시 헌법에 세대간 균형을 위한 중장기 재정계획을 실시하도록 규정하는 방안도 검토할 필요가 있다. 마찬가지로 헌법의 재정준칙도 단기적 재정수지 균형을 도모하는 재정준칙이 아니라 세대간 균형 목표치를 추구하는 새로운 재정준칙을 실시하도록 함께 규정할 필요가 있다.

Ⅲ. 미래세대 보호를 위한 헌법재판소의 새로운 판례

위에서 설명한 대로 헌법에 미래세대 보호에 관한 새로운 조항을 신설한다고 해도 그 법적 성격은 국가목표규정으로 볼 수밖에 없고, 그 실현은 입법자의 형성권에 맡기는 것으로 해석되며, 또한 새로운 기본권 규정을 신설해도 사회권적 기본권으로 해석될 수 있어서 이 역시 한계가 있다. 따라서 이러한 한계를 극복하려면 헌법상 기본권을 원용해 미래세대를 직접 보호하는 방법이 중요해질 수밖에 없고 그것은 헌법재판소의 판례를 통해 뒷받침될 수밖에 없다.

이를 위해 참고할 만한 가장 효과적인 방법이 독일의 연방헌법재판소가 연방기후보호법에 대한 헌법불합치 결정에서 사용한 법리이다. 즉 헌법의 미래세대 보호 관련 국가목표조항과 자유권적 기본권 조항을 결합하여 국가의 미래세대 보호 책무를 보다 명확히 하고, 나아가 미래세대의 이익을 기본권으로 보호하는 방법이 필요하다. 이러한 방식을 통해 입법자에게 헌법적 명령 이행을 보다 강력히 강제할 수 있고 국가목표조항의 규범력을 보완할 수 있을 것이다. 이러한 방법을 활용하기 위해서는 먼저 세대간 정의를 재정측면에도 적용될 수 있도록 새로운 헌법의 국가목표조항을 신설하는 것이 필요하다.

이상에서 3가지 헌법측면의 개선방안을 제시했다. 이러한 미래세대 보호를 위한 새로운 개선방안들은 곧 재정수지 균형(FB)과 지속가능성을 추구하던 2단계 재정헌법으로부터 세대간 균형(GB)을 추구하는 3단계 헌법규정과 헌법재판소 판례로의 발전을 의미하는 것이다. 더구나 앞으로 저출산·고령화 등 새로운 재정환경 변화가 더욱 전면화 되고 미래세대 부담이 확대되고 세대간 불균형이 가중될수록 세대간 이해 충돌이 격화되고 현세대의 반발이 거세지면서 점점 더 3단계의 새로운 헌법규정과 새로운 헌법재판소 결정으로 미래세대를 보호하는 방안이 중요해질 수밖에 없게 될 전망이다. 특히 우리나라는 저출산·고령화 등의 3가지 재정환경 변화가 가장 심하고 미래세대의 위기와 세대간 불균형이 그 어느 나라보다 심각하고 빠르게 확대되고 있으므로 가장 먼저 선도적으로 이러한 3단계 헌법으로의 전환이 필요하다.

제4장 세대간 정의 실현을 위한 중장기 재정전망·재정계획

제1절 재정환경 변화에 의한 3단계 중장기 재정계획의 발전

I. 3단계 중장기 재정계획으로의 발전

그동안 각국은 중장기 재정전망과 중장기 재정계획을 도입 활용해 왔다. 그 목적은 재정을 운용하는데 있어서 단기적 시계에서 벗어나 중장기적 시계 하에 재정수지 균형과 지속가능성을 추구하며 단년도 예산의 효율적 운용을 기하기 위한 것이다. 그러나 90년대 이후 각국에는 저출산·고령화와 반복되는 경제위기 및 4차 산업혁명 같은 새로운 재정환경 변화가 확산되면서 기존의 중장기 재정전망이나 재정계획에도 근본적인 변화가 불가피해졌다. 기본적으로 단기적 재정수지 균형(FB)에 초점을 맞추며 지속가능성을 도모하던 2단계의 중장기 재정계획으로는 이같이 급격한 재정환경 대전환기에 대응할 수 없게 되었기 때문이다. 이에 따라 기존의 중장기 재정계획은 세대간 균형(GB)을 중시하는 새로운 중장기 재정계획으로의 전환이 이루어지고 있다.

우리나라도 그동안 중장기 재정전망과 중기재정계획을 운용해왔다. 그러나 극히 형식적이고 자의적으로 운용해왔고, 그 결과 단순한 참고자료로 활용되는데 그쳤다. 그러나 우리나라의 경우 저출산·고령화 등 새로운 3가지 재정환경 변화가 가장 극심하게 전개되고 있고, 미래세대 부담과 세대간 불균형도 빠르게 확대되면서 앞으로 재정위기와 복지위기가 크게 가중될 것으로 전망되고 있다. 그러므로 이에 대응하기 위해서는 세대간 균형을 중시하는 새로운 중장기 재정계획을 도입 운용하는 것이 더욱 필요한 상황이다. 그러나 우리나라에서는 이에 대한 인식과 노력이 부족한 것이 현실이다. 그러면 지금부터 세계 각국의 세대간 정의를 위한 3단계의 중장기 재정전망과 재정계획의 선도적 발전사례들을 살펴보고 우리나라 중장기 재정전망 및 재정계획의 개선방안을 알아보고자 한다.

1. 2단계 중장기 재정계획의 한계

그동안 각국의 중장기 재정전망과 중장기 재정계획은 단기적 재정 수지 균형과 지속가능성을 도모하는데 초점을 맞춘 것이었다. 따라서 2단계 지속가능성을 위한 재정법제의 대표적인 수단의 하나였다. 그러나 기본적으로 이러한 방식은 안정적 경기순환기에나 가능한 것이고, 지금같은 새로운 경제환경, 재정환경 대격변기의 세대간 불균형(GI)이 크게 확대되는 상황에서는 효용성을 발휘하기 어려운 것이다. 즉 각국은 90년대 이후 3가지 재정환경 대변화로 인해 국가부채가 증대하고 미래세대의 부담이 가중되며 세대간 불균형이 확대되면서 재정과 복지의 구조적 위기가 나날이 심화되는 재정환경 대전환기를 맞이하게 되었다. 그동안의 안정적인 경기순환이 사라지고 경제위기가 반복되고 장기침체가 지속되는 새로운 상황을 맞이했고, 또한 저출산·고령화 같은 재정환경 변화가 지금 당장은 단기적인 재정수지에 별 영향을 미치지 않지만, 중장기적으로는 엄청난 재정과 복지의 부담을 급증시키는 재정환경의 구조적 변화기를 맞이했다. 이에 따라 기존의 단기적 재정수지 균형을 맞추는데 주안점을 두는 2단계 중장기 재정계획으로는 대응하기 어려워졌고, 세대간 균형(GB)을 추구하는 새로운 3단계의 중장기 재정전망과 재정계획으로의 전환이 필요해진 것이다.

새로운 3단계 중장기 재정전망과 이를 바탕으로 한 중장기 재정계획의 특징은 크게 두 가지이다. 첫째는 재정의 혜택과 부담에 있어서 세대간 균형(GB)을 도모하는 세대간 정의에 포커스를 맞추어 재정을 운용한다는 점과, 둘째는 '중장기 재정전망 – 장기 재정계획 – 중기 재정계획 – 단년도 예산'을 통합적으로 연계 운용하며 세대간 균형 목표를 추구한다는 점이다. 즉 먼저 중장기 재정전망을 통해 세대간 불균형이 얼마나 확대될지를 최대한 정확히 파악한 뒤, 이를 해결할 중장기 재정계획과 장기 – 중기 – 단기목표치를 수립 설정하고 이와 함께 새로운 중장기 재정준칙을 이용해 목표치를 달성하여 세대간 균형을 도모하는 것이다. 결국 이러한 중장기 재정계획으로 대응해야 세대간 균형을 이루어 재정과 복지의 존속을 가능케 하고, 또한 세대간 균형을 이루라는 헌법 규정이나 헌재 결정의 헌법적 명령을 준수할 수 있으며 수많은 미래세대의 일방적 이익 침해를 전체적으로 보호할 수 있다. 기본적으로 재정의 세대간 불균형으로 인한 미래세대의 이익 침해를 일일이 소송을 통해 구제하는 것은 현실적으로 불가능할 뿐만 아니라, 이러한 소송에 대해 헌재가 위헌 결정을 내린다 해도 이에 따른 세대간 균형이라는 헌법적 명령의 이행은 결국 중장기 재정계획을 중심으로 실현할 수밖에 없기 때문이다. 이러한 새로운 중장기 계획의 모습은 먼저 환경 측면에서 현실적으로 이루어지고 있다. 예를 들어 독일의 연방헌법재판소가 탄소중립을 위한 온실가스배출 부담의 세대간 균형을 이루도록 한 헌법적 결정을 내리자 이를 실천하기 위해 독일 정부는 장기 – 중기 – 단기 계획과 목표치를 설정하고 법률과 시행령의 규제를 통해 이를 실현하고 있다. 마찬가지로 헌재가 재정측면에서 세대간 균형을 이루도록 결정을 내린다면 중장기 재정계획을 중심으로 중장기 재정준칙을 병용하여 이룰 수밖에 없다. 이에 따라 중장기 재정계획이 세대간 균형을 실현하기 위한 핵심 수단으로 부상하게 된 것이다. 그러나 각국에서는 그동안 중장기 재정계획의 중요성을 소홀히 취급해왔다. 앞으로 재정환경 변화로 세대간 불균형이 확대될수록 2단계의 중장기 재정계획으로부터 3단계의 세대간 정의를 위한 중장기 재정계획으로의 전환이 더욱 확산되고 전면화 될 전망이다.

2. 2단계와 3단계 중장기 재정계획의 차이점

2단계 중장기 재정계획과 3단계 중장기 재정계획은 어떠한 점이 다른가?

첫째, 그 가장 큰 차이점은 2단계 중장기 재정계획은 재정수지 균형(FB)을 추구하는 것이고, 3단계의 중장기 재정계획은 '세대간 균형(GB)'이라는 목표를 추구한다는 점이다. 이에 따라 3단계 중장기 재정계획은 목표 설정시 향후 미래에 중장기적으로 증대될 재정부담 예상증대분을 고려한 목표를 설정하고 이를 중심으로 재정운용을 하는 것이다. 그 결과 재정운용의 목표는 기존의 재정수지 균형이라는 목표를 뛰어넘어 흑자재정 기조나 미래세대를 위한 투자 기조를 강화하게 되고, 평상시에는 장기적 흑자재정 기조를 유지하며 급박한 위기시에만 일시적으로 적자재정 기조의 모습을 보이게 된다. 둘째, 2단계 중장기 재정계획은 지속가능성이라는 다소 애매한 목표를 추진하기 때문에 그 목표치가 불분명하거나 계속 바뀌는데 비해, 3단계 중장기 재정계획은 세대간 균형이라는 분명한 목표를 추진한다는 점에서 다르다. 따라서 3단계 중장기 재정계획은 세대간 균형 목표를 중심으로 구체적인 장기 – 중기 – 단기 계획과 목표치를 세우고 재정을 운용한다는 점이 특징이다. 셋째, 이에 따라 3단계 중장기 재정계획은 중장기전망 – 장기계획 – 중기계획 – 단기계획의 긴밀한 연계 규율 체계를 운용하고 중장기 목표치 달성을 뒷받침할 중장기 재정준칙까지 통합적으로 연계 운용하면서 세대간 균형을 도모하는 것인데 비해, 2단계 중장기 재정계획은 이러한 연계 규율 체계 없이 각각 분리 운용한다는 점에서 다르다. 넷째, 2단계의 중장기 재정계획은 이러한 여러 가지 문제점으로 인해 단순한 참고자료로 활용되는데 비해, 3단계 중장기 재정계획은 보다 강력한 규범력을 갖추고 장기-중기-단기 계획의 연계 규율 관계를 유지한다는 점에서 다르다. 예를들어 프랑스는 중기재정계획을 법률로 운용하며 단년도 예산을 규율하는데, 앞으로 이러한 법적 구속력 확대가 다방면으로 확산될 전망이다.

II. 세대간 정의 실현을 위한 중장기 재정계획의 정의

1. 세대간 정의 실현 중장기 재정계획의 개념

세대간 정의를 위한 중장기 재정계획은 어떻게 정의할 수 있는가? 그것은 기존의 재정 수지 균형(FB)을 추진하던 2단계 중장기 재정계획을 뛰어넘어 세대간 균형(GB)을 추구하는 새로운 중장기 재정계획을 의미하는 것이라 할 수 있다. 따라서 세대간 정의를 위한 중장기 재정계획의 가장 큰 특징은 아래 [그림 7]에서 보듯이 단기적 재정 균형(FB)을 목표로 운용하는 수평선 방향의 중장기 재정계획에서 벗어나 세대간 균형(GB) 목표를 추구하는 우하향 방향의 중장기 재정계획이라 할 수 있다. 이같이 세대간균형을 중시하는 새로운 중장기 재정계획의 관련 사례로는 노르웨이, 네덜란드 등의 세대간 불균형을 파악하기 위해 세대간 회계를 이용해 중장기 전망을 하는 것이나, 호주의 장기재정계획, 스웨덴의 중기 재정계획 같이 세대간 균형을 목표로 중장기 재정계획을 운용하는 사례를 들 수 있다.

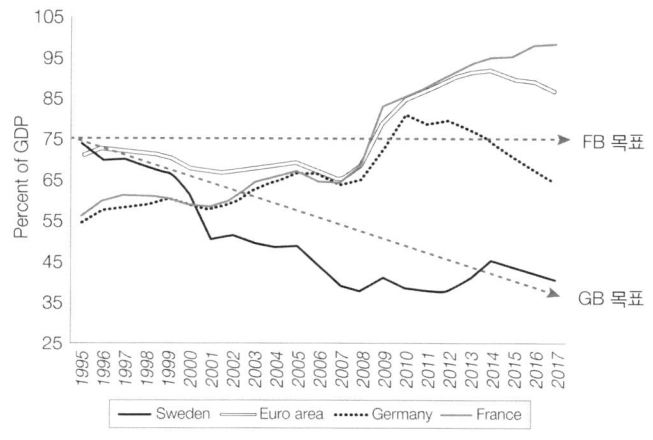

[그림 7] 스웨덴·독일·프랑스의 GDP 대비 국가부채비율(1995－2017)

※ 자료 : Andersson, F and L. Jonung(2019 / VOX EU CEPR), Figure 1 활용.

위의 [그림 7]은 주요 유럽국가들의 GDP 대비 국가부채비율의 변화를 보여주는 것이다. 위의 그림에서 보듯이 위쪽의 지속가능성 목표(FB)를 추구하는 나라들은 국가부채비율이 평행선이거나 우상향하는 모습을 보이고 있다. 그것은 재정수지 균형을 목표로 중장기 재정계획을 운용하기 때문이다. 특히 2008년 이후의 초저금리 기조 하에서는 국가부채비율을 늘려도 지속가능성에 문제가 없다면서 각국이 국가부채를 크게 늘려서 국가부채비율이 우상향하는 모습이 확대되고 있다. 이에 반해 스웨덴의 경우 그림에서 보듯이 20년 이상 국가부채비율이 지속적 하향세를 보이고 있다. 이 상태로 나가면 2020년대 말에는 국가부채비율이 0%대로 될 것으로 전망되기도 했으나, 이후 코로나 위기 발생으로 국가부채비율이 약간 오르는 선에서 그쳤다. 이같이 스웨덴은 재정수지 균형을 도모하는 차원을 뛰어넘어 장기적 흑자재정을 통해 계속 국가부채비율을 줄여나가는 목표를 추구한다는 점에서 다른 나라들과 다르다. 따라서 위쪽의 수평적이거나 상향하는 국가부채비

율을 보이는 나라들은 2단계의 재정의 지속가능성(FG)을 목표로 중장기재
정계획을 운용하는 나라로 볼 수 있고, 우하향하는 스웨덴은 세대간 균형
(GB)을 목표로 3단계의 중장기 재정계획을 운용하는 사례로 볼 수 있다.
무엇보다 스웨덴이 이렇게 흑자재정을 계속 유지하는 이유는 예측치 못한
향후 경제위기에 대비하여 재정여력을 비축하기 위한 것이다. 스웨덴은 이
러한 흑자재정을 운용하는 목적이 재정의 장기건전성과 함께 세대간 형평
성을 추구하기 위한 것임을 분명히 하고 있다.

　　중장기 재정계획 운용과 관련해 가장 많이 거론되는 문제는 그 신뢰성과
객관성을 담보할 수 있느냐에 관한 것이다. 즉 기본적으로 중장기 재정계획
은 시기적으로 워낙 먼 미래상황에서의 재정균형을 도모하는 것이기 때문
에, 이에 관한 중장기 재정전망과 재정계획의 목표가 올바르고 현실적으로
성취할 수 있는 것이냐의 문제가 제기된다. 물론 완벽한 중장기 재정전망을
한다는 것은 불가능하지만, 워낙 새로운 통계기법들이 많이 발달하면서 그
것이 점차 가능해지고 있고, 무엇보다 지금같이 급변하는 경제환경과 재정
환경의 대변환기에는 변화의 커다란 방향성을 잡지 않고, 단순히 단기적 재
정수지 균형만 추구하다가는 재정과 복지의 존속 자체가 위협받는 상황을
맞이할 수 있다. 따라서 중장기 재정계획을 통해 다각도로 벌어지는 재정환
경 변화에 대응하여 커다란 재정운용의 방향성을 잡아주는 것이 더욱 중요
해졌다. 특히 앞으로 중장기 재정계획의 신뢰성과 객관성을 높이는 것이 중
요한 만큼 세대간 불균형을 파악하기 위한 다양한 통계기법을 함께 사용하
는 것이 필요하고, 또한 3가지 재정환경 변수를 함께 고려하는 시나리오들
을 운용하며, 포지티브 시나리오와 기준선 시나리오 및 네거티브 시나리오
를 함께 운용하여 오차를 줄이고 신뢰성을 높여야 한다.

2. 세대간 정의 실현 중심축으로서의 중장기 재정계획의 의의

세대간 불균형(GI)이 확대되는 문제를 해결하려면 중장기 재정전망과 중장기 재정계획이 가장 중요한 수단으로 부상하게 되었다. 무엇보다 세대간 불균형 문제는 중장기 단위에서 발생하는 것이므로 기존의 단년도 예산이나 5년 단위의 중기재정계획으로는 대응할 수 없는 것이고, 30년에서 40년 이상의 장기 시계로 대응하는 것이 중요해졌기 때문이다. 또한 세대간 불균형이 중장기적으로 확대되는 문제는 단기적인 재정수지 균형과 지속가능성을 추구하는 2단계 중장기 재정전망과 중장기 재정계획으로는 해결할 수 없는 것이고, 세대간 정의를 위한 새로운 3단계의 중장기 재정전망과 재정계획으로 대응해야 해결이 가능해졌기 때문이다. 세대간 정의 실현을 위해 중장기 재정전망과 중장기 재정계획이 중요해진 이유는 다음 3가지를 들 수 있다.

첫째, 중장기 재정전망은 새로운 재정개혁의 방아쇠 역할(trigger effect)을 하는 매우 중요한 수단으로 부상하게 되었기 때문이다. 사실 그동안 우리나라에서는 장기재정전망을 경시하며 자의적으로 장기재정전망을 왜곡하기도 하여 비난을 자초하였다. 즉 정부는 '2020~2060년 장기재정전망'에서 명확한 근거도 없이 재량지출이 감소할 것이라고 왜곡된 전망을 한 것이 대표적이다. 그러나 장기재정전망을 객관적으로 정확히 한다면 이것이야말로 재정개혁을 유발하는 핵심적 키가 될 수 있다. 특히 세대간 불균형(GI)을 유발할 수 있는 모든 공공부문의 부채와 부담을 통합적으로 파악하여 중장기 재정전망치를 제시한다면 대대적인 재정개혁을 유발하는 "방아쇠 역할(trigger effect)"을 할 수 있다. 그동안 각국에서는 새로운 통합적 장기재정전망을 발표하자 이를 둘러싼 커다란 사회적 갈등과 충돌이 유발되곤 했다. 호주에서는 2015년 세대간 리포트를 발표하고 재정개혁에 나서자 현세대의 복지를 줄이려 한다며 거세게 반발하면서 사회적 충돌이 확대되었다. 우리나라에서도 2016년에 사회보험 재정건전화 정책협의회가 장기요양보험과 건강보험 고갈시점이 앞당겨질 것이라고 발표하고 재정개혁을 시사하자 사회단체들이 거세게 반발하며 충돌하였다.[317] 이같이 일부 재정의 장기 재정전망만 제시해도 문제가 크게 일어났는데 앞으로 국민연금, 건강보험 등 8대 사회보험의 잠재채무까지 모두 포함한 통합적인 국가부채를 추계해서 발표한다면 실로 국민들이 커다란 충격을 받고 전 사회적으로 갈등과 충돌이 확산되는 가운데 대대적 재정개혁이 추진될 것이다. 사실 우리나라는 그동안 국가부채가 급증하고 방만한 재정운용이 확대되며 미래세대의 부담과 세대간 불균형이 크게 확대되었지만 이를 해결할 재정개혁이 추진되지 못하였고, 정치권간 국민간 합의가 이루어지지 못했는데, 그 핵심 이유는 향후 국가재정 상황에 대한 신뢰할 수 있는 중장기적 통합 전망치가 제기되지 못했기 때문이라 할 수 있다. 가령 스웨덴에서는 그동안 과감한 재정개혁이 성공적으로 추진되었고 중기재정계획이나 재정준칙이 법적 규범력이 높지 않은데도 매우 잘 준수되었는데 그 이유는 무엇보다 90년대에 심각한 경제위기와 재정위기를 맞이해 국민들 모두가 재정과 복지의 붕괴 가능성과 위기감을 직접 체험했기 때문이다. 따라서 국가의 재정 복지위기를 보여줄 신뢰할 수치를 제시하는 중장기 재정전망이야말로 가공할 위력을 내재한 매우 중요한 수단이라고 볼 수 있다.

---

317) 2016년 사회보험 재정건전화 정책협의회가 1차 발표를 통해 장기요양보험과 건강보험 고갈시점이 앞당겨질 것이라는 전망을 제시하고 이에 대응한 새로운 통합 재정추계 도입, 사회보험 기금운용체계 재편 및 사회보험 관리운용 효율화 대책을 내놓고 저부담-고급여 체계를 적정부담-적정급여 체제로 전환한다는 사회보험 재정건전화 개혁방안을 제시하자 사회단체들의 거센 반발이 일어났다.

둘째, 중장기 재정전망은 새로운 전면적 재정개혁을 뒷받침할 사회적 합의를 이루는데도 핵심 토대가 될 수 있다는 점에서 매우 중요하다. 즉 앞으로 닥칠 재정 복지의 위험성을 올바로 경고하고 국민 모두에게 새로운 각성을 유발하여 전면적인 재정개혁에 대한 국가적 합의를 이루는 핵심 토대가 될 수 있기 때문이다. 만약 우리나라 정부가 새로운 장기재정전망을 실시해 세계 최저 초저출산율 및 급속한 고령화에 따라 향후 100세 시대에 건강보험과 국민연금부담의 폭증으로 인해 발생할 문제점과 앞으로 맞이할 재정위기 상황에 대한 신뢰할 수 있는 통합적 재정전망치를 제시할 경우, 사회적으로 모두 문제의 심각성을 깨닫고 국가적 합의를 이룬 뒤 새로운 재정개혁에 함께 나서게 될 것이다.[318] 따라서 신뢰성과 객관성을 갖춘 제대로 된 통합적 재정전망치를 제시하는 것이야말로 국가적 합의를 이루는 핵심 토대이자 새로운 재정개혁의 성공을 담보하는 열쇠라 할 수 있다. 따라서 우리나라는 국가부채 산정시 모든 잠재채무까지 포함하여 통합적으로 추계하고, 3가지 재정환경 변수에 따른 영향까지 모두 포함한 신뢰할 수 있는 세대간 불균형에 관한 중장기 재정전망치를 제시하는 것이 필요하다.

셋째, 중장기 재정전망과 함께 중장기 재정계획의 중요성이 커지면서 세대간 균형 실현의 성패를 좌우할 핵심 수단으로 부상하게 되었다. 특히 지금같이 저출산·고령화로 인해 심각한 재정 복지 위기와 국가의 소멸까지 거론되고 있고, 반복되는 경제위기로 인한 국가부채 급증이 계속되고 있으며, 앞으로 4차 산업혁명으로 인해 20년에서 30년 후에는 경제 재정 복지 기반에 전면적인 변화와 함께 미래세대 위기가 더욱 가중될 것으로 예고되는 상황에서는 단년도 예산이나 5년 단위의 중기재정계획으로는 대응하기

---

318) 차진아, 고령화시대 국민건강보험의 발전방향, 강원법학 제49권, 강원대학교 비교법학연구소, 2016, 372쪽.

불가능해졌기 때문이다. 따라서 지금부터 30년에서 40년을 내다본 장기재정계획을 세우고 이를 토대로 재정운용의 커다란 방향성을 잡아주는 것이 매우 중요하다. 이러한 새로운 요구가 확산되면서 재정운용의 중심축이 기존의 단년도 예산에서 중장기 재정계획 쪽으로 옮겨가고 있다. 그 대표적인 사례가 프랑스가 중기재정계획을 법률로 운용하는 것이다. 결국 중장기적으로 세대간 불균형이 확대되는 문제는 기존의 단기적 재정수지 균형만 바라보던 2단계 중장기 재정계획으로는 해결할 수 없고 세대간 균형을 목표로 하는 새로운 3단계의 중장기 재정계획으로 대응해야 해결이 가능하다. 즉 세대간 불균형을 파악한 중장기 재정전망치를 토대로 세대간 균형을 이루기 위한 장기－중기－단기 계획과 목표치를 설정하고 통합적으로 연계 운용해야 해결할 수 있다. 그러지 않고 기존의 단기적 재정수지 균형만 도모하던 2단계의 중장기 재정계획으로 계속 대응하다가는 재정개혁을 추진할 시기를 놓치고 결국 예기치 못한 커다란 위기를 유발할 것이다. 결국 앞으로 세대간 불균형이 확대될수록 중장기 재정계획이 재정운용의 중심적 위상을 차지하게 될 전망이다.

특히 우리나라야말로 새로운 3단계의 세대간 정의를 위한 중장기 재정계획이 가장 필요하고 시급한 나라라고 볼 수 있다. 즉 우리나라는 세계적으로 저출산·고령화와 반복되는, 경제위기와 4차 산업혁명에 따른 미래세대의 위기가 가장 먼저 가장 빠르게 확대될 것으로 전망되는 상황이며, 이에 대응하려면 그 어느 나라보다 세대간 정의를 위한 중장기 재정전망과 중장기 재정계획을 선도적으로 도입 운용하는 것이 필요하기 때문이다. 그러나 우리나라에서는 아직 이에 대한 인식이 부족하고, 여전히 단년도 예산 중심의 재정운용 방식을 고수하고 있다. 그 결과 온갖 공공부문에서 국가채무와 잠재채무가 폭증하면서 국가부채비율이 세계에서 가장 빠르게 높아지고 있고 미래세대 부담이 급증하는 문제가 심화되고 있지만, 그대로 방치되고 있다. 반면에 해외의 선진국들은 이미 2단계 지속가능성 재정법제에서 3단계의 세대간 정의 재정법제로의 전환이 이루어지는 상황이다. 네덜란드와 노르웨이 등은 세대간 회계를 이용한 중장기 재정전망으로 세대간 불균형을 파악해 활용하고 있고, 호주는 세대간 균형을 중시하는 세대간 리포트를 운용하고 있으며, OECD 국가들은 세대간 정의 원리로 예산내용을 규율하는 새로운 재정프레임워크를 운용하는 등 새로운 변화를 추진하고 있다. 따라서 우리나라도 2단계의 지속가능성 재정법제들을 뛰어넘어 3단계의 세대간 정의를 위한 재정법제들을 도입 활용하는 것이 필요하다.

3. 세대간 정의 실현 중장기 재정계획의 법적 규범력 강화

전술한 바와 같이 재정환경 대전환기에는 중장기 재정전망과 재정계획이 중요해졌고, 그것이 재정운용의 성패와 세대간 균형의 성패를 좌우하는 핵심 키로 부상하면서, 이에 대한 법적 규범력을 강화하는 것이 필요해졌다.

그러나 이러한 법제화를 추진하는 데는 중요한 걸림돌이 있다. 무엇보다 세대간 균형을 이루려면 현세대에게 막대한 부담과 피해를 부과하는 새로운 재정개혁들을 입법하는 것이 불가피한데, 현세대가 지배하는 민주정치 구조 하에서는 현세대 입법자들이 이를 기피하거나 지연하고 있어서 문제이다. 기본적으로 세대간 정의 문제에 관하여는 현세대와 미래세대의 이해가 정반대이기 때문이다. 미래세대는 투표권이 없어서 자신의 의사를 반영하지 못하는 반면, 현세대 입법자들은 칼자루를 쥐고 있고 나아가 앞으로 고령사회가 될수록 현세대의 지배력은 더욱 커질 것이다. 이에 따라 이스라엘 등 일부 국가에서는 태어나지 않은 미래세대를 보호하려고 미래세대 위원회 등을 두어 활용하였지만, 이들이 제안한 입법의 최종 결정은 결국 현세대 입법자들의 손에 달려있다. 결국 현세대의 입법자들은 현세대에게 막대한 부담을 부과하는 대대적인 재정개혁과 이를 추진할 중장기 재정계획의 입법을 자의적으로 기피하거나 지연할 가능성이 높은 것이 현실이다. 따라서 이러한 현세대의 저항을 어떻게 극복하느냐가 세대간 균형의 성패를 좌우한다고 볼 수 있다. 이를 위해서는 무엇보다 현세대가 자의적으로 중장기 재정계획의 재정개혁 내용을 마음대로 바꾸거나 지연하지 못하도록 법적 규범력을 확충하는 것이 필요하다. 특히 그동안 2단계의 재정운용에서는 재정준칙의 법적 규범력을 높이는 것이 중요했고, 독일이나 스위스는 이를 헌법에 규정하였지만, 3단계의 재정운용에서는 재정준칙보다 '세대간 균형을 목표로 운용되는 중장기 재정계획'의 법적 규범력을 높이는 것이 중요해졌다. 따라서 이를 헌법에 규정해 현세대 입법자들이 이를 함부로 바꾸거나 자의적으로 좌우하지 못하도록 하는 방안도 검토할 필요가 있다. 이외에도 국가재정법 등에 중장기 재정계획에 관한 법적 규범력을 강화하기 위한 다양한 법적 제도적 보완장치를 갖추는 노력이 필요하다. 이미 각국에서는 중장기 재정계획의 중요성이 커지면서 이를 뒷받침할 법적 제도적 개선방안들이 논의되고 차례로 법제화되고 있다.[319] 우리나라에서도 2016년 사회보험 통합재정추계 논의를 위해 새롭게 통합재정추계위원회를 설립하고 중장기 재정전망에 관한 통합 추계지침을 마련하도록 했고, 다른 한편으로는 세대간 불균형을 파악하기 위한 세대간 회계 같은 새로운 회계기법을 도입 활용하거나 의무화하는 방안도 제기되고 있다. 다만 앞에서 설명했듯

---

319) 박형수, "장기재정전망 시스템 구축이 시급하다", 재정포럼 181권, 한국조세재정연구원, 2011, 6-15쪽; 박형수·최진욱·김진, 「우리나라 중장기 재정건전운영을 위한 연구(Ⅱ)」, 한국조세연구원, 2004, 186쪽.

이 재정법제의 경우 단순히 법적 구속력을 강화한다고 효과를 볼 수 있는 것이 아니고 먼저 중장기 재정전망이나 중장기 재정계획의 신뢰성과 객관성을 확보하는 노력이 우선순위이고 그 후에 프랑스나 스웨덴 같이 중장기 재정계획에 대한 법적 구속력을 높이는 수순이 필요하다.

제 2 절 세대간 정의를 위한 중장기 재정전망

Ⅰ. 3단계 중장기 재정전망으로의 발전

1. 기존 중장기 재정전망의 개념

기존 중장기 재정전망의 기본적인 목적은 장래 인구추계를 통해 예견된 인구구조의 변화가 중장기적으로 재정총량에 어떠한 영향을 미치는지 파악하여 재정의 지속가능성을 유지하는 방안을 모색하고 제시하기 위한 것이었다.[320] 무엇보다 인구구조의 변화는 거시경제변수를 통하여 재정에 직간접적인 영향을 미치고, 특히 긴 시간에 걸쳐서 여러 경로를 통해 영향을 미치게 된다. 따라서 중장기 재정전망을 통해 이러한 여러 가지 경로들에 대한 가정과 시나리오를 설정하고, 특정 시나리오가 시현되었을 경우에 재정총량이 장기적으로 어떤 값을 갖게 될지 추계(projections)하려는 것이다. 이와 함께 다양한 분석방법을 통해 국가재정의 지속가능성을 점검하고, 장기적으로 국가채무를 일정수준으로 유지하기 위해서는 국가의 재정감축 노력이나 재정확충 노력이 얼마나 필요한지를 제시하려는 것이다. 무엇보다 재정추계의 기초가 되는 전제가 바뀌면 중장기 재정전망의 결과도 바뀌는 등

---

320) 국회예산정책처, 「2020 NABO 장기 재정전망」, 2020, 1쪽.

중장기 전망에는 다양한 불확실성이 있지만, 그럼에도 불구하고 머나 먼 미래의 재정상황에 대해 중장기 재정전망을 하는 이유는 미래세대가 짊어질 재정적 부담이 과연 감당할 수준인지 미리 가늠해보는 것이 필요하기 때문이다.

따라서 중장기재정 전망은 조기경보 역할을 하는 중요한 도구라 할 수 있다. 일반적으로 재정 지속가능성 유지를 위한 조치가 늦게 이루어질수록 미래 세대의 부담은 가중된다고 평가되기 때문에 조기 경보의 중요성이 크다고 할 수 있다. 특히 최근 우리나라는 저출산·고령화와 반복되는 경제위기 및 4차 산업혁명으로 인한 노동구조와 산업구조 변화 등의 총체적 변화를 맞이했는데, 이에 대응하기 위해서는 이러한 변화로 인한 향후의 재정상황 변화를 예측 점검하기 위한 중장기 재정전망의 중요성이 더욱 커지고 있는 것이다.

2. 2단계 재정 불균형(FI) 분석 중장기 재정전망의 한계

기존의 중장기 재정전망은 아래와 같은 3가지 한계를 노정하면서 이를 극복하기 위한 새로운 변화가 필요해졌다.

첫째, 전통적인 표준적 재정추계 통계방식을 활용하는 기존의 중장기 재정전망은 재정수지 불균형(FI)이나 재정의 지속가능성만 파악할 뿐 세대간 불균형(GI)은 파악하지 못하는 문제점이 있다. 즉 기존의 재정수지나 국가부채비율 같은 단기적 재정수지를 보는 지표를 가지고는 재정의 지속가능성은 확인할 수 있으나,[321] 세대간 불균형은 측정하지 못한다.[322] 더구나

---

321) 전영준, "복지지출 확대가 세대 간 형평성에 미치는 효과 분석: 세대 간 회계를 이용한 접근", KDI journal of economic policy, vol. 34 no. 3., 한국개발연구원, 2012, 34쪽.
322) The Intergenerational Dimension of Fiscal Sustainability, p.5.

재정수지가 악화되는 것과 세대간 불균형이 증가하는 것이 같은 방향으로 이루어지기도 하지만, 그러지 않는 경우도 많기 때문에 재정수지나 국가채무비율 같은 재정총량 지표로는 세대간 불균형 문제에 대응하는데 한계가 있다.[323] 마찬가지로 재정수지에는 별 영향을 미치지 않으면서도 세대간 재정부담 이전을 유발하는 경우도 많다. 예를 들어 부가방식의 공적연금제도가 도입되면 재정자원이 청년층에게서 노년층에게 이전되지만 재정수지는 변하지 않는다.[324] 또한 소득세를 축소하고 소비세를 강화하는 세제개편을 할 경우에도 재정수지는 바뀌지 않지만, 재정자원의 세대간 이전이 발생한다. 그것은 소득세와 소비세의 연령대별 부담이 다르기 때문이다.[325] 나아가 똑같은 재정수지나 국가부채비율 하에서도 어떻게 재정을 운용하느냐에 따라 세대간 불균형이 더욱 심화될 수도 있고 해소될 수도 있으므로 기존의 재정수지나 국가부채비율 같은 지표로는 이에 대응하기 어렵다. 그 대표적인 사례가 2008년 세계경제위기 이후 장기화된 초저금리 기조를 이유로 국가부채를 크게 확대해도 문제가 없다는 주장이다. 즉 초저금리 하에서는 이자부담이 적으므로 국가부채를 크게 늘려도 괜찮다는 것이고 순전히 국가부채 관리 측면만 바라보는 것일 뿐 이로 인해 막대하게 늘어난 국가부채를 누가 쓰고 누가 상환 부담을 지느냐의 세대간 배분 문제는 상관치 않는다. 그러나 재정이란 기본적으로 세대 공유의 자산이고 한 세대가

---

323) 우리나라의 경우 재정통계와 재정정보는 이미 '회계단위에서 제도단위로' 또 '현금주의에서 발생주의로' 전환되었음에도 장기재정전망에 있어서는 여전히 회계단위와 현금주의의 단계에 머무는 문제가 있으며 따라서 이를 제도단위와 발생주의로 전환할 필요가 있다. 옥동석, 「한국의 중장기 재정위험과 관리방안」, 2018년도 연구용역보고서, 국회예산결산특별위원회, 2018, 73－104쪽.

324) 전영준, 「세대간 회계를 이용한 세대간 재정부담분석」, 2012년도 연구용역보고서, 국회예산정책처, 2012, 3쪽.

325) 소득세 보다 소비세 중심 세제 하에서는 고연령층 세부담이 더 크게 나타나는 경향이 있다. 젊은 사람들은 소득을 벌어들이고 노인들은 소비가 많은 편이기 때문이다.

독점적으로 소진할 수 없는 것이며 따라서 현세대와 미래세대 모두에게 그 부담과 혜택이 공정하게 분배되도록 하는 측면의 고려가 필요하다. 마찬가지로 우리나라의 재정이 건전해 국가부채를 늘릴 여력이 많이 남아있다고 해도 그 재정여력을 특정 세대의 사람들이 독점적으로 모두 소진해서는 안 되며, 여러 세대간 공정한 배분이 이루어지도록 해야 한다. 따라서 세대간 불균형이 확대되는 문제에 대응하려면 기존의 재정수지나 국가부채비율이 아닌 다른 지표를 활용해야 한다.

둘째, 최근 들어 중장기 재정전망의 오차를 유발하는 가장 중요한 문제는 앞에서 설명한 3가지 재정환경 변화를 제대로 고려하지 않은데 따른 것이라 할 수 있다. 즉 기존의 중장기 재정전망들은 주로 인구변수를 고려한 통계학적 재정추계 기법에 의존한 것으로 주로 저출산·고령화 변수의 영향도 반영하기 위한 것이었지만 그조차도 제대로 반영하지 못하였다. 더구나 그 외에 반복되는 경제위기나 4차 산업혁명 같은 새로운 변수들은 저출산·고령화 변수 못지않게 앞으로 각국의 재정여건에 커다란 변화를 유발할 것으로 전망되지만 이를 고려하지 않았다. 사실 경제위기라는 돌발변수나 4차 산업혁명에 따른 변화를 사전에 예측하고 대비한다는 것은 쉬운 일이 아니지만, 이미 경제위기가 주기적으로 반복되고 있고 각종 통계기법이 발달해[326] 충분한 예측이 가능해졌고[327] 다양한 대응 시나리오를 운용하며 대비하는 것이 어렵지 않게 되었다.[328] 그럼에도 이러한 변화를 반영하려는 노력이 부

---

326) 불확실성 요소에 대한 확률적 접근을 하는 확률적 평가(stochastic estimation) 모형으로는 VAR(Vector Autoregressive Model), DSGE(Dynamic Stochastic General Equilibrium), 재정 스트레스 지수(Fiscal Stress Index) 등이 있다.

327) Mary Dawood, Nicholas Horsewood, and Frank Strobel, Predicting sovereign debt crises: an early warning system approach. Journal of financial ftability vol. 28, 2017, pp.16－28.

328) 미국의 CBO를 비롯한 해외 전망기관들의 장기재정전망 방법을 비교해 보면 대체적으로 경제성장률, 조세부담률 등의 주요 지표들이 일정시점 이후 일정하다고 가정하고 있으나, 지금같이 경제위기가 반복되고 이후 경기침체가 장기화되어 재정위기가

족한 것이 문제이다. 예를 들어 고령화 변수의 경우 앞으로 재정운용에 근본적인 패러다임 전환을 유발할 전망이지만[329] 중장기 재정전망에 이로 인한 변화가 제대로 반영되지 않고 있다. 즉 노인 수명 연장 속도가 점점 더 빠르게 가속화되는 변화 추세나, 이에 따른 노후 급여기간이 계속 연장하는 추세도 고려하지 못하고 있고, 또한 노후 치료기간과 요양기간이 급속히 늘어나고 장기치료에 따른 의료비용이 급증하는 추세도 충분히 반영하지 못하고 있다. 이와 함께 각국에서는 경제위기가 반복되고 장기침체가 지속되면서 국가부채 증대에 결정적인 영향을 미치고 있지만 이를 중장기 재정전망에 제대로 고려하지 않고 있다. 이미 90년대부터 각국에는 경제위기가 주기적으로 반복되고 재정위기의 주원인으로 부상하였다. 그 결과 각국은 경제위기를 맞이할 때마나 중장기계획을 계속 다시 바꾸면서 그 신뢰성과 효용성이 저하되었다. 특히 2008년 세계금융위기나 2020년 코로나 경제위기 등이 계속 이어지면서 영국 등에서는 기존의 중기재정계획을 폐기하고 새롭게 계속 수정했지만, 이후에도 이를 중장기 재정전망에 고려하지 않았다. 또한 4차 산업혁명이라는 변수도 중장기 재정전망에서 제대로 고려되지 않았다. 사실 4차 산업혁명은 기존의 재정여건과 재정운용 방식을 보다 전면적으로 뒤바꿔놓을 '파괴적 변수'(Disruptive Technology)로 기능할 것으로 전망되고 있고, 이러한 변화들이 늦어도 10년에서 20년 내에 현실화될 것으로 예측되는 상황임에도,[330] 이를 중장기 재정계획에 고려하지 않고 있다. 이렇

가중되는 상황에서 이같이 단순한 가정을 가지고 전망해서는 신뢰성을 확보하기 어렵다. 마찬가지로 우리나라의 예산정책처 등 장기재정전망에 있어서도 우리 경제가 2060년까지 꾸준히 성장한다는 것을 전제로 하고 있다.; 국회예산정책처, 「2012－2060 장기재정전망 및 분석」, 2012, 142쪽.

329) 국회예산정책처, 상게서, 2012, 24쪽.

330) Hawksworth et al., 'Will robots really steal our jobs?' PwC(2018) 보고서에서는 3단계 자율성 단계가 2030년도 중반까지 완성될 것으로 전망하고 있다.

게 해서는 중장기 전망의 신뢰성을 확보하기 어렵고 결국 형식적으로 운용되고 참고자료로만 활용되는 결과를 벗어나기 어렵다.[331] 또한 이같이 주요 변수들을 배제하고 전망할 경우 중장기 재정전망치가 실제보다 긍정적으로 부풀려져, 결국 정부가 이러한 잘못된 낙관적 전망치를 근거로 향후 세출여력을 과다하게 추정하여,[332] 더욱 방만한 지출을 확대하도록 유도하게 된다.[333] 나아가 이로 인해 중장기 재정전망의 오차가 큰 상황에서 중기 재정계획에 법적 구속력을 부여할 경우 오히려 잘못된 재정운용을 강제화하여 부작용을 더욱 키울 수 있다. 따라서 성공적인 세대간 정의를 위한 재정운용의 첫 출발점은 중장기 재정전망의 객관성과 신뢰성을 확보하는 것이라 할 수 있다. 즉 중장기 재정전망의 정확도와 신뢰도를 먼저 향상시키고 난 다음에야 중장기 계획에 대한 법적 구속력을 강화하는 방안을 논의하는 것이 올바른 수순이라 할 수 있다.

셋째, 기존의 2단계 중장기 재정전망의 효용성을 저하시킨 또 하나의 주요 원인이 각국에 복지제도가 크게 확충되는 변화이다. 즉 고령화에 따른 수급권 보장정책(entitlement program)이 확대될수록 기존의 통합재정수지나 국가부채비율 같은 재정지표들의 유용성은 줄어들게 된다. 우리나라의 경우도 지난 20여 년간 국민연금제도, 고용보험제도, 장기요양제도, 기초연

---

331) 김용식, 「국가재정운용계획의 운영현황과 제도개선방안 연구」, 2018년도 연구용역보고서, 국회예산정책처, 2018, 81쪽.

332) 김도승, "행정부의 다년간 재정운용계획에 대한 법적 규율－프랑스 공공재정계획법률과 그 규범성 논란을 중심으로", 공법연구 39(2), 한국공법학회, 2010, 461쪽.

333) 이러한 문제 때문에 일부 선진국에서는 거시전망치를 하향조정하거나 보수적인 경제전망 요소를 의무적으로 반영하도록 하고 있기도 하다. 즉 네델란드는 중기재정계획의 근간으로서 새로운 정부가 수립되면 연립내각 합의서(Coalition Agreement)에서 집권기간 동안의 총체적 예산정책을 수립하는데 계획의 근간이 되는 거시경제전망은 예산정책개발기관인 경제전망국(CBP)의 보수적 전망을 사용하고 있다. 현대호·김도승, "주요국의 중기재정계획법제 현황과 시사점", 재정법제 이슈페이퍼 10－12－2, 한국법제연구원 2010, 5－68쪽.

금제도 도입 및 국민건강보험의 보장성을 강화하는 등 수급권 보장정책 (entitlement program)이 크게 확대되었는데, 이러한 복지제도 확대에 따른 영향은 현재의 재정수지에는 별 영향을 미치지 않지만, 미래의 재정수지에 더 큰 영향을 미치게 된다. 따라서 기존의 단기적 재정수지 균형을 중시하는 통합재정수지와 국가부채와 같은 지표로는 이에 대응할 수 없다.[334] 예를 들어 현행 국민연금제도의 경우 현시점에서는 노인 수명연장에 의한 연금급여 증대가 곧바로 나타나지 않지만 향후 미래에는 연금급여지출이 커다란 규모로 증가하게 된다. 마찬가지로 인구의 고령화로 인한 국민건강보험, 기초연금제도, 노인장기요양보험제도 등의 급여 증대는 현시점의 재정보다 앞으로 노인 인구비중이 크게 높아지는 미래의 재정에 미치는 영향이 더 크다. 그러나 기존의 통합재정수지와 국가부채로는 이를 파악할 수 없다. 기본적으로 기존의 통합재정수지와 국가부채 지표라는 것은 과거와 현재의 정부 재정의 수입과 지출 결과를 활용하는 지표인 만큼 미래의 재정에 미치는 영향을 반영하지 못하기 때문이다.[335]

넷째, 중장기 전망의 가장 큰 문제는 그 오차가 크다는 점이다. 부정확한 중장기 전망은 신뢰도를 상실할 수밖에 없고 이를 토대로 만들어진 중장기 계획도 효용성이나 신뢰성을 확보하기 어려우며 결국 형식적으로 운용될

---

334) 과연 잠재부채를 정부부채와 똑같은 것으로 간주할 것이냐에 관한 논쟁이 오랫동안 지속되었지만 분명한 것은 그것이 세대간 불균형을 심화시키고 그것을 시정하는 것이 복지의 지속가능성을 위해서나 세대간 불균형 해소를 위해 필요하다는 사실을 부인할 수 없다.;Franco D., and N. Sartor (1999), "Italy: High Public Debt and Population Aging" in Generational Accounting in Europe, European Economy, Reports and Studies No. 6.
335) 과연 잠재부채를 정부부채와 똑같은 것으로 간주할 것이냐에 관한 논쟁이 오랫동안 지속되었지만 분명한 것은 잠재부채가 세대간 불균형을 심화시키고 그것을 시정하는 것이 복지의 지속가능성을 위해서나 세대간 불균형 해소를 위해 필요하다는 사실을 부인하기 어렵다.; Franco, Daniele, and Nicola Sarto, "Italy: High Public Debt and Population Aging," in European Commission, ed., GenerationalAccounting in Europe. Brussels: forthcom－ing, 1999.

수밖에 없다.[336) 사실 그동안 국내외를 막론하고 가장 많이 지적을 받는 문제가 중장기 재정전망의 신뢰성 문제이다.[337) 그러나 중장기 재정전망의 오차를 줄이는 것은 쉽지 않은 일이다. 단년도 세입 세출 전망이나 중기재정전망은 다음 연도를 전망하거나 3년에서 5년 정도의 미래상황을 전망하는 것이라 예측변수의 모멘텀 변화가 적고 안정적이라서 전망치의 정확성을 기할 수 있지만,[338) 장기재정전망처럼 전망시점이 미래로 멀어질수록 전망치가 빗나가기 마련이다. 마치 우리나라의 지금의 경제상황을 50년 전에는 상상도 할 수 없었던 것과 흡사하다. 그러나 지금같이 새로운 재정환경 변화가 재정여건을 근본적으로 바꿔놓는 상황에서는 중장기 전망과 계획의 중요성이 커지고 국가 재정운용의 사활을 좌우하게 된 만큼, 그 오차를 최대한 줄이고 신뢰성을 높이는 노력이 필요하다.

이러한 전망의 오차를 유발하는 원인은 여러 가지가 있다. 가장 많이 제기되는 문제점은 통합재정수지와 국가부채 비율을 산정할 때 그 포괄범위를 제한적으로 잡아서 축소 전망하는 문제이다. 한국을 포함한 다수 국가에서는 아직도 국가부채를 중앙정부 재정에만 국한하여 산정하는 경우가 많고, 막대한 잠재채무를 제외하기도 하며, 공기업 부채도 어느 범위까지 포함시켜야 하는지 의견의 일치를 보지 못하고 있다. 우리나라의 경우도 국민연금이나 건강보험 등이 앞으로 미래세대에 천문학적 부담을 떠안길 것으로 예상되고 있음에도 이러한 주요 잠재채무들을 통합재정수지나 국가부채 산정시 포함하지 않는다. 이같이 주요 국가부채들을 중장기 재정전망의 산

---

336) 정일환 외, 「국가재정운용계획(중기재정계획)의 최신 국제동향 분석 및 정책효과에 관한 실증연구」, 2020년도 연구용역보고서, 국회사무처, 2021, 102쪽.
337) 박형수 외, 「재정제도 및 재정운용시스템의 개선」, 재정포럼 204권, 한국조세재정연구원, 2013, 44쪽.
338) 국회예산정책처, 「2012 – 2060년 장기 재정전망 및 분석」, 2012, 22쪽.

정에서 제외할 경우 전망의 오차가 크고 신뢰하기 어려워진다. 이와 함께 경제환경과 재정환경이 급격히 바뀌는 지금같은 상황에서도 대부분 기존의 경제상황이 계속될 것이라는 전제하에 전망을 하고 있는 것도 문제이다. 예를 들어 각국이 장기전망을 할 경우 성장률이 일정시점 이후 일정하다고 가정하는 것이나, 저금리 기조가 계속될 것으로 가정하며 전망을 하는데, 이렇게 하다보면 실제보다 낙관적인 전망을 유발하기 마련이다.[339]

　사실 중장기 재정전망의 오차가 심한 현상은 국내외의 공통적인 현상이다. EU 국가들의 거시전망 결과를 봐도 실제 성장률에 비해 높은 전망치를 제시하는 경향을 보였고, 또한 현재의 전개되는 상황을 그대로 미래에 투영해 중장기 재정전망을 하는 경향이 있다.[340] EU의 11개 국가들의 경우 2007년까지 평균 재정수지 전망이 1.0%p였는데 비해 2009년 이후 3년간의 평균은 2.7%p로 큰 차이를 보였고, 또한 EU 주요국들의 재정수지 전망치와 실적치를 비교할 경우에도 낙관적으로 전망하는 경향을 확인할 수 있다. 또한 그동안의 각국의 재정수지 전망치를 비교해 보면 2008년 세계 금융위기 이후 2010년까지 하락세를 전망한 경우를 제외하고는 거의 모든 경우 우상향하는 비슷한 결과를 보였고,[341] 특히 중기재정계획을 오랫동안 운용한 나라에서는 중기재정계획 기간의 후반부로 갈수록 재정수지 전망이 포지티브로 높아지는 모습을 보였다. 우리나라에서도 현대경제연구원이 2004년 이래 우리나라 국가재정운용계획에서 제시했던 재정수지 및 국가채무의

---

339) 예산정책처의 2012−2060년 장기 재정전망 및 분석에서도 2060년까지 국내외적으로 아무런 충격요인이 없음을 상정함에 따른 낙관적 전망의 문제가 제기되어 있다. 낙관적 금리 가정(10쪽과 57쪽), 낙관적 성장률 가정(26쪽), 낙관적 국가채무비율 가정(49쪽) 등 참조.
340) 박형수 외, 「재정제도 및 재정운용시스템의 개선」, 재정포럼 204권, 한국조세재정연구원, 2013, 59쪽; 박명호, 「주요국의 장기 재정전망 방법론 비교 연구」, 2019년도 연구용역보고서, 국회예산정책처, 2019, 139쪽.
341) 박형수 외, 상게서, 2013, 60쪽.

예상치와 실적치 간 오차를 분석한 결과[342] 그 격차가 점차 커지고 있어서 실효성에 의문을 제기했다.

결국 기존의 통합재정수지나 국가부채비율 같은 2단계의 지속가능성 재정지표에 입각한 중장기 재정전망은 새로운 재정환경 변화로 세대간 불균형이 확대되는 상황에 대응하지 못하고 한계를 드러내면서 새로운 지표와 회계방법이 요구되고 있다.

3. 3단계 세대간 불균형(GI) 분석 중장기 재정전망으로의 전환

이러한 기존의 중장기 재정전망을 하는 추계방법들의 문제점이 노정되면서 새로운 중장기 재정전망으로의 변화가 이루어지고 있다. 특히 세대간 불균형(Generational Imbalance, GI)을 파악하기 위한 새로운 지표와 회계방법들이 등장하게 되었다. 그 대표적인 것이 세대간 회계(Generational Accounting)이고 그밖에 Gokhale and Smetters(2003)의 GSGI 지표 등이 있다.[343] 그 외에도, European Commission의 S1 − S4 지표, 향후 75년간 정부재정의 수입과 지출 흐름의 현재가치의 차이를 보는 보험계리적 적자(75 − year actuarial deficit, AD75) 등이 활용되고 있다. 이러한 변화는 2단계의 지속가능성을 중시하는 중장기 재정전망에서 3단계의 세대간 정의를 중시하는 중장기 재정전망으로 전환하는 것을 의미한다. 무엇보다 저출산·고령화와 반복되는 경제위기 및 4차 산업혁명 같은 새로운 재정환경 변화로 인해 미래세대의 부담과 세대간 불균형이 확대되는 변화에 대응하기 위해

---

342) 현대경제연구원, "정부 재정구조의 변화와 시사점", 경제주평 15−50호(통권 제671호), 2015, 9쪽.

343) Gokhale, Jagadeesh and Kent Smetters, "Fiscal and Generational Imbalances: New Budget Measures for New Budget Priorities", Policy Discussion Papers, No. 5., Federal Reserve Bank of Cleveland, 2003.

서는 이러한 세대간 불균형(GI)을 파악하기 위한 새로운 추계기법을 활용하는 것이 중요해졌다. Anderson and Shepard(2009)[344]는 OECD 주요 회원국들의 재정추계모형, 재정추계에 대한 법적 근거, 발표 형태, 재정추계 범위, 추계 빈도 등을 비교 조사하였는데, OECD의 12개국 대부분이 예산 적자와 정부부채를 재정건전성 지표로 활용하고 있고 그 중 10개국이 GSFI, GSGI 등의 지표를 이용하고 있으며, 네덜란드와 노르웨이는 세대간 회계의 GI 지표를 이용하고 있고[345] European Commission은 S1－S4를 재정건전성 지표를 사용할 것을 권고하고 있다. 세대간 불균형이 확대되는데 대응하려면 이러한 직접적으로 세대간 불균형을 보는 지표들과 간접적으로 보는 지표들을 함께 병행하여 활용하는 것이 필요하므로 이에 대해 간략히 살펴보기로 한다.

첫째, 각국은 세대간 불균형을 파악하기 위해 '세대간 회계'를 활용하고 있다. 세대간 회계란 특정세대의 대표적 개인이 잔여 생애동안 예상되는 순조세 지불액의 현재가치를 비교하여 세대간 불균형을 파악하는 것이다. 여기서 순조세(net taxes)란 특정 세대의 개인이 납부할 조세 또는 사회보험료와 정부로부터 이전 받을 이전수입(transfers)의 차이를 의미한다.[346] 세대간 회계는 정부가 행하는 모든 종류의 지출이 언젠가는 누군가에 의해 지불되어야 한다는 것을 전제로 하는 것이다. 따라서 정부의 예산제약식은 현재 정부가 보유한 순자산과 현재와 미래의 정부 조세수입에서 정부에 의해 지불

344) Anderson, B. and J. Sheppard, "Fiscal Futures: Institutional Budget Reforms and Their Effects, What Can Be Learned?", Journal on Budgeting, Vol. 9, No. 3, OECD Publishing, 2009. p.27.
345) 정부의 공식적인 재정건전성 지표로 이용되는 국가 수는 제한적이지만, European Commission은 유럽각국의 세대간 회계를 추정하여 국가간 비교를 시도한 적이 있다. European Commission, General Accounting in Europe, 1999 참조.
346) 신화연·원종욱·이선주·전영준, 「사회보장 중장기 재정추계모형 개발을 위한 연구」, 연구보고서 2013－27, 한국보건사회연구원, 2013, 150쪽.

되는 모든 이전지출을 차감한 정부의 순조세가 재화와 용역에 대한 정부의 모든 미래 지출수준과 균형을 이루어야 한다. 이러한 세대간 회계는 미래기간의 정부 재정의 현금흐름을 반영하되 무한 시계의 미래기간을 분석할 수 있고, 또한 정부의 범위를 국민계정에서 규정하는 일반정부 범위까지 확대하여 분석할 수 있으며, 모든 재정정책의 효과에 대해서 분석하는 것도 가능한데다가, 세대간 소득재분배를 분석하는데 유용하다. 세대간 회계에 대해서는 뒤에서 자세히 설명하고 해외사례의 분석을 실시하기로 한다.

둘째, GSFI와 GSGI 지표를 활용하여 세대간 불균형을 파악하기도 한다. 이것은 무한시계의 미래기간 동안의 정부재정의 현금흐름을 반영하여 산출하는 것으로 세대간 회계에 비해 이해하기 쉽고 세대간 회계처럼 모든 재정정책의 효과를 측정할 수 있다는 장점이 있다. 단 현행 제도가 계속 유지된다는 가정 하에서 분석하므로 정부의 기간간 예산제약을 충족시키지 않은 상태에서 현세대와 미래세대의 순조세부담을 비교한다는 단점이 있다. Gokhale and Smetters(2003)에서 제시하는 Generational Imbalance(GSGI)의 개념은 아래의 식에 의해 정의된다.[347]

$$GSGI_t = PVE_t^L - PVR_t^L - A_t$$

GSGI는 위의 우변의 산식 같이 기준연도에 생존하는 현재세대에게 지급될 것으로 예상되는 급여지출의 현재가치(PVE_t^L)에서 이들로부터 징수할 조세 혹은 사회보험료 수입의 현재가치(PVR_t^L)와 현시점에서의 정부 순자

347) Gokhale, Jagadeesh and Kent Smetters, "Fiscal and Generational Imbalances: New Budget Measures for New Budget Priorities", Policy Discussion Papers, No. 5., Federal Reserve Bank of Cleveland, 2003, p.242.

산을 뺀 금액으로 정의된다. 또한 현재 세대뿐만 아니라 미래세대를 포함한 전 세대에게 지급될 순급여지출(급여지출 – 조세 – 정부순자산)의 현재가치를 GSFI로 표현한다. 따라서 미래세대에 대한 순급여지출은 GSFI – GSGI에 해당한다. 여기서 미래세대에 대한 순급여지출액 GSFI – GSGI는 기존의 세대간 회계에서 산출하는 미래세대의 순조세부담의 단순한 음(–)의 가치와는 다른 개념이다. 세대간 회계의 미래세대의 순조세부담 NF는 정부 예산제약식이 충족되는 상황을 상정하여 산출한 것으로서 GSFI=0인 상황에서 산출한 미래세대의 순조세부담을 의미한다.

셋째, AD75 지표를 재정추계에 함께 활용하기도 한다. 이 지표는 기준연도부터 향후 75년 동안의 정부 재정의 수입과 지출 흐름의 보험계리적으로 산출한 적자의 현재가치의 차이를 의미한다. 이 지표는 미래의 정부 재정의 현금 흐름을 고려 반영하고 있다는 측면에서 통합재정수지와 국가부채 비율의 문제점을 완화했다고 볼 수 있다. 미래 기간의 정부 수입 및 지출 흐름을 반영하여 재정건전성을 평가하기 위해서는 AD75 지표가 유용할 수 있다. 따라서 이것은 주로 연금재정 평가시에 이용되며 미국의 OMB, CBO, GAO에서 중앙정부의 재정건전성 평가나 공적연금제도의 재정건전성 평가를 위해 활용되고 있다. 그러나 AD75는 분석 기간을 향후 75년으로 제한하고 그 이후의 기간에 대해서는 분석하지 않는 점에서 불완전한 지표라고 할 수 있다. 예를 들어 공적연금의 재정안정성을 분석하는 경우, 현행 제도를 그대로 유지할 경우 75년 이후 기간에 연금재정 적자가 지속될 경우 이 지표의 신뢰성에 대해 의문이 제기될 수 있다. 또한 포괄성 면에서도 문제점이 지적될 수 있다.

넷째, European Commission에서는 S1 – S4 지표를 활용할 것으로 권고하고 있다. 기본적으로 S1과 S4의 경우는 분석기간이 목표시점(예: 2050년)까지인데 비해, S3와 S4는 무한기간에 대해 분석하는 것이다. European Commission이 사용하는 S1 - S4 지표의 개념은 다음과 같다.[348] S1은 통합 재정기준의 부채 수준이 2050년 시점에서 GDP의 60%가 되기 위해 필요한 항구적인 재정수지 조정 규모(required permanent budgetary adjustment)를 의미한다. S1은 시간의 경과에 따라 변화하고 또한 목표 연도(2050년)의 선택에 따라 상이한 규모를 나타낸다. S2는 S1의 변형 지표로서, 목표연도 (예: 2050년) 초에 예상되는 부채를 해소하기 위해 항구적으로 유지하여야 하는 기초재정흑자 수준과 이러한 조정 없이 현행의 정책 하에서 예상되는 목표연도의 기초재정수지의 차이로 정의된다. 다시 말해서 S2는 정부의 기간간 예산제약식을 온전히 만족시키는 재정수지와 실제 재정수지의 차이를 의미한다. 그리고 S3는 S2의 변형으로서 S2와 같이 목표연도에 일정수준의 부채수준을 유지하고 정부의 기간간 예산제약을 위해 기초재정수지를 조정하되 S2의 경우와 같이 일시적으로 기초재정수지를 조정하지 않고 목표 연도까지 점진적으로 조정하는 규모를 의미한다. 마지막으로 S4는 S1의 변형으로서, S1과 같이 목표 연도에 부채수준이 일정 수준으로 되게 하기 위해 정부예산 수지를 조정하되, S1과 달리 재정수지를 점진적으로 조정할 경우의 재정수지 조정 규모를 의미한다.

다섯째, 그동안의 bottom - up 방식의 재정추계에서 벗어나 특정한 재정 목표를 추구하기 위해 top - down 방식의 재정추계를 활용하기도 한다. 예를 들어 복지재정의 유지를 위해 정부부채 규모와 정부지출을 일정수준으로 억제하는 상황을 전제한 재정추계 방식을 일컫는다.[349] Anderson and

---

348) 신화연·원종욱·전영준·이선주, "사회보장 재정추계 중장기 모형개발에 관한 연구", 한국보건사회연구원 연구보고서, 2013 - 27, 157쪽.
349) 신화연 외, 「사회보장 중장기 재정추계모형 개발을 위한 연구」, 연구보고서 2013 - 27, 한국보건사회연구원, 2013, 129쪽.

Sheppard(2009)[350]의 조사에 따르면 top‒down 방식을 채택하고 있는 나라는 뉴질랜드와 영국 등 소수이다. 이에 반해 bottom‒up 방식은 대부분의 나라에서 사용하는 추계방식으로서, 인구추계결과와 경제변수 추계결과를 바탕으로 현행의 제도와 지출 프로그램으로 인해 유발되는 정부지출액을 추계하는 방식에 해당하며, 사전에 재정지출액에 정부부채 등 재정지표 등 아무런 제약조건을 부과하지 않고 지출액을 추계하는 것이다. 이와 달리 top‒down 방식은 주요 재정지표에 대한 제약조건을 두고 이를 충족시키기 위해 필요한 재정지출과 수입을 구성하는 조세수입 및 사회보험료 수입 및 항목별 지출액과 재정수입액의 기간별 조정 규모를 산정하는 것이다. 뉴질랜드의 경우 특정 연도에 정부부채가 GDP의 20% 수준에 이를 수 있도록 각 항목의 재정수입과 재정지출액을 연도별로 추계하는 방식의 top‒down 방식으로 재정추계를 하고 있다. top‒down 방식의 재정추계의 장점은 복지재정추계와 GDP 추계간 연계성을 높임으로써 과거 우리나라 같이 이러한 연계성이 결여되었던 문제를 해소할 수 있다. 다만 이러한 top‒down 방식은 복지재정 분야 등에서의 경직성으로 인해 재정추계 결과를 실현할 가능성이 높지 않아 유용성이 제한적이라는 문제점이 지적되고 있다. 즉 지금같이 재정지출 중 수급보장프로그램(entitlement program)이나 이자비용 같은 의무지출의 비중이 높아지는 상황에서는 특정년도의 재정목표를 실현시킬 가능성이 현실적으로 적다는 문제점 때문에 그 활용도가 적은 상황이다. 그러나 세대간 불균형을 해결하려면 장기‒중기‒단기 목표를 통제하며 현세대의 복지급여를 구조적으로 바꿔나가는 것이 필요한 만큼 이러한

---

350) Anderson, B. and J. Sheppard, "Fiscal Futures: Institutional Budget Reforms and Their Effects, What Can Be Learned?" OECD Journal on Budgeting, Vol. 9, No. 3, OECD Publishing, 2009.

목표 달성을 위해 top-down 모델이 효용성을 가질 수 있다.

　이상에서 살펴본 새로운 지표와 추계방법들은 기존의 통합재정수지와 국가부채비율 지표와 달리 미래기간에 대한 분석이 가능하며 무한기간 동안 분석할 수 있으며, 또한 모든 재정정책을 포괄하여 모든 재정정책의 효과를 측정할 수 있다는 점이 장점이다. 또한 포괄성 측면에서도 정부재정 전체를 포괄하고 현행 제도 뿐 아니라 미래의 제도 변화와 인구고령화 등 제도 외적인 변화를 반영하여 분석하는 지표를 활용할 수 있다. 특히 앞으로 저출산·고령화 등의 재정환경 변화로 인해 세대간 불균형이 나날이 확대될수록 세대간 회계나 GSGI(GSFI) 등의 지표의 효용성이 높아질 수 있다. 결국 기존의 재정의 지속가능성만 바라보던 2단계의 중장기 재정전망에서 벗어나 세대간 균형을 중시하는 새로운 3단계의 중장기 재정전망으로의 변화가 확산될 전망이다.

　따라서 앞으로 세대간 불균형을 파악하여 3단계의 중장기 재정전망을 성공적으로 추진하려면 다음 두 가지의 개선방안이 필요하다.

　첫째, 향후 더욱 본격화될 새로운 재정환경 변화에 대응하려면 재정불균형(FI)과 세대간 불균형(GI)을 함께 파악하여 대응하는 것이 필요하다. 따라서 세대간 회계와 함께 S1-S4 지표 등을 활용하는 것이 필요하다. 그래야 중장기적 세대간 불균형을 제대로 파악하고 이에 대응한 올바른 중장기 재정계획을 수립 추진하도록 뒷받침할 수 있다.

　둘째, 중장기 재정전망의 가장 중요한 과제는 오차를 최대한 줄이고 신뢰성을 확보하는 것이라 할 수 있다. 특히 지금같은 새로운 재정환경 대변환기에는 향후 재정에 영향을 미칠 수 있는 변수들, 특히 세대간 불균형 확대 영향을 미칠 주요 변수들을 최대한 함께 고려하도록 하여 재정추계의 포괄범위를 최대한 확대하는 것이 필요하다. 이를 위해서는 저출산·고령화와

210

반복되는 경제위기 및 4차 산업혁명 등의 변수의 영향을 모두 고려하도록 하여야 한다. 또한 국가부채 산정시 국가채무 이외에 공적연금, 사회보험 등의 잠재채무까지 모두 포함하여 통합적 추계를 해야 한다. 그래야 전망의 오차를 줄이고 신뢰성과 객관성을 높일 수 있다.

셋째, 중장기 재정전망의 신뢰성을 높이려면 정치권이나 정부 부처들의 편의적 입장이나[351] 정치적 압력에서 벗어나 중립적이고 객관적인 중장기 재정전망을 하도록 할 필요가 있다. 이를 뒷받침하기 위해서는 별도의 중립적 독립기관을 설립해 활용하는 것도 필요하며,[352] 정치적 외풍에 흔들리지 않도록 하여 중장기적으로 중립적이고 안정적인 중장기 재정전망과 중장기 재정계획을 수립 운영하도록 해야 한다.

그러면 지금부터 우리나라의 중장기 재정전망의 현황과 문제점을 알아본 뒤 세대간 회계를 활용한 해외사례에 대해 검토해보기로 한다.

Ⅱ. 우리나라 중장기 재정전망의 현황 및 평가

1. 현황

우리나라의 국가재정법에는 재정의 효율화와 건전성을 도모하기 위해 중장기 재정전망과 중기재정계획을 운용하도록 규정하고 있다. 즉 매년 당해 회계연도부터 5회계연도 이상의 기간에 대한 재정운용계획을 수립하여 국

---

351) 우리나라 기획재정부는 '2020년 – 2060년 장기재정전망'에서 특별한 근거 없이 장기적으로 재량지출이 크게 줄어들 것이라고 보고 재정건전성을 높이는 전망을 제시해 2060년 국가채무비율을 81.1%로 전망한 반면, 국회예산정책처에서는 158.7%(한국재정학회 월례세미나, 2021. 7. 29. 박명호 예산정책처 추계세제분석실장 발표자료)로 그 절반에 불과했다.
352) 정일환 외, 「국가재정운용계획(중기재정계획)의 최신 국제동향 분석 및 정책효과에 관한 실증연구」, 2020년도 연구용역보고서, 국회사무처, 2021, 102쪽.

회에 제출하도록 했고, 국가재정운용계획에는 중장기 재정전망을 포함하도록 명시하고 있다. 이에 따라 중기재정전망에는 5회계연도 기간의 중기 재정수입과 중기 재정지출 계획, 재정수지 및 국가채무 전망이 제시되고 있다. 그러나 우리나라 중장기 재정전망의 실제 운용에 있어서는 아래와 같이 여러 가지 문제점을 노정하고 있다.

첫째, 우리나라 중장기 재정전망은 오차가 크고 매우 형식적이고 자의적으로 운용되고 있어서 신뢰도도 낮은 편이다. 또한 중기재정계획이나 단년도 예산과의 연계성도 거의 없고 단순히 참고자료로 활용되는 수준에 머물고 있다. 예를 들어 우리나라 기획재정부가 제시한 장기재정전망은 10페이지 정도의 극히 형식적인 보고서에 불과하다. 그리고 중장기 재정전망과 중기재정계획 간의 오차가 크다는 점도 심각한 문제이다. 정부의 실제 세수가 세수전망치를 초과하는 일이 다반사로 벌어졌고 이에 따라 추경이 계속 반복되었다. 또한 국가재정운용계획상 2020년 재정규모는 2016년 중기전망치와 비교하면 111.7조원이 증가하여 무려 25%나 증가했다. 이에 따라 제대로 지키지도 못할 재정운용계획을 제시하는 요식행위로 전락했다는 비판이 제기되었다. 또한 중장기 재정전망 관련 법규를 준수하지 않는 행태도 반복되었다. 그동안 정부는 규정대로 장기재정전망을 제출하지 않았고, 이에 따라 국가재정법 개정이 이루어졌다. 결국 이러한 문제들로 인해 중장기 재정전망에 대한 신뢰도와 실효성에 의문이 제기되고 있다.

둘째, 국가부채 전망시 통합적인 재정추계가 이루어지지 않았다. 그 결과 제대로 된 전망치가 없으니 제대로 된 중장기 재정계획이 있을 수 없다. 무엇보다 공공부문 곳곳에서 국가채무와 잠재채무가 크게 확대되고 있음에도 이를 통합적으로 전망하지 않았다. 또한 저출산·고령화 변수 외에도 반복되는 경제위기나 4차 산업혁명으로 인한 국가부채 급증이나 미래세대 부담

212

증대를 종합적으로 고려하지 않았다. 특히 급속한 고령화로 인해 앞으로 의료비 폭증이나 의료혜택 수급기간 및 요양기간의 비약적인 장기화 등이 전망되는데도 이를 제대로 반영하지 않았다. 그 결과 국가부채가 축소 계상되었고 재정위기 위험성을 낮게 평가해 방만한 재정운용을 더욱 조장하는 결과를 유발했다. 공적 연기금 등은 중장기 전망과 계획을 실시하도록 되어있으나 국민연금과 건강보험 등은 제외되어 통합적인 전망과 계획의 조율이 이루어지지 않았다.

셋째, 중장기 재정전망에서 세대간 불균형을 고려하지 않고 있다. 무엇보다 우리나라는 이미 저출산·고령화 등의 재정환경 변화로 인해 미래세대 부담이 급증하고 세대간 불균형이 확대되며 국가의 소멸까지 거론되는 상황임에도 세대간 불균형 문제에 대한 관심과 노력이 부족하고 정부차원에서 이를 파악하기 위해 세대간 회계를 시도하고 대응하려는 노력도 없었다. 그리고 단순히 국가채무비율 등의 재정수지에만 초점을 맞추고 세대간 불균형을 고려하지 않는 재정운용을 계속해왔다.

2. 개선 노력

가. 통합재정추계위원회 운용

2016년 정부는 '2016~2019년 국가재정운용계획'에 "사회보험 재정 안정화"를 위한 추진계획을 제시하고 재정추계위원회를 구성하여 통합추계를 위한 개선방안을 마련하도록 했다. 여기에는 사회보험별로 상이한 추계 시기와 가정 등을 통일하고 주요 변수들의 추계방법의 합리적인 개선을 추진하며, 기존 5년(단기), 70년(장기) 전망 외에 10년(중기) 전망을 신규 도입하는 방안이 포함되었다. 이러한 노력의 일환으로 정부는 2016년의 국가재정운용계획에 따라 우선 10년 중기추계에 해당하는 "2016~2025년 8대 사회보험 중기재정추계"를 실시하고 그 결과를 2017년 3월에 발표하였다. 그 결과 국민연금과 사학연금은 베이비부머 세대들이 연금수급자로 전면 진입하면서 적립금 증가율이 크게 둔화되고 공무원연금과 군인연금의 재정적자가 증대될 것으로 전망했고, 특히 건강보험과 노인장기요양보험은 고령화로 인해 추계기간 중 적자로 전환되고 누적적립금도 감소세로 전환되어 2023년에 앞당겨 소진되고, 고용보험 역시 2020년부터 당기적자로 전환하여 적립금이 크게 줄어들 것으로 전망했다. 또한 정부는 저출산·고령화 등에 대응하기 위해 70년의 장기 전망도 실시하겠다고 발표했으나 실현되지 않았고 이후 사회보험 재정건전화 정책협의회 활동도 지지부진한 상태이다. 그러나 저출산·고령화 등의 재정환경 변화가 심화되는 상황에서는 각종 사회보험들의 향후의 재정위기 가능성을 파악하기 위한 통합추계가 재정개혁의 출발점이자 핵심토대가 된다는 점에서 이를 위한 제도적 개선이 필요하다.

나. 국회예산정책처의 세대간 회계 활용

세대간 불균형이 확대되는데 대응하기 위해서는 앞으로 세대간 불균형이 얼마나 확대될지 파악하는 것이 선결과제이다. 그래야 이를 토대로 올바른 중장기 재정계획을 세워서 세대간 균형을 도모할 수 있기 때문이다. 무엇보다 그동안의 재정의 지속가능성만 바라보며 추계하는 방식(FI)으로는 세대간 불균형(GI)을 일부 추정만 할 수 있을 뿐 직접적으로 파악하지 못하므로 세대간 회계를 활용하는 것이 필요하다.

특히 각국은 이를 위해 세대간 회계를 활용하고 있고 우리나라에서도 그동안 Auerbach and Chun(2006),[353] 전영준(2003, 2004, 2006, 2008)[354] 등 다수의 연구가 이루어졌다. 그러나 우리나라 정부는 이를 공식적으로 활용하지 않았고, 단지 2012년 국회 예산정책처가 「2012～2060년 장기 재정전망 및 분석」보고서를 통해 세대간 회계 분석 결과를 제시했다. 여기서는 시나리오별로 세대간 부담을 구체적으로 분석하고 지속가능성을 위한 정책대응방안을 제시했다.[355] 본 분석 결과에 따르면 우리나라의 재정이 기준선 전망대로 실현될 경우, 즉 현재의 재정구조를 2060년까지 변경하지 않을 경우, 50대 후반 이상의 세대(1956년 이전 출생자들, 2022년 현재 60대 후반 세대)는 부담보다 혜택이 많은 반면, 50대 전반 이하 세대(1957년 이후 출생자들, 2022년 현재 60대 전반 세대)는 혜택보다 부담이 더 많다는 사실을 확인하였다. 특히 연령별 순부담은 나이가 젊을수록 더 많아지는 것으로 나타났다. 예를 들어 2012년 전망 당시 50세인 사람의 순조세부담액은 현재가치로 3,815만원이고, 40세는 1억 2,392만원, 30세는 2억 1,109만원이며, 대학생인 20세는 2억 9,640만원, 초등학생인 10세는 3억 2,611만원, 그리고 금년(전망해인 2012년)에 태어난 신생아는 3억 4,026만원으로 나타났다. 반면, 2012년 전망 당시 60세인 사람은 순혜택이 현재가치로 7,868만원, 70세인 사람은 8,033만원, 80세인 사람은 8,701만원으로 계산되었다. 이러한 결과는 현재 우리나라의 재정제도가 젊은 세대에게 상대적으로 불리한 구조임을 보여주는 것이다. 결국 예정처의 2012년 세대간 회계를 통한 분석 결과에 따르면 우리나라의 재정구조는 기성세대가 상대적으로 커다란 혜택을 보고, 그 재원은 어린 세대가 담당하는 것으로 나타났다.

353) Alan J. Auerbach and Young Jun Chun, "Generational Accounting in Korea", Journal of the Japanese and International Economies, Vol. 20(2), Elsevier, 2006, pp.234－268.
354) 전영준, "연금과세가 장기재정에 미치는 효과분석－세대간 회계를 이용한 접근",「재정학연구」제1권 제2호, 한국재정학회, 2008, 1－35쪽.
355) 국회예산정책처, 「2012－2060년 장기 재정전망 및 분석」, 2012, 53－54쪽.

이러한 결과를 참고로 국회 예산정책처는 장기 재정 기준선 전망에 따른 시사점을 다음과 같이 제시했다. 첫째, 우리나라의 재정은 인구고령화에 따라 지속가능성을 상실하게 될 것이라는 점이다. 더욱 중요한 문제는 우리 사회가 추가적인 복지제도를 전혀 도입하지 않는다고 가정할 경우에도 앞으로 초고령사회가 되면 재정은 지속가능하지 않다는 지적이다. 둘째, 현재의 재정제도가 젊은 세대에게 매우 불공평하게 부담이 돌아가는 구조로 되어있다는 점이다. 따라서 현재의 세대간 재정분담 구조를 형평성 있게 개선할 것을 제안했다.[356] 셋째, 본 연구의 기준선 재정전망은 거시경제가 2060년까지 안정적으로 성장을 계속한다는 것을 전제로 수행되었고 국고채 금리도 2060년까지 하향 안정화되는 것을 전제로 한 것임에도 이에 따른 기준선 전망의 결과는 2034년 이후 재정이 지속가능성을 상실하게 되고 국가채무가 기하급수적으로 증대해 2060년 GDP 대비 국가채무가 219%에 달할 것으로 분석했다. 따라서 현실적으로는 이러한 전제조건이 예상보다 나빠질 가능성이 있는 만큼 2034년 이후 전망치보다 훨씬 악화될 수 있다. 더구나 앞으로 고령화 현상 외에 반복되는 경제위기 변수나 4차 산업혁명 변수의 영향까지 고려한다면 전망치가 더욱 크게 악화될 것이다. 가장 중요한 시사점은 재정개혁을 뒤로 미룰수록 더욱 세대간 불균형이 악화된다는 것이다. 따라서 2034년까지 조정을 미룰 게 아니라, 가급적 빠른 시일 내에 재정개혁을 추진할 것을 제안하고 있다.[357]

---

356) 국회예산정책처, 상게서, 2012, 55쪽.
357) 국회예산정책처, 상게서, 2012, 62쪽.

3. 평가

중장기 재정전망이라는 제도는 재정의 지속가능성을 도모하기 위해 2단계 재정법제의 하나로 도입된 것으로 볼 수 있다. 우리나라도 중장기 재정전망을 실시하도록 한 국가재정법 규정에 따라 중장기 재정전망을 도입했지만, 외형만 가져왔을 뿐 실제 운용이나 내용적 측면에서는 극히 형식적으로 운용되는 상황이다. 무엇보다 지금같이 세대간 불균형이 확대되는 상황에 대응하려면 기존의 단년도 예산 중심의 재정운용에서 벗어나 중장기 시계 하에 재정운용 방식으로 전환하는 것이 필요하고, 이어서 단기적 재정수지 균형만 보는 방식에서 벗어나 중장기 세대간 균형을 중시하는 재정운용 방식으로 전환해야 한다. 그러나 우리나라는 아직도 단년도 예산 중심의 재정운용을 계속하고 있고, 중장기 재정전망이나 중기재정계획은 단순히 참고자료로 이용하고 있다.

또한 우리나라 정부는 8대 사회보험 등의 국가채무에 대한 통합추계체계를 위한 변화를 일부 시도하기는 했지만 이 역시 지지부진한 상황이다. 무엇보다 앞으로 다가올 재정의 위기나 세대간 불균형의 확대를 통합적으로 전망하여 그 결과를 제시하는 것이야말로 새로운 재정개혁의 방아쇠 역할을 할 수 있는 매우 중요한 수단으로 부상한 만큼 이를 제도화하고 발전시키는 것이 필요하지만, 우리나라에서는 중장기 재정전망의 중요성에 대한 인식이 매우 부족한 것이 문제이다. 사실 제대로 된 통합적 중장기 재정전망치를 제시하는 것만으로도 국민 모두에게 재정의 위기를 알리는 '재정의 경보기' 역할을 할 수 있고, 나아가 새로운 대대적 재정개혁을 필연적으로 유발할 수 있는 매우 중요한 수단이다. 그러나 우리나라에서는 이러한 경보기가 제대로 작동하지 못하면서 결국 정부의 방만한 재정지출 확대가 계속되고 재정 복지 위기가 가중되며 세대간 불균형이 확대되는 것이 그대로 방치되고 있다. 따라서 우리나라의 재정개혁은 중장기 재정전망에서 시작되어야 한다.

이를 위해서는 기존의 2단계 중장기 재정전망을 3단계의 세대간 정의를 위한 중장기 재정전망으로 발전시켜야 한다. 즉 우리나라는 저출산·고령화 등의 문제가 세계 최고로 심각하고 세대간 불균형이 크게 확대되는 상황에서는 새로운 중장기 재정전망을 실시하여 이를 파악하고 선도적으로 대비하는 것이 중요하다. 이를 위해서는 그동안의 국가부채비율이나 재정수지 같은 과거 지향적인 지표에서 벗어나 미래의 재정상황과 세대간 불균형을 파악하기 위한 새로운 추계방식을 활용하는 것이 필요하다. 즉 지금까지의 재정 불균형(FI)만 보는 중장기 재정전망과 함께 세대간 불균형(GI)도 함께 파악하여 활용하도록 해야 한다. 그리고 제반 국가부채를 잠재채무까지 모두 통합적으로 함께 전망하여 포괄성을 높여야 한다. 이와 함께 이러한 세대간 회계와 새로운 통합적 추계방식을 의무화하고 관련 법적 제도적 장치를 확충해 나가는 것이 필요하다.

Ⅲ. 세대간 회계 활용 3단계 중장기 재정전망 해외사례

새로운 재정환경 변화로 인해 미래세대의 부담과 세대간 불균형이 확대되는데 대응하기 위해서는 먼저 앞으로 얼마나 세대간 불균형이 확대될지 파악하기 위한 새로운 중장기 재정전망이 필요해졌다. 기존의 재정총량 추계를 통해 재정불균형(FI)을 전망하는 방식으로는 세대간 불균형을 간접적으로 유추할 수는 있지만 직접 파악하지는 못하므로 새로운 회계기법이 필요해졌다. 그 중 대표적인 것이 세대간 회계이다. 이에 따라 각국에서는 기존의 지속가능성만 바라보는 2단계의 중장기 재정전망과 함께 세대간 불균형도 함께 파악하는 3단계의 중장기 재정전망으로의 전환이 이루어지고 있다. 그러면 지금부터 유럽연합 집행위원회(EC)의 세대간 회계 사례를 중심으로 살펴보기로 한다.

1. 세대간 회계의 개념 및 장단점

가. 세대간 회계의 개념

재정의 세대간 불균형을 평가하기 위해 개발된 방법들 중에서 대표적인 것이 세대간 회계(Generational Accounting: GA)이다. 이러한 세대간 회계는 Auerbach, Gokhale, Kotlikoff에 의해 개발된 것으로서 현세대와 미래세대간 재정 부담과 혜택을 순조세 부담으로 비교함으로써 재정의 장기적 지속가능성과 함께 세대간 불균형(GI)을 평가하려는 것이다.[358] 여기서 순조세 부담이란 개인이 잔여 생애기간동안 총 조세납부금액에서 정부로부터 받은 총 이전수입을 차감한 금액을 현재가치(present value)로 환산한 것을 말한다.[359] 이러한 방식으로 현세대와 미래세대를 대표하는 개인이 현시점부터 잔여생애기간동안 부담할 순조세 부담(Net taxes)을 비교하여 재정의 지속가능성과 세대간 불균형을 측정하려는 것이다. 기본적으로 세대간 회계에서는 시점간 예산제약 가정 하에서 최종적으로 순재정부담이 0이 되어야 한다는 것을 전제로 하고 있다. 이는 한 세대 순조세 부담의 감소는 다른 세대의 순조세 부담의 증가를 유발하게 된다. 따라서 세대간 회계에서는

---

358) Arevalo et al., "The intergenerational dimension of fiscal sustainability," European Economy Discussion Paper 2015 - 112, European Commission, 2019, p.5.
359) 전영준, 「세대간 회계를 이용한 세대간 재정부담분석」, 2012년도 연구용역보고서, 국회예산정책처, 2012, 22쪽.

세대간 균형(intergenerational balance)을 중심으로 분석하며 미래세대의 순조세가 새로 태어난 아이들보다 높으면 재정은 세대간 균형을 잃은 것으로 본다.360) 세대간 회계를 위한 지표로는 '시점간' 불균형 지표(Intertemporal Budget Gap, IBG)와 '세대간' 불균형을 측정하는 지표(the Auerbach - Gokhale - Kotlikoff, AGK)가 있다.

이같이 세대간 회계는 기존 재정지표들의 여러 가지 문제점을 극복하고 세대간 불균형을 평가하기 위한 방법으로 개발되었다. 따라서 기존의 재정 불균형(FI)을 파악하는 재정지표와 세대간 불균형(GI)을 파악하는 세대간 회계를 함께 활용하면 재정의 건전성과 세대간 불균형을 보다 다각적으로 파악할 수 있다. 이미 많은 나라들이 세대간 불균형을 파악하기 위해 세대간 회계를 활용하고 있다. 예를 들어 IMF, OECD, EU위원회, 세계은행, 미국의 CBO, OMB, NBER, 뉴질랜드와 영국, 노르웨이, 일본의 재무성 등에서 활용되고 있다.361)

앞으로 세대간 회계는 더욱 발전하고 그 활용도가 높아질 전망이다. 기본적으로 고령화 사회에 들어서 복지지출(Entitlement) 프로그램이 확대되고, 공적연금과 건강보험 등에서 잠재부채가 급증하고 세대간 불균형이 중요한 문제로 부상하면서 세대간 회계의 필요성이 높아지고 있기 때문이다.362) 나아가 앞으로 경제위기가 반복되고 4차 산업혁명이 본격화되어 세대간 불균형이 확대될수록 세대간 회계의 필요성은 더욱 높아질 전망이다.

---

360) Jagadeesh Gokhale, Benjamin R. Page, and John R. Sturrock, "Generational Accounts for the United States: An Update," in *Generational Accounting Around the World*, University of Chicago Press, 1999, pp.489 - 518.
361) 홍근석·김성찬, 「세대간 회계 및 재정준칙 법제화에 관한 연구」, 2017년도 연구용역 보고서, 국회예산결산특별위원회, 2017, 13쪽.; 전영준, "한국의 세대간 회계 2013 - 2018", 한국경제의 분석 제26권 제2호, 한국경제의 분석패널, 2020, 168쪽.
362) 최기홍, "장기재정 추계에 의한 국민연금의 세대간 회계," 한국재정학회 학술대회 논문집, 2013, 7쪽.

나. 세대간 회계의 장점

첫째, 세대간 회계는 현세대와 미래세대간 '순조세 부담 불균형'이나 '세대간 재정수지 격차'를 계산해 재정의 장기적 지속가능성과 세대간 불균형을 효과적으로 파악할 수 있게 해준다. 예를 들어 세대간 회계의 결과 지금의 재정정책에 따른 일정기간 후의 경상수입이 경상지출을 충당하지 못할 것으로 확인된다면 그것은 재정정책이 현세대에 편중되어 운영되고 있고 지속가능하지 않다고 평가할 수 있다.[363]

둘째, 세대간 회계를 활용하면 현재의 재정정책이 미래세대에 미치는 장기적 효과를 파악할 수 있다.[364] 기본적으로 기존의 중장기 재정전망은 대부분 과거의 재정결과나 수치들을 활용하여 분석하는 것이기 때문에 과거지향적인 것인데 비해 세대간 회계는 미래에 대한 전망을 중시하는 미래지향적인 것이라는 점에서 다르다. 즉 통합재정수지나 국가부채비율 같은 기존의 재정지표들은 과거의 통계수치를 활용하는 것이므로 지금의 재정정책이 미래에 미치는 영향을 파악하지 못하지만 세대간 회계를 활용하면 그것이 가능하다. 특히 앞으로 고령화 현상과 반복되는 경제위기 및 4차 산업혁명의 영향으로 재정여건이 더욱 악화되어 미래세대 부담이 급증하고 세대간 불균형이 심화될수록 세대간 회계의 유용성이 더욱 커질 수 있다.

셋째, 세대간 회계는 그 활용도가 다양하다. 기본적으로 세대간 회계는 재정수지나 국가부채비율 같은 기존의 지속가능성 재정지표보다 더 포괄적인 지표라 할 수 있다.[365] 따라서 세대간 회계는 국가의 일반재정 분야의

---

363) 이성규, "재정의 지속가능성과 세대회계의 도입", NABO 재정브리프 제3호, 국회예산정책처, 2007, 7쪽.
364) 이성규, 상게논문, 2007, 15쪽.
365) 홍근석·김성찬, 「세대간 회계 및 재정준칙 법제화에 관한 연구」, 2017년도 연구용역보고서, 국회예산결산특별위원회, 2017, 13쪽.

분석에도 이용되고 있고, 그 외에 사회보장연금, 건강보험, 교육 등 방대한 분야의 세대간 불균형을 분석하는데 이용되고 있으며, Boll et al.(1994)[366], Raffelhüschen et al.(1998)[367], 윤석명(2002)[368], 전영준(2003)[369], 최기홍(2016)[370] 등과 같이 사회보장연금만을 대상으로도 활용할 수도 있고, 전영준(2004)[371]처럼 건강보험 하나만을 대상으로 분석할 수도 있다. 특히 세대간 회계는 여러 국가들에 대한 비교 분석이 용이하고, 또한 다른 재정지표들과 함께 병행해 사용하는 것도 수월하다.

다. 세대간 회계의 단점

세대간 회계 역시 여러 가지 문제점을 안고 있다. 그동안 세대간 회계가 가지고 있는 여러 가지 기술적 결함에 대해 지적받아왔다. 세대간 회계의 문제점은 다음 5가지이다.

첫째, 세대간 회계에 관한 각종 가정에 있어서의 문제점이다. 세대간 회계에서는 현재의 예산정책이 잔여생애동안 그대로 지속되는 것으로 가정하지만 현실은 그렇지 않다. 또한 세대간 회계에서 장기전망을 할 때 무한대의 시간을 가정하지만 현실적으로는 대부분이 1년이나 길면 10년의 단기적

---

366) Stephan Boll, Bernd Raffelhüschen, and Jan Walliser, "Social security and intergenerational redistribution: A generational accounting perspective", *Public Choice* Vol. 81 No. 1/2, Springer, 1994, pp.79－100.
367) Bernd Raffelhüschen, "Aging, Fiscal Policy and Social Insurances: A European Perspective," Burch Working Paper, No. B－98－8, UC Berkeley, 1998. pp.202－241.
368) 윤석명, "한국의 세대간 회계: 공적연금을 중심으로", 사회보장연구 제18권 제2호, 국민연금연구센터, 2002, 97－128쪽.
369) 전영준, "공적연금에 대한 재정분석: 세대간 회계를 이용한 접근", 재정논집 제17집 제2호, 한국재정학회, 2003, 111－151쪽.
370) 최기홍, "세대간 회계에 의한 국민연금의 세대간 형평성과 지속가능성 측정", 경제분석 제22권 제2호, 한국은행, 2016, 50－89쪽.
371) 전영준, "건강보험 재정부담의 귀착: 세대간 회계를 이용한 접근", 경제학연구 제52권 제2호, 한국경제학회, 2004, 193－240쪽.

상황에 주로 관심을 가지고 반응하기 마련이다.[372]

둘째, 미래세대의 순조세 부담을 현재가치로 환산하기 위해서는 할인율을 적용하게 되는데, 어떠한 할인율을 선택하느냐에 따라 순조세 부담 계산의 결과가 크게 달라진다.[373] 특히 할인율의 작은 차이만으로도 결과에서 막대한 차이를 유발할 수 있다. 즉 높은 할인율을 적용하면 미래 정부적자의 더 낮은 현재가치를 유발하고 미래 세대의 순조세의 가치를 감소시킨다. 또한 하나의 할인율을 적용해서 순조세 부담을 계산하는데 실제로는 연령대에 따라 할인율이 다를 수 있다.

셋째, 세대간 회계는 정부지출의 매크로 경제효과나 미래세대에 미치는 긍정적 혜택 등을 제대로 반영하지 못한다는 문제점이 있다. 기본적으로 세대간 회계는 정부지출을 '구매' 또는 '이전'에 사용되는 것으로 단순화시켜 보기 때문에 정부지출로 인해 미래세대에 보이지 않는 수많은 다양한 혜택을 유발하는 측면을 고려하지 못한다.[374] 예를 들어 교육은 정부의 구입으로 보지만 미래세대에 막대한 혜택을 안겨주고 세부담을 줄여주는 효과를 유발하는데 이것이 계상되지 않는다. 마찬가지로 설비투자나 R&D 관련 정부지출은 미래세대의 경제력을 키우고 소득을 증대시키는 장기적인 매크로 효과를 유발하지만 이 역시 제대로 계상되지 않는다.[375]

넷째, 세대간 회계는 경제 전체를 대상으로 비교하는 것이 아니라 노동소득 대비 세부담만 고려한다는 비판이 있다. 즉 일반적인 재정지표들의 경우

---

372) Kathy A. Ruffing, Paul N. Van de Water, and Richard Kogan, Generational Accounting Is Complex, Confusing, and Uninformative", 2014, p.3－4.
373) 홍근석ㆍ김성찬, 「세대간 회계 및 재정준칙 법제화에 관한 연구」, 2017년도 연구용역보고서, 국회예산결산특별위원회, 2017, 22쪽.
374) Kathy A. Ruffing, Paul N. Van de Water, and Richard Kogan, Generational Accounting Is Complex, Confusing, and Uninformative", 2014, p.4.
375) Arevalo et al., "The intergenerational dimension of fiscal sustainability," European Economy Discussion Paper 2015－112, European Commission, 2019, p.35.

국가 전체의 경제성장이나 전체 가구의 소득이나 GDP 대비 채무비율 등을 보는데 비해, 세대간 회계에서는 노동소득 대비 세부담 비율로 순조세를 파악하는데 이렇게 하면 전체 경제의 55% 정도만 반영할 수 있다는 것이다. 그 결과 순조세 부담이 상대적으로 과다하게 계상될 수 있다고 비판한다.[376]

다섯째, 세대간 회계는 세대간 불균형을 확인해줄 뿐 이를 해결할 구체적인 정책이나 대안을 제시해주지 않는다.[377] 기본적으로 세대간 불균형을 해결하려면 여러 가지 종합적인 법제 예산 및 정책 방안들을 추진하는 것이 필요하다. 그러나 이러한 정책들을 추진해 세대간 불균형이 개선되거나 또는 악화되었을 경우 그것이 어떠한 요인 때문에 유발되었는지 알기 어렵다. 따라서 세대간 회계는 현재의 특정 정책이나 또는 그 대안적 정책이 미래에 세대간 불균형에 미치는 효과를 비교해줄 뿐이다.

라. 소결

이같이 세대간 회계는 여러 가지 장단점을 가지고 있지만 앞으로 세대간 회계의 유용성은 점점 더 커질 전망이다. 무엇보다 새로운 3가지 환경변화로 인해 미래세대의 부담이 커지고 세대간 불균형이 확대될 가능성이 높기 때문이다. 물론 위에서 살펴보았듯이 세대간 회계는 아직 여러 가지 부족하고 보완할 점이 많은 만큼 이에 대한 개선 노력이 필요하다. 즉 자의적인 가정들을 바로잡는 것이 필요하고, 재정지출의 다양한 매크로 효과를 반영하기 위한 노력도 요구되며, 정부의 세입 세출 프로그램에 대한 각종 파라미터들을 제대로 설정하는 노력도 필요하다. 그래야 세대간 회계의 신뢰도

---

376) Kathy A. Ruffing, Paul N. Van de Water, and Richard Kogan, Generational Accounting Is Complex, Confusing, and Uninformative", 2014, p.6.
377) 홍근석·김성찬,「세대간 회계 및 재정준칙 법제화에 관한 연구」, 2017년도 연구용역 보고서, 국회예산결산특별위원회, 2017, 13쪽.

나 활용도를 높일 수 있을 것이다. 이미 각국에서는 세대간 회계의 문제점을 보완하기 위한 다양한 노력들이 이루어지고 있다.[378]

2. 세대간 회계 측정 방법

지금부터는 세대간 회계의 구체적 활용사례에 대해 살펴보기로 한다. 특히 IBG와 AGK의 두 가지 활용 방법을 중심으로 알아본다. 기본적으로 세대간 회계는 세대간 계정을 기반으로 시점간 재정 불균형 또는 세대간 불균형을 측정하는 지표이다.

우선 IBG 지표(Intertemporal Budget Gap)는 시점간 예산격차를 보는 것으로서, 이는 시점간 필요로 하는 정부의 공공부채 양을 측정함으로써 시점간 재정격차와 재정의 지속가능성을 평가하는 것이다.

또 다른 세대간 회계 방법인 AGK 지표(Auerbache - Gokhale - Kotlikoff)는 세대를 대표하는 개인간 중장기 재정 부담과 혜택을 비교하는 것이다. 즉 AGK 지표는 시점간 예산제약 조건 하에서 재정격차 조정을 위해 필요한 미래세대의 순조세 지출량에 대한 계산을 통해 세대간 불균형을 파악하는 것이다.[379]

가. IBG 지표에 의한 세대간 회계

장기간에 걸쳐 이루어지는 재정격차는 시점 간 예산격차(intertemporal budget gap)를 통해 계산할 수 있다. 즉 현재와 미래의 조세수입이 현재와 미래의 정부지출과 현재의 부채를 충당하는데 부족할 경우 재정격차가 발

---

378) Arevalo et al., "The intergenerational dimension of fiscal sustainability," European Economy Discussion Paper 2015 - 112, European Commission, 2019, p.35.
379) Arevalo et al., ibid, 2019, p.6.

생하는데 이러한 재정격차를 '시점간 예산격차'(intertemporal budget gap, IBG)라 한다. 이같이 재정격차가 발생할 경우에는 정부가 이를 메우기 위해 조세수입을 올리거나 정부지출을 줄여야 한다. IBG는 다음과 같이 계산한다.[380]

$$D - \sum_{s=t}^{T} PB_s \cdot (1+r)^{-s+t}$$

여기서 PBs는 s년의 기초재정수지(primary balance)이고, 기초재정수지는 조세수입에서 정부지출을 뺀 것이며, 이 공식은 유한시간대(finite horizon) T 하에서 T기 말에는 모든 부채가 청산되어야 함을 전제한다. 즉 시한(time horizon)과 할인율을 가정함으로써 시점간 예산격차를 계산할 수 있다.[381]

IBG의 요소 및 필요한 영구 조정량 계산은 다음과 같이 한다. 즉 현세대로부터 미래세대에게 전가된 재정부담을 보여주기 위해서 IBG는 3개의 구성요소를 활용한다. 즉 확정된 현재 부채, 현세대에 대한 세대 회계, 미래세대에 대한 세대 회계가 그것이다.

$$IBG_t = [NG_t + \sum_{l=t+1}^{\infty} \frac{NG_l}{\prod_{s=t+1}^{l}(1+r_s)} + D_t - \sum_{k=t-L}^{t} N_{t,k} - \sum_{k=t+1}^{\infty} N_{t,k}] / GDP_t$$

IBG = 순비분배항목[382] + 확정된 현재부채 + 현세대에 대한 세대회계
+ 미래세대에 대한 세대회계

---

380) Arevalo et al., ibid, 2019, p.8.
381) 이성규, "재정의 지속가능성과 세대회계의 도입", NABO 재정브리프 제3호, 국회예산정책처, 2007, 5쪽.
382) net non-distributed items.

IBG 분석 결과 IBG 지표가 포지티브라는 것은 시점간 정부부채가 보충될 수 없고, 따라서 현재의 재정정책의 지속가능성이 없다는 것을 나타낸다. 만일 IBG 결과가 0이라면 현재 재정정책은 지속가능하고 그 안에서 정부재정의 시점간 예산 제약을 충족시킨다. 따라서 IBG를 활용하면 이러한 재정격차가 현세대와 미래세대의 어느 쪽에서 유발된 것인지 식별할 수 있고, 이를 해소하기 위해 필요한 조정 부담을 재분배하기 위해서는 어떠한 정책을 선택해야 할지 알 수 있다.

나. AGK 지표에 의한 세대간 회계

세대간 회계 관련 최초 연구는 Auerbach, Gokhale, and Kotlikoff(1991)로서 미국 재정불균형에 대해 분석하였는데 이후 미국뿐만 아니라 여러 국가의 재정건전성과 세대간 형평성에 대한 분석에 널리 이용되었다.

이러한 이른바 AGK 지표는 미래세대의 재정조정 부담 규모를 파악할 수 있다. 즉 세대간 회계에서의 AGK 접근법은 시점간 예산제약을 충족시키는데 초점을 맞추고 있고, 따라서 미래세대가 시점간 갭의 조정 부담을 모두 진다고 가정한다. 즉 잔여 생애의 순조세를 계산할 때 재정정책은 현재의 상태로 계속 고정된 것으로 가정하고, 시점간 갭은 미래세대의 순조세 부담을 증감시켜서 해소한다. AGK 지표에 의한 평가는 만일 'AGK>1'이면 미래 태어난 아이들의 순조세는 현재 태어난 세대보다 더 높음을 나타낸다.[383] 즉 세대간 회계를 통해 미래세대의 생애 순조세 부담과 현세대 중 가장 어린 세대의 생애 순조세 부담을 비교해서 미래세대의 순조세 부담이 더 클 경우 재정이 지속가능하지 않다고 본다.[384]

---

383) Arevalo et al., "The intergenerational dimension of fiscal sustainability," European Economy Discussion Paper 2015‒112, European Commission, 2019, p.29.

이같이 세대간 회계는 세대간 재정부담을 비교하는 역할을 할 뿐 향후의 재정부담을 예측하거나 재정목표를 설정하는데 사용되는 지표는 아니다. 그러나 세대간 회계를 통해 현재 정책과 다른 정책 대안들이 세대간 불균형에 미치는 영향을 비교할 수 있다.

3. 세대간 회계 해외사례

Auerbach, Gokhale, and Kotlikoff(1991)는 고령화가 유발하는 세대간 불평등 측정을 위해 세대간 회계를 창안했다. 이후 세대간 회계에 대한 관심이 높아지면서 IMF, OECD, World Bank, 미국 CBO, OMB, 뉴질랜드 재무성, 영국 재무성, 노르웨이 재무부, 일본 중앙은행 등에서 이를 활용했다.

가. EU 회원국들의 세대간 회계 결과[385]

유럽연합 집행위원회(EC)에서는 2019년 유럽연합 회원국들에 대한 세대간 회계를 실시했다. 이같이 세대간 회계는 여러 나라 재정의 세대간 형평 수준을 비교 평가하기에 매우 효과적인 방법이다. EC가 2019년 실시한 회원국들에 대한 세대간 회계는 기존의 지속가능성 갭 지표에다가 세대간 예산 갭 지표(IBG 지표) 및 세대간 불균형 지표(AGK 지표) 등을 함께 활용해 기존의 재정의 지속가능성 분석과 세대 간 균형 분석을 함께 통합적으로 고려한 새로운 시도를 했다. 그러면 지금부터 유럽연합 집행위원회(EC)가 실시한 세대간 회계 결과에 대해 살펴보기로 한다.

본 연구에서는 현상유지 시나리오(Static Scenario), 기준선 시나리오

---

384) 한종석・김선빈, 「일반균형 중첩세대 모형을 이용한 재정지속가능성 평가: 세대간 분배를 중심으로」, 한국조세재정연구원, 2016, 16쪽.

385) Arevalo et al., "The intergenerational dimension of fiscal sustainability," European Economy Discussion Paper 2015－112, European Commission, 2019, p.5.

(Baseline Scenario) 및 MTO 시나리오의 세 가지로 구분해 분석했다. 기준선 시나리오란 연금개혁 등 재정개혁을 추진한 상태의 시나리오를 의미하는 것이고, 그러한 개혁이 없는 상태를 전제로 한 것이 현상유지 시나리오이며, MTO 시나리오는 EU의 중기재정목표 MTOs(Medium－Term Budgetary Objectives)를 달성하는 룰을 준수할 경우의 시나리오를 의미하는 것이다. 즉 기준선 시나리오에서는 연금개혁 등 현재 입법된 정책들을 계산해 반영한 것으로 재정의 지속가능성과 세대간 영향을 평가하는데 효과적이다.

유럽에서의 현세대에 대한 세대간 회계 결과 현상유지 시나리오나 기준선 시나리오에서 공통적으로 현세대의 생애 순조세는 젊은층에서 높고 고령층에서 낮은 것으로 나타났다. 따라서 현세대는 순조세 수령세대임을 보여준다. 세대회계에 따른 순조세의 현재가치는 2016년 태어난 세대는 174,000유로이지만 2040년 태어난 세대는 122,000유로이고 2060년 태어난 세대는 94,000유로이다. 연령별로 보면 0～42세까지의 젊은 세대는 기준선 시나리오에서나 현상유지 시나리오에서 순조세 부담자로 나타났다. 그러나 43～65세 연령대의 경우 순조세 수령자로 나타났다. 특히 64세 전후 세대는 세부담보다 혜택이 훨씬 많아서 가장 높은 네거티브를 보이며 가장 심한 순조세 수령자로 나타났다. 그것은 이들의 노동소득세는 낮은 반면 공공지출 프로그램에 대한 의존도가 매우 높기 때문이다. 따라서 대체적으로 젊은층의 잔여 생애 순조세는 더 높고 고령층은 낮은 모습을 보이고 있다.

나. IBG에 의한 분석 결과[386]

EU 국가들에 대한 IBG 결과를 보면 기준선 시나리오의 경우 필요한 재정 조정규모는 현상유지 시나리오보다 현저히 낮은데 그것은 주로 연금개

386) Arévalo et al. ibid, 2019, p.26.

혁 등 새로운 입법의 영향을 반영한 것으로 볼 수 있다. IBG의 현상유지 시나리오에서는 2016년 지속가능 갭은 GDP의 587%에 이르는데 기준선 시나리오에서는 251%로 크게 감소함을 보여준다. 그리고 만일 모든 EU 국가가 EU의 중기재정목표 MTOs를 달성하는 룰을 준수할 경우의 MTO 시나리오의 경우 지속가능 갭은 기준선 시나리오보다 더욱 크게 낮아져 GDP의 147%로 적어진다. MTO 시나리오와 연금개혁을 가정한 기준선 시나리오의 결과에 따르면 현세대가 시점간 정부부채에 GDP의 304% 만큼 기여하고 있음을 보여준다. 반면 현재 재정정책에 의해 미래세대는 시점간 부채에 대해 GDP의 125%만큼 부담을 지게 되며, 따라서 현재 재정정책은 여전히 지속가능하지 않은 것으로 나타난다. 기준선 시나리오의 경우도 IBG가 GDP의 251% 수준이지만 그것은 앞으로 인구 고령화에 더욱 크게 영향을 받을 수밖에 없는 현실에 비추어볼 때 이 역시 현재의 재정정책이 지속가능하지 않다는 것을 보여준다.

이상의 결과를 종합적으로 보면 EU 국가들은 중장기 재정운용에 커다란 문제가 있음을 알 수 있다. 즉 EU 국가에서 기준선 시나리오에 의해 평가된 IBG 결과를 보면[387] 2020년도의 재정정책과 연금개혁 입법 등이 모두 시행되었다고 가정할 때조차 사이프러스와 스웨덴만 빼고는 모든 EU 국가에서 세대간 불균형이 여전히 지속되는 것으로 나타났다. 또한 대부분의 국가에서 잠재부채를 세대간 회계에 포함시키면 순부채가 추가로 더욱 증대한다는 사실도 확인할 수 있다. 그러나 구조적 재정개혁을 실시할 경우 시점간 갭은 현저히 감소하고 재정의 지속가능성이 향상된다.

---

387) Arévalo et al., ibid, 2019, p.28, Graph 5.2.

다. AGK 지표에 의한 분석 결과[388]

미래세대의 재정조정 부담 규모는 AGK 지표로 파악한다. 현상유지 시나리오에 의한 AGK 지표의 계산 결과에 따르면 정부의 시점간 예산제약을 균형화하기 위해서는 미래에 태어난 세대의 순조세 지출이 현재 태어난 아이보다 2.5배 더 높게 나타난다. 반면 연금개혁을 추진한 기준선 시나리오에서는 세대간 불균형이 그보다 현저히 낮아지고, EU의 많은 나라에서 세대 불균형이 거의 사라지고 있음을 보여준다. 특히 MTO 시나리오에서는 세대간 불균형이 더욱 낮아지고 미래세대들은 현재 태어난 세대보다 더 낮은 순조세를 부담할 수 있음을 보여주고 있다.

개별 국가들을 보면 현상유지 시나리오의 경우 모든 나라에서 세대간 불균형이 크게 나타나지만 기준선 시나리오에서는 세대간 불균형이 모든 경우 감소한다. 이에 따라 OECD 국가들의 약 3분의 1에서(불가리아, 덴마크, 독일, 에스토니아, 포르투갈, 스웨덴 등) 세대간 불균형은 사라지고 있고 미래세대는 현세대보다 더 낮은 순조세를 부담할 수 있을 것으로 전망되고 있다. 그러나 OECD 국가의 절반 이상에서는(벨기에, 체코, 아일랜드, 스페인, 이탈리아, 리투아니아, 룩셈부르크, 헝가리, 몰타, 네덜란드, 루마니아, 슬로베니아, 슬로바키아, 핀란드, 영국 등) 여전히 기준선 시나리오에서도 세대간 불균형이 유지되는 것으로 나타난다.(AGK>1)

---

388) Arévalo et al., ibid,, 2019, pp.29 – 33.

[그림 8] IBG 지표 및 AGK 지표 결과 비교(기준선 시나리오)

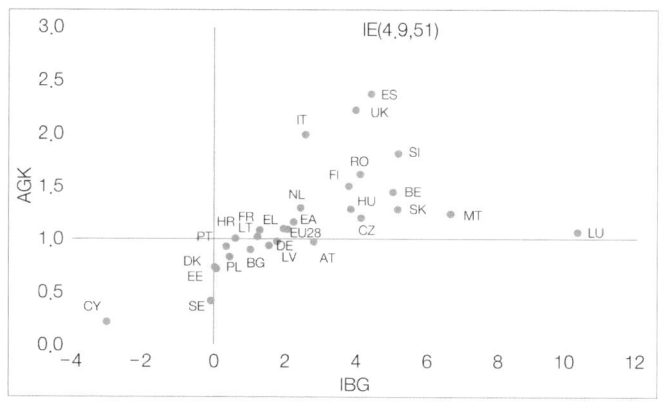

※ 자료 : EC Commission Service, p.33.

위의 연구결과에서 보듯이 세대간 회계를 활용해 분석할 경우 AGK와
IBG 지표 양쪽에서 얻어지는 결과를 함께 참조하는 것이 보다 바람직하다
는 사실을 보여주고 있다. 즉 위의 [그림 8]에서 보듯이 기준선 시나리오
하에서는 각국의 세대간 불균형은 작아지면서 결국 많은 EU 국가들은
AGK가 1.0 수준에 근접하고 있고, 그 결과 마치 세대간 불균형이 사라진
것처럼 보인다. 물론 몇몇 OECD 국가들은 여전히 AGK가 1 이상이다. 반
면에 IBG 지표에서의 시점간 갭은 여전히 높은 포지티브 상태에 놓인 모습
을 보인다는 사실에 주목할 필요가 있다. 그것은 재정의 지속가능성이 여전
히 위험상황에 놓여있음을 보여주는 것이다.[389]

이미 설명했듯이 정부가 시점간 예산 제약을 충족하려면 세대간 부담 조
정이 필요한데, 그러한 조정시점이 늦추어질수록 미래세대에게 해주어야
할 조정규모는 더욱 커지게 된다. 예를 들어 만일 우리가 조정을 2045년에

---

389) EU 전체적으로 '지속가능성 갭'은 2016년 GDP의 251%이다.

태어난 세대까지 늦출 경우 2045년 이후 모든 미래세대에 대한 세대간 회계는 2016년에 태어난 아이들에 대한 세대간 회계보다 12%나 더 높아질 것이고 2044년에 태어난 아이들에 대한 세대간 회계보다 60% 더 높아질 것이다. 2070년도로 조정을 더욱 연기한다면 미래세대에 더 많은 불균형을 부과하면서 그보다 훨씬 많은 조정이 필요해질 것이다. 즉 EU에 대한 세대간 불균형을 기준선 시나리오의 가정 하에 $AGK_{DA}(w)$로 측정할 경우 2066년까지 조정이 이루어지지 않으면 세대간 불균형은 25% 더 높아질 것이고 2092년까지 연기될 경우에는 50% 높아질 것으로 나타났다.

4. 소결

이상에서 살펴보았듯이 새로운 재정환경 대변환기에 미래세대의 부담과 세대간 불균형이 확대되는 상황에 대응하려면 세대간 회계를 활용하는 것이 필요하다. 이에 따라 다음과 같이 기존의 2단계의 중장기 재정전망을 3단계 중장기 재정전망으로 전환이 요구되고 있다.

첫째, 기존의 중장기 재정전망으로는 세대간 불균형을 파악하지 못하므로 세대간 회계를 활용할 필요가 있다. 특히 세대간 회계와 기존의 재정통계 지표들을 병행해 사용하면 재정상황을 보다 풍성하고 정확히 파악하고 대응할 수 있다. 둘째, 세대간 불균형을 파악할 경우 인구고령화 변수만 고려하던 데에서 벗어나, 이제는 반복되는 경제위기나 4차 산업혁명 같이 세대간 불균형 확대에 커다란 영향을 미치는 변수들을 함께 고려하는 통합적 전망을 실시해야 한다. 그래야 전망의 오차를 줄이고 신뢰도를 높일 수 있다. 셋째, 앞으로 국가부채를 전망할 경우 4대 공적연금을 포함한 사회보험들과 공기업 부채, 지방정부 부채를 포함한 모든 국가부채와 잠재채무까지 포괄적으로 통합추계하여 전망해야 한다. 그래야 중장기 재정전망이 재정위기의 경보기 역할을 제대로 하고 재정개혁의 방아쇠 역할을 담당할 수 있다. 넷째, 세대간 회계는 가급적 조기에 도입 활용하여 조기에 개선 조치를 취하는 것이 필요하다. 위에서 설명한 EU 회원국들에 대한 세대간 회계의 결과에서도 나타났듯이 연금개혁 등 재정개혁을 가급적 조기에 추진해야 세대간 불균형을 효과적으로 감소시킬 수 있고, 그러지 않고 시점간 예산제약을 균형화 하는데 필요한 조정을 계속 미래로 연기하면 세대간 불균형이 더욱 커지고 미래세대가 훨씬 많은 부담을 짊어지게 되면서 재정개혁이 어려워질 수 있다는 위험성을 확인하였다.

Ⅳ. 우리나라의 중장기 재정전망 개선방안

중장기 재정전망이야말로 지금같은 재정환경 대변환기에는 경제위기의 경보기 역할과 전면적 재정개혁의 방아쇠 역할을 담당하는 매우 중요한 수단으로 부상하게 되었다. 그리고 이러한 역할을 제대로 하려면 무엇보다 세대간 회계 등 새로운 추계기법과 함께 통합적 추계기법을 활용한 중장기 재정전망을 실시하여 앞으로 세대간 불균형이 얼마나 확대될지 올바로 파악하고 대응하는 것이 필요하다. 그리고 그 결과를 국민에게 제시하면 전면적 재정개혁이 자동적으로 추진될 것이다. 그것이 3단계 세대간 정의를 위한 중장기 재정전망이다.

우리나라의 중장기 재정전망을 3단계 중장기 재정전망으로 전환하기 위한 구체적 개선방안은 다음 6가지이다.

첫째, 현재 우리나라는 재정수지 균형과 지속가능성만 보는 중장기 재정전망을 실시하고 있는데 이를 세대간 불균형을 파악하고 대응하는 3단계의 중장기 재정전망으로 전환시켜야 한다.

둘째, 이를 위해서는 기존의 재정추계기법(FI)과 함께 세대간 회계(GI)를 활용하여 세대간 불균형도 파악하며 향후 재정상황을 통합적으로 전망하는 것이 필요하다.

셋째, 중장기 재정전망을 할 경우 모든 국가채무, 잠재채무까지 통합적으로 추계하는 것이 필요하며, 이를 뒷받침할 제반 법적 제도적 장치들을 확충해야 한다. 우리나라에서는 이미 통합적 추계를 위한 기존의 통합재정추계위원회가 운용되고 있으므로, 그동안 상이하게 추계되는 사회보험 등을 모두 하나의 통합 추계체계로 일원화시켜야 한다. 그리고 국가부채 산정시 4대 공적연금 등 8대 사회보험 부채, 지방정부 부채, 지방공기업 부채 등 모든 잠재채무까지 포함하여 통합적으로 전망하여야 한다.

넷째, 그동안 저출산·고령화 변수만 주로 고려하며 전망했는데 이제는 반복되는 경제위기나 4차 산업혁명 같은 주요 재정환경 변수도 모두 포함하여 추계하여야 한다. 그리고 이를 토대로 한 다양한 전망 시나리오를 운용할 필요가 있다. 그래야 향후 재정에 영향을 미칠 변수들을 최대한 고려하여 오차를 줄이고 신뢰성을 높일 수 있다.

다섯째, 3가지 재정환경 변화는 20년에서 30년 내에 현실화될 것으로 전망되고 있는 만큼 지금부터 중장기 재정전망을 통해 이에 대비한 전망을 철저히 실시하고, 지금부터 이를 중장기 재정계획에 반영하여 대비하도록 해야 한다.

여섯째, 이러한 통합적 재정전망 결과를 국민에게 투명하게 제시하고 인식을 공유하도록 해야 한다. 그래야 국민들이 앞으로 재정과 복지의 존속 자체가 어려워질 수 있다는 현실적 위험성을 깨닫는 전사회적인 각성을 이루고 사회적 합의를 도출하여 전면적 재정개혁을 성취할 수 있다.

다만 이같이 미래세대에 전가될 모든 부담을 포괄한 중장기 재정전망을 실시할 경우 재정당국자들은 국가재정의 위험성을 과다하게 노출시켜 국가 신인도를 저하시키고 국채발행 비용을 높일 수 있다고 반대할 수 있다. 그러나 그러한 자세야말로 그동안 극도로 방만한 재정운용과 포퓰리즘적 지출이 무분별하게 확대되는 결과를 유발하여 지금같은 더 커다란 재정위기를 초래하였음을 직시할 필요가 있다.

제 3 절 세대간 정의 실현을 위한 장기재정계획

Ⅰ. 3단계 장기재정계획으로의 발전

1. 장기재정계획의 개념

장기재정계획이란 무엇인가? 장기재정계획이란 장기재정전망을 토대로 구체적인 장기적 재정 목표와 방침을 세우고 이를 중기계획이나 단년도 예산에 반영 규율하는 것을 의미한다. 기본적으로 국가재정의 중장기적 지속 가능성과 세대간 균형을 도모하기 위해서는 향후 30년 이상의 장기재정전망을 하고 이를 기반으로 장기재정계획을 수립 운용하는 것이 필수적이라 할 수 있다. 특히 지금같이 3가지 재정환경 변화로 인해 재정여건이 근본적으로 바뀌고 미래세대 위기가 가중되고 세대간 불균형이 확대되는 상황에 대응하려면 장기재정계획을 수립 운용하는 것이 그 어느 때보다 중요해졌다. 그러나 장기재정계획은 중기재정계획이나 단년도 예산을 구체적으로 일일이 통제하며 간여하려는 것이 아니고, 시대적 재정환경의 커다란 변화와 다가올 예상치 못한 위험이나 재정위기 가능성에 대비해 장기적 재정운용의 기본적 틀과 방향을 잡아주고 장기적 위기에 효과적으로 대비하도록 리드하는 것이라 할 수 있다.

이에 따라 각국에서는 장기재정전망과 장기재정계획의 중요성을 새롭게 인식하면서 새로운 발전이 이루어지고 있다.[390] 그동안 IMF와 OECD에서도 각국에 장기재정전망을 제시하도록 권고하고 있고, 미국 CBO, EU, 영국 등 각국에서는 장기재정전망을 정기적으로 발표해왔다.[391] 우리나라도 「국가재정법」에서 국가재정운용계획에 중장기 재정전망을 포함하도록 규정하고 있다.

그러나 그동안 각국은 대부분 이러한 장기재정계획을 운용하지 못했고 대부분 형식적 운용으로 그쳤으며 우리나라는 특히 장기재정전망이 자의적으로 왜곡되는 등 많은 문제점을 노정하고 있다.

2. 기존 2단계 장기재정계획의 한계

이러한 장기재정계획은 여러 가지 장단점을 가지고 있다. 먼저 그 장점은 다음과 같다. 앞에서 설명했듯이 지금같은 재정환경 대변환기에는 장기전망을 통해 커다란 방향성을 설정하고 재정을 운용하는 것이 무엇보다 중요해졌다. 계속 단순히 과거의 단년도 예산 중심의 운용방식으로 대응하다가는 자칫 커다란 방향을 놓치고 회복할 수 없는 대위기를 맞이할 수 있기 때문이다. 예를 들어 우리나라는 구한말에 농경시대가 산업시대로 바뀌는 시대적 대전환기에 농경시대의 재정운용 방식을 계속 고수하다가 몰락했고, 인도, 중국 등 농경시대의 패권국가들도 그렇게 몰락했다.

기본적으로 재정환경 대변환기일수록 장기재정계획의 중요성이 더욱 커지기 마련이다. 특히 지금같이 저출산·고령화와 반복되는 경제위기와 4차 산업혁명 같은 재정환경 변화가 전개되고 세대간 불균형이 확대되는 상황에

---

390) 예산정책처, 「2012-2060년 장기 재정전망 및 분석」, 2012, 140쪽.
391) 예산정책처, 상게서, 2012, 발간사.

서는 장기 시계 하에 대응하는 것이 필수적이고, 또한 세대간 균형을 도모하는데 포커스를 맞춘 대응이 그 어느 때보다 중요하다. 결국 지금같은 시대적 대전환기에는 향후 30년 이상의 장기재정전망에 기반한 장기재정계획을 어떻게 수립하고 운용하느냐에 따라 국가와 재정의 사활이 좌우될 수 있다.

그러나 장기재정계획은 다음과 같은 4가지의 문제점을 가지고 있다.

첫째, 각국은 대부분 기존의 장기재정전망에서 실질적인 장기재정계획으로 발전시키지 못하고 단순히 장기재정전망을 하는 선에서 그치거나,[392] 장기재정계획을 하더라도 형식적으로 운용하며 참고자료로 활용하는 수준에 머물고 있다.

둘째, 각국의 장기재정계획에서는 여전히 재정의 지속가능성만 추구할 뿐 세대간 불균형을 고려하지 않고 있다.[393]

셋째, 장기재정계획을 운용하는데 있어서 앞으로 커다란 세대간 불균형 확대를 유발할 수 있는 주요 재정환경 변수들을 최대한 반영해야 하는데 그러지 못하고 있다. 우리나라의 경우도 저출산·고령화 변수만 일부 고려할 뿐 반복되는 경제위기나 4차 산업혁명 등의 변수는 고려하지 않고, 국가부채 관리계획에서도 잠재채무까지 통합적으로 관리하지 않고 있다. 그 결과 장기계획의 신뢰성이나 효용성이 낮을 수밖에 없다.

넷째, 장기재정계획은 무엇보다 장기계획에서 정한 목표와 지침으로 중기재정계획 및 단년도 예산을 연계 규율하는 체계를 운용하는 것이 중요한데, 아직은 이러한 실질적인 장기재정계획을 모두 갖춘 경우는 드물다. 따라서 이러한 문제점을 가진 기존의 장기재정계획으로는 지금같이 재정환경

---

392) 국회예산정책처, 상게서, 2012, 140쪽.
393) 우리나라에서 세대간 회계를 실시한 장기재정전망은 국회예산정책처의 「2012-2060년 장기 재정전망 및 분석」에 포함되어 있다.

과 재정여건의 대변환기에 제대로 대응할 수 없고 세대간 불균형이 확대되는 문제도 해결할 수 없다. 이에 따라 새로운 장기재정계획으로의 변화가 요구되고 있다.

3. 세대간 정의 실현을 위한 장기재정계획으로의 전환

전술했듯이 지금같은 재정환경 대변환기에는 장기재정계획의 필요성이 더욱 커졌고 그것이 중장기 재정운용의 성패를 좌우하는 핵심 키로 부상하게 되었다. 특히 세대간 불균형이라는 문제는 장기단위에서 유발되는 것인 만큼 이에 대응하려면 단년도 예산이나 5년 단위의 중기재정계획으로는 효과를 보기 어렵고, 장기적 시계 하에 재정운용의 틀과 방향을 정립하여 중기재정계획이나 단년도 예산을 규율하면서 대응해야 문제 해결이 가능하다. 이에 따라 각국은 세대간 균형을 목표로 삼는 새로운 장기재정계획으로 전환하고 있다. 그 대표적인 모델이 호주의 세대간 리포트이다. 따라서 그것은 3단계의 세대간 정의를 위한 장기재정계획으로 볼 수 있다.

호주 모델이 기존 2단계의 장기재정계획과 다른 점은 2가지이다. 첫째, 재정의 건전성과 지속가능성만 추구하던 데에서 벗어나 세대간 균형 목표를 추구한다는 점이 다르다. 둘째, 2단계 장기재정계획은 중기재정계획이나 단년도 예산과 분리 운용되었으나, 3단계 장기재정계획은 세대간 불균형을 파악한 장기재정전망을 토대로 장기재정계획과 목표치를 설정하고 그 방침으로 중기재정계획과 단년도 예산을 규율한다는 점에서 다르다. 이와 달리 각국의 기존 2단계 장기재정계획은 지속가능성이라는 다소 막연한 목표를 추구하고, 장기 – 중기 – 단기 목표치 운용이나, 통합 연계 규율 체제 운용도 없으며, 그 결과 단지 참고자료로 활용하는 수준에 그치고 있다.

Ⅱ. 우리나라 장기재정계획의 현황 및 문제점

1. 현황

우리나라 국가재정법에는 정부가 중기재정계획을 제출할 때 장기재정전망을 제출하도록 되어있을 뿐, 별도로 장기재정계획을 수립 운용하도록 되어있지는 않다. 그 결과 우리나라는 단순히 장기재정전망을 할 뿐 호주식의 세대간 리포트 같은 장기재정계획을 운용하지 않는다. 즉 장기재정전망에 기반하여 별도의 장기재정계획과 방침을 마련해 중기재정계획이나 단년도 예산을 규율하는 모습은 찾아볼 수 없다. 따라서 우리나라에서는 장기재정계획이 없다고 볼 수 있다. 더구나 장기재정전망조차 극히 형식적인 전망으로 그치고 있으며 세대간 균형을 고려하지도 않고 있고 자의적으로 이루어지고 있어서 문제이다. 그동안 장기재정전망 가정들의 근거가 모호하고 결과가 늘 낙관적이어서 실효성에 관한 논란이 제기되었다.

최근 들어 가장 문제가 되었던 사례로 정부가 2020~2060년 장기재정전망으로 별 근거도 없이 자의적으로 낙관적인 전망치를 제시해 비난을 자초했다. 그것은 다음 두 가지 이유 때문이다. 첫째, 정부의 장기 재량지출 전망은 근거도 없이 장기적으로 우하향할 것으로 전망하여 국가부채비율 전망치를 낮추도록 만들었다. 즉 GDP 대비 재량지출 비율을 2020년 13.0%에서 2060년 5.8%로 대폭 낮추었고 그 결과 2060년 국가채무비율 전망을 64.5%~81.1% 선으로 과도하게 저하시켜서 낙관적으로 만든 것이다.[394]

---

394) 기획재정부, 2020-2060년 장기재정전망, 222-223쪽.; 기재부 장기재정전망의 GDP 대비 재량지출 비율을 비교해보면 2015년의 2060년 장기재정전망에서는 10.9%, 2020년 NABO의 전망은 12.4%로 모두 10%를 넘는데 비해, 기재부의 2020년 장기재정전망에서는 5.8%로 현저히 낮추었다. 이와 달리 재량지출 증가율을 현실화해 2012-2020 평균치를 사용할 경우(NABO방식) 2060년 기준 GDP 대비 국가채무 비율은 204.4%이고, 2019-2023 국가재정운용계획의 재량지출 비율을 사용했을 경우에는 215.2%로

정부가 2015년에 장기재정전망을 할 때에는 다른 나라들처럼 "재량지출 증가율이나 기타지출이 경상성장률 만큼 증가한다고 가정"했지만, 2020년 9월 제2차 장기재정전망에서는 고령화 및 그에 따른 사회안전망 확충에 따라 의무지출은 경상성장률(4.0%)로 증가하는 반면, 재량지출은 오히려 축소될 것이라는 전제 하에 전망을 함으로써 결국 정부의 3가지 시나리오에서 모두 국가채무 증가율이 2040년대 중반을 기점으로 줄어들 것이라는 결과를 내놓았다. 이와 달리 국회 예산정책처의 「2020 NABO 장기 재정전망」에서는 재량지출 증가율을 경상성장률과 동일하게 가정하여 국가채무를 추계한 결과 2060년 GDP 대비 국가채무 비율이 정부의 장기재정전망치보다 77%p~94%p나 높은 158.7%로 나타났다. 둘째, 2020~2060년 장기재정전망의 또 다른 문제점은 3가지 시나리오에서 제시하는 "신규 의무지출 도입"이 "10조원('25~'40년) → 20조원('41~'50년) → 30조원('51~'60년)"으로 증가한다고 전망했는데 이에 대한 명확한 기준이나 설명이 없다.

결국 우리나라의 장기재정전망의 경우 각종 변수들과 시나리오가 근거도 없이 매우 자의적으로 운용되며 낙관적인 전망을 제시하는 수단으로 전락한 것이다. 따라서 장기재정전망이 미래의 위험성을 예측 제시하여 '재정의 경보기' 역할을 하며 이를 바탕으로 장기적 재정운용의 커다란 방향성을 정립하고 운용하도록 하는 본래의 역할은 사장된 상황이다.

또한 4대 공적연금의 경우도 각기 법률에 근거해 장기재정전망과 계획을 실시하도록 되어있고 이에 따라 그동안 국민연금의 경우 4차례의 재정재계산을 실시하고, 2018년에는 4차 재정계산에 입각한 재정안정화방안과[395)]

이번 장기재정전망에 비해 월등히 높아지며 이는 현재 OECD 비기축통화국 평균의 4배를 상회하는 수준으로 평가된다.
395) 박형수, "국가재정과 사회보험재정, 문제없나?", 성균관대경제연구소, 2019, 16쪽.

제4차 국민연금종합운영계획안을 제시하였다. 그러나 문제는 공적연금의 장기전망과 계획의 실제 운용에 있어서는 전망방법 및 전망 전제와 시기가 상이하고 전망체계도 미흡하고 결과에 대한 공개도 부족한 실정이다. 특히 건강보험이나 노인장기요양보험은 아직 공적기금으로 편입되지 않아 국가 재정에서 제외되어 공식적인 장기 재정추계에 대한 법적 근거나 정부의 공식적인 추계치도 없다. 따라서 우리나라는 향후 미래세대의 재정부담에 가장 큰 영향을 미칠 수 있는 4대 공적연금을 비롯한 8대 사회보험에 대한 장기재정추계 인프라가 현재 부족하고 체계적인 장기재정전망이 제대로 이루어지지 못하는 상황이라는 점에서 향후 세대간 불균형이 급속히 확대되는데 대응하기 불가능할 것으로 전망된다.

2. 개선노력

우리나라는 세계 최고수준의 초저출산과 초고령화로 금세기 내에 인구가 절반으로 줄어들고 복지와 재정의 심각한 위기가 전망되고 있고, 나아가 반복되는 경제위기와 4차 산업혁명 등으로 인한 위기가 가중되는 재정환경 대변환기를 맞이해 그 어느 나라보다 장기재정계획이 필요한 상황이라 할 수 있다. 그럼에도 이러한 인식이나 노력은 찾아보기 어렵다.

단지 그동안 우리나라에서는 장기재정전망의 문제점을 개선하기 위한 노력이 단편적으로나마 이루어졌을 뿐이다. 첫째, 그동안 정부는 국가재정법에 장기재정전망을 제출하도록 되어있었는데도 이를 상당기간 지키지 않았고 이를 시정하기 위해 관련법 개정이 이루어졌다. 즉 정부의 장기재정전망 실시 의무를 구체화하기 위해 2020년 3월 국가재정법 제7조 제4항을 신설하여, 정부로 하여금 40회계연도 이상의 기간을 대상으로 5년마다 장기재정전망을 실시하도록 의무화했다.[396] 이에 따라 2020년 9월 정부는 국가재정운용계획에 「2020~2060년 장기재정전망」을 포함하여 국회에 제출하였다. 그러나 여기에는 정부의 총수입·총지출·관리재정수지를 추계한 뒤 관리재정수지 적자분을 누적하여 중앙정부의 적자성 채무를 전망했는데 금융성 채무에 대한 실질적인 추계는 이루어지지 않았다.[397]

둘째, 우리나라는 장기재정계획의 방침으로 중기재정계획이나 단년도 예산을 규율하는 실질적 장기재정계획은 없지만 그나마 외형적인 모습을 갖추기 위한 노력이 시작되고 있다. 즉 우리나라 정부는 저출산·고령화 등으로 장기적 재정운용의 필요성이 커지자 '2012~2016년 국가재정운용계획'에 이어 '2013~2017년 국가재정운용계획'에서 재정관리시스템 개선 방안을 제시하고, 아래의 표와 같은 "장기-중기-단기 연계 재정관리시스템 확립" 추진 방안을 제시하였다. 즉 장기적으로 재정부담이 커질 것으로 예상되는 연금, 의료, 고용, 교육 등의 주요 분야를 중심으로 장기재정전망을 실시하고, 이를 기초로 재정여력을 관리하겠다는 계획이다. 물론 아직은 이에 대한 구치적 추진이 이루어지지 않고 있지만 우리나라도 장기-중기-단년도 재정의 연계 규율 체제 운용을 위한 노력이 시작되고 있음을 보여주는 것이다.

셋째, 장기재정계획의 유용성은 장기재정전망에 기초하여 장기적 재정운용의 방침을 정하여 운용한다는데 있으며, 이를 위해 각국은 주로 시나리오별 대응방안을 활용하고 있다. 이에 따라 우리나라 정부도 외형적으로 시나리오별 전망을 시작하였다. 즉 정부의 「2020~2060년 2차 장기재정전망」에서는 3가지 시나리오를 두어 '인구 감소 및 성장률 둔화 추세가 유지되는

---

396) 국가재정법 제7조 ④ 기획재정부장관은 40회계연도 이상의 기간을 대상으로 5년마다 장기 재정전망을 실시하여야 한다.
397) 이강구·최종하, "한국의 장기재정전망: 문헌연구", 「입법과 정책」 제11권 제1호, 국회입법조사처, 2019, 213쪽.

경우'(현상유지), '성장률 둔화가 개선된 경우'(성장대응), '인구감소세가 둔화된 경우'(인구대응) 등의 시나리오를 운용하고 있다.[398]

물론 우리나라의 이러한 장기재정전망에는 지금 전개되는 극히 위험한 3가지 재정환경 변화를 거의 반영하지 못하고 있고, 제2차 장기재정전망의 경우 제1차 전망과 달리 사회보장성 기금 및 재정지원을 받는 연금·보험에 대한 전체 재정전망 결과를 제시하지 않았으며, 4대 공적연금의 적립금·누적수지 고갈시점도 제시하지 않았다는 점에서 오히려 퇴행적인 모습을 보이고 있다는 비판이 있으나, 일단 외형적인 모습은 갖추어가고 있는 것으로 볼 수 있다.

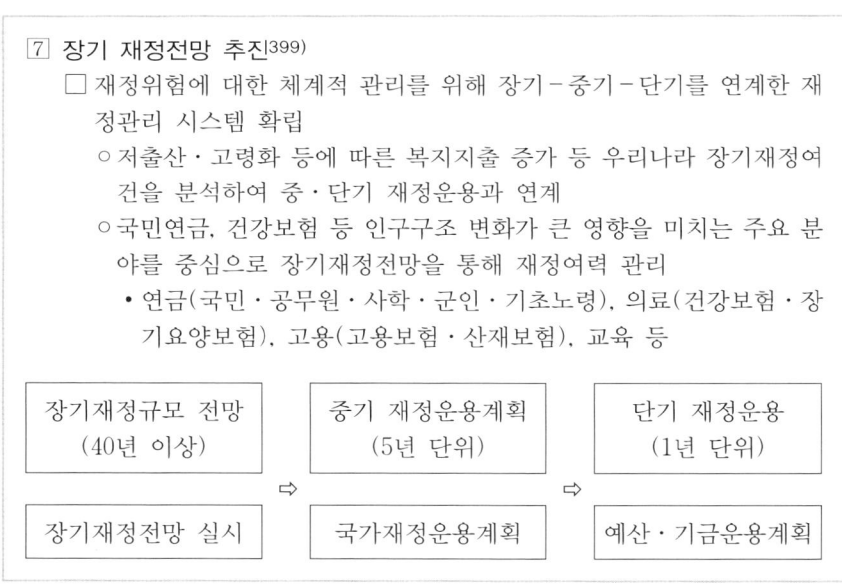

[7] 장기 재정전망 추진[399]
  □ 재정위험에 대한 체계적 관리를 위해 장기-중기-단기를 연계한 재정관리 시스템 확립
    ○ 저출산·고령화 등에 따른 복지지출 증가 등 우리나라 장기재정여건을 분석하여 중·단기 재정운용과 연계
    ○ 국민연금, 건강보험 등 인구구조 변화가 큰 영향을 미치는 주요 분야를 중심으로 장기재정전망을 통해 재정여력 관리
      • 연금(국민·공무원·사학·군인·기초노령), 의료(건강보험·장기요양보험), 고용(고용보험·산재보험), 교육 등

| 장기재정규모 전망 (40년 이상) | 중기 재정운용계획 (5년 단위) | 단기 재정운용 (1년 단위) |
| 장기재정전망 실시 | 국가재정운용계획 | 예산·기금운용계획 |

398) 홍종현·정성호,「국가채무 및 재정수지 관리 법제의 현황과 개선방안 연구」, 재정혁신지원법제 연구 20-20-6, 한국법제연구원, 2020, 68쪽 이하.
399) 2013-2017년 국가재정운용계획 41쪽.

3. 평가

우리나라는 장기재정계획은 없고 단순히 장기재정전망만 실시하는 상황이며 그 역시 극히 형식적으로 운용하고 있음을 확인할 수 있다. 특히 정부의 2020년 장기재정전망은 명확한 근거도 없이 자의적으로 재량지출이 중장기적으로 줄어든다고 가정하는 등 신뢰할 수 없고 객관성 없는 전망이 이루어지고 있다. 더구나 이러한 장기재정전망에서 정한 방침으로 중기재정계획이나 단년도 예산을 규율하는 실질적 장기재정계획도 운용되지 않는 상황이다.

무엇보다 지금의 자의적이고 매년 오차가 심해 신뢰할 수 없는 장기재정전망을 바탕으로 장기재정계획을 발전시킬 수는 없으며 따라서 먼저 장기재정전망의 신뢰성, 객관성을 높이는 것이 우선순위이고, 그 이후에야 이를 토대로 장기재정계획을 수립하고 중기재정계획과 단년도 예산을 규율하도록 할 필요가 있다.

이와 함께 지금의 장기재정전망은 새로운 3가지 재정환경 변화를 제대로 반영하지 못하고 있다는 점도 반드시 고려해야 할 사안이다. 즉 장기재정전망시 고려 변수로서 일부 저출산·고령화 추이만 반영할 뿐 반복되는 경제위기나 4차 산업혁명 같이 앞으로 미래세대 재정운용에 결정적 타격을 가할 변수들을 고려하지 않고 있어서 문제이다. 이래서는 장기재정전망이 신뢰성을 가질 수 없고 오히려 잘못된 방만한 재정운용을 유도하는 결과만 초래할 수 있다.

나아가 정부의 제2차 장기재정전망의 경우 제1차 전망과 달리 사회보장성 기금 및 재정지원을 받는 연금·보험에 대한 전체 재정전망 결과를 제시하지 않았으며, 4대 공적연금의 적립금·누적수지 고갈시점도 제시하지 않았다는 점에서 오히려 퇴행적인 모습을 보이고 있다는 비판이 있다.

그러나 지금같이 새로운 재정환경 변화로 인해 세대간 불균형이 확대되는 상황에 대응하기 위해서는 장기재정전망과 계획의 중요성이 커진 만큼 이러한 문제를 시정하고 새로운 장기재정계획으로의 발전이 필요하다.

Ⅲ. 세대간 정의 실현을 위한 3단계 장기재정계획 해외사례

1. 우리나라 장기재정전망과 해외 장기재정계획의 비교

이상에서 살펴보았듯이 우리나라는 아직 제대로 된 장기재정계획이 발전하지 않고 있고, 세대간 균형을 고려하는 장기재정계획은 더더구나 발전하지 못하고 있다. 반면에 해외에서는 세대간 균형을 중시하는 새로운 장기재정계획으로의 발전이 이루어지고 있다. 그 대표적인 사례는 호주의 세대간 리포트와 유럽연합 집행위원회(EC)의 Ageing Report를 들 수 있다. 그것을 비교한 것이 아래의 [표 9]이다.

아래의 표에서 보듯이 우리나라의 장기재정전망은 제대로 된 정책 시나리오별 운용을 하지 않고 있고, 단순히 인구 변수 등에 따른 전망 시나리오를 형식적으로 운용하는 수준에 머물고 있는데 비해, 호주의 세대간 리포트는 장기재정계획에서 정책대응별 시나리오를 활용하고 있으며, 유럽연합 집행위원회의 Ageing Report에서는 퇴직 연령과 관련한 일부 정책 시나리오를 운용하고 있다.

따라서 장기재정계획의 발전도를 비교하면 호주, EU, 우리나라 순으로 볼 수 있다. 결국 우리나라는 장기재정계획의 제도적 틀이 없고 단지 장기재정전망만 형식적으로 하는 수준이고, 호주식의 장기 정책방침 관련 시나리오도 없으며, 이를 토대로 장기·단기 예산을 규율하는 체계도 없는 상황이다.

결국 우리나라는 이러한 장기재정전망을 가지고 격변하는 재정환경 변화에 대응하는 것은 불가능하고 재정의 경보기 역할도 수행할 수 없다. 그러므로 이를 실질적 장기재정계획이자 세대간 균형을 도모하는 3단계 장기재정계획으로 발전시키는 노력이 필요하다. 그리고 이를 뒷받침하기 위해서는 체계적인 장기재정추계시스템 구축 등 다양한 법적 제도적 개선 방안이 필요하다.[400)]

[표 9] 호주, EU, 한국의 장기재정계획(전망) 비교[401)]

구분	호주의 세대간 리포트	EC의 Ageing Report	한국의 장기재정전망
인구 거시 경제 추계	인구전망, 이민기여율, 노동참가율, 생산성증가율, 교역조건, 기후변화, 건강비용	인구전망, 노동생산성, 노동참가율, 실업률, 이자율	인구전망, 생산가능인구
재정 지출 추계	• 인구구조 변화 관련 지출 및 리스크 : 보건, 노후 지출, 교육 • 인구구조와 관련 없는 지출 및 리스크 : 기후변화	정부지출 항목별로 장기재정 전망 : 공적연금, 보건의료, 장기요양, 교육 등	총지출증가율과 부채비율 전망(총지출에 사학연금보험 기타 복지지출 등 의무지출 포함)
시나리오	• 3가지 정책별 시나리오 ① 과거의 정책 (Previous policy) ② 현재 입법정책 시행시 (Currently legislated) ③ 새로운 제안입법 시행 시(Proposed policy) ※ 2021년부터 변경	• 8가지 시나리오 ① 인구별 : 기준선 대비 2070년까지 기대수명 2년 증가 ② 인구별 : 전체 전망 기간 중 기준선 대비 순인구이동이 33% 증가 또는 감소 ③ 인구별 : 전체 전망 기간 중 기준선 대비	• 3가지 시나리오 인구 거시경제시나리오별 국가채무 변화 제시 ① 현상유지(정책무대응) : 인구감소세 유지 실질 성장률 크게 둔화 ② 성장대응 : 인구감소세 유지 경제체질 개선으로 실질성장률

---

400) 박형수, "장기재정전망 시스템 구축이 시급하다", 재정포럼 181권, 한국조세재정연구원, 2011, 13쪽.

구분	호주의 세대간 리포트	EC의 Ageing Report	한국의 장기재정전망
		출산율 20% 저하 ④ 노동력 : 고령근로자의 고용률 상승 ⑤ 생산성 : 총요소생산성 증가 ⑥ 정책시나리오 : 퇴직연령은 현재 퇴직연령의 기대수명 변화의 3/4만큼 매년 조정 ⑦ 정책시나리오 : 조기 및 법정퇴직 연령과 경력 요건은 기준연도의 상황에서 동결 ⑧ 정책시나리오 : 소득관련 공적연금 급여율이 기준연도 대비 10% 하락하면 급여율 안정화 조치	하락폭 둔화 ③ 인구대응(출산율제고) : 인구 감소폭 둔화, 실질성장률 크게 둔화 (시나리오별+정책조합) 정책조합 : 2025년 이후 신규 의무지출 도입하면서 2050년까지 점진적으로 GDP 대비 2%p 수준의 수입확대 후 유지 가정

2. 호주의 세대간 리포트

가. 호주의 세대간 리포트 주요 내용

호주의 세대간 리포트(Intergenerational Report: IGR)는 세대간 정의를 위한 장기재정계획의 선도적 발전사례라고 할 수 있다. 그것은 다음과 같은 특징을 가지고 있다. 첫째, 그동안의 단순한 장기재정 전망에서 벗어나 구체적인 장기재정계획을 세우고 이를 중심으로 단년도 예산을 규율하는 것이다. 특히 정책대안별 장기재정 시나리오를 중심으로[402] 장기재정계획의

---

401) 호주 세대간 리포트 2015; European Commission(2020), The 2021 Ageing Report; 기획재정부 2020 장기재정전망.
402) 호주와 달리 우리나라 기획재정부의 2020‑2060년 장기재정전망(2015)에 의하면 단순

방침을 현재의 정책에 연계 반영하고 있다. 둘째, 호주의 세대간 리포트는 장기재정계획 – 중기재정계획 – 단년도 예산 규율 체계의 가장 상위에 위치하여 장기적 재정운용의 틀과 방향의 설정을 담당하며 이를 가지고 단년도 예산을 규율하고 있다. 셋째, 호주의 세대간 리포트는 초기 발전단계에 있는 만큼 그 내용과 방법론상 아직 부족한 점이 있지만 이를 차례로 개선해 가고 있다. 즉 중기재정계획과의 연계 규율 체제가 제대로 정립되지도 않았고 세대간 불균형을 파악하기 위해 세대간 회계도 아직 활용하지 않고 있다.[403] 그러면 차세대 장기재정계획의 대표적인 사례인 호주의 세대간 리포트에 대해 알아보기로 한다.

나. 세대간 리포트 도입 배경

호주의 세대간 리포트 도입 배경도 재정위기에 대응하기 위한 것이라 할 수 있다. 즉 1975년부터 1995년까지 재정위기가 심화되면서 평균 재정적자 규모가 GDP 대비 3.9%에 달하고 공공부채가 크게 누적되었고 결국 이 문제를 개선하기 위해 새로운 재정개혁을 추진하게 되었다.[404] 이에 따라 1998년에 먼저 재정 건전화를 도모하기 위한 공정예산헌장(Charter of Budget Honesty Act)을 제정해 재정정책 기본 틀을 마련했고, 이를 기반으로 중기재정전략과 함께 단기 재정목표를 수립 활용하도록 했다. 공정예산 헌장에서는 재정전략 5대 원칙("Principles of sound fiscal management")이

히 인구변수 성장률 변수를 고려한 시나리오만 있고 근거 없이 재량지출을 줄이는 시나리오만 있을 뿐임.

403) Judith C. Bessant, Michael Emslie, Rob Watts, "Accounting for Future Generations: Intergenerational Equity in Australia", *Australian Journal of Public Administration* Vol 70 – Issue 2, Institute of Public Administration Australia, 2011.

404) 홍승현, 「재정의 지속가능성 관련 제도적 장치 – EU, 미국, 영국, 스웨덴, 캐나다, 호주, 일본」, 한국조세연구원, 2011. 53쪽.

제시되었는데 그 지침 중 하나가 '정책결정은 세대간 관점에서 공평해야 한다'는 것이다.[405)]

이러한 공정예산헌장에 의거 향후 40년간의 현 정부정책의 지속가능성을 평가하고 정부의 장기재정목표를 재정전략방안으로 발표하며 이를 바탕으로 단기 재정정책의 틀을 잡도록 하였으며, 이를 뒷받침하기 위해 세대간 리포트를 제출할 것을 법률로 의무화했다.[406)] 따라서 호주는 공정예산헌장에 기반한 세대간 리포트를 중심으로 장기재정계획을 운용하며 이를 현재의 단년도 정책에 반영하고 있다.

다. 세대간 리포트의 내용

기본적으로 세대간 리포트는 보건 및 노령화, 교육, 공적연금, 기후변화 등에 관한 현 정부정책들에 대한 향후 '40년간의 장기적 지속가능성'을 전망하고 평가하기 위한 것으로, 그 발표주기는 5년 미만으로 설정했고 2002~2003년 예산서에서 Budget Paper No. 5로 발표된 이후 각각 2007년과 2010년, 2015년에 대략 5년 주기로 보고서를 발표했으며, 2020년도의 보고서 발표는 COVID-19로 인해 2021년에야 발표되었다. 2008년 12월 호주 정부는 앞으로 발표주기를 3년으로 줄이겠다고 공표한바 있다.

세대간 리포트(IGR)에는 1인당 정부지출 추정, 재정수지, 정부부채 등의 재정지표가 수록되어 있고 인구구조 또는 거시경제 변수를 설정하고 민감

---

405) 공정예산헌장의 재정전략 5대 원칙(Principles of sound fiscal management) : 1) 일반 정부부채가 보수적인 수준에서 유지되어야 하고 금융리스크는 신중히 다루어져야 함. 2) 재정정책은 국민저축 달성을 위해 설계되어야 하며 경제적 위험이 재정상황에 미치는 영향을 고려하여 경제활동의 경기변동성을 완화해야 함. 3) 지출과 조세정책은 조세부담의 안정성과 예측가능성을 합리적 수준에서 유지해야 함. 4) 조세시스템의 근본 체계는 유지되어야 함. 5) 정책결정은 세대 간 관점에서 공평해야 함.
406) 공정예산헌장 제20조에 의거해 재무장관이 세대간 보고서를 5년 주기로 작성해 연방 하원에 제출하도록 의무화했다.

도분석을 실시해 발표하도록 했다. 지출에 대한 추정은 크게 인구구조의 변화와 인구구조와 관련되지 않은 재정지출 및 리스크의 두개의 카테고리로 분류했고, 인구구조의 변화에는 보건, 노후 지출, 교육 등이 포함되며 인구구조 외의 재정지출에는 기후변화가 포함된다. 이러한 IGR의 결과는 유용하게 다방면으로 활용되고 정부정책에 반영되고 있다. 즉 정부 각 부처에서는 이를 활용해 중장기적 시계에서 재정의 지속가능성을 고려해 보건, 교육, 복지, 연금 등의 정책 등을 검토하고 새로운 정책을 결정하고 있다. 그 대표적인 사례의 하나가 IGR의 지적에 기반해 미래펀드(Future Fund)를 만든 것이다.[407] 그러나 세대간 리포트의 지침을 단년도 예산에 반영할 법적 의무가 부여되어 있는 것은 아니다.

라. 세대간 리포트의 3가지 시나리오별 장기전망[408]

세대간 리포트의 가장 핵심적 특징은 세 가지 시나리오별 장기재정전망을 제시하고 이에 따라 현재의 정책에 대한 개선방안들을 제시했다는 점이다.[409] 세 가지 시나리오에서는 어떠한 정책을 시행하느냐에 따라 미래의 재정상황에 대해 각각 다른 그림을 제시하고 있다.

첫 번째 시나리오는 과거의 정책(Previous policy)이 그대로 시행되는 경우의 장기재정전망이다. 즉 2014~2015년 예산안 이전에 시행되었던 정책들에 의거한 장기재정전망이다. 두 번째 시나리오는 연방의회에서 통과한 "현재 입법된" 정책이 시행될 경우(Currently legislated)의 장기재정전망이

---

407) 홍승현, 「재정의 지속가능성 관련 제도적 장치 – EU, 미국, 영국, 스웨덴, 캐나다, 호주, 일본」, 한국조세연구원, 2011, 56–58쪽.
408) Treasurer of the Commonwealth of Australia, 2015 Intergenerational Report Australia in 2055, p.xiii.
409) 여기서는 호주의 2015년 세대간 리포트를 중심으로 분석한다.

다. 세 번째 시나리오는 새롭게 제안된 정책방안들을 향후 시행할 경우 (Proposed policy)에 기초한 전망이다. 즉 정부가 2014~2015년 예산을 완전히 이행한 이후 또는 "동등한 수준의 대체조치"를 가정한 "제안된 정책"이 시행되었을 경우를 상정한 장기재정전망이다.

　2015년 보고서의 3가지 시나리오별 지출전망은 다음과 같다.[410] 첫째, 과거 정부의 정책이 그대로 시행되는 시나리오의 경우(Previous policy) 2054~2055년도 지출전망은 연평균 3.6% 증가해 1조 6,870억 호주달러에 달하고 GDP 대비 37.0%에 이른다. 둘째, 현재의 제도가 그대로 유지되는 시나리오(Currently legislated)의 경우 2054~2055년 지출전망은 연평균 3.1% 증가하여 1조 4,220억 호주달러에 이르고 GDP 대비 31.2%에 달한다. 셋째, 향후 제도가 개정되는 시나리오(Proposed policy)의 경우 2054~2055 년 지출전망은 연평균 2.7% 증가해 1조 1,970억 호주달러에 달하며 전체적으로 정부지출 비중은 줄어드는 것으로 나타났다.

　2015년 보고서에서 3가지 시나리오별 재정수지(underlying cash balance) 전망은 다음과 같다. 첫째, 과거 정부의 정책이 그대로 시행되는 시나리오 (Previous policy)의 경우 2054~2055년 재정적자는 GDP 대비 △11.7%로 5,328억 호주달러에 이른다. 둘째, 현재의 입법을 반영한 시나리오 (Currently legislated)의 경우 2054~2055년 재정적자는 GDP 대비 △6%로 2,667억 호주달러로 줄어든다. 셋째, 향후 제도가 개정을 반영하는 시나리오(Proposed policy)의 경우 재정수지는 2014~2015년 GDP 대비 △2.5% 적자가 2019~2020년에는 흑자로 전환한 뒤 2054~2055년에는 GDP 대비 0.5% 흑자로 243억 호주달러에 이를 것으로 전망했다.

　2015년 보고서에서 3가지 시나리오별 순채무(Net debt) 전망은 다음과 같

---

410) 2015 Intergenerational Report Australia in 2055, p.xvi.

다. 첫째, 과거 정부정책이 그대로 시행되는 시나리오(Previous policy)의 경우 2054~2055년 순채무는 GDP 대비 122%로 5조 5,590억 호주달러에 이르게 된다. 둘째, 현재의 입법을 반영한 시나리오(Currently legislated)의 경우 2054~2055년 순채무는 GDP 대비 60%로 2조 6,090억 호주달러로 절반 가까이 줄어든다. 셋째, 향후 제안된 정책이 반영된 시나리오(Proposed policy)의 경우 순채무는 2031~2032년에 이르면 없어지는 것으로 전망하고 있다.

그 결과 과거 정부정책이 그대로 시행되는 시나리오(Previous policy)의 경우 40년 이후 호주의 순채무는 다른 외국의 현재 순채무 규모보다 높아질 전망이지만 향후 제안된 제도를 반영한 시나리오(Proposed policy)의 순채무 규모는 다른 나라들에 비해 가장 낮아질 것으로 전망했다.

마. 세대간 리포트의 재정정책 제안[411]

세대간 리포트는 이러한 장기전망을 기초로 향후 호주 정부에게 다가올 재정위기와 각종 위험을 제기하고 이에 대처하기 위해 새로운 정책들을 제안하고 있는데 그것이 세대간 리포트의 가장 중요한 역할이라 할 수 있다. 이를 위해 먼저 지속적 경제성장을 견인해 나갈 방안을 제안하는 동시에 새로운 예산규율(budget discipline)을 수립할 것을 제시하고,[412] 현재 추진되고 있는 지출절감 개혁을 더욱 강력히 추진할 것을 요구했다. 특히 인구 고령화가 심화되는데 대응하기 위해서는 꾸준한 경제성장을 지속하는 것이 필요하며[413] 이를 위해서는 경제활동참가율을 증대시켜야 하며 청년층은 물론 여성과 고령층, 장애인 등의 경제활동참가율을 높일 것을 제안하고 있

---

411) 2015 Intergenerational Report Australia in 2055, p.89.
412) 2015 Intergenerational Report Australia in 2055, p.xxii.
413) 관련 내용으로는 3.1. Building jobs, growth and opportunity, 3.2. Harnessing further gains in productivity and participation, 3.3. Continuing budget repair.

다. 이와 함께 생산성을 제고하기 위한 노력을 요구하고 기업과 시장의 경쟁력을 제고하면서 혁신 기업환경을 조성할 것을 제안했다. 이와 함께 각 분야별로 관련된 구체적인 정책들의 방향이 제시되었다.

바. 세대간 리포트의 문제점

호주의 세대간 리포트는 아직은 여러모로 부족한 면이 있고 여러 가지 측면에서 실험단계에 있다고 할 수 있다. 호주의 세대간 리포트에 대해서는 다음과 같은 측면에서 비판이 제기되고 있다.

첫째, 호주의 세대간 리포트를 5년마다 제출함으로써 작성주기가 길다는 비판이 제기되었다. 둘째, 제안된 정책을 현재의 정부 정책에 반영하게 하는 법적 구속력이 부족하다는 문제점이 제기되고 있다. 아직 세대간 리포트의 지침을 반영할 법적 의무가 부여되어 있지 않기 때문이다. 특히 경제성장률이 높은 때에는 장기재정계획에서 제안된 재정개혁 방안이 제대로 추진되지만, 경제위기를 맞이하면 그러한 노력이 쉽게 줄어드는 문제점이 제기되고 있다. 셋째, 호주의 세대간 리포트에서는 세대간 회계를 활용하지 않아서 세대간 불균형을 보다 구체적으로 확인하지 못하는 한계가 있다. 넷째, 장기재정 전망시 재정에 미치는 주요 변수를 고려할 때 고령화 외에 반복되는 경제위기나 4차 산업혁명 변수를 고려하지 않음에 따라 장기전망의 오차가 커질 수 있고 신뢰성에 관한 문제도 있다. 다섯째, 세대간 리포트가 제안한 재정정책 개혁방안에 대한 현세대의 반발을 유발하는 문제가 있다.

위의 5가지 문제점 중에서 최근 들어 장기재정계획을 현재정책에 반영하는 재정개혁방안에 대한 현세대의 반발이 유발된 문제에 대해 살펴보기로 한다. 즉 장기재정계획의 방침으로 단년도 예산 운용에 압력을 가하며 미래세대를 위해 현세대에게 새로운 의무나 부담을 안겨주는 조치에 대해 현세대의 반발이 유발된 것이다. 즉 2015년 세대간 리포트에 따르면 앞으로 호주가 사회적, 재정적으로 매우 어려운 상황을 맞이할 것이라는 점을 보여주면서 이에 대응하기 위한 정책들을 제안한바 있다. 그러나 이러한 정책을 추진할 경우 현세대의 부담은 크게 늘어나고 혜택은 줄어들 것이 확실해지면서 이에 대한 현세대의 반발이 제기되었다.[414] 제안된 시나리오에 의하여 중장기적으로 재정균형을 달성하는 것은 바람직하지만 그 대가로 가난한 사람들에게 더욱 힘든 결과를 유발한다는 비판이 제기된 것이다. 즉 불특정한 미래세대의 불확실한 이익을 위한 개혁을 한다며 현세대에게 구체적 고통을 안겨주는 것이 문제로 부각된 것이다.[415] 이와 관련해 다음과 같은 두 가지의 비판이 제기되었다.

첫째, 노령연금 인하를 위한 개혁방안에 대한 비판이다. 2014~2015년 예산에 대한 가장 큰 재정개혁 제안 중 하나가 MTAWE(남성 주당 평균 총소득액) 기준 연금 산정방식에 있어서 수혜자 가격지수 보다 소비자물가지수(CPI)에 부합하도록 연령 및 기타 연금지수를 변경하는 방안이다.[416] 이에 따를 경우 노령연금 비율은 현재 MTAWE의 약 28%에서 2029년에는 24% 미만으로 떨어진 다음 그 이후에는 안정될 것으로 전망되고 있다. 보충연금을 포함한 총연금패키지는 이보다 더 많이 하락하게 된다. 특히 이러한 보충연금은 소비자물가지수에 따라 증가하거나 인덱싱되지 않기 때문에 총연금지불액은 MTAWE의 31%에서 25%로 줄어들 전망이다. 이러한 방안과 관련해 UNSW의 라팔 초믹(Rafal Chomik)교수는 이같이 지급액 인덱

414) Richard Lyon & Randy Amidharmo, "Lies, Damned Lies and the 2015 Intergenerational Report," *Financial Services Forum*, Actuaries Institute, 2016, p.9.
415) Peter Whiteford, Intergenerational report lays uneven path for tough policy choices, The conversation, 2015.; https://theconversation.com/intergenerational-report-lays-uneven-path-for-tough-policy-choices-38295.
416) 2015 Intergenerational Report Australia in 2055, p.68.

싱을 바꾸고 노령연금 수급 연령을 70세로 높이는 것은 가장 가난한 연금 수령자에게 가장 부정적인 영향을 미칠 것이라고 비판했다.

둘째, 실업자 대책방안에 대한 비판이다. 세대간 리포트에서는 21세기 중반까지 근로자의 실질적 소득이 평균 75%가 높아질 것으로 전망하지만 실업자들은 더욱 나빠질 수 있다는 전망이 제시되었다. 예를 들어 Newstart에 의존하는 사람들에 대한 지급액은 현재 MTAWE의 19% 미만에서 2054~2055년에는 약 10.5%로 크게 감소할 것으로 전망했다.[417] 그동안 현재의 Newstart 지급액 수준도 적다고 평가되었는데, 앞으로 더욱 부유해질 호주에서 이러한 지급액을 더욱 줄일 경우 그것이 사회적으로 받아들여질 수 있는가에 대한 문제가 제기된 것이다. 즉 세대간 리포트에 입각하여 정부재정을 중장기 흑자로 되돌리는데 따른 대가가 가장 취약한 실업자들의 빈곤과 지원 축소를 의미한다는 비판인 것이다. 이와 관련한 세대간 리포트의 '과거 정책'과 '현행 입법' 시나리오에 따르면 노동연령층에 대한 정부지출은 GDP의 2.8%에서 2.6%로 낮아지고, 가족에 대한 정부지출은 GDP의 1.8%에서 0.9%로 줄어들게 된다. 더구나 '제안된 정책' 시나리오에서는 그 하락폭이 더욱 커져서 노동연령층에 대한 지출은 GDP의 2.4%로, 가족에 대한 지출은 GDP의 0.8%로 축소된다. 그 결과 아동빈곤을 더욱 심화시킬 수 있다는 것이다. 특히 호주의 경우 사회보장 지출을 줄이는데 있어서 다른 나라보다 더 현실적인 딜레마를 갖고 있어서 반발이 더욱 심한 편이다. 즉 호주의 사회보장 시스템은 OECD의 다른 나라보다 더 저소득층 중심이기 때문에 사회보장 혜택을 줄일 경우 소득 불평등이 더욱 증가할 수 있다는 것이다. 따라서 세대간 불평등과 세대내 불평등 문제를 조화시킬 방안이 필요하다고 지적하고 있다.[418]

---

417) 2015 Intergenerational Report Australia in 2055, pp.73 - 74.

사. 소결

이상에서 호주의 세대간 리포트를 중심으로 세대간 균형을 중시하는 새로운 장기재정계획에 대해 살펴보았다. 본 연구에서 도출한 중요한 시사점 중 하나는 제대로 된 장기재정계획을 세워 중기재정계획과 단년도 예산을 규율할 경우 현세대의 반발을 유발할 수 있다는 점이 호주의 사례를 통해 확인되었다는 점이다. 무엇보다 장기재정계획에 따른 단년도 예산 변경시 현세대의 피해는 구체적이고 분명한데 비해 미래세대의 이익은 아직 추상적인데다가 이들의 이익을 대변할 세력도 아직은 없으므로 현세대를 겨냥한 재정개혁 추진에 어려움이 있을 수밖에 없다. 따라서 이러한 사회적 반발을 제어하고 중장기 계획을 효과적으로 추진하기 위해서는 무엇보다 먼저 전술했듯이 중장기 재정전망을 통해 앞으로 세대간 불균형이 얼마나 확대되고 재정과 복지의 존속 자체가 커다란 위기에 직면할 수 있다는 사실에 관해 현세대가 모두 공유하도록 하고, 이를 바탕으로 중장기 재정운용과 방향에 대한 국민적 합의와 세대간 합의를 먼저 도출하는 것이 선결과제이며, 그래야 올바른 장기재정계획의 수립 추진이 가능해질 것이다.

위에서 호주의 장기재정계획인 세대간 리포트의 문제점을 살펴보았는데 이를 개선하고 미래의 장기재정계획으로 발전시킬 방안으로 다음 5가지를 제시할 수 있다.

첫째, 세대간 보고서 작성 주기가 길다는 문제점에 대해서는 이미 대장성이 5년에서 3년으로 줄이는 방안을 연방하원에 제출한바 있으며 이러한 단

---

418) 기본적으로 세대간 불균형을 해결하지 못하고 중장기적 재원 부족이 심화되면 세대내 불균형이나 빈부격차도 해결할 여력이 적어져 세대간 불균형은 더욱 커질 수밖에 없다. 따라서 미래세대 발전을 도모하며 세대간 불균형을 해결하면서 세대내 불균형도 함께 해소하는 방안이 필요하다.; 최준욱, "세대간·세대내 불평등과 재분배", 재정포럼 276권, 한국조세재정연구원, 2018, 71-74쪽 참조.

축이 필요하다.[419] 실제로 호주 정부는 2021년 세대간 리포트 제시 후 3년 만인 2023년에 세대간 리포트를 발표하였다. 둘째, 호주의 세대간 리포트에서는 앞으로 세대간 회계 활용을 병행함으로써 세대간 불균형을 보다 구체적으로 파악하고 대비할 필요가 있다. 셋째, 장기재정계획에서도 인구 고령화 변수 외에 반복되는 경제위기나 4차 산업혁명 변수도 함께 고려하여 계획을 수립해야 한다. 이를 위해서는 세대간 리포트에서 장기 지출추정을 할 때 활용하는 '인구구조와 관련되지 않은 재정지출 및 리스크의 카테고리'에 경제위기나 4차 산업혁명 관련 변수를 추가로 포함시키고 관련된 별도의 시나리오를 마련하고 운용하는 것이 필요하다.[420] 넷째, 세대간 리포트에 제안된 재정개혁 방안을 보다 구체화하고 평가단위를 사업단위로 세분화할 필요가 있다. 동시에 장기지출 예산사업의 효율성을 개선할 수 있는 새로운 모형 개발을 추진하고, 장기적 지출항목에 대해서는 정책제안 초기에 평가과정을 의무화하며, 인구통계에 의해 영향 받는 신규사업에 대해서는 향후 40년에 대한 평가를 거치도록 하는 한편, 사업에 따라서는 예산추계를 6년으로 늘려 앞으로 발생할 비용을 미리 측정할 수 있도록 할 필요가 있다.[421] 다섯째, 세대간 리포트에 의한 정책 제안을 둘러싼 세대간 충돌을 방지하고 재정개혁을 중장기적으로 안정적으로 추진하기 위해서는 세대 중립적인 기구를 효과적으로 운용할 필요가 있다. 특히 세대간 리포트 제안에

---

419) 홍승현, 「재정의 지속가능성 관련 제도적 장치 – EU, 미국, 영국, 스웨덴, 캐나다, 호주, 일본」, 한국조세재정연구원, 2011, 53쪽.

420) 호주는 2022년 선거를 통해 노동당의 앨버니지 내각이 수립되었고, 다음 해인 2023년 세대간 리포트를 발표했다. 호주 정부는 40년 후인 2063년의 호주 미래를 전망하면서 호주 경제에 영향을 미칠 변수로 인구의 고령화와 기후환경 변화와 함께 기술 및 디지털 혁신을 제시하였다. 그러나 기술 발전이 경제에 미칠 영향에 대해 소득의 증대와 삶의 질 향상 등 주로 긍정적인 면을 강조한 반면 인간노동력 대체와 그로 인한 실업, 복지수요 증가 등에 대한 전망은 제시하지 않았다.

421) 홍승현, 「호주의 재정제도」, 정책분석 12 – 02, 한국조세재정연구원, 2012, 97쪽.

따른 연금개혁이나 각종 수급권보장프로그램(entitlement program)의 개혁을 추진할 경우 현세대와 미래세대간 갈등을 유발하기 쉬운 만큼 이를 중장기적으로 안정적으로 추진하려면 세대간 합의와 국민적 합의를 먼저 이루어야 한다. 이상에서 설명한 바와 같이 세대간 리포트의 문제점들을 새롭게 개선하고 보완하며 보다 효과적인 장기재정계획으로 발전시켜 나갈 필요가 있다.

Ⅳ. 우리나라의 장기재정계획 도입방안

세대간 불균형은 장기적으로 전개되는 문제인 만큼 이에 대응하려면 장기재정계획이 매우 중요해졌다. 특히 지금같은 재정환경 대변환기에는 단년도 예산으로는 대응할 수 없고 장기재정계획으로 재정운용의 커다란 방향성을 잡아주는 것이 매우 중요하다. 더구나 우리나라의 경우 초저출산율로 국가 소멸이 예고되고 있고 국가부채는 세계에서 가장 빠르게 급증하고 있으며 가계부채도 세계 최고 수준이고, 나아가 4차 산업혁명으로 재정과 복지 체제의 근본적인 변화가 불가피해질 것으로 전망되는 재정환경 대변환기에 대응하려면 무엇보다 장기재정계획을 통해 장기적 재정운용의 방향성을 잡아주는 것이 그 어느 때보다 중요하다. 그리고 장기재정계획에서 정한 방침과 목표치로 중기재정계획과 단년도 예산을 규율하는 것이 필요하다. 장기재정계획의 발전은 필연적으로 장기재정계획 - 중기재정계획 - 단년도 예산으로 이어지는 중장기 재정 연계 규율 체계의 발전을 유발하기 마련이다. 이러한 3단계 장기재정계획 모델로 발전하는 선도적 사례가 앞에서 살펴본 호주의 세대간 리포트이다. 그러나 그동안 우리나라는 호주 같은 장기재정계획이 없었고 단순히 형식적 장기재정전망을 하는 선에서 그쳤으며, 그나마 오차가 크고 자의적인 전망이 계속되어서 신뢰가 저하되면서 단순한 참고자료로 활용되는 수준에 그쳤다. 따라서 이제는 호주의 세대간 리포트 같은 3단계의 세대간 정의를 위한 장기재정계획으로 발전시키는 것이 필요하다.

이같이 세대간 균형 실현을 목표로 하는 새로운 3단계 장기재정계획으로 전환하기 위해서는 다음과 같은 개선방안이 필요하다. 첫째, 호주의 세대간 리포트 방식의 다양한 정책 시나리오별 전망을 토대로 장기 재정운용 방침을 수립 운용하는 것이 필요하다. 그리고 이를 토대로 중기재정계획과 단년도 예산을 규율하는 체계를 갖추어야 한다. 둘째, 장기재정계획에는 반드시 3가지 재정환경 변수를 모두 포함하여 다양한 시나리오를 운용하는 장기재정계획을 수립하는 것이 필요하다. 셋째, 이를 뒷받침하기 위해서는 장기재정 추계시스템을 확립하는 것이 필요하다. 특히 정부 부처와 연금공단별로 전망 운용에 관한 제반 법적 기반 강화, 전망체계의 투명성 향상, 전망의 전제와 방법의 개선, 추계결과의 객관적 평가, 장기재정추계를 실시할 법적 근거 마련 및 재정추계 연계 등을 위한 법적장치를 강화하는 등 장기 재정 추계 인프라를 구축하는 것이 필요하다.[422] 특히 건강보험 및 노인장기요양보험은 공적기금이 아니어서 통합추계에서 배제되고 있는 만큼 장기 재정추계 실시를 위한 법적 근거 마련도 필요하다.[423] 그래야 이러한 장기재정 추계시스템을 바탕으로 신뢰할 수 있는 장기재정전망치를 제시하고 이

---

422) 박형수, "장기재정전망 시스템 구축이 시급하다", 재정포럼 181권, 한국조세재정연구원, 2011, 13쪽.
423) 건강보험, 노인장기요양보험은 공적연금과 달리 단기적인 시계에서 보험재정이 운용되고 있으므로, 장기재정추계 및 계획을 통해 중장기적 제도운영 방향을 조율할 필요가 있다. 2018년 7월 대통령직속 재정개혁특별위원회의 '상반기 재정개혁 권고안'에도 국민건강보험기금 및 노인장기요양보험기금 설치 등 기금화를 위한 법제화를 2022년까지 추진하도록 권고했다.

를 기반으로 구체적인 실천방안을 담은 올바른 장기재정계획을 마련하고 운용할 수 있다.[424)]

문제는 장기재정계획에서 수립한 방침으로 단년도 예산을 규율하며 새로운 재정개혁을 추진할 경우 필연적으로 현세대에게 새로운 부담과 피해를 안겨주기 마련이고 이에 따라 현세대의 반발을 유발할 수 있다는 점이다. 그 대표적인 사례가 위에서 설명한 호주의 세대간 리포트와 관련된 사회적 반발이다. 따라서 이러한 사회적 반발을 미연에 방지하기 위해서는 앞에서 설명한 향후 재정상황에 대한 통합적 중장기 재정전망을 실시하고 그 결과를 국민에게 제시함으로써 재정개혁에 대한 사회적 공감대와 합의를 이루어내는 노력이 우선적으로 필요하다.

제 4 절 세대간 정의 실현을 위한 중기재정계획

Ⅰ. 3단계 중기재정계획으로의 발전

1. 중기재정계획의 개념(Mid-term Expenditure Framework)

중기재정계획이란 중기적 시계의 재정운용을 도모하기 위해 기존의 단년도 예산 중심의 재정운용 원칙에서 벗어나 중기 시계 하에서 재정총량과 정책 우선순위를 결정하고 단년도 정부예산과 연계시켜 운용하는 제도를 의미한다.[425)] 특히 2008년의 세계 경제위기를 계기로 많은 국가들이 기존의 단년도 예산의 한계를 극복하기 위해, 중기 시계 하에 재원 배분 및 예

---

424) 조영철, "국민연금 장기 재정 추계와 재정 운용 전략의 문제점과 개선 과제, 동향과 전망 제102호, 한국사회과학연구회, 2018, 67쪽.

425) 장하진·정창수, 「5년 중기재정계획 제도의 문제점과 개선 방안」, 2010년도 연구용역 보고서, 국회예산결산특별위원회, 2010.

산투입계획과 정책 우선순위를 설정한 뒤 이를 중심으로 단년도 예산을 편성 운영하는 중기재정계획의 도입 운용을 확대하고 있다.[426]

[표 10] 주요국의 중기재정계획 운용방식[427]

국가	정책	내용
스웨덴	frame budget, 지출 ceiling (1996년)	• 세출전망에 근거해 향후 3개년도 세출 총액 상한 설정
프랑스	공공재정계획법 (2012)	• 법률에 국가부채 규모, 총지출 증가율, 단위별 지출한도를 설정 • 국가의 중기간 각 연도의 세출 총액 상한 설정
영국	Spending Review (1998년)	• 세출을 (1)부처별 세출한도액, (2)매년도 관리세출로 나누어 전자에 대해 향후 3년간의 부처별 세출액의 큰 범위를 결정 • 다음번 세출 재검토를 하는 2~3년 뒤까지 재검토 실시 않음
호주	Forward Estimates (1983년)	• 차년도 예산과 이후 3년간 부처별 세출액을 baseline으로 고정 • 세출을 엄격히 구속 않으나 정책변경 등이 없으면 개정 않음 • 세출증가 수반 신규정책을 제시하는 경우 기존 시책 폐기 요구
뉴질랜드	Baseline (1989년)	• baseline에 근거하여 예산편성을 실시 • 세출을 엄격히 구속 않으나 정책변경 등이 없으면 개정 않음 • 세출증가 수반 신규정책을 제시하는 경우 기존 시책 폐기 요구

426) 정일환 외, 「국가재정운용계획(중기재정계획)의 최신 국제동향 분석 및 정책효과에 관한 실증연구」, 2020년도 연구용역보고서, 국회사무처, 2021, 9-34쪽.
427) 홍승현, 「재정의 지속가능성 관련 제도적 장치-EU, 미국, 영국, 스웨덴, 캐나다, 호주, 일본」, 한국조세연구원, 2011, 5쪽.

국가	정책	내용
미국	경제·재정전망 (OMB, CBO)	• 연 2회, OMB와 CBO가 중기 경제·재정 전망을 발표 • OMB의 전망은 대통령이 의회에 제출하는 예산교서의 전제가 되어 예산편성과 연결

2. 기존 중기재정계획의 한계

각국은 새로운 경제위기를 맞이해 기존의 단기적 시계의 재정운용 방식으로 대응하기 어려워지자 중기재정계획을 경쟁적으로 도입 운용하게 되었다. 그러나 그 실제적인 운용 형태는 나라마다 상이한 모습을 보이고 있다. 이로 인해 각국의 다양한 중기재정계획의 유형을 연동방식과 고정방식[428]으로 나누거나, 계획기간별로 구분하거나,[429] 중기재정계획의 법적 구속력 정도에 따라 구분하고 있다. 그러나 중기재정계획의 가장 중요한 포인트는 중기재정계획에서 정한 방침이나 목표치를 단년도 예산에 어떻게 반영하게 하느냐에 관한 것이라 할 수 있다. 이에 따라 중기재정계획에서 단년도 예산을 규율하기 위해 얼마만큼의 법적 구속력을 부여하느냐에 입각하여 중기재정계획의 유형을 구분하고 있다. 그 첫 번째 유형은 프랑스같이 중기재정계획을 법률로 규정해 법적 구속력을 부여하는 방식이다. 두 번째 유형은 스웨덴의 경우처럼 의회에서 중기재정계획을 의결하도록 하는 방식이다. 세 번째 유형은 영국이나 독일 같이 공식적으로 중기재정계획을 운영하지만 중기재정계획에 대한 법적 구속력도 없고 의회에서 의결하지도 않는 방식이다. 이 경우 중기재정계획은 단년도 예산 편성이나 심의시 참고목적으

---

428) 중기재정계획 수립 이후 대내외적인 경제 상황 변화에 따라 탄력적으로 수정하는 것이 연동방식이고 일정한 계획기간 동안 구속력을 계속 유지하는 것이 고정방식이다.
429) 중기재정계획의 기간은 공식적으로 이를 시행하고 있는 국가들의 경우 3–5년인데 그러지 않은 미국과 일본 같은 나라는 10년으로 긴 편이다.

로 활용하는 수준에 그치고 있다. 영국과 독일 등에서는 중기재정계획의 규범력이 없는 제도상의 한계를 보완하기 위해 지출한도 준칙 같은 재정준칙을 함께 활용하고 있다. 따라서 각국의 중기재정계획을 법적 구속력 정도를 기준으로 비교한다면 프랑스, 스웨덴, 영국, 독일 순으로 강하다고 할 수 있다.[430] 우리나라의 경우는 독일의 중기재정제도와 유사한 수준으로 평가받고 있다.

그동안 각국은 중기재정계획을 도입하고 운용했지만 그 실태를 보면 대부분 제대로 운용되지 못하고 여러 가지 문제점을 노정하였다. 무엇보다 기존의 중기재정계획들이 대부분 형식적으로 운용되었고, 장기재정계획이나 단년도 예산과 분리되어 운용되었으며, 그 결과 단순히 단년도 예산의 참고자료로 활용되는 수준에 그쳤다. 특히 중기재정계획으로 단년도 예산을 규율하도록 하는 법적 규범력이 미흡해 중기재정계획의 방침이 제대로 준수되지 못하는 한계를 노정하게 되었다. 이에 따라 각국은 중기재정계획의 준수성과 실효성을 높이기 위해 중기재정계획에 법적 구속력을 강화하는 방안들을 추진하게 되었다. 우리나라에서도 그동안 중기재정계획이 제대로 운용되지 못하고 형식적으로 운용되는 문제를 시정하고 중기재정계획의 효용성과 준수성을 높이기 위해 프랑스처럼 중기재정계획에 대한 법적 구속력을 높이자는 방안이 제기되었다. 이에 관한 연구로 김도승(2010),[431] 김성태(2008),[432] 김용식(2018),[433] 박형수 외(2012)[434] 등이 있다.

430) 김용식,「국가재정운용계획의 운영현황과 제도개선방안 연구」, 2018년도 연구용역보고서, 국회예산정책처, 2018, 80-94쪽.
431) 김도승, "행정부의 다년간 재정운용계획에 대한 법적 규율-프랑스 공공재정계획법률과 그 규범성 논란을 중심으로", 공법연구 39(2), 한국공법학회, 2010, 483쪽.
432) 김성태, "우리나라 중기재정계획의 실효성 제고방안", 재정학연구 제1권 제4호(통권 제59호), 한국재정학회, 2008, 297쪽.
433) 김용식,「국가재정운용계획의 운영현황과 제도개선방안 연구」, 2018년도 연구용역보고서, 국회예산정책처, 2018, 85쪽.

그러나 법적 구속력을 강화해 중기재정계획의 준수성을 높이려는 방안은 여러 가지 문제점을 가지고 있다. 무엇보다 현실적으로 각국의 사례를 비교해 보면 중기재정계획의 목표나 기준을 단년도 예산에서 얼마나 준수하느냐의 여부는 법적 구속력의 강도에 비례하는 것이 아니고 오히려 그와 상반되는 결과를 보여주고 있기 때문이다.[435] EU 국가들의 중기재정계획의 엄격성 수준을 평가한 자료에 따르면 프랑스는 법적 구속력 측면에서는 가장 강력한 수준임에도 불구하고 실제적인 중기재정계획 준수 수준은 레벨5로 상당히 뒤처진 것으로 드러난 반면, 스웨덴은 중기재정계획에 법적 구속력은 그보다 약하지만 준수 수준은 레벨1로 가장 엄격하게 잘 준수하고 있

---

434) 박형수 외, 「재정제도 및 재정운용시스템의 개선」, 재정포럼 204권, 한국조세재정연구원, 2013, 62쪽.
435) Monika Sherwood, Medium‐Term Budgetary Frameworks in the EU Member States, European Commission, 2015, p.29. (Table 6.1).

	엄격성 수준	해당 EU 국가
1	한도 또는 목표가 어떠한 환경에서도 변하지 않을 것으로 예상됨	스웨덴, 핀란드
2	추가적 지출의 자금원천이 사전적으로 식별되는 경우에만 지출한도 증가	덴마크, 네덜란드
3	한도 또는 목표가 법률 또는 공공 절차 문서에 의해 정의된 특정 변수의 변화에 대응해서 조정 가능(예를 들면, 연금지출, 실업급여 등의 변경)	오스트리아, 아일랜드, 라트비아
4	한도 또는 목표가 법률 또는 공공 절차 문서에 의해 예상된 상황에 따라 변경가능함(예를 들면, 거시경제적 전망의 변경, 비이상적 상황 등)	벨기에, 불가리아, 키프로스, 그리스, 헝가리, 이탈리아, 말타, 폴란드, 루마니아
5	한도 또는 목표가 정부의 재량에 따라 변경가능하지만, 변경에 대한 설명이 가능해야 함	체코, 에스토니아, 스페인, 프랑스, 리투아니아, 영국, 룩셈부르크, 포르투갈
6	한도 또는 목표가 어떠한 설명도 없이 정부의 재량에 따라 변경 가능함	독일, 크로아티아, 슬로베니아, 슬로바키아

는 것으로 나타났다. 즉 스웨덴의 중기재정계획에서 정한 중기 총량목표, 지출한도 등의 제반 수치들은 특별한 사정이 없는 한 변동성이 없이 매년도 예산운용에 잘 반영되고 있다.[436]

이에 따라 각국에서는 중기재정계획의 여러 가지 문제점을 극복하기 위해서 과연 위의 세 가지 모델 중 어떠한 중기재정계획 방식을 택할 것인지를 둘러싸고 논란이 벌어졌다.[437] 즉 프랑스식 법적 구속력을 부여하는 것이 바람직한지,[438] 아니면 스웨덴식 의회 의결을 활용하는 것이 바람직한지, 이것도 아니면 어떠한 틀도 씌우지 않고 영국이나 독일식으로 운영하는 게 바람직한지에 관한 논쟁이 전개되었다. 그러나 위에서 설명한 프랑스와 스웨덴 사례를 통해 볼 때 분명한 사실 하나는 법적 구속력을 부여하는 것이 문제 해결의 능사가 아니라는 점이다. 더구나 중기재정전망과 중기재정계획의 오차가 크고 신뢰성이 낮은 상황에서 법적 구속력을 부여할 경우 오히려 부실한 중기재정계획을 강제로 준수하도록 만들어 부작용을 키울 수 있고, 또한 중기재정계획의 잦은 변경을 초래해 신뢰성을 저하시킬 수 있다. 따라서 이러한 문제점을 먼저 보완한 뒤 법적 구속력 여부를 논하는 것이 올바른 수순이라 할 수 있다.

---

436) 김용식, 「국가재정운용계획의 운영현황과 제도개선방안 연구」, 2018년도 연구용역보고서, 국회예산정책처, 2018, 42쪽.
437) 정일환 외, 「국가재정운용계획(중기재정계획)의 최신 국제동향 분석 및 정책효과에 관한 실증연구」, 2020년도 연구용역보고서, 국회사무처, 2021, 102쪽.
438) 김도승, "행정부의 다년간 재정운용계획에 대한 법적 규율 – 프랑스 공공재정계획법률과 그 규범성 논란을 중심으로", 공법연구 39(2), 한국공법학회, 2010, 484쪽.

3. 세대간 정의 실현을 위한 중기재정계획으로의 전환

이상에서 살펴보았듯이 각국에서는 경제위기가 반복되는 새로운 상황을 맞이해 단년도 예산으로 대응하기 어려워지면서 중기재정계획 중심의 새로운 재정운용 방식으로 전환하고 있다. 이에 따라 재정운용의 중심축이 단년도 예산 중심에서 중기재정계획 쪽으로 옮겨가고 있다. 그러나 이와 함께 저출산·고령화 등의 새로운 재정환경 변화가 확산되고 이로 인해 미래세대의 부담과 세대가 불균형이 확대되는 상황을 맞이하면서, 이에 대응하기 위해 세대간 균형을 목표로 삼는 새로운 중기재정계획으로의 발전이 이루어지고 있다. 그것이 3단계의 세대간 정의를 위한 중기재정계획이다. 무엇보다 기존의 2단계 중기재정계획은 재정수지 균형(FB)을 도모하는 것인데 비해 3단계 중기재정계획은 그 목표치가 세대간 균형(GB)을 도모하는 것이란 점에서 다르다. 이같이 2단계의 중기재정계획이 재정수지 균형이나 재정의 지속가능성에 초점을 맞추다보니, 앞에서 살펴보았듯이 이러한 나라들의 GDP 대비 국가부채비율의 중장기적 추세가 평행선을 보이거나 상향곡선을 그리는데 비해, 3단계의 중기재정계획은 장기간 하향세를 보인다. 그 대표적인 모델이 스웨덴이다. 스웨덴의 국가부채비율은 재정흑자를 계속 내면서 20년 이상 하향세를 보였다. 그 이유는 향후 다가올 경제위기 등의 문제로 인해 미래의 재정부담이 증대할 것에 대비해 선제적으로 재정여력을 확보하기 위한 것이다. 이것이 3단계 중기재정계획의 가장 특징적인 모습이라 할 수 있다.

세대간 정의를 위한 중기재정계획은 다음 세 가지 요건을 갖춘 것이라 할 수 있다.

첫째, 3단계 중기재정계획은 그 목표가 중기적 균형재정(FB)을 도모하는 것이 아니라 세대간 균형(GB)을 도모하는 것이다. 둘째, 3단계 중기재정계획은 세대간 균형 목표를 달성하기 위한 '중장기재정전망 – 장기재정계획 – 중기재정계획 – 단년도 예산'의 통합 연계 규율 체계 안에서 운용되는 중기재정계획을 의미한다. 특히 3단계 중기재정계획은 세대간 정의를 위한 '장기 – 중기 – 단기' 재정계획의 통합적 연계 운용 체제의 중심축 역할을 한다. 즉 한편으로는 장기재정계획에서 설정한 세대간 균형 실현을 위한 방침과 목표치를 반영하여 중기재정계획을 수립하고, 다른 한편으로는 중기재정계획에서 정한 방침과 목표치로 단년도 예산을 규율하는 것이다. 기본적으로 단년도 예산은 너무 시계가 짧고 장기재정계획은 너무 시계가 멀어서 현실적으로 구체적 재정운용은 중기재정계획을 중심으로 할 수밖에 없기 때문이다. 셋째, 3단계 중기재정계획으로 단년도 예산을 규율하도록 하기 위해서 효과적인 법적 구속력을 갖추고 있는 것이다. 그러나 이러한 법적 구속력을 갖추기에 앞서서 중기재정계획의 객관성과 신뢰성을 제고하는 것이 선결과제이다. 즉 중기재정계획의 오차가 크고 신뢰성이 저하된 상태에서는 법적 구속력을 부여해서는 문제가 있으므로, 먼저 중기재정계획의 신뢰성과 객관성을 높인 뒤 법적 구속력 강화하는 수순이 필요하다. 그리고 중기재정계획의 단년도 예산 규율을 뒷받침하기 위해서는 하향식 예산제도 등의 의회제도와 예산심의 절차도 확충하는 것이 필요하다.[439]

따라서 이러한 3가지 요건을 갖춘 중기재정계획을 세대간 정의를 위한 중기재정계획이라 구분할 수 있을 것이다. 세대간 불균형이 확대되는 상황에 대응하려면 이러한 3단계의 중기재정계획의 요건을 갖추고 대응하는 것

---

439) "Ian Lienert. Role of the Legislature in the Budget Process", OECD Journal on Budgeting 7.3, 2008.; 김용식, 「국가재정운용계획의 운영현황과 제도개선방안 연구」, 2018년도 연구용역보고서, 국회예산정책처, 2018, 96쪽.

이 필요하다. 그러나 실제로 이러한 요건을 모두 갖춘 중기재정계획은 찾아보기 힘들지만, 이러한 방향으로의 변화와 발전이 이루어지고 있다. 그 중에서 스웨덴, 프랑스의 중기재정계획이 이러한 방향으로 발전하는데 가장 앞선 사례인 만큼 이를 중심으로 살펴보기로 한다.

II. 우리나라 중기재정계획의 현황 및 문제점

1. 현황

우리나라의 국가재정법에는 5년 단위의 중기재정계획인 「국가재정운용계획」을 수립 운용하도록 규정하고 있다. 국가재정운용계획이란 국가정책전망과 재원배분계획을 제시하는 5년 단위 계획으로서 정부가 매년 수립하여 국회에 제출·보고하는 것으로, 당해 회계연도부터 5년 이상의 거시경제전망을 바탕으로 수립된 총수입 전망, 총지출 계획, 재정수지, 조세부담률, 국가채무 등 재정운용의 기본방향과 함께 연도별·분야별 재원배분계획을 제시한 것이다.[440] 이 역시 재정운용의 효율화와 건전화를 위해 단년도 예산 편성의 한계를 극복하고 중기적 시계 하에서 재정운용을 위한 것이다. 2006년에 「국가재정법」이 제정되면서 국가재정운용계획의 수립과 국회 제출이 의무화되었다.[441] 즉 우리나라 국가재정법에는 제2조에서 단년도 회계주의 원칙을 명시하고 있음에도 제7조에는 중장기적 관점에서 재정을 운용하도록 한 것이다. 이러한 국가재정운용계획은 그 수립 이후의 경제상황과 재정운용 여건의 변화를 반영할 수 있도록 매년 수정·보완해 연동계획으로 운용하도록 했다. 이에 따라 2007년 1월 국가재정법 시행 이후 매

---

440) 국경복, 「재정의 이해」, 나남, 2015, 629쪽.
441) 김용식, 「국가재정운용계획의 운영현황과 제도개선방안 연구」, 2018년도 연구용역보고서, 국회예산정책처, 2018, 91쪽.

년 정부의 예산안과 함께 국가재정운용계획이 국회에 제출되었다. 이러한 우리나라 국가재정운용계획이 대폭 수정된 경우가 있는데 이 역시 경제위기에 의한 것이었다. 즉 2008년 세계경제위기에 직면해 정부의 '2009～2013년 국가재정운용계획'은 '2008～2012년 국가재정운용계획'에 비해 대폭 수정되었다. 경제전망에 있어서 경제성장률은 잠재성장률을 회복하는 수준으로 변경되었고 국가채무 관리 목표치도 GDP 대비 30%대에서 40%를 초과하지 않는 수준으로 높였으며,[442] 지출 증가율은 재정건전성 회복을 위해 연평균 4.2%로 긴축적으로 낮추었다. 또한 균형재정 달성시기도 2013년 내지 2014년으로 연기하였고, 다만 조세부담률은 여전히 20%대를 유지하도록 했다.

2020년 9월 국회에 제출된 '2020～2024년 국가재정운용계획'의 내용은 다음과 같다. 본 계획에서는 무엇보다 코로나 위기를 맞이해 재정의 적극적 역할과 과감한 재정혁신을 강조하였고[443] 총 재정수입은 연평균 3.5% 증가(국세수입은 연평균 2.8%, 세외수입 2.0%, 기금수입은 5.0% 증가)할 것으로 전망하고, 재정지출은 연평균 5.7% 증가할 것으로 전망했다. 이에 따라 재정수지는 2024년 관리재정수지가 △5% 중반 수준으로 전망했고 2023년까지 총지출이 총수입 증가율을 상회함에 따라 관리재정수지 적자비율이 △5% 후반 수준으로 확대되지만, 2024년에는 총지출을 총수입 증가율 보다 낮게 관리하여 수지적자 비율을 △5% 중반 수준까지 축소하는 계획을 제시했다. 사회보장성기금을 포함한 통합재정수지[444]는 2024년 기준 GDP 대비 △3.9% 수준으로 관리하고 국가채무는 2024년에 50% 후반 수준 이내로 관리하도록 했다. 또한 국가재정운용계획의 실효성을 제고하기 위해 4

---

442) 국회예산정책처, 「국가재정법의 이해와 실제」, 2014, 98-99쪽.
443) 기획재정부, 2020-2024 국가재정운용계획, 23쪽.
444) 통합재정수지 = 관리재정수지 + 사보기금(국민, 사학, 고용, 산재) 수지

개 분야의 개혁을 제시했고 거시전망 신뢰성 제고, 세수추계 신뢰성 제고, 총지출 관리 실효성 제고(재정준칙 도입 검토) 및 계획 변동요인 사후분석 내실화 등을 추진하기로 했다.[445)

2. 문제점

우리나라의 국가재정운용계획에 관한 주요 문제점은 다음 세 가지이다.

첫째, 우리나라 중기재정계획에는 세대간 균형을 도모하기 위한 노력은 찾아보기 어렵고, 또한 이를 위해 장기재정전망과 연동하도록 하거나 중기재정계획으로 단년도 예산을 연계 규율하는 체계도 찾아보기 어렵다. 그 결과 중기재정계획의 목표나 기준은 대부분 외면되거나 제대로 지켜지지 않았다. 예를 들어 중기재정운용계획 목표 대비 실제 관리재정수지적자 규모 간 격차가 계속 커지고 있다. 정부가 2019년에 국회에 제출한 「2019~2023년도 국가재정운용계획」에 관리재정수지 2023년 목표치는 90조 2,000억원 이었지만 2020회계연도 결산 결과 2020년 실적은 112조원으로 크게 초과했다. 따라서 중기재정계획이 목표를 실현하기 위한 것이 아니라 단순히 상황을 반영한 수치만 제시하고 있다는 비판이 제기되었다. 이와 함께 최근 '국가재정운용계획'에서 제시된 경제전망 역시 사후적 실제 경제성장률과 비교하였을 때 전망치가 큰 차이를 보이고 있다.[446) 또한 정부가 중기재정운용계획에 5회계연도 기간의 재정수입과 재정지출, 국가채무 등 재정수지에 대한 전망을 제시하기는 하지만 곧바로 다음 해의 중기재정계획에서 대폭 수정되는 경우가 반복적으로 발생하고 있다.

---

445) 기획재정부, 2020－2024 국가재정운용계획, 7쪽.
446) 김도승, "행정부의 다년간 재정운용계획에 대한 법적 규율－프랑스 공공재정계획법률과 그 규범성 논란을 중심으로", 공법연구 39(2), 한국공법학회, 2010, 462쪽, 표 1 참조.

이같이 중기재정계획이 제대로 지켜지지 않는 이유로는 법적 구속력이 없고 사후 검증도 부족하기 때문이라는 비판이 제기되었고, 중기재정계획의 기초가 되는 경제전망이 지나치게 낙관적으로 제시되어 온 사실도 밀접한 관련이 있는 것으로 분석되었다.[447] 국가재정운용계획의 내용적인 측면에서도 중장기적으로 언제나 "균형재정 달성"을 전제로 한 낙관적인 계획으로 수립하고 있다.[448] 그 결과 어차피 지킬 수 없는 균형재정이라는 목표를 형식적으로 반복해왔다. 이런 가운데 정부는 국가채무 관리 목표수치를 계속 후퇴시키면서 더욱 신뢰도를 저하시켰다. 예를 들어 정부는 GDP 대비 국가채무비율을 2024년도에 50% 대로 관리하겠다고 밝혔지만 이미 2021년 IMF가 제시한 우리나라 국가부채비율(D2)은 2020년 48.7%에서 2026년 69.7%로 급격히 증대될 전망이다. 이같이 중기재정계획의 목표들이 준수되지 않음에 따라 중기계획의 유용성에 대한 비판이 제기되고 있다.

둘째, 우리나라의 국가재정운용계획은 사실 프랑스나 스웨덴과 달리 제도라고 하기 어렵고 단순히 향후 5년간의 재정 운용을 전망하는 예산안 부속서류로 소홀히 취급된다는 비판을 받고 있다. 무엇보다 국가재정운용계획은 예산안과 동시에 국회에 제출되어 국회와 사전에 충분히 논의될 수 없고, 또한 국가재정운용계획은 국회의 심의·의결사항이 아니기 때문에 국회 제출 이후에도 국회에서 국가재정운용계획은 소홀히 취급되었고, 국회의 예산안 심의에 참고자료로만 활용되었다. 더구나 국가재정운용계획어 대한 사후 확인 검증절차도 없어서 더욱 경시되는 결과를 유발했다. 그리고 국가재정운용계획이 매년 내용을 수정하는 연동방식으로 수립 운용되어 그 효용성이 줄어들면서 변동성 제한이 필요하다는 의견도 제기되었다.[449]

447) 김도승, 상게논문, 2010, 462쪽.
448) 국회예산정책처, 「국가재정법의 이해와 실제」, 2014, 81쪽.
449) 김용식, 「국가재정운용계획의 운영현황과 제도개선방안 연구」, 2018년도 연구용역보

셋째, 중기재정운용계획은 그 내용이나 실제 운용에 있어서 매우 형식적이고 추상적인 내용을 중심으로 운용되고 있다. 즉 중기재정계획의 세부내용을 살펴보면 재정의 지속가능성을 위한 방안으로 지출구조조정과 세수기반을 확충하겠다는 정도의 추상적 방향성만이 제시되어 있고, 구체적인 사업별 재정투입 계획을 제시하지 않고 있기 때문에 사실상 계획이라고 보기 어렵다. 또한 정부는 경제여건과 재정여건이 크게 변경되고 있음에도 중기재정계획은 늘 전년도와 대동소이한 내용을 반복적으로 제시해왔다. 마찬가지로 지출구조조정 방안도 구체적인 방향이나 목표치 없이 매번 비슷한 추상적인 내용이 제시되었다. 그 결과 중기재정계획의 재정운용에 대한 사전적 재정 검토 기능이나 조기 경보기능이 제대로 발휘되지 못했고, 재정운용은 계속 단년도 예산을 중심으로 운용된다는 문제가 제기되었다.[450]

결국 우리나라의 중기재정계획은 중기적인 구체적 목표와 방침을 분명히 제시하지 못하고 실효성을 뒷받침하기 위한 법적 정책적 수단도 부족해 제도가 도입 취지에 맞게 운영되지 못하고 있다는 평가가 지배적이다.[451] 이러한 우리나라의 중기재정계획을 가지고는 새로운 재정환경 변화로 인해 세대간 불균형이 크게 확대되며 재정과 복지 위기에 대응하기 어렵다.

3. 개선노력

정부의 중기재정운용계획에 대한 문제점들이 계속 지적되어 왔지만 이에 대한 근본적인 개혁은 이루어지지 않았다. 먼저 그동안 중기재정계획의 가

고서, 국회예산정책처, 2018, 29쪽.
450) 장하진·정창수, 「5년 중기재정계획 제도의 문제점과 개선방안」, 2010년도 연구용역보고서, 국회예산결산특별위원회, 2010, 70쪽.
451) 김용식, 「국가재정운용계획의 운영현황과 제도개선방안 연구」, 2018년도 연구용역보고서, 국회예산정책처, 2018, 92쪽.

장 중요한 문제로 거론되었던 법적 구속력 부족 문제를 보완하기 위한 다양한 논의가 전개되었다. 특히 우리나라 중기재정계획도 프랑스식으로 아예 법률로 만들어 법적 구속력을 강화하자는 주장이 대두되었고, 다른 한편에서는 스웨덴식으로 국회의 심의 의결을 받도록 하자는 방안도 제기되었다. 그러나 뒤에 설명하겠지만 중장기 재정계획의 운용에서 무조건 법적 구속력을 확대하는 것이 능사가 아닌 만큼 이에 대한 새로운 접근법이 필요하다.

그나마 그동안 이루어진 주목할 만한 변화는 2016년 정부가 제출한 '2016~2020년 국가재정운용계획' 안에 "사회보험 재정 안정화"를 위한 추진계획을 제시했다는 점이다. 즉 정부는 급속한 저출산·고령화로 인한 사회보험의 지속가능성에 대한 사회적 우려가 커지자 2016년 3월 "사회보험 재정건전화 정책협의회"를 출범시켰고, 향후 이를 통해 사회보험 재정안정화 방안을 선제적으로 마련하고 그 이행상황을 지속 점검해 나갈 계획임을 밝혔다. 사실 세대간 균형을 도모하려면 제반 사회보험의 부채 증가로 인한 기금 및 적립금의 고갈에 대비한 계획을 마련하고 추진하는 것이 매우 중요한 만큼 이러한 노력은 매우 의미 있는 노력으로 평가할 수 있다. 그러나 이후 이것이 제대로 추진되지 못하고 있어서 문제이다.

4. 평가

우리나라 중기재정계획은 프랑스나 스웨덴과 같은 실질적 중기재정계획과는 거리가 먼 것으로 볼 수 있다. 즉 우리나라 중기재정계획은 그 지침으로 단년도 예산을 규율하는 체계도 없고, 법적 구속력도 미흡하며, 장기재정계획과 단년도 예산을 연계하는 중장기 재정 연계규율 체계도 존재하지 않는다. 그 결과 중기재정계획은 국회에 제출되는 단순 참고자료로 매우 형식적으로 운용되고 있다. 따라서 우리나라 중기재정계획은 재정법제 2단계의 지속가능성 재정법제의 외형만 갖추었을 뿐 실질적 중기재정계획으로 보기는 어렵다. 무엇보다 이러한 중기재정계획으로는 향후 새로운 재정환경 변화로 인해 세대간 불균형이 크게 확대될 것으로 전망되는 상황에 대응하기 어렵다. 따라서 새로운 3단계 세대간 정의를 위한 중기재정계획으로 발전시켜야 한다. 즉 세대간 균형을 중시하며 중기단위에서 장기재정계획과 단년도 예산을 연계하는 중심축 역할을 하며 세대간 균형을 도모하고, 다른 한편으로는 중장기 재정준칙들을 효과적으로 연계 운용하며 세대간 불균형 확대를 차단하는 재정운용의 중심축으로 발전시켜야 한다.

Ⅲ. 세대간 정의 실현을 위한 3단계 중기재정계획 해외사례

1. 스웨덴의 중기재정계획

각국은 경제위기 등으로 인해 국가부채가 증대하고 미래세대의 부담이 확대되는 상황에 대응하기 위해 재정운용의 중심축을 기존의 단년도 예산으로부터 중기재정계획으로 전환하고 있다. 그중 가장 대표적인 성공사례가 스웨덴이라 할 수 있다.[452] 스웨덴의 중기재정계획의 발전은 앞에서 설명한 3가지 재정환경 변화 중 심각한 경제위기에 대응하는 차원에서 이루어졌고 매우 효과적으로 운용되고 있다. 즉 스웨덴은 중기재정계획을 프랑스처럼 법률로 만들지는 않았지만 중기재정계획에서 정한 지침과 수치를 단년도 예산에 가장 잘 반영하는 나라로 평가받고 있고, 또한 하향식 예산제도를 구축해 중기재정계획 중심 재정운용을 효과적으로 뒷받침하고 있다. 그 결과 스웨덴의 중기재정계획은 가장 높은 준수성을 보이고 있고, 스

---

452) 위의 Monika Sherwood의 분류표 (각주 435) 참고.

웨덴은 재정위험도가 매우 낮은 국가로 평가되고 있다.

가. 스웨덴 중기재정계획의 특성

스웨덴의 중기재정계획의 특성은 다음 3가지를 들 수 있다.[453]

첫째, 스웨덴은 중기재정계획을 중심으로 재정을 운용하며 단년도 예산을 규율 운용하고 있다. 이러한 스웨덴 중기재정계획은 90년대 초 경제위기에 대응하기 위해 발전한 것이다. 즉 경제위기를 맞이해 재정적자가 급증하고 재정건전성을 유지하기 어려워지자 1997년부터 중기재정계획을 도입하였으며, 이를 통해 중기 시계 하의 중기재정계획을 중심으로 단년도 예산을 통제하며 중기적 균형재정을 도모하고자 했다.[454] 이를 위해 스웨덴은 중기재정계획을 중심으로 3개연도의 예산안을 운용하고 있다. 스웨덴의 중기재정계획은 춘계재정정책안(Spring Fiscal Policy Bill)에 포함되어 있는데, 총지출 또는 분야별 지출 한도를 결정하고 있다. 기본적으로 중기재정계획에는 최근 경제상황 평가, 향후 3~4년간의 거시경제전망, 장기 재정건전성에 대한 평가 및 일반정부(중앙정부와 지방정부, 노령연금 포함)의 정부수입 및 지출에 대한 추계와 함께, 중기총량목표를 달성하기 위한 향후 3년간에 걸쳐 총지출규모 상한 및 27개 분야의 지출상한을 두고 있다.[455] 2019년도부터는 부채기준이 중기재정계획의 새로운 기준 목표로 도입되었고, GDP의 35%로 설정되었다.[456]

---

453) Government offices of Sweden, the Swedish fiscal policy framework, 2021.
454) 1997년 이전에는 5개년도 기준선 재정전망(long-term budget)이 있었지만 법적으로 구속력을 갖지 않아 매년 새로운 중기재정전망을 발표하였다.; 김용식, 「국가재정운용계획의 운영현황과 제도개선방안 연구」, 2018년도 연구용역보고서, 국회예산정책처, 2018, 41쪽 이하; 국회예산정책처, 「2020 주요국의 재정제도」, 2020, 247쪽 이하.
455) 김용식, 「국가재정운용계획의 운영현황과 제도개선방안 연구」, 2018년도 연구용역보고서, 국회예산정책처, 2018, 42쪽.; Gösta Ljungman, "The Medium-term Fiscal Framework in Sweden," OECD Journal on Budgeting, vol. 6 no 3, 2007, p.4 이하.

중기재정계획의 의회심의절차는 다음과 같다. 먼저 정부가 의회법에 따라 4월 15일까지 사전예산서인 춘계재정정책안(Spring Fiscal Policy Bill)을 의회에 제출하면 의회는 6월 중 이를 심의 의결하는데, 이것은 가을에 제출되는 다음 연도 예산안 편성 및 심의의 기초가 된다.[457] 정부는 이러한 중기재정목표를 바탕으로 예산안을 편성해 9월 20일까지 의회에 제출하는데 그 안에는 3년 후의 지출한도 제안이 의무적으로 포함된다.(스웨덴 예산법 제2장 제2조) 예를 들어 2021년 예산안에는 2023년도의 지출한도까지 포함해야 한다. 그러나 47개 정책분야와 500개 세출항목에 대해서는 단년도 예산으로 편성되고 있다.

둘째, 중기재정계획의 운용은 이러한 각 년도 지출상한선을 중심으로 이루어진다. 중기재정계획에서 지출 상한선과 분야별 지출상한을 결정하는 방법은 분야별 세부 소요보다는 분야간 우선순위에 대한 비교 검토를 통해 높은 우선순위 분야는 증액하고 낮은 우선순위의 분야는 감액하는 방식으로 결정하게 된다. 따라서 특정 분야의 지출 증액을 주장할 경우에는 감액 분야를 동시에 제안하도록 의무화되어 있고, 국회 심의과정에서도 증액과 감액을 동시에 제안하도록 의무화되어 있다.

또한 이러한 중기재정계획의 지출한도는 의회 의결을 거쳐 결정되는데, 만약 승인된 지출한도를 초과하게 될 경우 정부는 이를 방지하기 위한 조치를 의회에 제시해야 한다.(예산법 제2장 제4조)[458] 따라서 의회의 총지출

---

456) 이는 마스트리히트 조약(Maastricht Treaty)에서 정한 준칙기준과 부합하기 위한 것으로 일반정부(중앙정부, 지자체 및 지방의회)가 준수해야 할 부채총량 목표를 제시한 것이다.
457) 국회예산정책처, 「2020 주요국의 재정제도」, 2020, 231쪽.
458) Gustafsson(2004)에 따르면, 총액지출 한도에 대한 의회의 결정은 법적인 구속력이 있는 것은 아니지만 사실상 구속력을 가지며 분야별 한도의 경우 다음해 예산에 대해서만 구속력을 갖는다.; 국회예산정책처, 「주요국의 재정제도」, 2016, 207쪽.

한도 결정은 정부에 대해 법적 구속력을 갖지는 않지만 한번 설정된 지출 한도 등의 수치는 특별한 사유가 없는 한 그대로 준수되며 수정되지 않는 것이 관례이다.[459]

이와 함께 지출상한 제도의 경직성을 보완하고 예측치 못한 위기 발생이나 경기변동에 대비하기 위해 예비비(budget margin) 제도를 두고 있다. 예비비 책정은 경제의 불확실성 및 예측오차에 대비하기 위해 충분히 책정하는데, t년에 예산의 최소 1%, t+1년에 최소 1.5%, t+2년에 최소 2%, t+3년에 최소 3%로 설정하고 있다.[460]

셋째, 스웨덴은 중기재정계획을 뒷받침하기 위해 예산절차를 개혁하고 새로운 기구를 설립해 그 효과적 추진과 실효성 제고를 도모하고 있다. 스웨덴은 이를 위해 먼저 1997년 이후 예산편성과 의회승인 절차를 하향식으로 전환했고, 중기재정계획 역시 하향식(top-down) 예산제도와 연계해 운영하고 있다.[461] 즉 예산 편성과 의회 승인 과정에 있어서 먼저 총지출과 분야별 지출 한도를 설정한 뒤에 세부 지출을 결정하도록 하향식으로 전환했는데 그것은 중기재정계획의 실효성을 제고하고 중기적 시계에서의 거시경제 및 재정을 고려하기 위한 것이다. 이와 함께 중기 재정전망의 신뢰성을 제고하고 뒷받침하기 위해 2007년 재정정책위원회(Fiscal Policy Council)를 설립 운용하고 있다.[462]

---

459) 중기재정계획의 지출상한은 매년 연동되어 보완되지만, 기 수립된 중기재정계획상의 수치는 특별한 사유가 없는 한 미세조정만 되고 있다.
460) 국회예산정책처, 「주요국의 재정제도」, 2016, 249쪽.
461) 김용식, 「국가재정운용계획의 운영현황과 제도개선방안 연구」, 2018년도 연구용역보고서, 국회예산정책처, 2018, 41쪽.; 양태건, "복지시대의 국가재정 건전성 강화를 위한 법제 개선방안 연구 — 스웨덴 및 영국 재정법제 사례를 중심으로", 재정혁신지원법제 연구 20-20-2, 한국법제연구원, 2020, 66쪽.
462) 국회예산정책처, 「2020 주요국의 재정제도」, 2020, 233-249쪽.

나. 스웨덴의 중기재정계획에 대한 평가

스웨덴은 예산법률주의 국가가 아니고 중기재정계획에도 형식적으로는 법적 강제력이 없지만 사실상 단년도 예산에 대한 실질적인 구속력을 발휘하고 있으며 효과적으로 잘 준수되고 있다. 특히 중기총량목표와 지출한도 등의 중기재정계획의 수치는 특별한 사정이 없는 한 변동성이 적게 잘 운용되고 있다. 그 결과 EU 국가들의 중기재정계획의 엄격성 수준을 평가한 자료에 따르면 스웨덴의 중기재정계획은 가장 높은 레벨1에 해당되고[463] EU 국가 중에서 장기적 재정위험도가 낮은 국가로 분류되고 있다.[464] 이러한 결과를 종합적으로 고려할 때 스웨덴의 중기재정계획은 중장기 재정 연계 운용 체계의 측면에서 단년도 예산과 효과적으로 연계 운용하는 틀을 정립하고 올바로 운용하고 있다고 평가할 수 있다. 결국 스웨덴의 중기재정계획은 경제위기로 인한 재정위기가 심화되는 상황에 대응하여 재정운용의 중심축 역할을 수행하고 단년도 예산을 규율하며 중기 세대간 균형을 효과적으로 도모하고 있다. 무엇보다 스웨덴은 흑자재정 원칙을 중심으로 중장기적으로 계속 국가부채비율을 낮추어 미래의 경제위기 등으로 인한 재정 부담 증대에 대비하면서 세대간 균형을 목표로 재정운용을 하고 있다. 이러한 모습이 스웨덴 모델의 가장 중요한 특징이다. 따라서 이를 3단계 세대간 정의를 위한 중기재정계획의 하나로 평가할 수 있다.

---

463) Monika Sherwood, Medium‐Term Budgetary Frameworks in the EU Member States, European Commission, 2015, p.29.

464) 일부 학자들은 중기재정계획을 제대로 반영하지 못하는 원인이 국회와 정부 등의 커뮤니케이션 부족 때문이라고 주장하지만 스웨덴의 경우 90년대 초 심각한 재정위기, 복지위기로 고도복지 붕괴의 위험성의 트라우마를 집단적으로 체험한 후 균형재정 유지에 대한 국민적 합의가 이루어진 것이 이후 철저한 준칙의 준수를 이루게 한 보다 중요한 원인이라 볼 수 있다. 이와 관련 김도승, "행정부의 다년간 재정운용계획에 대한 법적 규율‐프랑스 공공재정계획법률과 그 규범성 논란을 중심으로", 공법연구 39(2), 한국공법학회, 2010, 466쪽 참조.

2. 프랑스의 중기재정계획

가. 프랑스의 다년도 예산제도 법률화

프랑스는 중기재정계획을 법률로 정하고 운용하는 대표적인 나라이다. 즉 프랑스는 새로운 구조적 재정위기와 경제환경 변화에 대응하기 위해 중기적 시계 하에 중기재정계획 운용이 필요해지면서 이를 공공재정계획법률이라는 법률로 제정하는 새로운 변화를 추진했다. 즉 프랑스는 2008년에 헌법 개정을 거쳐 2009년 2월 9일 '2009~2012년도 공공재정계획법률'을 제정했다. 이후 '2011~2014년', '2012~2017년', '2014~2019년' 각 기간에 대한 새로운 공공재정계획법을 채택했다. 이와 함께 2012년부터는 계획기간을 기존의 3년에서 5년으로 2년 늘렸다.[465] 프랑스에서는 중기재정계획의 법제화를 새로운 역사적 이정표를 세운 것으로 천명하고 있다.[466] 이같이 프랑스가 법률 유형의 중기재정계획을 창설한 이유는 무엇보다 기존의 단년도 예산 중심의 재정운용 방식이 효용성이 저하되고 중기적 재정운용의 필요성이 증대하면서 중기적 균형재정 목표를 중심으로 한 중기재정계획 중심의 재정운용으로 전환한 것이다.[467] 프랑스에서는 이것을 중기재정계획이라는 표현 대신 '다년도 예산'이라고 표현한다.

프랑스의 제1차 공공재정계획법률(2009~2012년)이 추진된 배경은 국내적 측면에서는 정부의 재정투자와 공공시설 투자가 확대되면서 예산의 다

---

465) 김용식, 「국가재정운용계획의 운영현황과 제도개선방안 연구」, 2018년도 연구용역보고서, 국회예산정책처, 2018, 48쪽.

466) 프랑스에서 흐노 드 라 그니에흐(Renaud de La Genière)는 '다년간 계획은 현대 예산제도 가운데 가장 발전된 개념'이라고 평가했고, 2007년 12월 12일 공공정책 현대화 위원회 위원장 니콜라 사르코지(이후 대통령이 됨)는 '2009-2011'년 다년간 예산계획법률을 공식 발표하면서 이를 "우리 행정기능의 혁명"과도 같은 것이라고 선언했다.

467) 김도승, "행정부의 다년간 재정운용계획에 대한 법적 규율-프랑스 공공재정계획법률과 그 규범성 논란을 중심으로", 공법연구 39(2), 한국공법학회, 2010, 476쪽.

년도에 걸친 계속성에 대한 요구가 크게 증대하였고, 국제적 측면에서는 유럽연합의 '안정과 성장에 관한 협약'의 합의에 따라 국가재정건전성 제고를 요구받게 되면서 2008년 헌법 개정을 거쳐 2009년에 다년간 재정계획법률을 채택 시행하게 되었다.[468] 2011∼2014년 공공재정계획법률안의 하원 제출문에서 프랑소와 바호앙(François Baroin) 장관은 "기존의 다년도 계획법률의 규정들은 이른바 경제위기로 인하여 상황에 맞지 않는 규정들로 전락했다"고 지적하고, 특히 "지난 30년간 만성적으로 쌓여온 부채로 인한 재정의 불건전성이 증대하고 동시에 경제위기가 가중되는 상황에서 벗어나기 위해서는 의회의 긴밀한 새로운 예산전략이 요청된다"고 배경설명을 했다.[469] 따라서 프랑스의 제2차 공공재정계획법률안에도 경제위기가 중요한 영향을 미쳤다.

나. 프랑스 다년도 예산제도의 특성[470]

프랑스의 공공재정계획법률에는 구체적인 재정지표들을 법률조항으로 운용하고 있다.[471] 즉 동법에는 3년간의 국가의 전체적 지출한도와 각 단위별 지출한도 및 국가부채 규모 등 주요 재정지표에 관해 구체적인 수치를 정하고 있고 정부는 이러한 지출한도 내에서 재정을 운영해야 한다. 그리고 당해 3년의 마지막 연도의 예산은 다음 3년간 예산의 새로운 출발연도가 된다. 예를 들어, 2009년 2월 9일에 제정된 2009∼2012년도 공공재정계획

468) 김도승, 「국가재정건전화를 위한 중기재정관리제도 개선방안 − 프랑스 공공재정계획법률을 중심으로 −」, 재정법제연구 10 − 12 − 01, 한국법제연구원, 2010, 47 − 48쪽.
469) 김도승, "행정부의 다년간 재정운용계획에 대한 법적 규율 − 프랑스 공공재정계획법률과 그 규범성 논란을 중심으로", 공법연구 39(2), 한국공법학회, 2010, 474쪽.
470) 국회예산정책처, 「2020 주요국의 재정제도」, 2020, 176쪽.
471) 김용식, 「국가재정운용계획의 운영현황과 제도개선방안 연구」, 2018년도 연구용역보고서, 국회예산정책처, 2018, 49쪽.

법의 마지막 연도인 2012년도 예산은 2010년 10월 28일에 제정된 2011～2014년도 공공재정계획법의 출발연도에 해당된다.[472]

동법에는 이외에도 각종 재정운용에 대한 구체적 제한규정을 두었다. 동법 제9조에는 계획기간 동안 세수가 예산법률에서 정한 것을 초과할 경우 세금의 종류와 관계없이 그 전액을 예산상 적자 상환에 사용하도록 규정했고, 계획에서 전망했던 정부수입이 달성되지 않을 경우 세수 감소를 초래하는 조치에 대해서는 "특정 세수 인상을 통해 충당"하도록 했다.

이와 함께 공공재정계획법률안 제출시 정부로 하여금 부속보고서를 별도로 제출하도록 했다. 이에 따라 공공재정계획법률의 수입 지출의 기반이 된 경제전망과 동법 추진을 위한 각 부문별 역할 등에 관해 상세히 기록한 약 40페이지 분량의 부속보고서가 제출되었다. 이것은 우리나라의 국가재정운용계획과 유사한 것으로 볼 수 있다. 이러한 부속보고서는 법적 구속력은 없고 의회에 대한 정부의 정보를 제공하기 위한 것이다.[473]

그러나 우리나라의 국가재정운용계획은 중기재정운용의 목표와 수단이 불명확하지만 프랑스의 부속보고서에는 중기재정목표를 '공공재정의 구조적 균형' 회복으로 명확히 설정하고 있다. 또한 제2차 공공재정계획법률안 (2011～2014년) 계획에는 재정적자 축소를 위해 재정지출 감축, 건강보험 등 지출상한 강화 등을 제시하는 한편 법률안에 제시된 기준을 준수하도록 하기 위해 새로운 세 가지의 가버넌스 규칙(nouvelles règles de gouvernance)을 제시했다. 즉 ① 확인된 잉여수입 전액은 공공재정적자 상환에 사용한다. ② 세제 및 사회제도 상의 문제점들을 해소하는 방법을 통해 정부가 목

---

472) 김용식, 상게서, 2018, 48-49쪽.
473) 김도승, "행정부의 다년간 재정운용계획에 대한 법적 규율-프랑스 공공재정계획법률과 그 규범성 논란을 중심으로", 공법연구 39(2), 한국공법학회, 2010, 470-473쪽.

표로 한 최소한의 수입액을 제공한다. ③ 국가의 다양한 독립기관들이 예산
상의 원칙들을 회피하기 위해 부채를 이용하는 것을 금지한다는 것이다.

다. 프랑스 공공재정계획법률의 법적 효과

프랑스에서는 공공재정법률의 법적 효과를 둘러싼 논란이 전개되었다.
무엇보다 관련 재정법제들간 서로 상반된 규정을 두어서 충돌과 혼선을 유
발했기 때문이다. 특히 공공재정계획법률 같은 '계획'을 담은 법률의 규범
적 효력을 과연 어떻게 보아야 하는가에 관한 논란이 제기되었다. 이러한
문제를 살펴보기 위해서는 '장기재정계획 – 중기재정계획 – 단년도 예산'을
규율하는 법제들 간 법적 정합성 차원의 검토가 필요하다.

사실 2009~2012년 공공재정계획법률의 법적 규범성은 법률 제정 당시
의 의회 논의과정에서부터 논란이 일어났다. 즉 공공재정계획법률이 매년
도 예산법률안(PLF)을 작성할 때에 정부의 예산편성이나 의회에 대해 법적
구속력을 갖는 것인지에 대한 의문이 제기된 것이다. 예를 들어 공공재정계
획법률에서는 재정건전성 제고를 위해 구조적 재정적자를 감축하고, 각 지
출 부문별로 상한을 정하도록 했으며, 이에 따라 해당 회계연도에 개별예산
법률안은 공공재정계획법률에서 정하는 지출한도에 구속을 받도록 했다.
즉 공공재정계획법에서 정하고 있는 재정의 목표, 국가 재정수지와 국가채
무의 증가율, 다년간의 지출한도 등을 매년 예산계획을 수립할 때에 반영하
도록 되어 있다. 그러나 의회의 하원 예산위원장은 3개년(2009~2011년)
계획을 명백하게 준수하도록 하기 위해서는 법적 강제력을 확보해야 한다
고 강조하면서도 다른 한편으로는 "본 법률 제1조의 목적은 법률에서 정하
는 지출과 수입의 범위를 정하는 규정들에 규범적 효력을 위한 것이 아니
라 계획적 효력만을 갖는다는 것을 명시하는 것"이라는 상반되는 의견을

피력했다.

기본적으로 공공재정계획법률은 기존의 법률과는 다른 법적 카테고리에 속하는 것으로 볼 수 있다.[474] 즉 헌법 아래에 재정을 총괄하는 재정조직법률과도 다르고 재정조직법률 제1조에 규정되어 있는 예산법률[475]과도 다르다. 결국 공공재정계획법률 같이 '계획'을 담은 법률의 규범적 효력에 대한 논란이 제기되었고, 공공재정계획법률의 불확실한 규범력이 문제가 된 것이다.

또한 헌법의 단년도 예산원칙과 아울러 헌법 제34조에 계획법률들은 국가활동의 목적을 정하는 것으로 되어 있다는 점을 감안할 때, 계획법률이 의회를 구속하지는 못하는 것으로 해석되어 왔다. 더구나 1959년 1월 2일 명령 제59-2호 제2조에서는 "계획법률들이 매년 예산법률에서 담고 있는 계획의 허용 범위 안에서만 제3자에 대해서 국가를 기속한다"라고 규정하고 있다. 이에 따르면 매년 예산법률이 계획법률의 내용을 담아 줄 때만 국가는 제3자에게 이를 근거로 대항할 수 있다는 것이다. 이에 따라 다년간 계획법률의 규범적 성격에 관한 근본적 의문이 제기된 것이다.[476]

그리고 공공재정계획법률 제9조에 "모든 성격의 초과 세수입을 예산적자에 충당하도록 한 규정"에 대해서도 유효성 논란이 제기되었다.[477] 이에 대해 2005년 7월 개정된 재정조직법률 제34조 제1항 제10호에는 "매년 예산법률은 그 해 예산법률의 계획보다 초과된 모든 성격의 세수에 대해 이를 사용할 방법을 정한다"라고 완전히 상반되게 규정하고 있기 때문이다. 이

---

474) 김도승, 상게논문, 2010, 475쪽.
475) 프랑스는 예산법률주의 국가이다.
476) Par Nicolas Guillet, La loi du 9 février 2009 de programmation pluriannuelle des finances publiques : entre volonté politique et faiblesses juridiques, Petites affiches, 2009.
477) 김도승, "행정부의 다년간 재정운용계획에 대한 법적 규율–프랑스 공공재정계획법률과 그 규범성 논란을 중심으로", 공법연구 39(2), 한국공법학회, 2010, 479쪽.

에 따르면 초과세수의 사용처를 결정하는 것은 공공재정계획법률이 아니라 재정조직법률이다. 이같이 법률안의 상충으로 인해 공공재정계획법률의 규범적 불확실성이 더욱 심화되었다.

이와 함께 성실성의 원리에 의한 논란도 제기되었다. 공공재정계획법률에서는 세계금융위기 직후의 경제성장률을 2009년 1% 및 2010년부터는 2.5%라고 전망했고, 이에 입각해 2012년도에는 예산균형을 회복한다는 계획을 추진했는데, 이에 대해 '성실성 원칙'(la sincérité)[478]에 입각한 신뢰성의 문제가 제기된 것이다. 공공재정계획법률에 대한 의회 토론에서 다수의 국회의원들은 정부의 경제가정이 비현실적이라고 비판하면서 이같이 현실성 없는 가정에 입각한 계획에 법적효과를 부여할 경우 그것이 과연 타당성을 가질 수 있는가의 문제를 제기했다. 사실 이같이 계획의 내용에 오차가 많은 전망과 지켜질 수 없는 플랜을 담은 계획에 법적 구속력을 부여할 경우 결국 이를 지킬 수 없게 되면서 부정적 효과만 유발할 수 있기 때문이다. 따라서 계획의 법제화에 앞서서 재정계획의 신뢰도와 정확성을 높이고 오차를 줄이는 것이 선결과제라 할 수 있고, 그래야 계획의 법제화가 가능하고 그러한 계획에 대한 준수도를 높일 수 있다.

결국 이러한 프랑스의 공공재정계획법률에 대한 법적 논란의 핵심은 "'계획'이라는 법률유형에 과연 어떠한 규범적 효과를 인정할 수 있는가"이며, 또한 "다년간 예산계획이 가지는 근본적 불확실성을 고려할 때 이에 법적 강제력을 부과하는 것이 과연 가능하고 바람직한 것인가"에 관한 것이

---

478) '성실성의 원칙'(la sincérité)은 2001년 8월 1일 재정조직법률 제27조 내지 제32조에 새롭게 규정된 것으로, 예산법률과 관련해서는 재정조직법률 제32조에서와 같이 "합리적으로 도출될 수 있는 가능한 정보와 전망을 고려하여야 한다"라는 뜻으로 해석된다. 이와 관련 김도승, "행정부의 다년간 재정운용계획에 대한 법적 규율－프랑스 공공재정계획법률과 그 규범성 논란을 중심으로", 공법연구 39(2), 한국공법학회, 2010, 481쪽 참조.

라 할 수 있다. 결국 이것은 단년도 예산법률과 다년도 공공재정계획법률 간 법적 관계를 어떻게 볼 것인가 하는 문제로 귀결된다. 결국 이러한 문제는 장기재정계획 – 중기재정계획 – 단년도 예산 연계 규율 법적체제와 관련된 것으로 상호 법률 간 관계를 어떻게 정립할 것인가에 관한 것이라고 볼 수 있다. 따라서 이러한 법적 정합성을 갖추는 것이 장기재정계획 – 중기재정계획 – 단년도 예산 연계 운용에 있어서 중요한 과제라 할 수 있다.

라. 프랑스 다년도 예산제도에 대한 평가

이상에서 살펴보았듯이 프랑스가 중기재정계획을 법제화한 이유는 구조적 재정위기 심화와 대형 경제위기에 대응하기 위해서는 중기재정계획 중심의 재정운용이 보다 중요해졌음을 깨닫고 이에 대한 법적 규범력 강화를 시도한 것이다. 따라서 이러한 시도는 새로운 시대적 변화에 대응한 바람직한 방향이라고 평가할 수 있다. 그러나 프랑스가 중기재정계획을 법제화했음에도 기대만큼의 성과를 거두지 못한 것으로 평가되고 있다. EU 국가들의 중기재정계획에 대해 엄격성 수준을 평가한 자료에 따르면 프랑스의 중기재정계획은 법제화 되었지만 매우 낮은 수준인 레벨5에 해당되는 것으로 평가되었다.[479)

왜 이러한 결과가 유발되었는가? 무엇보다 다년도 예산에 대한 법적 구속력은 강화했지만 중장기 재정 운용체제 전체의 연계성과 효율성과 법적 정합성 등을 제대로 갖추지 못한 상황에서 법적 규범력을 부여할 경우 오히려 잘못된 중기재정계획을 강제화하는 부작용을 유발할 수 있고, 단년도 예산에서 이러한 중기재정계획을 제대로 준수하지 않는 결과를 초래할 수

---

479) Monika Sherwood, Medium – Term Budgetary Frameworks in the EU Member States, European Commission, 2015, p.29.

있기 때문이다. 특히 재정조직법률, 다년도 예산법률 및 단년도 예산법률의 관련 규정들 간 법적 정합성을 제대로 확립하지 못하여 상호 충돌이 벌어지면서 중기재정계획의 효용성을 더욱 저하시켰던 것으로 볼 수 있다. 따라서 이러한 문제점을 해결하려면 중기재정계획에 대한 법적 규범력을 강화하기 이전에 먼저 중기재정계획의 정확성과 신뢰성을 높이기 위한 제반 노력을 기울이는 것이 우선과제라 할 수 있고[480] 이와 함께 관련 법제들간 법적 정합성을 갖추는 노력도 함께 기울일 필요가 있다. 그래야 이러한 중기재정계획을 중심으로 새로운 재정환경 변화로 인한 세대간 불균형 확대에 효과적으로 대응하며 중장기적 세대간 균형을 도모할 수 있을 것이다.

이러한 프랑스의 중기재정계획은 2단계의 중기재정계획 모델 중에서 가장 앞선 제도적 변화를 선도하면서 3단계의 세대간 정의 중기재정계획으로 발전해가는 과도기의 모델이라고 볼 수 있다. 즉 중기재정계획 중심의 재정운용을 법률로 규정하는 등 새로운 중기 시계의 재정운용을 제도화하기 위한 노력을 가장 강력히 추진하면서 중기재정계획 중심의 재정운용을 선도하고 있기 때문이다. 무엇보다 세대간 균형을 도모하려면 중기재정계획 중심의 장기－중기－단기 재정계획의 연계 운용이 중요하다. 따라서 프랑스의 중기재정계획은 3단계의 주요 요건들을 차례로 갖추어가는 선도적 발전사례의 하나로 볼 수 있다. 그러나 아직 중기재정계획의 목표가 중기 균형재정을 추구하는데 머물고 있고 세대간 균형을 목표로 하지는 않는 만큼, 3단계 중기재정계획의 요건을 모두 갖추고 있다고 볼 수는 없다. 따라서 프랑스의 중기재정계획은 3단계 세대간 정의를 위한 중기재정계획으로 발전

---

480) 양태건, "복지시대의 국가재정 건전성 강화를 위한 법제 개선방안 연구－스웨덴 및 영국 재정법제 사례를 중심으로", 재정혁신지원법제 연구 20－20－2, 한국법제연구원, 2020, 72쪽.

하는 과도기 모델로 구분할 수 있다.

3. 소결

이상에서 스웨덴과 프랑스의 중기재정계획을 중심으로 2단계의 중기재정계획이 3단계의 중기재정계획으로 발전하는 변화에 대해 살펴보고, 과연 이러한 중기재정계획 사례들은 3단계의 세대간 정의를 위한 재정법제의 요건을 얼마나 갖추고 있는지 평가해보았다.

사실 지금 많은 국가들이 중기재정계획을 운용하고 있지만 그 대부분은 2단계 중기재정계획의 요건도 제대로 갖추지 못하고 있다고 평가할 수 있다. 즉 각국의 중기재정계획은 매우 형식적으로 수립 운용하고 있고, 단순히 참고자료로 이용되는 수준에 머물고 있으며, 장기재정계획에서 정한 방침을 중기재정계획에 반영하거나 중기재정계획에서 수립한 지침으로 단년도 예산을 규율하는 체계도 제대로 갖추지 못하고 있으며, 장기재정계획과 중기재정계획 및 단년도 예산은 각각 분리 운용되고 있다. 결국 이러한 기존의 중기재정계획으로는 중장기 균형재정을 도모하기도 힘들고, 나아가 세대간 불균형이 확대되는 변화에는 더더욱 대응할 수도 없는 것이다. 더구나 새로운 3가지 재정환경 변화로 인해 각국에 국가부채 증대가 장기화되고 세대간 불균형도 나날이 확대되는 새로운 상황을 맞이하여 미래의 재정부담 증대에 대비하는 새로운 중기재정계획 운용이 필요해지면서 이러한 방향으로의 발전이 이루어지고 있다. 그 중 가장 선도적으로 발전하는 모습을 보여주는 사례가 프랑스와 스웨덴의 중기재정계획이다. 물론 프랑스와 스웨덴의 중기재정계획이 3단계의 세대간 정의를 위한 중장기재정계획의 요건을 모두 갖추고 있다고 보기는 어렵지만, 그러한 요건을 가장 먼저 갖추어가고 있는 선도적 발전사례라고 평가할 수 있는 것이다. 특히 3단계 중기재정계획의 요건을 갖추었다고 평가할 수 있는 특징은 다음과 같은 것이다. 전술했듯이 스웨덴 모델은 단순히 재정균형을 추구하는 수준을 뛰어넘어 앞으로 경제위기 등의 변화로 인해 미래의 재정부담이 증대할 것에 대비해 중장기적으로 흑자재정을 계속 내며 국가부채비율을 저하시켜 재정여력을 비축하며 사실상 세대간 균형을 도모하고 있다는 측면에서 3단계 세대간 정의를 위한 재정법제의 주요 요건을 갖추고 있다고 볼 수 있다. 스웨덴이 중기재정계획에서 흑자재정 원칙을 운용하는 목적은 장기 재정건전성과 세대간 형평성임을 명시하고 있기 때문이다.[481] 또한 스웨덴 모델은 중기균형계획의 방침과 목표에 의한 단년도 예산을 규율하는 것도 뛰어나며 중장기 재정의 통합적 연계 규율 체계로의 발전도 점진적으로 이루어가고 있다고 평가할 수 있다. 그리고 프랑스의 중기재정계획의 경우는 구체적 재정지표들을 모두 법률로 운용하고 있고 그 지침으로 단년도 예산을 규율하며 중기재정계획 중심 재정운용의 제도화를 가장 앞장서 선도하며 중장기 통합연계 규율체계를 발전시키고 있다는 측면에서 중요한 요건을 갖추어가고 있는 만큼 이 역시 3단계 세대간 정의를 위한 중기재정계획의 선도적 발전 사례의 하나로 볼 수 있다.

그러나 3단계 세대간 정의를 위한 중기재정계획의 3가지 요건을 모두 완비하고 운용되는 모델은 아직 찾아볼 수 없다. 스웨덴과 프랑스의 중기재정계획도 3단계의 세대간 정의를 위한 중기재정계획의 요건을 아직 모두 갖추고 있지 못하는 상황이다. 즉 두 나라는 공통적으로 모두 중기재정계획으로 단년도 예산을 규율하는 측면은 발달하였지만 장기재정계획에서 정한

---

481) Konstantin Antonevich, *"Fiscal policy in Sweden: Analyzing the Effectiveness of Fiscal Policy During the Recent Business Cycle,"* Jönköping University, 2010, p.8.

방침과 목표를 바탕으로 중기재정계획을 수립하는 측면의 발전은 미흡한 편이다. 또한 프랑스 모델은 세대간 균형을 중기재정계획의 목표로 삼고 운용하려는 노력은 아직 부족하며 재정수지 균형과 지속가능성을 추구하는데 머물고 있는 것으로 평가할 수 있다. 또한 프랑스의 경우 중기재정계획과 관련한 제반 법제들 간 법적 정립성을 제대로 확립하지 못하고 혼선과 충돌을 빚으며 효과적인 통합적 연계 규율 체계로의 발전이 제대로 이루어지지 못하고 있다.

따라서 두 나라의 모델 모두 향후 새로운 개선과 발전이 필요한 상태이다. 앞으로 새로운 3가지 재정환경 변화가 더욱 본격화되고 미래세대의 부담과 세대간 불균형이 커질수록 두 나라 모두 3단계 중기재정계획의 요건들을 차례로 확충하며 결국 3단계 중기재정계획의 모습을 갖추게 될 전망이다. 즉 중기재정계획 운용의 목표를 그동안의 재정수지 균형(FB)에서 세대간 균형(GB)으로 바꾸고, 보다 효과적인 통합 연계 규율체계를 구축하고 대응하게 될 것이다.

Ⅳ. 우리나라의 국가재정운용계획 개선방안

그동안 우리나라에서도 국가재정운용계획의 문제점과 개선방안에 관한 연구들이 진행되었는데[482] 본 연구에서는 이와 다른 각도에서 3단계의 세대간 정의를 위한 중기재정계획으로의 발전을 위한 개선방안을 제시하고자 한다.

첫째, 우리나라도 중장기적으로 세대간 불균형이 확대되는데 대응하려면

---

482) 정일환 외, 「국가재정운용계획(중기재정계획)의 최신 국제동향 분석 및 정책효과에 관한 실증연구」, 2020년도 연구용역보고서, 국회사무처, 2021, 22쪽.

재정운용의 중심축을 단년도 예산에서 중기재정계획으로 옮겨가는 변화가 필요하다. 즉 중기재정계획을 중심으로 한편으로는 장기재정계획에서 정한 세대간 정의 방침과 목표치를 반영하고, 다른 한편으로는 중기재정계획에서 정한 방침과 목표치로 단년도 예산을 규율하며 중장기 재정 규율 체계의 중심축 역할을 하도록 해야 한다. 기본적으로 중기재정계획이 재정운용의 중심축이 될 수밖에 없는 이유는 장기재정계획은 아무래도 시계가 너무 멀어서 이를 중심으로 재정을 운용하기 어렵고, 또한 단년도 중심의 예산방식으로는 지금같은 중장기적 재정환경 격변기에 대응하기 불가능하기 때문이다.

둘째, 우리나라의 중기재정계획은 법적 구속력이 없는 만큼 이를 스웨덴이나 프랑스 같이 법적 구속력을 갖춘 중기재정계획으로 발전시켜야 한다. 이를 위해서는 프랑스식으로 중기재정계획을 아예 법률화하자는 견해와[483] 스웨덴 식으로 의회에서 중기재정계획을 심의 의결하자는 견해가 있지만[484] 우리나라는 스웨덴식으로 국회 심의 의결을 하도록 해 법적 구속력을 높이는 방안이 바람직하다. 아직 중기재정계획의 신뢰나 객관성이 부족한 상황에서는 무조건 법률화하는 것이 능사가 아니기 때문이다.

셋째, 우리나라에서는 먼저 국가재정운용계획의 객관성과 신뢰성을 높이는 것이 급선무이다. 이를 위해서는 우선 중장기 재정전망부터 오차를 줄이

---

483) 김도승, "행정부의 다년간 재정운용계획에 대한 법적 규율 – 프랑스 공공재정계획법률과 그 규범성 논란을 중심으로", 공법연구 39(2), 한국공법학회, 2010, 484쪽; 여기서 프랑스 공공재정계획법률 같이 우리나라 국가재정운용계획에 일정한 법률적 지위를 부여하고 재정준칙으로 활용하는 방안(제1안)과 국가재정운용계획을 현행 예산안처럼 국회에서 심의 의결하는 방안(제2안)중 1안을 보완하는 방안을 제시.
484) 김용식, 「국가재정운용계획의 운영현황과 제도개선방안 연구」, 2018년도 연구용역보고서, 국회예산정책처, 2018, 95쪽; 우리나라의 국가재정운용계획은 2가지 기준(종합적인 재정 수준과 재정제도 간의 정합성)을 고려할 때 기본모델을 스웨덴의 중기재정제도로 할 것을 주장함.

고 신뢰할 수 있는 객관적 전망이 되도록 하는 것이 필요하다. 특히 낙관적인 중기재정전망 오차 등 잘못된 전망치를 개선하여 중기재정계획의 신뢰성을 높여야 한다. 그러지 않고 아직 오차가 크고 주요 변수를 누락하고 잘못된 전망치와 계획을 그대로 둔 채 이러한 중기재정계획의 법적 규범력을 강화할 경우 오히려 잘못된 계획을 강제화하는 부작용을 유발할 뿐이다. 또한 장기재정계획 – 중기재정계획 – 단년도 예산 관련 법제들 간의 법적 정합성을 정립하는 것도 필요하다. 이를 제대로 정립되지 않은 상황에서 중기재정계획에만 법적 규범력을 강화하면 프랑스 같이 관련 법제들 간 충돌과 혼선을 유발하거나 탈법을 유발하여 부작용을 심화시킬 수 있다.

넷째, 3단계의 세대간 정의를 위한 중기재정계획이란 세대간 균형이라는 목표를 중심으로 하는 중장기 재정 통합 연계 규율 체제의 틀 안에서 운용되는 중기재정계획을 의미한다. 따라서 중기재정계획의 목표를 중기균형재정보다 세대간 균형에 맞추어야 한다. 그리고 이러한 목표를 실현하기 위해 통합적 연계 규율 체계를 운용하는 것이 중요하다. 이를 위해서는 스웨덴이나 프랑스 같이 중기재정계획 중심의 단년도 예산 규율체계를 마련하고 이를 뒷받침하기 위해 우리나라 국회의 예산심의 절차부터 스웨덴식으로 하향식으로 보완하는 것이 필요하다. 그동안 우리나라 정부도 하향식 예산제도를 도입한다고 했지만 매우 형식적이고 제대로 된 규율관계를 정립하지 못하고 있는 만큼 스웨덴 식의 실질적인 하향식 예산절차로 전환하는 것이 필요하다.[485]

---

485) 김용식, 「국가재정운용계획의 운영현황과 제도개선방안 연구」, 2018년도 연구용역보고서, 국회예산정책처, 2018, 90쪽; 이미 국가재정법 제7조 8항 개정을 통해 "기획재정부장관은 국가재정운용계획을 국회에 제출하기 전에 재정규모, 재정수지, 재원배분 등 수립방향을 국회 소관 상임위원에 30일 전에 보고하여야 한다"고 되어 있지만 '국회에 제출하기 전' 및 '수립방향'이라는 모호한 문구와 더불어 국회가 구속력 있는 의견을 개진할 수 있는 장치가 없어 형식적 절차에 그칠 가능성이 높고 실질적 심사기간

따라서 이상 네 가지 방안을 중심으로 기존 중기재정계획을 세대간 정의를 위한 실질적 중장기재정계획으로 개선해야 중장기적으로 세대간 불균형이 확대되는 상황에 제대로 대응할 수 있고, 향후 경제환경과 재정환경의 급격한 대변화 속에서 재정과 복지를 안정적으로 유지할 수 있을 것이다.

제 5 절 3단계 중장기 재정전망 · 재정계획 발전 종합평가

3가지 재정환경 변화로 인해 국가부채 증대가 장기화되고 미래세대 부담과 세대간 불균형이 확대되는 새로운 상황을 맞이하면서 각국은 이에 대응하기 위해 새로운 중장기 재정계획으로 전환하고 있다. 무엇보다 지금같이 새로운 재정환경 변화로 인해 재정여건이 근본적으로 뒤바뀌고 특히 세대간 불균형이 중장기적으로 확대되는 상황에서는 과거의 단년도 예산으로는 대응할 수 없게 되었고 중장기 재정계획이 가장 중요한 수단으로 부상하게 되었기 때문이다. 즉 중장기적인 구조적 재정환경 변화에 대응하려면 중장기 시계 하에 장기재정 전망에 따른 계획을 세워서 큰 방향을 잡고 대응하는 것이 중요하다. 그러지 않고 계속 단기적 시계 하에 단년도 예산을 운용하며 단기적 균형을 도모하다가는 결국 시대적 변화에 대응한 장기적 재정운용의 커다란 방향을 잡지 못하고 변화의 기회를 놓치는 우를 범할 수 있다. 그 결과 국가재정이 단번에 위기를 맞이해 허물어지고 돌이킬 수 없는 상황을 맞이할 수 있다. 그러면 청년들과 미래세대들부터 국가의 재정과 복지로부터 대거 이탈하면서 재정과 복지가 중단될 수 있다. 더구나 이러한 모습이 현실화되는데 시간이 별로 남아있지 않아서 문제이다. 앞으로 10년

을 보장하지 못하는 것으로 평가되고 있다.

에서 20년 이내에 국민연금 등 모든 공적 연금과 건강보험 등의 위기가 현실로 다가올 것이다. 그러나 그때 가서는 이러한 문제에 대응하기 어려워진다는 점이 문제이다. 앞서 확인했듯이 재정개혁의 조치가 늦어질수록 부담과 고통이 더욱 급격히 늘어나고 이를 바로잡기가 더욱 힘들어지기 때문이다. 결국 지금같은 시대적 전환기에는 시대적 변화를 선각하고 이에 대응할 커다란 방향을 잡고 기민하게 대응하지 못한다면 이후 수십 년에서 백년이 넘는 기간 동안 새로운 고통이 대가로 치러질 것이다. 우리는 이미 이러한 잘못을 지난 구한말에 체험했다. 당시 농경시대가 산업시대로 바뀌는 시대적 전환기에 기존의 농경시대의 국가운용방식과 재정운용 방식을 고수하다가 결국 몰락하고 외세에 의해 변화를 강요받게 되었고, 이후 한 세기 이상 고통의 대가를 치르게 되었다. 그러나 지금은 그때보다 더한 거대한 변화의 폭풍우 한가운데 놓여있다. 더구나 우리나라는 새로운 변화에 의한 타격을 그 어느 나라보다 더 크고 더 빠르게 받을 것으로 전망되고 있다. 따라서 지금부터 이에 대비하는 것이 필요하다.

따라서 새로운 구조적 재정환경 변화와 세대간 불균형이 확대되는 상황에 대응하기 위해서는 무엇보다 2단계의 중장기 재정계획을 3단계 중장기 재정계획으로 전환하고 커다란 국가재정운용의 방향을 잡고 단년도 예산을 규율하며 변화에 대비하는 것이 필요하다. 그동안의 2단계 재정운용 방식이란 단기적 재정수지 균형을 도모하며, 수단 측면에서는 재정준칙을 중심으로 재정총량 통제를 활용하던 것이었는데, 지금같이 세대간 불균형이 중장기적으로 확대되는 상황에는 대응할 수 없게 된 만큼, 기민하게 3단계 중장기 재정계획으로 전환하는 것이 필요하다. 3단계 중장기 재정계획이 2단계 중장기 재정계획과 다른 점은 무엇보다 세대간 균형을 목표로 삼고 제반 재정법제와 수단들을 효과적으로 통합 연계 활용하여 이를 성취한다는 것이다. 즉 앞으로 세대간 불균형이 얼마나 확대될지를 먼저 통합적인 중장기 재정전망을 통해 파악한 뒤, 이를 토대로 세대간 균형을 이루기 위한 장기－중기－단기 재정계획과 목표치를 설정하고 이를 중심으로 중장기 재정운용을 하며 중장기 목표치를 성취해가는 것이다. 이것이 3단계의 세대간 정의를 위한 중장기 재정계획이다.

따라서 앞으로의 새로운 재정환경 변화에 대비하려면 지금부터 다가올 재정환경 변화로 인해 미래세대의 부담과 세대간 불균형이 확대되는 위기 및 이로 인해 재정과 복지의 중단까지 이루어질 가능성까지 냉철하게 내다보고 이에 대응한 중장기 재정계획을 수립하고 중장기적으로 일관성 있게 재정운용을 추진해 나가야 한다. 마치 스웨덴이 지난 수십 년 동안 세계적으로 경기침체가 장기화되는 가운데에서도 흑자재정 원칙을 고수하며 국가부채 확대를 통한 지출증대를 저하시키는 중장기 재정기조를 일관성 있게 운용해왔던 모습을 본받아야 한다.

이미 각국은 새로운 재정환경 변화에 대응하기 위해 3단계의 중장기 재정계획으로 전환하고 있다. 물론 아직은 3단계의 요건을 모두 완비한 나라는 찾아볼 수 없고 각국마다 이러한 방향으로의 발전이 단편적으로 이루어지고 있다. 즉 호주는 새로운 장기재정계획인 세대간 리포트가 발전하고 있고, 스웨덴과 프랑스는 새로운 중기재정계획 중심의 재정운용이 발전하고 있으며, 유럽국가들은 세대간 회계 등 새로운 추계방식을 활용해 중장기 재정전망을 시도하고 있다. 그러나 앞으로 3가지 재정환경 변화는 시간이 갈수록 전 세계 공통적으로 더욱 확산될 것이고, 그럴수록 각국의 이러한 3단계 중장기 재정계획으로의 변화는 가속화되고 전면화 될 전망이다.

앞으로 새로운 3단계 중장기 재정계획이 가장 필요한 나라는 다름 아닌 우리나라라고 할 수 있다. 저출산·고령화 등 3개의 재정환경 변화가 세계에서 가장 격렬하게 전개되고 있고 그로 인해 재정여건이 송두리째 뒤바뀔 것으로 전망되기 때문이다. 따라서 이러한 변화에 대비하려면 지금부터 향후 30년, 50년 앞을 내다보고 재정운용의 큰 방향성을 잡고 이를 토대로 중기재정계획과 단년도 예산을 운용해야 한다. 그리고 세대간 균형을 추구하는 3단계의 중장기 재정전망 및 계획을 재정운용의 중심축으로 삼아야 한다. 아울러 이를 뒷받침하기 위해 중장기 재정전망에서 세대간 회계 등을 함께 활용하고, 잠재부채까지 모두 통합 추계하도록 해야 한다.

결국 이러한 새로운 재정운용 방식을 앞으로 얼마나 기민하게 도입하고 제대로 운용하느냐에 의해 미래세대의 생존 여부와 현세대의 복지 지속 여부가 판가름 날 것이다. 따라서 우리나라는 그 어느 나라보다 선도적으로 3단계의 세대간 정의를 위한 중장기 재정계획으로 전환하고 지금부터 다가올 재정환경 대격변기에 대비해야 한다. 그래야 재정과 복지의 지속과 미래세대의 보호가 가능하다.

제 5 장 세대간 정의 실현을 위한 재정준칙 · 재정프레임워크

제 1 절 재정환경 변화에 의한 3단계 재정준칙 · 프레임워크 발전

그동안 각국은 재정의 건전성과 지속가능성을 도모하기 위해 다양한 재정준칙을 도입 활용해왔다. 그러나 새로운 경제환경과 재정환경 변화를 맞이해 재정준칙도 새로운 변화가 요구되고 있다. 먼저 재정준칙은 90년대 이후 각국에 경제위기가 반복되고 이후 경기침체가 장기화되는 상황에서 국가부채가 계속 증대하는 것을 막지 못하고 효용성을 잃게 되었고, 오히려 경직된 재정준칙이 정부의 과감한 경제위기 대응을 가로막는다는 비판이 제기되면서 새로운 변화가 불가피해졌다. 이에 따라 먼저 경직된 재정준칙을 유연화한 새로운 차세대 재정준칙으로 전환이 이루어졌지만 이 역시 상반되는 성격인 강제성과 유연성을 함께 추구하면서 복잡성이 증대하고 준수성이 저하되는 문제점이 드러나면서, 다시 이를 보완한 새로운 경제위기 대응 재정준칙이 등장하게 되었다. 이와 함께 각국에는 저출산 · 고령화가 급격히 심화되고 4차 산업혁명에 의한 총체적 변화(disruptive technology)가 확산되면서 재정준칙도 다시 새로운 변화가 불가피해졌다. 무엇보다 이로 인해 미래세대 부담이 증대되고 세대간 불균형이 확대되면서 기존의 단기적 재정수지 준칙으로는 대응할 수 없게 되었기 때문이다. 더구나 세대간 불균형을 해결하려면 재정총량 통제보다 예산내용을 규율하는 방식이 더 중요해지면서 재정준칙의 새로운 변형이 이루어지고 있다. 이같이 미래세대 부담과 세대간 불균형이 계속 확대되는 상황에 대응하려면 무엇보다 세대간 균형을 중시하는 새로운 재정준칙이 필요하다.[486] 이에 따라 각국에서는 재정의 지속가능성을 추구하던 2단계 재정준칙에서 세대간 균형을 추구하는 3단계 재정준칙으로의 전환이 이루어지고 있다.

Ⅰ. 재정준칙의 개념

재정준칙(fiscal rules)이란 재정건전성을 도모하기 위해 정부 재정운용의 재량권을 일정 수준으로 제약하기 위한 룰을 운용하는 것으로, 주로 재정총량에 대한 구체적 통제를 가하는 방법을 사용한다.[487] 재정준칙의 개념 정의에 관해서는 학자들 간 다양한 의견이 있다.[488] Kopits and Symansky (1998)[489]는 재정준칙을 '재정적자, 차입액, 국가채무와 같은 '재정총량'에 대해 수량적 한도를 설정함으로써 재정정책에 가하는 항구적 제약'이라고 정의하였다.[490] 그러나 Schaechter et al.(2012)[491]은 재정준칙을 재정건전화를 위해 예산편성에 강제성이나 제약을 부여하는 방식이라고 정의하고, 예산편성절차와 관련한 Pay-go와 같은 절차적 준칙도 재정준칙에 포함시

---

486) Robert Boije and Albin Kainelainen, "The importance of fiscal policy frameworks-Swedish experience of the crisis", Banca dItalia, Perugina, March 31-April 2, 2012, p.329.
487) 안태환, "이명박 정부의 재정개혁 과제", 「한국행정학회 2008년도 추계학술대회 발표논문집」, 2008, 10쪽.
488) 재정준칙 필요성에 관한 이론으로는 정부의 내재적 재정수지 적자 경향이나 지출경향 및 경기변동으로 인해 규모 이상의 적자가 발생하는 것을 극복하기 위해 필요하다는 주장이 있다. 재정수지적자 경향에 관해서는 재정 환상(fiscal illusion)모형, 전략적 부채모형(strategic debt model) 등으로 설명한다. 이에 관해서는 A. Alesiana and R. Perotti, The political economy of budget deficits, Staff Papers, IMF, vol. 42, no. 1, 1995 참조.
489) Kopits, G., & Symansky, S.(1998). *Fiscal rules.* IMF Occasional Paper 162. p.2.
490) IMF의 보고서에서의 재정준칙이란 재정수지, 재정지출, 국가채무 등의 총량적인 재정지표에 대하여 구체적인 목표수치를 동반한 재정운용목표를 법제화한 재정운용정책 방식을 의미하는 것으로 본다. 그리고 보통 재정목표가 법제화된 방식을 쓰지만, 법령 형태가 아니어도 최소 3년 이상 이행이 의무화되었으면 재정준칙으로 간주한다.
491) Schaechter et al., "Fiscal Rules in Response to the Crisis-Toward the 'Next-Generation' Rules: A New Dataset," *IMF Working Paper* No. 12/187, 2012, p.5.

킬 것을 주장했다. 따라서 Kopits and Symansky의 정의에 따를 경우 절차적 재정준칙은 재정준칙에 포함되지 않는다.

본 연구에서는 재정준칙의 개념을 Kopits and Symansky(1998)의 좁은 개념보다는 절차적 재정준칙을 포함하는 Schaechter et al.(2012)의 의견을 따르기로 한다. 왜냐하면 본 연구에서는 앞으로 세대간 정의를 위한 재정준칙들에 관해 살펴볼텐데 여기에는 재정총량 한도를 통제하는 재정준칙과 함께 절차적 재정준칙 뿐 아니라 예산내용을 규율하는 재정준칙까지 모두 포함하여 연구할 것이기 때문이다.

II. 2단계 재정준칙의 한계

기본적으로 기존의 2단계 재정준칙이란 재정의 커다란 구조적 변화가 없는 안정적인 경기순환기에 재정지출 확대와 국가부채 증대를 통제하며 재정의 지속가능성을 도모하던 것이다. 그러나 90년대 이후 경제위기가 반복되고 장기침체가 지속되며 이후 저출산·고령화와 4차 산업혁명 등의 변화로 미래세대의 위기와 세대간 불균형이 확대되는 새로운 재정의 구조적 대변환기를 맞이하여 기존의 재정준칙으로는 대응할 수 없게 된 것이다. 그러면 2단계 재정준칙은 어떠한 이유로 한계를 노정하게 되었는지 검토해보기로 한다.

첫째, 90년대 이후부터 각국에 경제위기가 반복되고 장기침체가 지속되는 새로운 상황을 맞이해 단기적 재정수지 균형(FB)을 도모하는 재정준칙으로는 대응할 수 없게 되었다. 결국 각국은 국가부채가 계속 증대하여 준칙 한도를 번번이 넘어서고 국가부채비율이 줄줄이 100%를 넘나드는 상황이 되었다. 이에 따라 경제위기가 반복되고 장기침체가 지속되는 상황에 대응하기 위한 새로운 경제위기 대응 재정준칙이 필요해졌다.

둘째, 각국에는 고령화가 급속히 심화되고 복지부담이 중장기적으로 크게 확대되면서 기존의 단기적 재정준칙으로는 이에 대응할 수 없게 되었다. 무엇보다 고령화에 따른 복지부담 확대는 지금 당장의 재정수지에는 별 영향을 미치지 않지만 중장기적으로 미래세대에게는 감당할 수 없는 부담을 폭증시키기 때문이다. 이에 따라 중장기 단위에서 세대간 불균형을 규율하기 위한 새로운 재정준칙이 필요해졌다.

셋째, 2단계 지속가능성 재정준칙은 그 한도에 대한 분명한 근거나 기준이 없고, 특히 초저금리 하에서 계속 국가부채 한도를 늘리도록 유도해 세대간 불균형을 더욱 확대시키는 결과를 낳고 있다. 즉 초저금리 기조 하에서는 이자부담이 크지 않기 때문에 국가부채 관리와 재정의 지속가능성에 별 문제가 없다며 국가부채 한도의 확대를 유도하고 있기 때문이다, 그러나 늘어난 부채를 누가 갚느냐는 고려하지 않는다. 결국 초저금리에 기반하여 크게 늘어난 국가부채비율은 경제위기가 지난 후에도 줄지 않고 계속 증가되고 있는데 이것은 결국 미래세대 부담으로 전가될 수밖에 없다.

넷째, 국가부채비율 확대와 세대간 불균형 확대가 같은 방향으로 가는 경우도 있지만 그렇지 않은 경우도 많다. 그 대표적인 사례가 우리나라의 개발연대 시기 재정운용 방식이다. 당시 국가부채를 크게 늘렸지만 그 돈으로 미래세대의 성장 발전에 집중 투입한 결과 세대간 균형을 뛰어넘어 미래세대의 비약적인 성장과 발전을 이루었다. 따라서 세대간 균형을 도모하려면 재정총량 통제방식도 중요하지만 근본적으로 예산의 내용을 규율하는 새로운 재정통제 방식이 필요해졌다.

이상에서 살펴보았듯이 새로운 재정환경 변화는 기존의 단기적 재정수지 균형과 지속가능성만 추구하던 2단계 재정준칙의 새로운 변화를 불가피하게 만들었다.

Ⅲ. 3단계 재정준칙과 재정프레임워크로의 전환

새로운 재정환경 변화로 인해 미래세대의 부담과 세대간 불균형이 크게 확대되는 상황에 대응하려면 세대간 균형을 중시하는 새로운 재정준칙이 필요해졌다. 그것이 세대간 정의를 위한 재정준칙과 재정프레임워크이다. 그 특징은 다음 5가지이다.

첫째, 2단계의 재정준칙은 단기적인 재정수지 균형(FB)을 도모하던 것인데 비해 3단계의 재정준칙은 세대간 균형(GB)이라는 목표를 도모하는 것이다.

둘째, 2단계 재정준칙의 목표치는 단순한 재정수지 균형이 목표치이지만, 3단계 재정준칙의 목표치는 다시 다가올 경제위기나 고령화 심화에 따른 재정부담 증대에 대비한 세대간 균형을 위한 목표치라 할 수 있다. 대표적인 사례가 스웨덴의 재정준칙 목표치이다. 스웨덴은 흑자재정준칙을 장기적으로 유지하며 GDP 대비 국가부채비율을 20년 이상 계속 하향화시켰다. 그 이유는 앞으로 경제위기가 다시 다가올 것에 대비해 재정여력을 비축하기 위한 것이다. 따라서 스웨덴의 재정준칙 목표는 재정수지 균형이 아니라 향후 다가올 미래의 부담을 고려한 목표치인 만큼 세대간 균형을 위한 목표치로 볼 수 있다. 스웨덴은 흑자재정을 유지하는 목적이 장기적 재정건전성과 세대간 형평성임을 분명히 밝히고 있다.

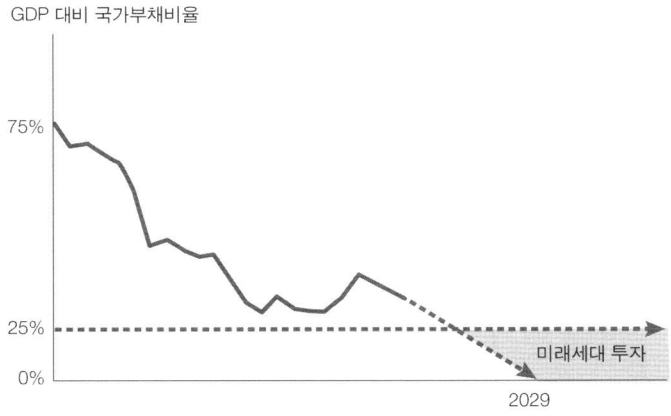

[그림 9] 스웨덴의 국가부채비율 및 재정준칙 한도 설정

    3단계 재정준칙의 국가부채비율 목표는 위 [그림 9]에서와 같이 결정된다.
즉 먼저 국가가 버틸 수 있는 국가부채비율의 최고 한도치(70~75%)[492]를
설정하고, 여기서 앞으로 다시 경제위기를 맞이하면 높아질 국가부채비율
의 예상증대분(30~40%)[493]을 차감하여 평상시 국가부채 비율 목표를 설
정한다. 스웨덴에서는 이러한 계산의 결과 스웨덴의 채무고정 목표를 '25%
± 5%' 포인트로 줄여야 한다는 주장이 제기되고 있다. 이와 관련해 스웨덴
이 국가부채비율을 계속 낮추면 2020년대 말에 0%대에 이를 것으로 전망
되자, 이러한 상황까지 가도록 하는 것보다는 25% 목표치를 유지하되 나머
지 재정여유분(아래의 음영부분)은 미래세대를 위한 교육이나 산업인프라
기술개발 등에 투자하여 '미래세대를 위한 자산'의 형태로 보유하는 방안이
바람직하다는 주장이 제기되었다.

---

492) 역사적 자료들을 분석한 결과 합리적인 부채한도인 70－75%를 설정; Fredrik N. G.
    Andersson and Lars Jonung, "The Swedish fiscal framework－The most successful
    one in the EU?", *Working Paper 2019:6*, Lund University, 2019, p.4 참조.
493) 경제위기시 평균 국가부채비율 증대 평균치; Fredrik N. G. Andersson and Lars Jonung,
    ibid, p.4 참조.

셋째, 나아가 3단계 재정준칙 목표치는 세대간 균형 목표 하에 정한 장기 −중기−단기 계획과 목표치와 연계하여 설정된 목표치를 의미한다. 즉 세대간 균형을 이루려면 향후 세대간 불균형이 얼마나 확대될지 중장기 전망을 통해 파악한 뒤 이를 토대로 장기−중기−단기 목표치를 설정하고 운용하는 것이 필수적이다. 따라서 그동안 각국의 2단계의 재정준칙 같이 재정준칙 목표치를 임의로 설정하기보다, 이러한 중장기 재정 통합적 연계 규율 체계의 틀 안에서 목표치를 연계 설정하고 상호 협력해 이루어야 한다.

넷째, 3단계 재정준칙의 목표치 달성을 위해서는 경직된 재정준칙 하나를 일원적으로 운용하기보다 다양한 재정준칙을 통합적으로 연계 규율하며 대응하는 것이 필요하다. 무엇보다 중기 균형재정 준칙을 중심으로 평상시 흑자재정준칙, 위기시 유연성 준칙, 복원시 적자 상환원칙을 통합적으로 연계 운용해야 재정준칙 목표치를 달성할 수 있다. 그 중에서 가장 중요한 것은 흑자재정 준칙과 중기 균형재정준칙이라 할 수 있다. 흑자재정준칙은 세대간 균형을 위한 중장기 재정준칙 목표치에 맞추기 위해 국가부채비율로 낮추는데 주요 역할을 하며, 중기 균형재정준칙은 복잡한 준칙들을 하나의 통합된 규율 하에 운용되도록 하여 단순성을 복원하는데 이용된다.

다섯째, 세대간 균형을 도모하려면 재정총량 통제방식보다 예산내용을 규율하는 방식이 중요해지면서 재정준칙의 중심축이 재정프레임워크 쪽으로 옮겨가고 있다. 즉 재정총량을 그대로 둔 상태에서도 예산내용을 효율적으로 운용하면 세대간 균형을 크게 개선할 수 있기 때문이다. 예를 들어 미래세대에 포커스를 맞추어 재정을 집중 투자하면 미래세대의 커다란 성장과 발전과 부를 이루고 세부담 능력 복지부담 능력을 키워서 세대간 균형을 크게 향상시킬 수 있다. 그 대표적인 사례가 OECD 국가들의 새로운 재정 프레임워크이며, 이에는 네덜란드의 세대 테스트, 뉴질랜드의 웰빙 프레임워크, 스위스의 지속가능성 영향 평가, 웨일스의 미래세대복지법 등이 있다.

결국 각국에서는 새로운 재정환경 변화를 맞이해 기존의 2단계 재정준칙들이 한계를 맞이하면서 위의 4가지 특성을 가진 새로운 3단계의 재정준칙과 재정프레임워크로의 변형과 발전이 이루어지고 있다.

Ⅳ. 2단계 재정준칙과 3단계 재정준칙의 차이점

기본적으로 2단계 재정준칙은 3단계 재정준칙과 그 목적과 운용방식 등에서 아래와 같은 차이점을 가지고 있다.

첫째, 2단계의 재정수지 균형(FB)을 추구하는 재정준칙에 비해 3단계는 세대간 균형(GB)이라는 목표를 추구한다는 점이 가장 큰 차이점이다. 둘째, 2단계 재정준칙은 상반되는 목표인 강제성과 유연성의 준칙을 병행해 복잡성이 커지고 준수성이 저하되는데 비해, 3단계 재정준칙은 재정준칙을 복합적으로 연계 운용하면서도 중기 균형재정 준칙을 중심으로 단순성과 강제성을 복원한 것이라는 점에서 다르다. 셋째, 2단계 재정준칙은 지속가능성이란 다소 애매하고 불분명한 목표를 추구하기 때문에 준칙 목표를 자의적으로 설정하고 변동성이 높으며 규범력도 불확실한 반면, 3단계 재정준칙은 세대간 균형이라는 명확한 목표를 중심으로 장기-중기-단기 목표치와 연계 하에 운용되며, 또한 스웨덴의 흑자재정 준칙 같이 장기적으로 일관성 있게 유지된다는 점이 다르다. 넷째, 2단계 재정준칙은 재정총량 통제준칙이 중심인데 비해 3단계의 재정프레임워크는 예산내용 규율을 중시하는 것이란 점에서 다르다. 즉 OECD 국가들은 세대간 정의라는 원리로 예산 정책 법률의 내용을 규율하는 새로운 재정프레임워크를 운용하고 있다.

그러면 지금부터 국내외의 재정준칙과 재정프레임워크에 대해 살펴보고 우리나라의 재정준칙의 개선방안을 알아보기로 한다.

제 2 절 우리나라 재정준칙 현황 및 평가

Ⅰ. 현황

각국은 최근 저출산·고령화가 심화되고 경제위기가 반복되면서 국가부채가 급증하자 재정준칙을 도입하고 이에 대응해왔다. 특히 90년대 들어서 유럽 각국이 경제위기를 맞이하면서 새로운 재정준칙들이 도입되었고 2008년 세계경제위기를 계기로 더욱 재정준칙 도입이 확대되었다. 이러한 재정준칙(fiscal rules)은 재정건전성을 도모하기 위해 정부 재정운용의 재량권을 일정 수준으로 제약하기 위한 룰을 운용하는 것으로, 주로 재정총량에 대한 구체적 수치한도를 통해 통제하는 방법을 사용한다. 따라서 재정준칙은 국가부채 증대를 통제하여 미래세대에게 전가되는 것을 통제함으로써 미래세대를 보호하는 역할을 한다.

우리나라의 경우 이러한 재정준칙이 그 어느 나라보다 더 필요한 상황이라 할 수 있다. IMF 위기 이후 세계경제위기, 코로나 위기 등 경제위기가 계속 반복되는 가운데 우리나라의 국가채무비율이 세계에서 가장 빠르게 급증하였고, 앞으로 공적연금 부채를 포함해 국가부채는 더욱 가파르게 확대될 것으로 전망되고 있으며[494] 나아가 저출산·고령화로 인한 국가부채도 더욱 크게 확대될 전망이다. 따라서 급증하는 국가부채를 통제하기 위해 그 어느 나라보다도 재정준칙이 필요한 상황이다.[495]

---

494) 국제통화기금(IMF)이 2021년 11월에 발표한 '재정점검보고서(Fiscal Monitor)'에 따르면 2026년 말 한국의 일반정부 국가채무는 국내총생산(GDP) 대비 66.7%로 전망된다. 이 기간 한국의 GDP 대비 일반정부 채무 비율 상승 폭은 IMF가 선진국(Advanced Economies)으로 분류한 35개국 중 가장 컸고, 호주(84.2 → 72.2%), 캐나다(109.9 → 89.7%), 독일(72.5 → 60.9%) 등 19개 나라 채무비율이 향후 5년 동안 하락하는 것과 반대인 것으로 전망되었다.
495) 정도영, "재정준칙 정립을 통한 재정규율 강화", NARS 현안보고서 제270호, 국회입법

그러나 우리나라는 아직 OECD 국가 중 튀르키예와 함께 기본적인 재정준칙도 없는 나라로 분류되고 있다.[496] 물론 우리나라도 암묵적 형태의 지출준칙이나 세계잉여금 처리 규정 같은 수입준칙이 일부 운용되었지만[497] 법률적 구속력이 없는 내부지침일 뿐 실효성이 없는 것으로 평가되고 있다. 이에 따라 우리나라에서도 그동안 재정준칙을 도입해야 한다는 주장이 계속 제기되어 왔다.[498]

Ⅱ. 개선노력(정부의 재정준칙 도입방안)

우리나라 정부는 2020년 10월 5일 재정환경 변화에 대응하고 재정의 지속가능성을 유지하기 위해 우리 여건에 맞는 재정준칙 도입 방안을 발표하고 국가재정법 개정안을 발의하여 새로운 재정준칙 도입을 추진했다.

정부는 2020년 12월 30일 제출한 국가재정법 일부개정법률안 제안이유에 대해 "최근 코로나바이러스감염증-19의 확산에 따른 위기에 대응하는 과정에서 국가채무와 재정수지 적자가 큰 폭으로 증가하는 가운데 주요국 대비 낮은 복지 성숙도, 빠른 고령화 등으로 향후 복지정책 등에 소요될 비용이 더욱 크게 증가할 것으로 예상되는 상황이므로, 미래세대의 부담을 줄이고 중장기적이고 지속가능한 재정을 운용하기 위하여 국가채무 및 통합재정수지에 대한 구속력 있는 규율로서의 재정준칙 도입에 관한 법적 근거

조사처, 2015, 16쪽.

496) 기획재정부, "2020 한국형 재정준칙 도입방안(보도자료), 2020. 10. 5.
497) 우리나라는 2010년에 「2010-2014년 국가재정운용계획」을 수립하면서 "재정수지 균형을 달성할 때까지 지출증가율을 수입증가율보다 매년 2-3% 포인트 낮게 유지한다"는 암묵적 형식의 재정준칙을 도입한 적이 있지만 실효를 거두지 못했다. 법적 근거 없이 내규에 따른 선언적 의미의 준칙이었다.
498) 백웅기, "우리나라 재정준칙의 도입방안", 입법과 정책 제8권 제1호, 국회입법조사처, 2016, 277쪽; 홍근석·김성찬, 「세대간 회계 및 재정준칙 법제화에 관한 연구」, 2017년도 연구용역보고서, 국회예산결산특별위원회, 2017, 25쪽.

를 마련하려는 것"이 도입의 목적임을 밝히고 있다. 정부가 제시한 재정준칙 도입의 이유만 놓고 보면 그동안 세계 각국이 2008년 세계경제위기를 맞이해 새로운 재정준칙을 대거 도입했던 이유와 비슷하다고 볼 수 있다.

그러나 준칙의 내용적 측면에서는 매우 다른 모습을 보이고 있다. 소위 "한국형 재정준칙"의 주요 내용을 보면 준칙성, 보완성, 실효성의 3가지 요소를 중심으로 설계했고, 그 골자는 '국가채무 비율 기준을 60%로 설정 및 통합재정수지 기준을 −3%의 한도로 설정', '한도 초과시 재정건전성 대책 의무적 마련', '위기 발생시 준칙 적용 면제 및 경기둔화시 통합재정수지 기준 완화' 등이며, 한도는 시행령에 위임하고 5년마다 재검토하도록 했다. 또한 부칙에는 재정준칙의 적용 시기를 코로나 등을 감안하여 2025회계연도 예산안 또는 추가경정예산안을 편성하는 경우부터 적용하도록 정했다.

재정준칙 한도계산식 : (국가채무 비율/60%) × (통합재정수지 비율/△3%) ≤ 1.0

이후 2022년 새로운 정권이 출범하자 정부는 다시 2022년 7월 국가재정 전략회의에서 2020년 발의한 재정준칙에 대한 개정방향을 밝혔고, 2022년 9월 20일 관련 내용을 담은 국가재정법 일부개정안이 박대출 의원 대표발의로 발의되었다. 2020년 발의한 재정준칙의 내용과 2022년 발의한 내용을 비교하면 아래의 [표 11]과 같다. 2022년 발의한 재정준칙 개정안의 핵심은 관리재정수지 적자 한도를 GDP 대비 3% 내로 관리하되 GDP 대비 국가채무비율이 60%를 초과하면 그것을 2% 내로 축소하도록 했고, 법적근거를 당초 시행령이 아닌 법률로 규정해 구속력을 높이고, 보다 단순성, 엄격성, 구속력이 높은 재정준칙으로 개편한 것이다. 즉 단순성을 높이기 위해 기존의 복잡한 곱셈식 방식이 아닌 국제사회에서 보편적으로 활용되고 있는 이해하기 쉬운 수지·채무준칙을 기준으로 설정하고, 엄격성을 높이기 위해서는 통합재정수지를 그간 재정건전화 관리지표로 활용해온 관리재정수지를 활용하도록 하며, 구속력을 높이기 위해 재정준칙 한도를 법률에 명시하도록 했다.

[표 11] 우리나라 재정준칙 도입방안 비교

	기존 정부안 (2020. 10)	개정안 (2022. 9)
관리지표	통합재정수지 + 국가채무비율	관리재정수지(국가채무비율)
한도식	(국가채무비율/60%) × (통합재정수지/△3%) ≤ 1.0	관리재정수지 한도 △3% 이하 (국가채무비율 60% 초과시에는 관리재정수지 한도를 △2%로 축소)
법적근거	시행령	법률
적용시기	2025년까지 유예	법개정 후 바로 적용
예외사유	추경편성 요건과 다름	추경편성 요건과 같음
예외사유 소멸 후 한도적용	예외기간 중 증가된 채무를 한도식에 4년에 걸쳐 반영	즉시 재적용
완화규정	〈경기둔화시〉 (국가채무비율/60%) × (통합재정수지/△4%) ≤ 1.0	삭제 (통상적 경기변동은 한도 내 대응)

※ 출처 : 2022국가재정전략회의 보도자료 및 박대출의원 국가재정법 일부개정법률안 ('22. 9. 20)

이러한 각 정부안에 대한 전문가들의 평가는 준칙 도입에는 긍정적이지만 그 내용에 관해서는 다음과 같은 문제 제기가 있었다. 즉 준칙의 한도 설정이 안이하다든가, 준칙 예외요건이 적절한지 등의 문제가 제기되었다.[499] 또한 사회보장성기금 수지를 차감한 관리재정수지를 쓰기로 한 것

---

499) 홍종현·정성호, 「국가채무 및 재정수지 관리 법제의 현황과 개선방안 연구」, 재정혁신지원법제 연구 20 - 20 - 6, 한국법제연구원, 2020, 137 - 153쪽.

이 국제적 기준에도 맞지 않을 뿐 아니라[500) 앞으로 저출산·고령화 등의 문제로 인해 2040년 이후에는 관리재정수지보다 통합재정수지가 더욱 크게 악화될 것으로 전망되고 있는데 이러한 상황을 미리 회피하기 위한 것이라는 비판이 제기되었다. 물론 이러한 비판적 평가도 필요하지만, 지금은 그보다 앞에서 설명한 반복되는 경제위기에 대응하기 위한 새로운 재정준칙이 필요한 상황인 만큼 경제위기 대응 재정준칙의 5대 요건을 기반으로 정부의 재정준칙안을 비교 평가할 필요가 있다. 그 결과는 아래와 같다.

첫째, 정부의 재정준칙 방안들에는 중기적 균형재정 목표를 중심으로 재정준칙을 운용하겠다는 내용은 찾아볼 수 없다. 둘째, 정부의 재정준칙 방안들에는 평상시, 위기시, 복원시 준칙을 다양하게 운용하면서도 통합적으로 연계 운용하겠다는 내용을 찾아볼 수 없다. 셋째, 정부안에는 스웨덴 사례와 같은 평상시의 균형재정 또는 흑자재정 준칙의 엄격성도 찾아볼 수 없다. 국가부채비율이 60%를 초과해도 계속 재정적자를 허용하도록 했기 때문이다. 넷째, 2022년 정부안은 예외조항을 기존의 추경요건과 똑같이 만들었는데 이미 추경이 매년 상시화되어 있다는 현실을 고려하면 이러한 예외조항에 따른 면제도 상시화될 수 있다. 이같이 예외규정이 남용될 것에 대비하려면 다른 중기 균형재정준칙이나 위기 후 적자부채 상환 준칙들을 마련하고 효과적으로 연계 운용하는 것이 필요한데 이러한 노력도 없다. 다섯째, 정부안에는 위기 후 원래의 기준으로 복원하는 관련 준칙규정이 미비하다. 또한 독일, 스위스 등과 같이 일정 적자수준을 넘어서면 강제적으로 자동교정장치를 발동시키는 부채 브레이크를 두거나 또는 재정적자 발생시 이를 후에 상환하도록 하는 의무규정 같은 것이 우리 준칙에서는 부족하다. 따라서 예외조항 적용 이후 다시 원래의 기준으로 복귀하도록 하는 구체적

---

500) 기획재정부, 「재정준칙 도입 공청회」, 2023.

기준과 이행규정 등에 관한 준칙이 필요하다.[501)]

 이상에서 살펴본 대로 스웨덴식 경제위기 대응 재정준칙의 5가지 요건을 기준으로 우리나라 정부가 제안한 재정준칙 방안들을 평가한 결과 정부의 재정준칙 방안들은 스웨덴식 경제위기 대응 재정준칙의 외형적 틀은 일부 갖추었지만 그 내용적으로는 5가지 주요 요건을 대부분 갖추지 못한 것으로 평가할 수 있다. 무엇보다 새로운 경제위기 대응 재정준칙의 핵심 요건은 중기 균형재정 준칙과 평상시 흑자재정 준칙 및 복원시 적자상환원칙이라 할 수 있는데 정부의 재정준칙에는 이러한 것이 대부분 부족하고, 준칙의 예외규정의 남용을 막는 장치도 부족한 만큼 이것은 강제성보다 유연성 보완에 초점을 맞춘 것으로 볼 수 있다. 결국 정부의 재정준칙 방안은 대부분이 단기적 재정총량 통제에만 주력하는 것으로 향후 다가올 미래의 위기나 부담에 대응하기 위해 재정여력을 비축하려는 노력은 찾아보기 어렵다. 따라서 정부의 재정준칙은 세대간 정의를 위한 재정준칙으로는 볼 수 없고 차세대 재정준칙의 일종으로 평가할 수 있다.[502)] 결국 이러한 재정준칙은 차세대 재정준칙의 단점이라 할 준칙의 복잡성만 높이고 준수성을 저하시켜 제대로 효과를 보기 어려울 전망이고 앞으로 반복되는 경제위기에 제대로 대응하기도 어려우며 특히 지금같이 재정지출이 계속 확대되고 국가부채가 급증하는 것을 통제하기 어렵다. 그러므로 이를 새로운 경제위기 대응 준칙으로 업그레이드 하는 것이 필요하다. 그래야 경제위기가 반복되고 경기침체가 장기화되면서 국가부채가 계속 급증하는 것을 중기단위에서 효과적으로 통제할 수 있고 나아가 향후 저출산·고령화와 4차 산업혁명 등으

---

501) 홍종현·정성호, 「국가채무 및 재정수지 관리 법제의 현황과 개선방안 연구」, 재정혁신지원법제 연구 20-20-6, 한국법제연구원, 2020, 139-153쪽.
502) 홍종현·정성호, 「국가채무 및 재정수지 관리 법제의 현황과 개선방안 연구」, 재정혁신지원법제 연구 20-20-6, 한국법제연구원, 2020, 152쪽.

로 앞으로 미래세대의 재정 부담이 더욱 폭증하고 세대간 불균형이 확대되는 상황에도 대응할 수 있다.

무엇보다 우리나라의 경우 3가지 재정환경 변화가 가장 극심하고 세대간 불균형이 중장기적으로 크게 확대되는 문제가 향후 재정과 복지의 사활을 결정지을 가장 중차대한 문제로 부상한 만큼 이제는 세대간 균형을 목표로 삼는 새로운 재정준칙을 도입하여 세대간 불균형이 확대되는데 대비하는 것이 필요하다. 따라서 우리나라도 중장기적으로 세대간 균형을 도모하려면 새로운 경제위기 대응 재정준칙을 도입 운용하며 미래를 위한 재정여력을 비축하는 것이 필요하고, 나아가 저출산·고령화와 4차 산업혁명으로 인한 미래세대의 재정 부담 폭증을 규율하는 새로운 세대간 정의를 위한 재정준칙으로 발전시켜 나가는 노력이 필요하다. 즉 이제는 재정준칙의 목표를 재정수지 균형이 아닌 세대간 균형으로 설정해야 한다. 그리고 이를 위해 앞에서 설명한 경제위기 대응 재정준칙의 5가지 요건을 갖추도록 해야 한다. 즉 중기 균형재정 준칙을 중심으로 하여 평상시 흑자재정 준칙과 위기시의 유연성 준칙 및 복원시 적자상환 준칙을 통합적으로 연계 운용하도록 해야 한다.

Ⅲ. 평가

우리나라 정부의 한국형 재정준칙 도입은 다소 늦었지만 긍정적으로 평가할 수 있다. 특히 정부가 제안한 국가재정법 개정안의 제안이유에 미래세대의 부담을 줄여야 한다는 인식을 분명히 했다는 점에[503] 의미가 있다.

---

503) 정부는 개정안 제안이유에 대해 "최근 코로나바이러스감염증-19의 확산에 따른 위기에 대응하는 과정에서 국가채무와 재정수지 적자가 큰 폭으로 증가하는 가운데 주요국 대비 낮은 복지 성숙도, 빠른 고령화 등으로 향후 복지정책 등에 소요될 비용이

그러나 전술했듯이 한국형 재정준칙은 준칙의 유연성을 강조한 차세대 재정준칙의 일종으로 볼 수 있다. 즉 우리나라 정부가 경제상황과 재정상황 변화에 보다 유연하게 대응할 수 있도록 하는 측면을 중시한 것으로 평가할 수 있다. 따라서 이러한 방안은 결국 차세대 재정준칙의 단점인 준칙의 복잡성을 높이고 준수성을 저하시켜 제대로 효과를 보기 어려울 전망이다. 그러므로 이를 스웨덴식 경제위기 대응 준칙으로 업그레이드 하는 것이 필요하다. 그래야 경제위기로 급증하는 부채를 중기단위에서 효과적으로 통제하고 세대간 균형을 도모할 수 있을 것이다.

제3절 3단계 경제위기 대응 재정준칙

I. 차세대 재정준칙의 발전 및 한계

그동안 재정준칙은 새로운 재정환경 변화에 대응하지 못하고 효용성을 잃으면서 계속적인 변화가 이루어졌다. 90년대에 세계 각 권역별로 순환적 경제위기가 발생한데 이어서 2008년에 세계 금융위기와 2020년에 코로나19 등 경제위기가 이어지고 이후 장기침체가 지속되면서 각국에는 재정적자와 국가부채가 급증하게 되었고 이제는 각국의 국가부채비율이 조만간 100%를 넘어설 것이라고 전망되는 상황을 맞이했지만[504] 기존의 재정준칙으로는 이에 제대로 대응하지 못했다.[505] 결국 국가부채비율이 계속 높

더욱 크게 증가할 것으로 예상되는 상황이므로, 미래세대의 부담을 줄이고 중장기적이고 지속가능한 재정을 운용하기 위하여 국가채무 및 통합재정수지에 대한 구속력 있는 규율로서의 재정준칙 도입에 관한 법적 근거를 마련하려는 것"이라고 설명하고 있다.

504) Olivier Blanchard, "Public debt and low interest rates," *American Economic Review* 209(4): 1197－1229, 2019, Chapter Ⅵ.

아져 재정준칙의 한도를 초과하여 법규정을 위반하게 되었고 영국 등에서 재정준칙들이 중단되고 임시조치법이 시행되었다. 나아가 경직된 재정준칙이 정부의 과감한 경제위기 대응을 가로막는다는 비판이 확산되면서 재정준칙의 무용론까지 제기되는 상황을 맞이했다.

이에 따라 재정준칙의 새로운 변화가 이루어지게 되었다.[506]

먼저 2008년 세계금융위기를 계기로 정부의 경제위기에 과감한 재정적 대응을 뒷받침하기 위해 기존의 경직된 재정준칙을 보다 유연화한 새로운 차세대 재정준칙으로의 전환이 이루어졌다. 차세대 재정준칙의 개념에 대해 Schaechter et al.(2012)는 2008년 세계금융위기 이후 유럽 등 각국이 새로운 재정준칙으로 전환한 것을 차세대 재정준칙이라고 일컫고,[507] 그 특징은 재정의 건전성과 유연성을 함께 도모하는 것이라 하였다. 한편 Caselli et al.(2018)[508]에 의하면 차세대 재정준칙을 유연성, 기능성, 강제성의 세 가지 특성을 갖춘 새로운 재정준칙으로 설명했다.

1. Schaechter et al.(2012)의 차세대 재정준칙

Schaechter et al.(2012)는 2012년까지의 각국의 새로운 재정준칙들을 비교 분석한 뒤 차세대 재정준칙의 세 가지 특성을 제시했다. 첫째, 각국이

---

505) Schaechter et al., "Fiscal Rules in Response to the Crisis – Toward the 'Next – Generation' Rules: A New Dataset," *IMF Working Paper* No. 12/187, 2012, p.25, Table 7.

506) 홍승현, "글로벌 금융위기 이후 재정준칙 변화와 재정준칙의 적절한 도입 방향 논의", 재정포럼 199권, 한국조세재정연구원, 2013, 23쪽 이하.

507) Schaechter et al., "Fiscal Rules in Response to the Crisis – Toward the 'Next – Generation' Rules: A New Dataset," *IMF Working Paper* No. 12/187, 2012, p.11 – 38; 홍근석·김성찬, 「세대간 회계 및 재정준칙 법제화에 관한 연구」, 2017년도 연구용역보고서, 국회 예산결산특별위원회, 2017, 37쪽; 백웅기, "우리나라 재정준칙의 도입방안", 입법과 정책 제8권 제1호, 국회입법조사처, 2016, 277쪽.

508) F. Caselli et al., "Second – generation fiscal rules: Balancing simplicity, flexibility, and enforceability – technical background papers," IMF Staff discussion note, 2018, p.9.

새로운 재정준칙을 도입하거나 기존 재정준칙을 강화한 것은 위기에 대응하기 위한 것이었고, 둘째, 새로운 재정준칙의 설계는 포괄성이라는 특성을 가지고 있으며, 셋째, 위기에 대응하기 위해 유연성과 지속가능성이라는 두 가지 상반된 목표를 동시에 추구하는 것이 특징이며 이로 인해 준칙의 복잡성이 점점 더 커지고 있다고 밝혔다. 특히 각국이 공통적인 경제위기 상황에 대응해 비슷한 재정준칙들을 활용하면서 각국 재정준칙의 디자인 특성들이 점차 비슷한 유형으로 수렴하고 있다고 밝혔다.[509]

이와 함께 Schaechter et al.(2012)는 차세대 재정준칙의 5가지 요건을 제시했다. 그리고 각 요건별 평가치가 높을수록 준칙의 효율성이 높아진다고 보았다.[510] 첫째, 법적기반이 강할수록, 둘째, 준칙의 포괄 범위가 넓을수록(중앙정부와 지방정부의 포괄범위 등), 셋째, 준칙의 강제화 절차가 강할수록, 넷째, 유연성을 위한 예외조항이 명료하게 규정될수록, 다섯째, 절차적·제도적 지원 장치(독립 집행감독기구, 다년도 지출한도 등)가 확충될수록 준칙의 효용성이 높아진다고 보았다. 특히 경제위기에 유연하게 대응하기 위한 예외조항의 효과적 활용을 강조하며 세 가지 기준을 제시했다. 첫째, 입법을 통해 매우 제한된 발동요건을 설정할 것, 둘째, 예외상황 해석과 결정에 관한 명확한 가이드라인을 제시할 것, 셋째, 일탈을 치유하고 원래의 룰로 돌아가기 위한 복원 경로를 정하고 일탈기간 중 누적된 재정적자 처리방안을 특정화할 것 등이다.[511]

---

509) Schaechter et al., "Fiscal Rules in Response to the Crisis－Toward the 'Next－Generation' Rules: A New Dataset," *IMF Working Paper* No. 12/187, 2012, p.30.

510) 집행의 중요성을 고려할 때 반드시 평가점수가 높은 준칙이 재정성과의 성공을 보장하지는 않는다고 밝히고 있다. Schaechter et al., ibid, 2012, p.30.

511) Schaechter et al,. ibid, 2012, p.29.

2. Caselli et al.(2018)의 차세대 재정준칙

Caselli et al.(2018)는 차세대 재정준칙의 세 가지 특성으로 유연성 (flexible), 기능성(operational), 강제성(enforceable)을 제시하고 이러한 요건 을 갖춘 것을 차세대 재정준칙으로 보았다.[512]

첫째, 유연성 요건이다. 이미 1세대 준칙에서도 유연성은 고려되었지만 2008년 세계경제 위기 이후 유연성을 위한 준칙 규정이 더욱 확대되고 정 교화 되었다. 특히 예측치 못한 상황 발생시 예외규정(the escape clauses)의 요건을 명확히 특정했고 이와 함께 위기 후 원래의 준칙과 재정목표로 복 원시키는 룰을 강화했다. 관련 사례로는 EU규정이나 콜롬비아, 자메이카, 그레나다 등이 있다. 그리고 단기적으로 비용이 더 들더라도 장기적으로 지 속가능성에 긍정적 효과를 미칠 경우는 준칙의 예외를 허용했다. 관련 사례 로는 EU의 SGP규정에 'EC 2015 공공투자 구조개혁'을 적용한 것이나, 모 리셔스가 2008년 위기시 대규모 공공투자 프로젝트 추진시 예외를 허용한 것이다.

둘째, 기능성 요건이다. 최근 각국의 재정준칙 개혁 사례들을 살펴보면 그 상당부분이 단년도와 다년도 예산편성시 재정준칙을 준수하도록 직접 통제하기 위해 명확한 재정목표를 설정함으로써 정책결정자에게 분명한 정 책 가이드라인을 제공하는데 포커스를 맞추고 있다. 즉 구체적 지출한도 (ceiling)를 위한 지출준칙을 제시하거나 구조적 재정수지와 경기조정 재정 수지 같은 지표의 활용을 의무화하기도 했다. 관련 사례로는 오스트리아, 크로아티아, 체코, 그리스, 이탈리아, 스페인 등이 있다.[513]

---

512) F. Caselli et al., "Second-generation fiscal rules: Balancing simplicity, flexibility, and enforceability-technical background papers," IMF Staff discussion note, 2018, p.9.
513) Caselli et al. ibid, 2018, p.11.

셋째, 강제성 요건이다. 이와 관련해 Caselli et al.(2018)는 복원준칙 (correction mechanisms)을 중시했다. 즉 재정준칙 일탈 후 원래의 구조적 재정균형 목표로 복귀하도록 강제적 절차를 중시하며 이를 차세대 재정준 칙의 핵심요소로 보았다. 관련 사례로는 덴마크, 독일, 에스토니아, 헝가리, 슬로바키아, 스웨덴 등이 있다.

복원준칙에서 중요한 것은 준칙이 깨지거나 깨질 가능성이 있을 때 정책 결정자가 과연 무엇을 해야 하느냐이다. 특히 복원 발동요건을 어떤 상황에 서 가동할 것이고, 복원은 어떠한 방법으로 이룰 것이냐가 중요하다. 복원 발동요건에 관해서는 첫째로 준칙이 깨지거나 깨질 가능성이 있을 때이고, 둘째는 질적·양적 일탈이 이루어질 경우이다. 특히 정책결정자가 중기목 표(MTO)로부터의 중대한 일탈이 이루어진 질적 일탈이라고 평가하는 경우 발동하는데 그러한 사례로는 핀란드, 아일랜드, 이탈리아 등이 있다. 또한 국가재정기관이 중요한 일탈이라고 평가한 경우에 발동하는데 그러한 사례 로는 벨기에, 프랑스 등이 있다. 그리고 한 번의 일탈만으로 발동하느냐 축 적된 일탈이 있어야 발동하느냐가 문제인데, 핀란드, 이탈리아, 아일랜드에 서는 당해 연도, 전년도 또는 전년 2개년도의 재정실적을 평가해 중기목표 로부터 중대한 일탈이 있다고 평가된 경우에 발동하고, 또한 축적된 일탈이 계속되어 정한 한도에 이르게 되면 발동하기도 하는데 그러한 사례로는 독 일과 스위스의 부채브레이크가 있다. 슬로바키아의 경우도 정해진 한도를 넘어서면 자동 발동되어 원래의 룰로 복원된다. 이와 함께 정책결정자가 복 원을 어떻게 이행할 것이냐의 범위와 방법도 문제이다. 이에 관해서는 적자 를 줄여서 원래의 구조적 균형재정 목표로 복귀하게 하는 방식이 있고, 그 동안의 준칙 일탈기간 중 누적된 적자를 상환하도록 하는 방식의 두 가지 가 있다. 전자의 사례로는 벨기에, 프랑스, 포르투갈 등이 있고 후자의 사례로는 독일, 스위스의 부채 브레이크가 있다. 이를 통해 준칙 일탈기간에 누적된 재정적자가 영구 부채로 쌓이는 것을 막으려는 것이다. 그리고 상환기간에 대해서는 벨기에, 핀란드, 프랑스는 1년 반에서 2년의 시한을 주고, 그레나다는 3년을 주며, 슬로바키아는 다음해에 반영하도록 하고 있다. 이와 함께 복원 준칙의 강제성을 뒷받침하기 위해 각국은 준칙의 집행을 지원 감독하는 독립 재정기관을 설치 활용하고 있으며[514] EU 26개국 및 브라질, 칠레, 콜롬비아, 페루, 세르비아 등 세계 31개국이 별도의 독립기관을 신설하였다.

3. 차세대 재정준칙의 한계

그동안 차세대 재정준칙에 대해 제기된 문제점은 다음 세 가지이다.

첫째, 차세대 재정준칙은 재정의 건전성을 위한 강제성이라는 목표와 경제위기에 대응하기 위한 유연성이라는 상반되는 목표를 동시에 추구하는 것이다. 이에 따라 준칙들의 복잡성이 커지고 단순성이 저하되고 준수성이 낮아지면서 준칙의 회피 위반 남용이 더욱 용이해진 측면이 있다. 예를 들어 아직 위기가 지속된다는 이유로 예외규정을 장기화하는 독일의 2009년 이전의 준칙 등이 대표적이다. 이러한 문제점을 해소하려면 상반되는 준칙들을 하나로 통합 연계하며 단순성을 복원하는 것이 중요한데 이러한 노력이 그동안 부족했다.

둘째, 차세대 재정준칙은 경제위기에 대응할 근본적 대안이 되기 어렵다. 즉 경제위기가 반복되고 장기침체가 지속되는 상황에서 효과적으로 준칙

---

514) Roel Beetsma, Xavier Debrun, Xiangming Fang and Young Kim, Victor Lledó, Samba Mbaye and Xiaoxiao Zhang, "The rise of independent fiscal institutions: recent trends and performance," *IMF Working Paper*, IMF, 2017.

목표를 달성하기에는 역부족이다. 나아가 저출산·고령화 등으로 인해 미래세대의 부담과 세대간 불균형이 확대되는 상황을 맞이해 이와는 거리가 먼 대응을 하고 있다. 기본적으로 차세대 재정준칙은 단순히 지속가능성만 도모하는 것으로 세대간 균형은 고려하지 않는다.

셋째, 그동안의 차세대 재정준칙에 관한 연구들은 반복되는 경제위기에 대응하여 준칙 목표를 성취할 수 있는 새로운 재정준칙을 제시하는데 주력하기보다, 2008년 세계경제위기 이후 각국이 새롭게 도입한 재정준칙들을 각 유형별로 분류하고 열거하는 수준에 그쳤다. 또한 중기단위에서 변동성이 큰 경제위기에 대응하려면 각각의 경제상황에 따라 여러 가지 재정준칙들을 효과적으로 연계 운용하는 것이 필요한데, 이러한 측면의 연구도 제대로 이루어지지 못했다. 따라서 다양한 재정준칙들을 통합적으로 연계 운용하기 위한 새로운 매커니즘을 규명하는 것이 필요하다.

결국 차세대 재정준칙은 이와 같은 여러 가지 문제점 때문에 반복되는 경제위기에 제대로 대응하지 못하게 되면서 결국 이러한 문제점을 극복하기 위한 새로운 준칙이 필요해졌다. 그것이 새로운 경제위기 대응 재정준칙이다.

II. 3단계 경제위기 대응 재정준칙으로의 전환

1. 경제위기 대응 재정준칙의 개념

경제위기 대응 재정준칙이란 무엇인가? 기본적으로 그것은 안정적인 경기순환이 사라지고 대형 경제위기가 반복되고 이후 경기침체가 장기화되는 새로운 상황에 대응하기 위한 재정준칙을 의미한다. 특히 차세대 재정준칙의 단점인 복잡성 증대, 준수성 저하 및 준칙 위반의 일상화 등의 문제점들을 보완하고 극복한 새로운 재정준칙을 의미한다.[515] 새로운 경제위기 대

318

응 재정준칙의 주요 특성은 다음 3가지이다.

첫째, 경제위기 대응 재정준칙은 향후 다시 다가올 경제위기시 높아지게 될 국가부채비율 만큼 낮은 국가부채비율을 재정준칙의 목표치로 설정하고 재정여력을 비축하고 대비한다는 점이 특징이다. 이를 위해서는 주로 흑자재정 준칙을 이용해 국가부채비율을 장기적 목표치로 저하시킨다.

둘째, 나아가 경제위기 대응 재정준칙의 목표치는 향후 저출산·고령화로 인한 미래세대 부담의 예상증대분도 함께 고려하여 재정여력을 비축하는 방향으로 발전할 전망이다. 이에 따라 흑자재정을 통해 비축할 미래세대를 위한 재정여유분 목표치도 더욱 커질 수밖에 없다. 그러나 그 모두를 재정흑자의 형태로 비축하는 것이 아니고, 다음의 두 가지 형태로 비축한다. 즉 하나는 국가부채비율을 줄이는 방식으로 비축하는 것이고, 또 하나는 '미래세대의 성장 발전을 위한 투자자산'의 형태로 비축하는 것을 의미한다.

셋째, 경제위기 대응 재정준칙의 목표치를 달성하기 위해서는 하나의 재정준칙으로 규율해서는 안 되며, 중기 균형재정 준칙을 중심으로 평상시 흑자재정 준칙과 위기시 유연성 준칙 및 복원시 적자상환 준칙을 통합적으로 연계 운용하여 준칙의 목표치를 달성해야 한다. 따라서 경제위기 대응 준칙이란 강제성, 유연성, 단순성의 3요소를 모두 갖춘 것이고, 특히 중기적 균형재정 준칙을 중심으로 제반 준칙들을 통합적으로 연계 운용하며 단순성과 강제성을 다시 복원한 것이라 할 수 있다.[516]

결론적으로 제1세대 재정준칙은 단순성과 유연성 간 균형을 강조한 것이라고 한다면, IMF가 제시한 제2세대 재정준칙은 단순성, 강제성, 유연성을

---

515) Caselli et al.(2018) Eyraud et al.(2018)의 논의가 대표적이다.
516) L. Eyraud et al, "Second-Generation Fiscal Rules: Balancing Simplicity, Flexibility, and Enforceability," *IMF Staff Discussion Notes* 18/04, IMF, 2018, p.6.

함께 강조하기는 했지만,[517] 실제로는 복잡성이 심화되어 단순성은 의미를 잃을 것이라 할 수 있고, 이와 달리 3단계의 새로운 경제위기 대응 재정준칙은 '단순성', '강제성', '유연성'을 모두 함께 갖춘 것으로 '중기 균형성', '준칙의 통합 연계성'까지 중시하는 것이라 할 수 있다.[518]

2. 경제위기 대응 재정준칙의 필요성

90년대 경제위기 이후 2008년 세계 경제위기 및 2020년 코로나19 위기 등 경제위기가 반복되고 재정위기가 심화되는 상황에 대응하려면 준칙의 유연성만 보강한 차세대 재정준칙만 가지고는 부족하게 되었고 오히려 복잡성과 혼선을 유발하고 준수성을 저하시키는 결과를 초래하게 되었다. 이에 따라 재정준칙의 상반되는 강제성, 유연성 등의 특성을 하나로 통합하는 한편 복잡성을 해소하고 단순성을 회복하기 위한 새로운 준칙이 필요해졌다. 나아가 중기 균형재정 준칙을 중심으로 상반되는 준칙들을 통합적으로 연계 운용하는 것이 필요해졌다. 무엇보다 경제위기가 반복되고 침체가 장기화되는 상황에서는 균형재정을 도모하는 한편 나아가 세대간 균형을 도모하기 위해서는 이러한 새로운 재정준칙의 등장이 불가피해진 것이다.

앞으로 새로운 경제위기 대응 재정준칙의 필요성은 더욱 커질 전망이다. 무엇보다 세계경제의 불안정성이 점점 더 심화되고 있고 부채위기와 버블위기가 전 세계적으로 계속 확산되면서 경제위기가 다시 반복될 가능성이 높아지고 있기 때문이다. 더구나 2008년 세계금융위기 이후 기축통화국들이 양적완화, 제로금리 등 극단적인 금융 확장정책을 장기간 지속하면서 세

---

517) 홍종현·정성호, 「국가채무 및 재정수지 관리 법제의 현황과 개선방안 연구」, 재정혁신지원법제 연구 20-20-6, 한국법제연구원, 2020, 151쪽.
518) L. Eyraud et al, "Second-Generation Fiscal Rules: Balancing Simplicity, Flexibility, and Enforceability," *IMF Staff Discussion Notes* 18/04, IMF, 2018, p.4.

계적으로 버블과 부채가 크게 확대되면서 이제는 세계 그 어디서 다시 초대형 부채 위기와 버블위기가 언제 터질지 모르는 위험스러운 상황을 맞이했으며, 더구나 최근 들어 코로나19 위기까지 장기화 되면서 세계경제 위기가 더욱 구조화될 가능성이 높아졌기 때문이다.

특히 우리나라의 경우 세계적으로 매우 개방된 SOE 국가이기 때문에 외부의 경제위기에 매우 취약한 상황인데다가, 가계부채가 세계 최고 수준에 속하고 기업부채도 빠르게 세계 수준으로 급증하고 있으며, 최근 들어 정부부채도 크게 늘어나 2026년에는 국가채무비율이 69.7%까지 높아질 것으로 전망되고 있다. 이에 따라 어느 한쪽에서 가계부채 위기가 터지거나 부동산 버블이 폭발하면 단번에 경제위기가 국가 전반에 파급되면서 대위기를 맞이할 수 있고, 자칫 수십 년간 일본식 장기침체를 맞이할 가능성도 제기되고 있다. 따라서 우리나라의 경우 이러한 경제위기가 반복될 가능성에 대비하려면 시의적절하게 새로운 경제위기 대응 재정준칙을 마련하고 대비하는 것이 필요하다.

3. 경제위기 대응 재정준칙의 요건

차세대 재정준칙과 구별되는 경제위기 대응 재정준칙의 5가지 요건은 다음과 같다. 즉 '중기 균형재정 준칙'(중기 균형성), '평상시ㆍ위기시ㆍ복원시 준칙의 통합 연계 운용'(단순성), '평상시 균형재정ㆍ흑자재정 준칙 강화'(강제성), '위기시 예외규정 효과적 운용'(유연성), '위기 후 기민한 복원준칙과 적자 상환준칙'(중기균형성)이다. 이러한 5가지 요건을 갖춘 재정준칙을 경제위기 대응 재정준칙이라 볼 수 있다.

가. 중기 균형재정 준칙 중심 운용(중기 균형성)

경제위기 대응 재정준칙의 가장 중요한 특징은 중기 균형재정 준칙을 중심으로 다양한 재정준칙들을 통합 연계 규율하며 운용한다는 점이다. 즉 중기균형재정 준칙을 확고히 정립하면 대형 경제위기가 발생할 경우에도 정부의 재정지출에 대해 보다 자유로운 유연성을 허용하면서도 이로 인해 발생하는 재정적자는 중기 기간 내에 반드시 상환해야 하는 만큼 이에 대비해 함부로 정부가 부채 증가를 추구하지 않고 불필요한 지출을 자제하도록 만들 수 있고 효율적인 재정운용을 유도할 수 있다. 또한 이렇게 하면 재정준칙의 상반되는 요구인 강제성과 유연성을 하나의 중기 균형재정 준칙을 중심으로 효과적으로 통합 운영할 수 있다. 그리고 이러한 중기 균형재정 준칙을 뒷받침하기 위해서는 스웨덴의 하향식 의회 예산제도나 중기재정계획을 중심으로 단년도 예산을 운용하는 것과 관련된 절차적 재정준칙들을 확충하는 것도 필요하다.

나. 평상시 – 위기시 – 복원시 재정준칙 통합 연계 운용(단순성)

경제위기 대응 재정준칙이 차세대 재정준칙과 구별되는 또 하나의 중요한 특징은 평상시·위기시·복원시 재정준칙들을 통합적으로 연계 운용한다는 점이다. 특히 경제위기는 다년도에 걸쳐 전개되는 만큼 평상시·위기시·복원시의 다년도 상황 변화에 따라 상이한 재정준칙으로 대응하는 것이 필요하다. 즉 평상시 재정준칙을 운용할 경우에는 향후 경제위기가 다시 반복되면서 재정적자가 확대될 가능성에 대비해 미리 평상시에 균형재정 흑자재정 준칙을 강화하여 재정여력을 비축하도록 만들 수 있다. 또한 위기시 유연한 재정준칙을 운용할 경우에는 예외조항 요건을 명확히 하는 한편 복원시 상환준칙들을 함께 연계 운용함으로써 예외조항 남용을 방지하는 노력이 필요하다. 즉 위기시 늘어난 재정적자를 앞으로 반드시 상환해야 한다는 준칙을 함께 고려하게 만들면 위기를 빌미로 함부로 재정지출을 확대하지 않도록 자제하게 만들 수 있고, 예외조항의 남용이나 상시화도 방지할 수 있으며, 나아가 재정지출을 불가피하게 확대할 경우에도 그 재원을 가급적 예산내용의 구조조정을 통해 마련하도록 유도할 수 있다. 이와 함께 복원시 재정준칙을 운용할 경우도 중기 균형재정 준칙을 함께 연계시키면 위기시 발생한 재정적자를 조속히 상환하고 원래의 재정목표로 기민하게 복원하도록 유도할 수 있다. 이같이 재정준칙의 통합 연계 운용 체제야말로 경제위기가 반복되는 상황에 효과적으로 대응하면서 중기적 균형재정을 성공적으로 이루게 하는 전제조건이라 할 수 있다. 또한 그렇게 해야 차세대 재정준칙의 복잡성을 극복하고 단순성을 회복하며 효율성을 증진시킬 수 있다.[519]

다. 평상시 균형재정 흑자재정 준칙 강화(강제성)

평상시에는 향후 반복될 경제위기에 대비해 흑자재정·균형재정 준칙을 강화해 재정여력을 비축하도록 하는 것이 필요하다. 그래야 반복되는 경제위기 가운데 중기 균형재정 목표를 이룰 수 있다. 특히 경제위기 대응 재정준칙에서는 이러한 평상시의 균형재정·흑자재정 원칙을 강조하는데 그것이 차세대 재정준칙과 다른 점이다.

앞서 살펴보았듯이 많은 나라들은 2008년 세계 금융위기 이후 재정운용

---

519) 차세대 재정준칙은 단순성, 강제성, 유연성의 세 가지의 균형을 추구하는 것이지만 현실적으로는 복잡성을 극복하지 못하고 있는 만큼 경제위기 대응 재정준칙에서는 이를 극복하기 위한 제반 준칙 연계 통합 운용을 통해 단순성을 회복하려는 것이 차이점이다.

여건이 매우 어려운 상황이었음에도 불구하고 국가채무비율과 재정수지를 통제하기 위한 새로운 재정준칙을 도입하고 향후 반복될 경제위기에 대응해 왔다.[520] 그리고 이같이 평상시의 흑자재정 준칙을 확고히 운용하는 대표적인 모델이 스웨덴이다.

라. 위기시 유연한 재정준칙 운용(유연성)

위기시에는 예외규정을 효과적으로 활용해 재정의 적극적 역할을 뒷받침하면서, 위기 이후의 재정적자 상환 원칙과 연계해 그 남용을 방지하는 것이 필요하다.[521] 차세대 재정준칙에서는 경제위기에 대응하기 위해 예외조항(the escape clauses)의 효과적 운용을 강조하며 이를 통해 재정의 건전성과 유연성을 함께 확보하려고 했다. 이에 따라 2008년 세계경제 위기 이후 많은 나라들이 새로운 재정준칙들을 대거 도입했는데 그 대부분이 예외조항을 두고 있다.[522] 그러나 예외조항의 문제점은 그 규정이 모호해[523] 이를 남용하는 사례를 증대시켰다는 점이다. 예를 들어 독일의 경우 2009년 헌법 개정 이전까지의 재정준칙에서는 "거시경제 균형을 교란"하는 경우에 재정준칙 예외를 허용했는데 이러한 예외조항이 오히려 빈번하게 적자한도 초과지출을 정당화하는데 이용되면서 결국 이를 수정하게 되었다. 이에 따라 각국은 예외조항의 남용을 막기 위해 발동요건을 특정화하고 보다 까다롭게 규정하거나 절차적 통제를 강화했다. 예를 들어 스위스의 경우 의회에서 압도적 다수의 의결을 요하도록 했고,[524] 2005년에 EU는 안정성장협약

---

520) 독일, 오스트리아, 헝가리, 스페인, 영국 등이 재정준칙을 강화하였다.
521) 백웅기, "우리나라 재정준칙의 도입방안", 입법과 정책 제8권 제1호, 국회입법조사처, 2016, 277쪽.
522) IMF (2015), Fiscal Rules dataset.
523) 기획재정부, '2020 한국형 재정준칙 도입방안' 보도자료. 2020. 10. 5.
524) Schaechter et al., "Fiscal Rules in Response to the Crisis-Toward the 'Next-Generation'

(SGP)에 의한 예외조항의 경우 과도한 재정적자 절차를 조건부로 허용했는데, 그것은 재정적자가 한도에 가깝고 준칙 위반이 일시적인 경우의 두 가지 조건을 동시에 모두 충족하는 경우로 제한했다. 또한 WAEMU[525]에서는 예외조항이 발동되는 경우를 실질 GDP 및 수입에 막대하고 일시적인 충격이 있을 경우로 제한했다.[526] 또한 EU나 모리셔스의 사례와 같이 단기적으로는 비용이 더 들어가더라도 장기적으로 지속가능성에 긍정적 효과를 미칠 경우는 준칙의 예외를 허용하는 것도 필요하다. Kumar et al.(2009)[527]는 예외조항을 둘 경우 다음과 같은 사항이 포함되어야 함을 제시했다. 첫째, 입법으로 예외조항 발동 요건을 설정할 경우 매우 제한된 범위와 요건을 규정할 것, 둘째, 위기 상황을 평가하고 예외조항 발동요건의 적합성을 결정할 명확한 가이드라인 설정할 것, 셋째, 예외조항 적용에서 벗어나 다시 원상으로 돌아가기 위한 분명한 복원 규정을 둘 것 등이다.

그러나 이러한 노력에도 불구하고 경제위기가 반복되거나 위기 이후 경기침체가 지속되는 상황에서는 예외조항이 남용되거나 상시화되는 것을 막기 어렵다. 특히 예외조항만 따로 분리 운용해서는 그러한 문제를 피하기 더욱 어렵다. 따라서 다른 재정준칙과 효과적으로 연계 운용하는 것이 중요하다. 예를 들어 위기시 예외조항을 운용할 때에는 위기 기간 중 누적된 재정적자를 앞으로 반드시 갚아야 한다는 상환 준칙을 고려하도록 하고 동시에 중기적 균형재정 준칙도 함께 고려하도록 해야 예외규정의 남용과 오용을 효과적으로 막고 정부가 위기를 빌미로 재정지출을 방만하게 확대하는

Rules: A New Dataset," *IMF Working Paper* No. 12/187, 2012, p.20.

525) 서아프리카 경제통화공동체(WAEMU).

526) Schaechter et al., "Fiscal Rules in Response to the Crisis − Toward the 'Next − Generation' Rules: A New Dataset," *IMF Working Paper* No. 12/187, 2012, p.21 table 5.

527) IMF, Fiscal Rules − Anchoring Expectations for Sustainable Public Finances, IMF staff paper, 2009, http://www.imf.org/external/np/pp/eng/2009/121609.pdf.

것을 제어할 수 있다. 이같이 경제위기 대응 재정준칙은 위기시 재정준칙을 다른 준칙들과 효과적으로 연계 운용함으로써 예외규정 남용을 방지한다는 점에서 차세대 재정준칙과 다르다.

마. 복원시 재정준칙 강화(중기 균형성)

위기 이후 복원시에는 원래의 준칙 목표로 기민하게 복원하는 준칙을 정립하고 준칙 일탈기간 중 발생한 재정적자를 반드시 상환하도록 중기 균형 재정 준칙을 함께 연계 운용하도록 한다.

Caselli et al.(2018)는 위기 후 원래 준칙이 지닌 목표로의 기민한 복원원칙과 함께 위기시 누적된 재정적자의 상환 준칙을 강조했다. 이러한 측면에서 각국은 경제위기 종료 후 다시 평상시 재정준칙으로 기민하게 돌아가도록 하기 위한 기준과 후속조치를 구체적으로 정하여 운용하고 있다. EU의 개정된 안정성장협약은 GDP 대비 부채비율이 60%를 넘어서는 경우, 그 초과분을 20년 기간 동안 줄여나갈 것을 규정하고, 3년 평균으로 연평균 20분의 1씩 줄여나가는 경우 준칙을 준수한 것으로 평가한다.[528] 또한 효과적 복원을 강제하기 위해 자동교정장치를 활용하기도 한다. 즉 각국은 위기로 인한 재정적자가 지속되어 준칙의 한도를 넘게 될 경우 강제적 자동교정장치를 발동시켜 이에 대응하도록 했으며, 특히 이를 재정적자 상환원칙과 연동시켜 운영하는 경우가 많다.[529] 이와 관련해 스위스와 독일의 구조적 재정수지준칙에는 부채 브레이크(debt brake)라는 자동교정장치가 포함되어 있고, 폴란드와 슬로바키아의 채무준칙에도 자동교정장치가 포함되어 있는

---

528) 홍승현, "글로벌 금융위기와 재정준칙", 조세재정브리프, 한국조세재정연구원, 2012, 31쪽.
529) 백웅기, "우리나라 재정준칙의 도입방안", 입법과 정책 제8권 제1호, 국회입법조사처, 2016, 277 - 278쪽.

데 이것은 위기 후 원래 준칙 목표로의 기민한 복원을 유도한다는 측면에서 유용성을 갖는다.[530] 또한 스위스 등은 준칙의 예외를 허용할 경우 중기적 정상화 조치를 함께 수반하도록 의무화 했다. 그래야 경제위기에 대응하기 위해 유연성만 강조하던 차세대 재정준칙의 접근법을 바로잡고 반복되는 경제위기에 효과적으로 대응하며 재정의 지속가능성도 유지할 수 있기 때문이다.

그러나 문제는 위기시 발생한 적자를 위기 후 반드시 상환한다는 준칙을 현실적으로 실천하기가 쉽지 않다는 점이다. 특히 지금같이 경제위기 후 침체가 장기화되는 상황에서는 예외규정이 상시화되고 적자 상환이 더욱 어려워질 수 있다. EU의 경우 2008년 세계경제 위기시 실시했던 양적완화 제로금리 정책을 2020년 코로나 위기 때까지 계속 유지할 정도로 경기침체가 장기화되었고, 더구나 2020년 코로나 위기로 인해 앞으로 침체가 장기간 지속될 것으로 전망되는 상황에서는 예외조항이 상시화 될 가능성이 높다. 그럼에도 불구하고 스웨덴, 독일 등 여러 나라들은 위기가 채 끝나기도 전에 정상적인 재정준칙으로의 복원을 추진하고 있다. 독일의 경우 2020년말 코로나 위기가 계속되는 상황임에도 메르켈 총리는 코로나 위기시 폭증한 부채에 대해 2023년부터의 상환계획을 발표한 바 있다.[531]

과연 이러한 준칙 복귀를 가능하게 만든 요인은 무엇인가? 가장 중요한 것은 다른 준칙들과의 효과적 연계 운용하고 있기 때문이라고 볼 수 있다. 이러한 측면이 새로운 경제위기 대응 재정준칙이 차세대 재정준칙과 다른

---

530) 홍근석·김성찬, 「세대간 회계 및 재정준칙 법제화에 관한 연구」, 2017년도 연구용역 보고서, 국회예산결산특별위원회, 2017, 62쪽.
531) 영국의 경우 2011년 재정준칙이라 할 예산책임헌장의 Fiscal mandate에서 재무부가 향후 5년 이내에 경기변동분을 조정한 경상수지가 균형이 될 수 있도록 사전적인 (forward-looking) 목표를 설정할 것을 규정하고 있다.

점이다. 예를 들어 중기적 균형재정 준칙과 위기 후 적자 상환 준칙이 확고히 정립되어 있을 경우 경제위기라고 재정적자를 확대할 경우에도 나중에 적자를 반드시 상환해야 하고 나아가 보다 강력한 흑자재정 준칙을 강요받게 될 것이라는 사실을 염두에 두고 이를 추진할 수밖에 없고,[532] 그 결과 독일처럼 조기에 원래의 준칙으로의 복원을 추진할 수밖에 없게 되는 것이다. 따라서 경제위기 대응 재정준칙의 가장 중요한 특징은 중기적 재정균형 목표 준칙과 위기 후 적자 상환 준칙을 '중심 고리'로 삼아 제반 준칙들을 효과적으로 연계 운용하며 재정의 유연성과 건전성을 함께 도모하는 것이라 할 수 있다.

이상에서 설명한 5가지 요건을 갖춘 재정준칙을 경제위기 대응 재정준칙이라 할 수 있다. 그래야 반복되는 경제위기에 효과적으로 대응하며 재정의 지속가능성과 중기적 균형재정을 이루고 장기적으로 세대간 불균형이 확대되는 것을 중기단위에서 저지할 수 있을 것이다.

Ⅲ. 스웨덴의 경제위기 대응 재정준칙 사례

각국은 새로운 경제위기 대응 재정준칙의 운용이 확대하고 있다. 그러나 각국의 재정준칙 중 경제위기 대응 재정준칙의 위의 5가지 요건을 모두 갖춘 나라는 찾아보기 힘들다. 무엇보다 경제위기 대응 재정준칙은 아직 발전 초기단계인데다가 각국은 관련 재정준칙들을 부분적으로 도입하는 상황이기 때문이다.

그 중에서 경제위기 대응 재정준칙의 틀을 가장 먼저 갖춘 사례는 스웨

---

532) 백웅기, "우리나라 재정준칙의 도입방안", 입법과 정책 제8권 제1호, 국회입법조사처, 2016, 277쪽.

덴이라 할 수 있다. 스웨덴은 90년대 초 버블이 꺼지면서 커다란 금융위기와 경제위기를 맞이했고 이에 따라 과도한 적자채무와 재정위기에서 벗어나기 위해 새로운 재정준칙들을 도입하게 되었고, 이후 이를 계속 발전시켜왔다. 특히 스웨덴의 새로운 경제위기 대응 재정준칙의 핵심은 중기재정계획 상의 중기목표를 중심으로 재정준칙을 운용한다는 점과, 평상시의 흑자재정 준칙을 크게 강화했다는 점이 특징이다. 스웨덴은 이를 바탕으로 이후 2008년 세계 금융위기도 수월하게 넘겼고 2020년 코로나19로 인한 경제위기도 다른 나라들보다 수월하게 극복하는 등 지금까지 국가채무비율을 건실하게 유지하며 성공적인 재정운용을 지속하고 있다.[533] 이러한 스웨덴식 재정준칙은 2008년 세계 경제위기 이후 영국 등 유럽 각국으로 확산되었다.[534] 물론 EU의 재정협약이나 영국의 재정준칙 등 각국의 재정준칙도 경제위기 대응 재정준칙의 요건을 차례로 갖춰가고 있기는 하지만 아직 차세대 재정준칙의 형태를 크게 벗어나지 못하고 있고, 특히 중기적 균형재정준칙을 중심으로 한 재정준칙들의 통합 연계 운용체제의 발달은 미진한 편이다.

1. 스웨덴 재정준칙의 도입 배경

스웨덴은 1960년대에서 1970년대까지 고도 성장기의 경제호황에 힘입어 고도 복지체제를 구축하고 이를 유지하는데 큰 어려움이 없었지만, 1990년

---

533) 전 세계적으로 재정확장정책이 만연한 반면 스웨덴 정부는 엄격한 재정정책의 경험을 바탕으로 다른 시각을 제시함.; Fredrik N G Andersson and Lars Jonung, "Fiscal policy is no free lunch: Lessons from the Swedish fiscal framework for fiscal targeting," VOX EU CEPR, June 05, 2019. 참조.
534) 양태건, "복지시대의 국가재정 건전성 강화를 위한 법제 개선방안 연구 – 스웨덴 및 영국 재정법제 사례를 중심으로", 재정혁신지원법제 연구 20 – 20 – 2, 한국법제연구원, 2020, 71쪽.

대 초 금융버블이 터지면서 주식과 부동산자산 거품이 꺼지면서 일본식 버블위기를 맞이하게 되었다.[535] 1990년대 초부터 1995년까지 스웨덴의 경제성장률은 연속 마이너스를 기록했고, 스웨덴의 실업률은 1993년부터 9%대로 증가하였으며, 재정적자와 국가채무가 급증하며 재정위기가 심화되었고 스웨덴의 재정수지는 1991년 마이너스로 전환된 이후 1992년 −8.5%, 1993년 −10.9%, 1994년 −8.8%, 1995년 −7% 등 위기가 1997년까지 이어졌다. 이에 따라 국가부채도 1990년대 초반부터 급격히 증가하여 1990년도 GDP 대비 국가부채비율이 46.3%였던 것이 1994년에는 82.5%로 단기간에 1.8배 급증함에 따라 유로국가들의 부채비율을 크게 앞지르게 되었다. 그리고 이러한 경제위기와 국가채무 급증으로 인해 스웨덴의 고도복지 체제는 근본적으로 위협을 받게 되었다.

이러한 90년대 초 경제위기에 직면하여 스웨덴의 재정개혁이 이루어졌다.[536] 새로운 재정준칙을 도입하고 1991년부터 고강도 구조조정을 단행했으며, 대대적인 정부 지출 구조조정과 복지개혁을 추진했다. 1994년 집권한 사민당 수상 페르손은 "빚진 자는 자유롭지 못하다"는 구호 하에 종합적 재정건전화 프로그램(consolidation program)을 수립하고 재정개혁을 추진했다.[537]

---

535) 오건호, "스웨덴 조세·재정체계의 형성과 변화", 스칸디나비아연구 제14호, 한국스칸디나비아학회, 2013, 32쪽; 유모토 켄지·사토 요시히로/박선영 역, 「스웨덴 패러독스」, 김영사, 2011, 72쪽.
536) 양태건, "복지시대의 국가재정 건전성 강화를 위한 법제 개선방안 연구-스웨덴 및 영국 재정법제 사례를 중심으로", 재정혁신지원법제 연구 20-20-2, 한국법제연구원, 2020, 35쪽.
537) 최연혁·임재영·정기혜·김용하·이지현, "주요국의 사회보장제도 스웨덴", 연구보고서 2012권, 한국보건사회연구원, 2012, 37쪽.

2. 스웨덴 재정준칙의 내용 및 특성

스웨덴 재정준칙의 5가지 핵심 내용은 아래와 같다.[538]

가. 중기 재정계획 목표 중심 하향식 예산제도 운용(중기 균형성)

스웨덴은 재정운용의 중심축을 단년도 예산에서 중기계획 중심으로 전환하고 중기 재정목표를 중심으로 재정과 준칙을 운용하게 되었다. 이에 맞추어 예산의 편성과 의회 승인도 하향식으로 전환했다.[539] 즉 예산안이 제출되면 재정위원회의 종합심사를 거쳐 총지출 한도 및 분야별 지출한도를 먼저 결정한 후 그 종합안이 본회의에서 의결되고 각 상임위원회에서는 이러한 종합안의 분야별 지출한도 범위 내에서 세부 지출내용을 결정하는 하향식(top‐down) 예산편성방식을 도입했다. 이에 따라 중기적 시계에서 거시경제 및 재정에 대한 고려가 가능해졌고 중기단위에서 재정을 통제함으로써 중기재정계획이나 재정준칙의 실효성을 제고할 수 있게 되었다.

나. 중기적 지출상한 중심 재정 운용(중기 균형성)

스웨덴 재정준칙의 또 하나의 중요한 특징은 중기적 지출상한 목표를 중심으로 재정운용을 하는 것이라 할 수 있다.[540] 이를 통해 기존의 단년도 위주의 재정운용 방식을 보완하고 중장기적 재정운용의 건전성을 도모하며, 예산운용의 효율성을 제고하고자 했다.[541] 스웨덴은 1997년의 재정개

---

538) Sweden Government Offices, Swedish Fiscal Policy Framework, 2011, p.22‐23.
539) 홍근석·김성찬, 「세대간 회계 및 재정준칙 법제화에 관한 연구」, 2017년도 연구용역 보고서, 국회예산결산특별위원회, 2017, 75쪽.; 국회예산정책처, 전게서, 2020, 248쪽.; 홍종현·정성호, 「국가채무 및 재정수지 관리 법제의 현황과 개선방안 연구」, 재정혁신지원법제 연구 20‐20‐6, 한국법제연구원, 2020, 177쪽.
540) 홍근석·김성찬, 상게서, 2017, 72쪽.
541) 국회예산정책처, 「2020 주요국의 재정제도」, 2020, 249쪽.

혁시 중앙정부가 향후 3년간 총지출과 정부조직별 27개 분야별 지출 한도 (expenditure ceiling)를 미리 설정하는 지출상한제도를 도입했다.

이러한 지출상한제에 따라 어느 한 분야의 지출이 늘어나면 같은 영역에서 다른 지출 감소를 통해 이를 보완하는 것이 원칙이다.[542] 또한 일시적인 재정여유분을 장기적인 지출증액에 사용할 수 없다.[543] 아울러 스웨덴 정부가 예산을 편성할 때에는 의회가 정한 지출한도, 수지흑자목표에 직접 구속받는다.[544] 물론 이러한 스웨덴 의회의 총지출 한도에 대한 결정은 법적 구속력을 갖는 것은 아니지만 한번 설정된 지출한도는 수정되지 않는 것이 관례이고 잘 지켜지고 있다.[545] 지출한도의 변화는 재정정책의 변화 등 몇몇 예외적인 경우에만 발생했는데, 이 경우 모두 지출한도가 낮아지는 결과를 보여주었다.[546] 또한 지방정부에 대해서는 2000년부터 균형재정을 의무화하고, 재정적자가 발생할 경우 2년 이내에 이를 해소하도록 했으며, 이를 위반할 경우 중앙정부의 일반보조금 감축을 통해 제재를 가하게 했다.[547]

다. 재정흑자 목표 강화(평상시 준칙)

스웨덴의 재정개혁에서 가장 눈에 띄는 것은 평상시 균형재정·흑자재정 준칙을 크게 강화한 것이고,[548] 이후 이를 매우 잘 준수하고 있다는 점이

---

542) Sweden Government Offices, op. cit., 2011, p.4.
543) 국회예산정책처, 전게서, 2020, 250쪽.; 구조적 재정수지를 기준으로 설정함으로써 경기호황에 따라 대규모 흑자가 발생할 경우 여유분을 항구적인 지출확대 또는 조세인하에 활용되지 않도록 조정이 가능하다.
544) 홍근석·김성찬, 「세대간 회계 및 재정준칙 법제화에 관한 연구」, 2017년도 연구용역 보고서, 국회예산결산특별위원회, 2017, 75쪽.
545) 국회예산정책처, 「2020 주요국의 재정제도」, 2020, 249쪽.
546) 홍근석·김성찬, 「세대간 회계 및 재정준칙 법제화에 관한 연구」, 2017년도 연구용역 보고서, 국회예산결산특별위원회, 2017, 73쪽.
547) 홍승현, 「재정의 지속가능성 관련 제도적 장치 – EU, 미국, 영국, 스웨덴, 캐나다, 호주, 일본」, 한국조세연구원, 2011, 41 – 42쪽.
548) 국회예산정책처, 「2020 주요국의 재정제도」, 2020, 248쪽.

다. 스웨덴은 예산법[549])에 따라 정부가 의회에 재정흑자 목표를 제출하고 의회가 이를 결정하는데, 재정흑자목표는 한번 정해지면 계속 유지되며 8년에 한 번 개정되도록 했다. 이러한 흑자재정 목표는 처음에는 GDP 대비 2%였는데 2009년부터 1%로 낮추었고 다시 2017년에 0.33%로 낮추었다.[550]) 만약 정부가 흑자재정 목표에서 벗어날 경우 앞으로 어떻게 목표로 다시 복귀할 것인가에 대해 의회에 설명할 책임을 진다. 스웨덴 정부는 재정흑자 목표를 둔 이유를 '장기 재정건전성', '경제위기시 완충 역할', '세대 간 형평성', '경제적 효율성' 등을 위한 것으로 설명하고 있다.[551])[552]) 이러한 것을 볼 때, 평상시 재정흑자 준칙을 강화한 이유를 단순히 재정 건전성을 확보하려는 차원으로 보기보다 향후 반복될 수 있는 경제위기에 대비해 평상시 재정역량을 최대한 비축하기 위한 것으로 볼 필요가 있다. 따라서 스웨덴의 평상시의 강력한 흑자재정 준칙이야말로 3단계 경제위기 대응 재정준칙의 특성을 가장 잘 보여주는 사례라 할 수 있다.

라. 중기적 채무고정 목표 설정(중기 균형성)

스웨덴의 기존 재정준칙에는 채무수준 관리에 대한 것이 없었는데 재정의 지속가능성을 위해서는 중기적 차원에서의 국가채무 관리가 중요해지면서 채무 고정목표를 새로운 재정준칙으로 도입했고 2019년부터 발효되도록 했다. 채무 고정목표는 GDP 대비 35% 기준 ±5% 범위로 설정되었다. 따라서 상하의 ±5% 범위를 넘어설 경우 정부는 의회에 그 이탈 사유와 대

549) 스웨덴 예산법 제2장 제1조 및 제9장 제2조.
550) 국회예산정책처, 「2020 주요국의 재정제도」, 2020, 249쪽.
551) Konstantin Antonevich, *"Fiscal policy in Sweden: Analyzing the Effectiveness of Fiscal Policy During the Recent Business Cycle,"* Jönköping University, 2010, p.8.
552) 홍근석·김성찬, 「세대간 회계 및 재정준칙 법제화에 관한 연구」, 2017년도 연구용역 보고서, 국회예산결산특별위원회, 2017, 70쪽.

처방안을 제출하도록 했다.[553] 이것은 마스트리히트 조약에 부응해 정부가 준수할 '중기적 통합 부채수준'을 제시한 것으로 볼 수 있다.[554]

마. 예산마진 운용(위기시 준칙)

이와 함께 향후 예측하지 못한 경제·재정 환경 변화로 인한 지출 증가 요인이 발생해 지출상한을 준수하기 어려울 경우에 대비해 일정한 예산여유분(budgeting margin)을 두어 완충장치 역할을 하도록 했다.[555] 이에 따라 스웨덴에서는 27개 영역 지출상한 설정시 2%정도의 예산여유분을 두고 있다.[556] 이러한 예산마진이란 지출한도와 실제 설정된 예산(the capped expenditure)간 차이를 말하는 것으로서 예상치 못한 경제상황 변화로 지출 요구가 발생하고 이에 따른 지출 변화가 불가피할 경우 완충역할(buffer)을 수행하기 위한 것이다. 스웨덴 정부의 가이드라인에 따르면 당해 연도(t년도)의 경우 설정된 예산의 최소 1%, 이듬해(t+1년도)는 설정 예산의 최소 1.5%, t+2년도에는 최소 2%, t+3년도는 최소 3%를 예산마진으로 두도록 했다.[557]

3. 스웨덴의 재정준칙에 대한 평가

스웨덴은 강력한 재정개혁을 추진한 결과 정부총지출은 큰 폭으로 줄어

---

553) Sweden Government Offices, Swedish fiscal policy framework, 2011, p.13 – 17.
554) 양태건, "복지시대의 국가재정 건전성 강화를 위한 법제 개선방안 연구 – 스웨덴 및 영국 재정법제 사례를 중심으로", 재정혁신지원법제 연구 20 – 20 – 2, 한국법제연구원, 2020, 41쪽.
555) 스웨덴 예산법 제2장 제4조.
556) 이정희, "총량적 재정규율제도 도입에 관한 연구(II) 세출규율", 한국법제연구원, 2012, 74쪽.
557) 국회예산정책처, 「2020 주요국의 재정제도」, 2020, 249쪽.

들어 1990년대 초반 GDP 대비 70%에 달하던 정부총지출 규모가 20여년 만에 50% 수준으로 낮아졌으며 프랑스보다도 낮아졌다. GDP 대비 복지지출 비중도 1992년 이후 계속 크게 낮아져 스웨덴의 재정수지와 국가부채는 건전한 수준을 회복했다. 스웨덴은 예산법률주의를 취하지 않고 있고, 중기 재정계획도 형식적으로는 법적 강제력이 없음에도 불구하고, 중기총량목표와 지출한도 등의 중기재정계획의 수치는 특별한 사정이 없는 한 변동성이 낮게 잘 운용되고 있다.[558] 그 결과 EU 국가 중에서도 스웨덴은 장기 재정 위험도가 낮은 국가로 평가되고 있고 재정준칙의 엄격성은 레벨1로 가장 높게 평가되고 있다.[559] 결국 스웨덴의 재정준칙 운용은 매우 성공적인 것으로 평가받고 있다.

이상에서 살펴본 바와 같이 스웨덴 재정준칙의 제반 특성들은 '경제위기 대응 재정준칙'의 요건을 상당부분 갖추고 있는 만큼 스웨덴은 경제위기 대응 재정준칙을 선도적으로 갖춘 나라로 평가할 수 있다.[560]

4. 소결

스웨덴식 경제위기 대응 재정준칙은 과연 어떻게 평가할 수 있는가? 그것은 세대간 정의를 위한 재정준칙으로 가장 선도적으로 발전하는 모델로 볼 수 있다. 무엇보다 국가부채비율 목표치 설정시 다시 다가올 경제위기에 대비하여 그만큼 낮게 유지하며, 특히 미래의 재정부담 증대를 고려한 흑자 재정 준칙을 장기적으로 운용하며 국가부채비율을 저하시키는 재정운용을

---

558) 김용식, 「국가재정운용계획의 운영현황과 제도개선방안 연구」, 2018년도 연구용역보고서, 국회예산정책처, 2018, 42쪽.
559) Monika Sherwood, Medium-Term Budgetary Frameworks in the EU Member States, European Commission, 2015, p.29.
560) 국회예산정책처, 「2020 주요국의 재정제도」, 2020, 248쪽.

한다는 측면에서, 재정수지 균형(FB)을 도모하는 2단계의 재정준칙을 뛰어넘어 세대간 균형(GB)을 도모하는 3단계 재정준칙의 하나로 분류할 수 있다. 물론 스웨덴 모델은 3가지 재정환경 변화 중 특히 반복되는 경제위기에 대응하는데 초점을 맞추어 재정준칙을 운용하는 것으로 볼 수 있다. 그러나 앞으로 재정준칙 목표 설정시 미래의 재정부담을 고려할 때 경제위기 변수 외에도 저출산·고령화 변수와 4차 산업혁명 변수 등을 함께 고려하여 목표치를 설정하도록 재정준칙을 발전시켜 나갈 필요가 있다. 무엇보다 이러한 새로운 3가지 재정환경 변화들은 향후 미래세대의 부담을 전면적으로 폭증시키는 변수로 기능하고 있기 때문이다.

3단계 재정준칙 중에서 핵심은 흑자재정 준칙과 중기 균형재정 준칙이라 할 수 있다. 흑자재정 준칙은 국가부채비율 목표치를 달성하기 위한 핵심 수단이고, 또한 중기 균형재정 준칙은 제반 준칙을 통합 연계 운용하는 핵심 고리이기 때문이다. 특히 중기 균형재정 준칙을 반드시 준수할 수 있게만 한다면 준칙의 예외규정을 크게 완화해 준칙을 유연하게 운용해도 큰 문제가 없다. 즉 중기 기간 내에 반드시 균형재정 목표를 이루어야 한다면 정부가 어차피 곧 갚아야 부채를 크게 늘리는데 나서지 않으려 할 것이기 때문이다. 따라서 중기균형 재정준칙을 효과적으로 활용하면 위기시 준칙을 유연하게 하면서도 중기단위 균형재정을 확고히 이룰 수 있다.

앞으로 이러한 경제위기 대응 재정준칙의 활용은 더욱 확산될 전망이다. 그 이유는 세계경제가 구조적 문제점을 안고 있어서 앞으로 경제위기가 계속 반복될 가능성이 높은데다가, 특히 우리나라의 경우는 가계부채, 기업부채, 정부부채가 세계 수준으로 빠르게 높아지고 있어서 언제든 부채위기나 버블위기가 터져서 커다란 경제위기가 반복될 가능성이 높기 때문이다. 따라서 우리나라는 반복될 경제위기에 대비하는 것이 그 어느 나라보다 중요한 상황이라 할 수 있다. 그러므로 우리나라는 이에 대비해 지금부터 새로운 경제위기 대응 재정준칙을 도입 활용하는 것이 필요하다.

Ⅳ. 우리나라의 세대간 정의 재정준칙 도입방안

우리나라 정부는 2020년부터 재정준칙 도입을 추진 중이다. 그 방안의 문제점에 대해서는 이미 앞서 살펴보았다. 즉 정부 방안을 평가한 결과 스웨덴식 경제위기 대응 재정준칙의 일부 외형적 틀은 갖추고 있지만 내용적으로는 5가지 요건을 대부분 갖추지 못한 것으로 평가된다. 특히 경제위기 대응 재정준칙의 핵심인 중기 균형재정 준칙이나 평상시 흑자재정 준칙을 찾아볼 수 없고, 결국 준칙의 강제성보다 유연성, 보완성에 치중한 방안으로 평가할 수 있다.[561] 이러한 정부안으로는 반복되는 경제위기 대응이 어렵고 특히 재정지출 확대와 국가부채 확대를 통제하기 힘들 전망이다.

따라서 우리나라는 새로운 3단계 경제위기 대응 재정준칙을 도입 운용하는 것이 필요하다. 그래야 경제위기가 반복되는 가운데서도 중기단위의 균형재정을 이루며 세대간 불균형 확대를 차단할 수 있기 때문이다. 이를 위해서는 경제위기 대응 재정준칙의 5가지 요건을 갖추도록 하는 것이 필요하다. 먼저 재정준칙의 목표치를 재정수지 균형이 아닌 세대간 균형을 중심으로 설정하고 운용하도록 해야 한다. 그리고 이를 이루기 위해서는 중기 균형재정 준칙을 중심으로 평상시 흑자재정 준칙과 위기시의 유연성 준칙 및 복원시 적자상환 준칙을 통합적으로 연계 운용해야 한다. 무엇보다 우리나라는 지금부터 이러한 새로운 3단계 재정준칙의 틀을 선도적으로 갖추는

---

561) 홍종현·정성호, 「국가채무 및 재정수지 관리 법제의 현황과 개선방안 연구」, 재정혁신지원법제 연구 20-20-6, 한국법제연구원, 2020, 152쪽.

것이 필요하다. 지금 세계경제는 구조적 문제점을 안고 있어서 경제위기가 반복될 가능성이 높은데다가, 우리나라는 가계부채, 기업부채, 정부부채가 세계 수준으로 높아져서 언제든지 부채위기나 버블위기가 터져서 다시 경제위기를 맞이할 수 있기 때문이다.

제 4 절 세대간 정의를 위한 재정프레임워크

Ⅰ. 3단계의 예산내용 규율 재정프레임워크의 발전

1. 재정프레임워크 개념

재정프레임워크(fiscal framework)란 특정 재정정책의 목표 달성을 위해 사용되는 일련의 규칙, 절차, 지표 등의 협업화된 가버넌스 툴(governance tools)을 의미한다.[562] 3가지 재정환경 변화를 맞이해 재정준칙은 새로운 재정프레임워크로의 변형과 발전이 불가피해졌다. 즉 기존의 재정준칙이란 국가부채비율 등 재정총량을 통제해 재정수지 균형(FB)을 이루고 재정의 건전성과 지속가능성을 도모하던 것이고, 그동안 재정의 구조적 변화가 별로 없던 안정적인 경기순환기에 효과를 볼 수 있던 것이다. 따라서 지금같이 재정환경이 근본적으로 바뀌고 각국의 국가부채가 급증하여 미래세대의 부담과 세대간 불균형이 확대되는 재정의 구조적 대변환기에는 대응하기 어려워졌다. 특히 세대간 불균형이 중장기적으로 확대되는데 대응하려면 단기적 재정수지를 도모하던 2단계의 재정준칙보다 세대간 정의 원리로 예산내용을 규율하는 3단계의 재정프레임워크가 보다 효과적일 수밖에 없다. 이에 따라

---

562) European Commission, Public finances in EMU 2010, p.98.

이러한 변화가 확산되면서 재정통제방식의 중심축이 재정준칙에서 새로운 재정프레임워크로 옮겨가고 있다. 새로운 재정프레임워크의 대표적인 사례가 세대간 정의 원리로 예산내용을 규율하는 OECD 국가들의 재정 프레임워크이다. 그것은 세대간 정의 원리로 예산, 정책, 법률의 내용을 규율하여 미래세대의 성장과 발전을 이루고 세부담 능력 및 복지부담 능력을 키워서 장기적으로 세대간 균형을 도모하려는 새로운 가버넌스 툴이다. 마치 우리나라에서 성인지 예산서를 통해 성평등의 원리를 예산운용 전반에 반영하는 것 같이, 세대간 정의 원리를 예산 전반에 반영하려는 것이다.

2. '친 미래세대 재정운용'으로의 전환

세대간 균형을 도모하려면 기존의 재정운용의 시각과 접근법을 바꾸는 것이 필요해졌다. 무엇보다 현세대 중심의 재정운용을 미래세대 중심의 재정운용으로 바꾸는 것이 중요해졌다. 그 이유는 다음 세 가지이다.

첫째, 앞으로 미래세대의 삶은 현세대보다 훨씬 어려워지고 미래세대의 재정부담과 복지부담이 더욱 커져서 세대간 불균형이 점점 더욱 확대될 것으로 전망되기 때문이다.[563] OECD 분석에 따르면[564] 지금의 젊은 세대는 기성세대가 어렸을 때보다 가처분 소득이 적고, 앞으로 세계화와 자동화가 더욱 가속화되고 글로벌 경쟁과 양극화가 심화되면서 부모세대보다 더 좋은 직업으로 상향 이동할 가능성이 줄어들었으며, 그 결과 미래세대는 이미 "깨진 사회적 엘리베이터"[565]에 타고 있다고 비유되고 있다. 많은 OECD 국가에서는

---

563) Vanhuysse and Goerres, 「Ageing populations in post－industrial democracies」, Routledge, 2012.

564) OECD, "Governance for Youth, Trust and Intergenerational Justice," OECD Public Governance Reviews, 2020, p.23.

565) OECD, A Broken Social Elevator? How to Promote Social Mobility, OECD Publishing,

저소득 가정에서 태어난 누군가가 평균소득에 접근하는데 100년 이상 즉 4세대 이상 걸릴 것으로 전망되고 있다. 또한 향후 노동시장에서 젊은 졸업생들이 낮은 임금과 불안정한 일자리에 노출될 것으로 경고되고 있다.[566] 실제로 이미 청년의 약 35%가 정규직과 동일한 실업보험 및 사회보호를 제공하지 않는 아르바이트나 단기계약직에서 일하고 있는 것이 현실이다.[567] 이에 따라 이러한 미래세대를 보호하고 세대간 균형을 이루는 것이 국가의 핵심 과제로 부상하게 되었고, 미래세대에 포커스를 맞춘 새로운 재정운용 방식이 확산되고 있다. 그 결과 현세대 중심의 재정운용이 '친 미래세대 재정운용'('Pro-future generation' fiscal Approach)으로 전환하고 있다.

둘째, 앞으로 3가지 재정환경 변화가 본격화되고 미래세대의 위기가 가중되면서 미래세대에 포커스를 맞춘 재정운용은 더욱 확산될 전망이다. 이미 저출산·고령화로 인해 미래세대의 부담이 급증하는 가운데, 반복되는 경제위기로 국가부채비율이 더욱 높아져서 미래세대의 부담이 더욱 가중되고 있으며, 4차 산업혁명으로 미래세대 일자리가 AI와 로봇에 의해 대체되고 투명한 글로벌 시장의 무한 경쟁 속으로 내몰리면서 미래세대의 재정부담과 세대간 불균형이 더욱 커져가고 있다. 이러한 변화에 대응하려면 미래세대에 포커스를 맞춘 새로운 재정운용이 중요해졌다. 이미 많은 나라들은 미래세대의 성장 발전에 초점을 맞춘 '친 미래세대 정책기조'로 전환하고 있다. 그 대표적인 사례가 많은 OECD 국가들이 추진하는 NYS 정책(국가청소년전략)이다.[568] 이를 통해 젊은이들이 급변하는 노동시장에 효과적으

Paris, 2018. https://dx.doi.org/10.1787/9789264301085-en.

566) OECD Employment Outlook 2019: The Future of Work, OECD Publishing, Paris, 2019.

567) UNESCO, Declaration on the Responsibilities of the Present Generations Towards Future Generations, 1997.

568) 그 대표적인 것이 OECD의 국가청소년전략(NYS)이다. OECD 26개국 중 최소 12개국이 세대간 정의 목표를 달성하기 위해 NYS를 전략적으로 추진하고 있다. OECD,

로 대응하도록 지원하고, 디지털 세계화가 전면화되는 4차 산업혁명 시대에 극심해질 글로벌 시장의 경쟁과 일자리 대체에 대응할 수 있도록 돕는 한편, 부모세대들보다 더 우수한 기술과 역량을 배양하도록 지원함으로써 이들을 안정적 고용으로 연결시켜주려 하는 것이다.[569]

셋째, 이같이 미래세대의 부담이 갈수록 커지고 있지만 현재의 민주정치 구조 하에서는 모든 입법과 예산을 좌우하는 현세대 입법자들이 미래세대의 부담을 줄이기 위해 현세대의 부담을 확대하는 입법을 기피하거나 지연함으로 인해 미래세대의 불이익을 증대시키고 있다. 따라서 이러한 문제를 해결하기 위해서도 친 미래세대 정책 기조로의 전환이 중요하다. 즉 국가의 정책기조를 투표권도 없고 발언권도 없는 미래세대의 보호와 발전에 맞추어 추진하도록 강제화하는 새로운 입법적 노력이 중요해진 것이다.

3. 예산내용 규율 장기 재정 프레임워크로의 전환

세대간 균형을 이루려면 친 미래세대 정책기조로 전환하는 것과 함께 재정통제 방식도 새로운 변화가 불가피해졌다. 그 이유는 다음과 같다.

첫째, 장기단위에서 세대간 균형을 도모하려면 국가부채비율을 통제하는 2단계의 방식보다 예산내용을 규율하는 3단계의 방식이 더 효과적일 수밖에 없기 때문이다. 예를 들어 똑같이 한정된 예산 하에서도 그 예산을 미래세대에 효과적으로 투자하면 미래세대의 대대적 성장 발전을 이루어 세대간 균형을 크게 향상시킬 수 있다. 나아가 국가부채가 크게 증대하더라도 그 돈으로 미래세대의 성장 발전에 효과적으로 투입하면 세대간 균형을 더

"Governance for Youth, Trust and Intergenerational Justice," OECD Public Governance Reviews, 2020, p.167.

569) OECD, ibid, 2020, p.23.

욱 획기적으로 개선시킬 수 있다. 그 대표적인 사례가 우리나라의 개발연대의 재정운용 방식이다. 당시 우리나라 정부는 저축률이 낮아서 경제개발 자금이 부족하자 해외에서 막대한 외자와 개발차관 등을 엄청나게 들여와[570] 부채가 크게 늘어났지만, 그 돈으로 대대적 산업인프라를 건설하고 대규모 중화학 공장들과 수출기반을 육성하는 등 미래의 성장 발전에 포커스를 맞추어 집중적으로 투입했다. 그 결과 국가부채가 많이 늘어났지만 그 돈으로 생산적인 측면과 미래세대의 성장과 발전에 집중적으로 투입함으로써 미래세대의 부와 경제력을 엄청나게 키울 수 있었고, 그 결과 그동안의 국가부채를 갚고 미래세대의 비약적인 발전을 안겨주게 되었다.[571] 이것이 '친 미래세대 재정운용'의 대표적인 사례이다. 반면 아르헨티나의 페론 정부나 베네수엘라의 차베스 정부는[572] 막대한 재원을 현세대를 위한 포퓰리즘적 지출에 소진한 결과, 미래세대에게 막대한 부채와 구조적 침체를 물려주는 '반 미래세대 재정운용'을 했다. 이러한 사례를 비교해 볼 때 장기적으로 세대간 균형을 도모하려면 단순히 부채총량만 통제해서는 효과를 보기 어렵고, 오히려 한정된 재정자원을 내용적으로 통제하여 미래세대를 위해 사용하도록 하는 방식이 보다 효과적이라 할 수 있다.

둘째, 앞으로 새로운 3가지 재정환경 변화로 인해 미래로 갈수록 재정수입은 줄어드는데 세출부담이 급증하는데 대응하려면 예산내용을 규율해 세대간 균형을 도모하는 방법이 보다 중요해질 수밖에 없다. 예를 들어 앞으로 저출산·고령화로 인해 소수가 다수를 부양해야 하는 상황에서는 한정

---

570) 67년 2억 3천만 달러와 68년에 3억 9천만 달러 수준이던 것이 72년에서 79년까지 127억 6천만달러 수준으로 급증했다.

571) 이인실·박승준, "우리나라의 재정건전성과 정책조합", 한국재정학회 2009년도 춘계학술대회 논문집, 한국재정학회, 2009, 71쪽.

572) Rudiger Dornbusch and Sebastian Edwards, The macroeconomics of populism in Latin America, Chicago University Press, 1991.

된 예산을 효과적으로 미래세대에 투입하여 성장 발전을 이루어야 미래세대가 그 부담을 감당하게 될 수 있다. 나아가 4차 산업혁명으로 인해 갈수록 세율과 제수 제약이 심화되고, 결국 각국 정부들이 한정된 예산으로 더 나은 정부서비스를 제공하고 세대간 균형을 더 효과적으로 이루기 위한 국가간 경쟁이 가중될 수밖에 없는데, 이러한 상황에서 세대간 균형을 이루려면 예산내용을 규율하는 방식이 더욱 효과적일 수밖에 없다.

이에 따라 각국에는 미래세대에 초점을 맞추어 예산내용을 규율하는 새로운 재정프레임워크가 확산되고 있다.[573] 그 대표적인 것이 OECD 국가들의 새로운 재정프레임워크와 지표들이다.[574] 그것은 세대간 정의 원리로 예산내용이나 제반 법제를 규율하여 미래세대의 성장 발전을 이루어 세대간 균형을 도모하려는 것이다.[575] 이에는 네덜란드의 세대 테스트 (Generation Test)나 뉴질랜드의 웰빙 프레임워크, 스위스의 지속가능성 영향 평가, 웨일스의 미래세대복지법 등이 있다. 이러한 새로운 가버넌스 툴은[576] 기존의 재정준칙과는 다른 형태이고 기존의 재정준칙 개념에도 부합하지 않는 것이다. 그러나 앞으로 세대간 균형을 도모하기 위해서 가장 중

---

573) 기존 재정준칙의 개념은 재정총량 즉 재정수지 국가부채비율 등의 한도를 통제하는 것인데 비해 이같이 세대간 정의 원리로 예산 내용을 통제하기 위한 것은 일종의 재정준칙의 성격을 갖는 것으로 볼 수 있지만 앞에서 설명한 기존의 재정준칙 기준에 의하면 재정준칙에 포함되지 않는다.

574) OECD, "Governance for Youth, Trust and Intergenerational Justice," OECD Public Governance Reviews, 2020, p.119 이하.

575) OECD, ibid, 2020, p.117.

576) '친 미래세대' 재정운용 방식의 대표적인 사례가 우리나라 60년대 이후 개발연대의 재정운용 방식이라 할 수 있다. 당시 박정희 정부는 해외에서 막대한 차관을 들여오는 등 국가부채를 크게 늘렸지만 그 돈으로 국가인프라 건설, 미래세대의 신산업과 일자리 개발 등 미래세대를 위한 투자 중심의 재정운용을 한 결과 미래세대에게 막대한 부와 발전을 이루어주고 미래세대의 경제력 세부담 역량을 크게 높여주는 '친 미래세대 재정운용'을 추진했다. 반면에 아르헨티나의 페론 정부는 비슷하게 국가부채를 크게 늘렸지만 그 돈으로 대부분 포퓰리즘 지출에 허비한 결과 미래세대에 빚만 넘겨주고 세계 4위의 경제대국에서 완전히 추락시킨 '반 미래세대 재정운용'을 추진했다.

요한 역할을 하게 될 전망이다. 이것이 3단계의 세대간 정의를 위한 재정프레임워크이다. 따라서 앞으로 경제위기가 반복되어 국가부채가 급증하는 문제는 새로운 경제위기 대응 재정준칙으로 막아야겠지만, 저출산·고령화와 4차 산업혁명에 의해 세대간 불균형이 확대되는 문제는 미래세대에 투자를 확대해 '미래세대 자산'을 키워서 세대간 균형을 이루는 방식으로 대응해야 한다. 그러면 국내외의 재정프레임워크에 대해 살펴보기로 한다.

Ⅱ. 우리나라 재정프레임워크의 현황 및 문제점

세대간 불균형이 중장기적으로 확대되는데 대응하기 위해 많은 OECD 국가들에는 세대간 정의의 원리로 예산, 정책, 법률 내용을 통제하는 새로운 재정프레임워크와 지표를 활용하고 있다. 우리나라도 최근 들어 이와 유사한 재정프레임워크들이 도입되기 시작했다. 그 대표적인 사례가 「지속가능발전 기본법」에서 '지속가능발전 국가기본전략' 수립에 있어 세대간 형평성을 지표 중 하나로 운용하도록 한 것이다. 그러나 이는 법규정만 있을 뿐 아직 구체적인 지표나 운용방안은 마련되지 않고 있다. 따라서 이러한 제도를 새롭게 발전시키는 노력이 필요하다.

1. 지속가능발전 기본법의 미래세대 보호

가. 지속가능발전 기본법의 '세대간 형평성'

우리나라 헌법의 환경권을 토대로 미래세대의 권익 보호를 직접적으로 언급하고 있는 법률로는 「지속가능발전법」이 있다.[577] 지속가능발전법 제1

---

577) 「지속가능발전기본법」은 2007년 처음 제정되었으나, 2010년 「저탄소녹색성장기본법」
    이 제정되면서 「지속가능발전법」으로 개정되어 다소 퇴행한 측면이 있었다. 그리고

조는 "이 법은 지속가능발전을 이룩하고, 지속가능발전을 위한 국제사회의 노력에 동참하여 현재 세대와 미래 세대가 보다 나은 삶의 질을 누릴 수 있도록 함을 목적으로 한다"고 미래 세대의 권익을 직접적으로 명시하고 있다. 그 주요 내용은 현세대와 미래세대의 삶의 질 향상을 위한 지속가능발전 계획의 수립, 지속가능발전을 위한 국제사회의 노력에 동참, 지속가능발전지표의 운용, 지속가능발전을 위한 경제성장, 사회통합, 환경보전의 균형 등이다. 특히 국회는 2022년 「지속가능발전 기본법」을 다시 제정했는데, 그 특징은 제7조에 '지속가능발전 국가기본전략'을 수립함에 있어서 정부로 하여금 고려해야할 사항 중 하나로 "세대 간 형평성에 관한 사항"을 기준으로 제시했다는 점이다.

지속가능발전 기본법 (2022. 1. 4 제정)

제2장 지속가능발전 기본전략 및 추진계획

제7조(지속가능발전 국가기본전략) ① 정부는 20년을 단위로 하는 지속가능발전 국가기본전략(이하 "국가기본전략"이라 한다)을 수립하고 이행하여야 한다.
  ② 정부는 다음 각 호의 사항을 균형 있게 고려하여 국가기본전략을 수립하여야 한다.
  1. 양질의 일자리와 경제발전에 관한 사항
  2. 지속가능한 사회기반시설 개발 및 산업 경쟁력 강화에 관한 사항
  3. 지속가능한 생산·소비 및 도시·주거에 관한 사항
  4. 빈곤퇴치, 건강·행복 및 포용적 교육에 관한 사항
  5. 불평등 해소와 양성평등 및 세대 간 형평성에 관한 사항
  6. 기후위기 대응과 청정에너지에 관한 사항
  7. 생태계 보전과 국토·물 관리에 관한 사항
  8. 지속가능한 농수산·해양 및 산림에 관한 사항
  9. 국제협력 및 인권·정의·평화에 관한 사항

2022년 국회는 「지속가능발전 기본법」을 다시 제정하였다.

나. 지속가능발전 기본법의 한계

그러나 아직 본 법은 실제적으로 추진하는데 있어서 여러 가지 미흡한 점이 있다. 위의 세대간 형평성에 관한 지침을 구체화하고 제반 예산에 적용하려는 노력은 찾아보기 어렵다. 또한 그동안 4차에 걸쳐 수립된 '지속가능발전 기본계획'의 내용을 보면 지속가능발전을 추진하기 위한 재정적인 측면에서의 방안이 미비하다는 점이 가장 문제이다. 그동안 정부는 저탄소 녹색성장기본법 제50조에 따라 20년 기간의 지속가능발전 기본계획을 5년마다 수립 발표하였고, 그 내용에는 환경 및 자원과 기후변화, 사회적 형평성 및 사회안전망, 일자리 등 경제 및 산업구조의 지속가능성, 국제사회에서의 역할 등에 대한 추진방향과 세부 이행과제, 주요 성과지표 등을 담고 있는데, 무엇보다 이러한 수많은 세부 이행과제를 실천하는데 소요되는 재정 규모에 대한 분석이나 소요재원 마련 방안 등은 전혀 제시가 되지 않았다. 즉 이행과제계획만 대거 열거하고 있을 뿐 정작 이에 따른 재정부담은 어떻게 조달할지 고려하지 않은 것이다. 따라서 이래서는 지속가능 발전의 취지를 살리기 어렵고 실질적인 효과를 거두기 힘들다.

2. 저출산 · 고령사회기본법의 미래세대 보호

가. 제4차 저출산 · 고령사회 기본계획(2021~2025) 주요내용

정부는 저출산 · 고령화 문제에 대응하기 위해 2005년에 「저출산 · 고령사회기본법」을 제정하고 이에 따라 '저출산 · 고령사회기본계획'을 수립하여 5년마다 발표하도록 했으며, 2020년 12월에는 '제4차 저출산 · 고령사회 기본계획(2021~2025)'을 발표하였다. 본 기본계획의 주요 핵심정책으로는 저출산 문제 해결을 위해 임신 · 출생 전후에 의료비 부담 경감 및 생애 초

기 영아에 대한 보편적 수당 지급, 육아휴직 이용자 확대, 아동 돌봄의 공공
성 강화 및 서비스 내실화, 다자녀 가구에 대한 주거·교육지원 확대 등이
있다. 또한 고령사회 대응책으로 고령자들의 기본생활에 대한 국가책임을
강화하고 지역사회의 통합 돌봄 체계를 확대하며, 저소득지역가입자에 대
한 국민연금 보험료 지원 등 노후소득 보장과 고령자의 일자리 및 건강 서
비스 지원 관련 정책을 강화하는 방안 등이 있다.

정부의 제4차 기본계획에 대해 전문가들의 평가는 제3차 기본계획까지
는 인구문제 심화에 관한 대응책에 집중하였던 것에서 벗어나 개인의 삶의
질 향상 제고 쪽으로 방향을 전환했다는 점은 긍정적으로 보지만, 구체적인
각론이 미흡하다는 지적이 제기되었고, 무엇보다 매년 발간되는 기본계획
에 대한 성과분석보고서에서 사업의 실적이 대부분 100% 이상 초과 달성
한 것으로 제시되고 있으나, 현실은 이와 다르게 저출산·고령화가 더욱 심
화되고 있어서 국민들의 체감도와는 배치된다는 지적이 제기되었다.[578]

나. 저출산·고령사회기본법의 한계

우리나라가 세계 최고의 초저출산율과 고령화가 나날이 심화되는 상황에
서 저출산·고령사회 기본계획을 5년마다 수립하고 대응하도록 한 것은 나
름대로 의미가 있다. 그러나 지난 15년 동안 3차례의 기본계획을 수립 추진
했음에도 불구하고 합계출산율은 더욱 하락하였고 노인빈곤율은 OECD 최
고 수준이라는 현실은 더욱 악화되고 있어서 기본계획의 실효성에 문제가
제기되고 있다.

특히 저출산·고령사회 기본계획에서도 20개 대과제, 180여개 중과제 등

---

578) 참여연대 긴급좌담회 「제4차 저출산·고령사회 기본계획 진단과 평가」 내용(2020. 12.
    17.) 참조.

수많은 정책과제들을 제시했지만 정작 이를 실행하기 위한 소요재원 및 재원조달 방안은 고작 한 페이지로 형식적으로 작성되고 구체적 방안이 제시되지 못하고 있다. 예를 들어 제4차 기본계획의 총 소요재원으로 5년간 약 21조원 증가(2020년 62.6조원→2025년 83.4조원, 연평균 5.9% 증가)한다고 4대 추진전략별 소요예상 규모만 제시했고, 이마저도 2021~2025년 소요재원 중 일부과제에 대해서는 중기예산 추계 곤란으로 미반영했다고 밝히고 있다. 또한 재원조달 방안은 "기존 저출산 예산의 절감분을 저출산 대응에 재투자하는 한편, 직접 지원 사업을 중심으로 예산투입 우선순위를 조정하여 예산의 재구조화를 추진하겠다"는 추상적 방안이 전부이고 그 구체적 방안은 제시하지 못했다. 이러한 식으로 운용해서는 형식적 법제로 그치게 될 수밖에 없다.

3. 평가

세대간 불균형이 중장기적으로 확대되는 상황에 대응하려면 장기적 시계 하의 대응이 중요하고, 특히 재정총량보다 예산내용을 효과적으로 규율하는 것이 중요해졌다. 따라서 미래세대에 초점을 맞추고 세대간 정의 원리로 예산·정책·법률의 내용을 규율하면서 예산의 내용과 구조를 근본적으로 바꾸어 장기적 세대간 균형을 도모하는 새로운 접근법이 필요하다. 우리나라에서도 이러한 방식의 새로운 개선노력이 일부 시작되고 있지만, 아직 극히 미약하고 구체적·제도적 발전이 이루어지지 못하고 있다. 따라서 뒤에서 설명할 OECD 국가들의 사례를 참고로 해서 새로운 재정통제방식을 발전시키는 노력이 필요하다. 그래야 우리나라에서의 현세대만 중시하는 재정운용 방식을 미래세대를 중시하는 재정운용 방식으로 바꿀 수 있고 장기적인 세대간 균형을 도모할 수 있다.

Ⅲ. OECD 국가들의 장기 재정프레임워크 4가지 사례

1. 네덜란드의 세대 테스트(Generation Test)

그동안 각국 정부는 각종 정책들을 추진할 때마다 늘 그것이 세대 간 공정성을 높이기 위한 것이라는 레토릭을 앞세웠고, 마찬가지로 이러한 기치 하에 네덜란드의 암스테르담 자치시 등에서는 '아이들의 권리 검증'(children's rights scan)이나 '아이들 위한 도시의 권리'(City of Children's rights) 등을 선언했지만 실제로 이를 뒷받침할 새로운 기준과 제도를 제대로 정립하지 못했다.

무엇보다 이를 뒷받침하기 위해서는 먼저 세대간 정의 관점에서 정부정책이 공정한지 여부를 평가할 표준이나 접근방식이 필요한데 그것이 제대로 이루어지지 못한 것이 문제였다. 이에 따라 네덜란드 정부는 2019년 사회경제위원회(SER)의 권고에 따라 각종 정책이 세대간 공정하게 추진되도록 하고, 특히 세대간 불균형을 해소하는 방향으로 추진되도록 하기 위해 그 입법과정이나 정치사회적 협정 준비과정에서부터 "세대 테스트"를 실시하도록 했다.

세대 테스트란 새로운 입법·예산·정책 및 규제방안을 마련할 때 향후 세대에 미치는 영향을 파악하고 이를 위반하는 구체적 증거를 확보하고 개선하기 위한 것이다.[579] 이러한 세대 테스트는 아이들의 시각에서의 접근법을 중시하고 아이들의 이익과 권리를 새로운 입법과 예산 및 정책에서 최우선적으로 고려하도록 했으며, 그 과정에 젊은이들이 다양하게 참여하도록 유도해 이들의 이익을 효과적으로 반영할 수 있도록 하려는 것이다.

---

579) OECD, "Governance for Youth, Trust and Intergenerational Justice," OECD Public Governance Reviews, 2020, p.133.

네덜란드 내각은 이를 뒷받침하기 위해 청소년플랫폼(Jongerenplatform), 네덜란드 전국청소년위원회(Dutch National Youth Council)와 같은 다양한 청소년 단체들과 협력하며 공동 대응하고 있다.[580]

2. 뉴질랜드의 웰빙 프레임워크

세대 간 정의를 측정하고 대응하기 위해서는 보다 종합적이고 다차원적인 노력이 필요하다. 따라서 이를 위해 개발된 방법의 하나가 OECD의 '웰빙과 발전을 측정하기 위한 프레임워크'(The OECD Framework for Measuring Well-Being and Progress)이다. 이를 위해 뉴질랜드는 '웰빙예산' 제도를 도입하고 이에 따라 세대간 불평등을 심화시키는 예산이나, 예산의 연령대별 분배효과에 관한 문제점 등을 파악해서 개선하도록 했다.[581]

그리고 이를 뒷받침하기 위해 두 가지의 측정 기준을 제시했다. 첫째는 웰빙의 다차원적인 특성을 고려해 여러 연령 집단에 걸친 세대간 불평등을 분석하는 프레임워크이다. 이것은 GDP 같은 경제지표만 고려하던 기존의 접근법과는 다른 것으로 보다 다차원적인 접근법이라 할 수 있다. 둘째로는 한 나라의 경제, 자연, 인간 및 사회적 자본을 분석함으로써 웰빙의 다시간대 차원을 고려하는 프레임워크이다. 이에 따라 이러한 기준과 관련된 다음과 같은 지표들을 운용하고 있다. '세대간 공정성 지표'(The Intergenerational Fairness Index)[582]는 미래세대가 지금 우리의 사는 방식이나 정부의 정책과 행동에 의해 얼마나 영향을 받고 있는지를 확인하고, 이에 의해 사회의 다른 계층이나 세대에 비해 얼마나 불리한지의 정도를 측정하기 위한 것이

---

580) https://www.tweedekamer.nl/kamerstukken/detail?id=2020Z03085&did=2020D06517.
581) The Treasury New Zealand, The Wellbeing Budget 2019,;
    https://treasury.govt.nz/publications/wellbeing-budget/wellbeing-budget-2019.
582) 세대재단(Intergenerational Foundation-UK-based charity)에 의해 만들어진 지표임.

고, 세대간 불균형 지표(Generational Divide Index GDI)는 젊은층이 주거·금융·교육·고용 등에서 자신의 인생의 목적을 추구하는데 있어서 지금의 고령세대에 비해 얼마나 뒤처져 있는지의 정도를 측정하기 위한 지표이다.[583]

이와 함께 뉴질랜드는 '생활 표준 프레임워크'(LSF, Living Standard Framework)를 활용해 세대간 균형 차원의 시각을 각종 정책에 반영하도록 했다. 생활 표준 프레임워크(LSF)는 단순히 연령과 관련한 불평등만 고려하지 않고 다양한 사회경제적 배경을 가진 연령집단과 남녀 및 인구집단에 대해서 복지에 관한 여러 차원에서의 정책적 영향을 분석하고 측정하기 위한 프레임워크이다. 이를 기반으로 세대간 불평등을 해소하기 위한 다양한 정책들을 추진해왔다.

2019년에는 정부기관이 제출한 예산요구를 세대간 균형 시각에서 LSF를 사용해 평가한 뒤 아동과 청년층 문제 해결을 위한 새로운 예산배정을 확대하고, 24세 미만의 정신적 행복 지원, 아동빈곤 축소, 아동복지 개선, 지속 가능한 무공해 경제로의 전환을 추진했다. 또한 이를 바탕으로 아동빈곤 문제, 아동 및 청소년 복지 개선 정책 등에 관한 새로운 예산제도를 도입했으며, 2018년에는 아동빈곤감소법을, 2019년에는 아동 및 청소년 복지전략을 제정했다. 이같이 세대간 균형의 포커스를 먼저 "복지예산"에 적용한데 이어서 다른 5가지의 복지 우선순위 분야로 확대하고 있다.[584]

---

583) L. Monti, "Diminishing Prospects for Young People: A Comparison of the Intergenerational Fairness Index and Generational Divide Index in Addressing the Problem", Review of European Studies, vol. 9/4, 2017, p.160.

584) OECD, "Governance for Youth, Trust and Intergenerational Justice," OECD Public Governance Reviews, 2020, p.119.

3. 스위스의 지속가능성 영향 평가(SIA)

스위스의 지속가능성 영향 평가(Sustainability Impact Assessment, SIA)는 세대간 균형을 지향하는 또 하나의 혁신적인 사례라고 할 수 있다.[585] 스위스의 SIA는 미래세대와 현세대 간의 '세대간 통합' 및 '세대 내 통합'(intergenerational solidarity & intragenerational solidarity)의 관점에서 정부 정책결정에 있어서 미래세대에 미치는 영향을 아래 [그림 10]에서 보듯이 환경, 경제, 사회의 3차원적으로 심사하는 프레임워크이다. 이러한 프레임워크는 환경, 경제, 사회 3대 분야별로 5가지씩 총 15개의 지속가능 발전 기준을 중심으로 운영되며, 특히 각각 분야별로 미래세대와 세대간 공정성이라는 시각의 렌즈를 통해 결정된다. 그것은 다음 세 가지 특징을 가지고 있다.

첫째, 환경·경제·사회 전체적 관점(Holistic view of environment, economy, and society)에서 이들 세 개의 영역이 함께 연결되고 공적·사적 행위 객체들 역시 이들 세 가지 영역에서 함께 상호 연계 운용되어야 한다는 점을 강조한다. 둘째, 미래 세대와의 연대(Solidarity with future generations)를 중시한다. 자원과 환경 또는 부채의 남용은 미래세대의 발전을 제약할 수 있기 때문에 미래세대가 필요한 몫을 손상시키지 않을 때만 지속가능한 발전이 가능하다는 점을 강조하는 것이다. 셋째, 현세대 내에서의 연대(Solidarity within the current generation)를 고려한다. 전 세계가 장기적으로 안정적인 발전을 이루기 위해서는 동시대를 살아가는 사람들 모두에게 동일한 권리가 주어질 때만 가능하다는 점을 설명한다. 이러한 스위

---

585) 유럽연합 역시 정책의 지속가능성을 높이기 위한 영향평가제도로 지속가능성영향평가(Sustainability Impact Assessment, SIA), 영향평가(Impact Assessment, IA)를 시행하고 있다.

스 지속가능성 평가의 3가지 측면은 [그림 10]을 통해 알 수 있다. 그리고 세부적으로는 이러한 환경, 경제, 사회 3대 분야별로 5가지씩 총 15개의 지속가능 발전 기준을 제시하는데, 특히 각각 분야별로 미래세대에 관한 기준을 담고 있다.

[그림 10] 스위스 지속가능성 영향평가 3차원 모델[586)

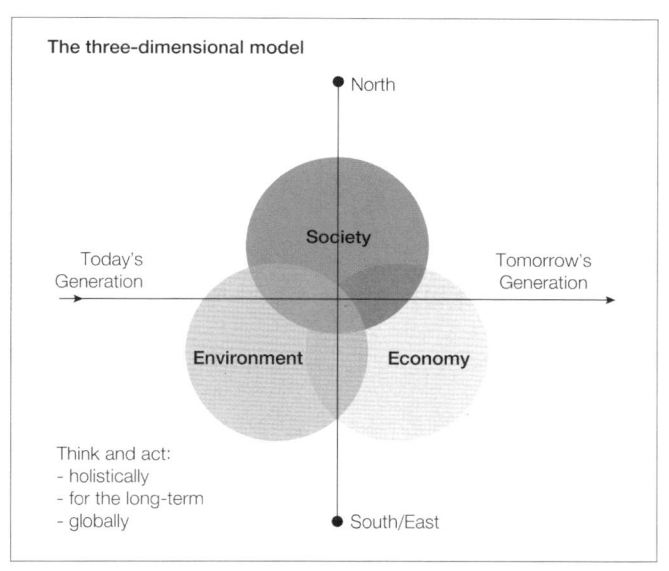

환경 분야에 있어서는 환경 재해를 줄이고 최악의 시나리오가 발생할 경우 미래 세대에 지속적인 피해가 발생하지 않는 사고 위험만을 수용해야 한다는 기준을 제시한다. 경제 분야에 있어서는 공공재정은 미래세대의 지출을 희생하지 않는 방식으로 운용해야 한다는 점을 제시한다. 그리고 사회 분야와 관련해서는 세대 내 및 세대 간 결속과 함께 전 세계적 결속을 도모해야 한다는 점을 제시하고 있다.

---

586) Interdepartmental Sustainable Development Committee 2012: Sustainable Development in Switzerland - A Guide, Berne, 2012, p.9.

[그림 11] 스위스 지속가능성 영향평가 3대 분야 15개 핵심기준[587)]

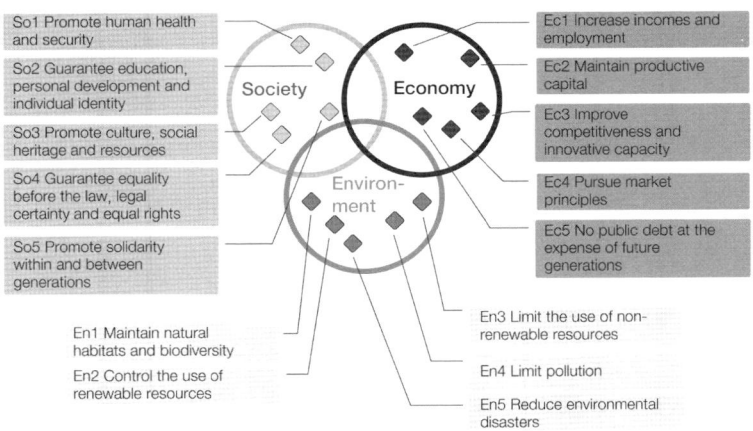

4. 웨일스의 미래세대복지법

세대간 정의와 관련한 기준을 정부의 정책결정이나 공공행정에 반영하도록
강력히 추진한 또 하나의 사례가 영국의 웨일스(Wales)이다. 웨일스는 2015년
미래세대복지법(Well‒being of Future Generations Wales Act 2015)을 마련
하고 웨일스의 모든 공공기관이 준수해야 할 핵심 조직원리로 삼았다.[588)]
그리고 동 법에 의거한 정부의 기본적 '웰빙 목표'를 세대간 자원을 효율적
이고 비례적으로 사용하는 것과 저탄소 사회로 전환하는 것으로 설정했다.
따라서 웨일스 장관은 이러한 새로운 국가지표를 인식하고 추진이정표를

---

587) Federal Office for Spatial Development, ARE(2008), Sustainability assessment: Guidelines
for federal agencies and other interested parties, 2008, p.12; 15가지 기준의 자세한 내용은
Interdepartmental Sustainable Development Committee 2012: Sustainable Development in
Switzerland‒A Guide, Berne, 2012, p.11 참조.
588) J. Boston, D. Bagnall, and A. Barry, Foresight, insight and oversight: Enhancing long‒
term governance through better parliamentary scrutiny, Institute for Governance and Policy
Studies, Victoria University of Wellington, 2019.

정립해야 한다. 그리고 공공기관들은 '지속가능한 개발' 원칙을 실행할 의무를 지고, 이를 실행하는데 있어서 "장기적", "예방적", "통합적", "협업", "참여"라는 측면을 고려해야 한다. 이와 관련해 미래세대복지법에서는 44개 공공기관이 국가의 7가지 웰빙목표[589]에 부합하는 구체적인 목표들을 마련해 추진하도록 상세히 규정했다. 이에 따라 모든 공공기관은 이를 위한 자체적인 세부목표들을 설정하고 집행하며 이에 관한 연례 진행보고서를 발행해야 한다. 특히 관련 기관 및 부처는 46개의 국가지표, 성취기준 및 추진기간과 관련하여 이행보고서를 제출 발표해야 한다.

이와 함께 동 법에는 이를 뒷받침할 여러 가지 보완장치들도 함께 갖추었다. 무엇보다 미래세대 커미셔너(Future Generations Commissioner for Wales)를 새롭게 설립하고[590] 그 역할과 권한을 법으로 정했다. 그 역할은 공공기관에 대한 지속가능발전의 원칙과 의무의 이행을 모니터링하고 이를 평가 보고하며, 이에 관한 사전심의 및 사후 효과에 대한 권고권을 갖고 활동하도록 했다.[591] 이같이 미래세대 커미셔너는 미래세대의 권리를 위해 활동하되 특히 태어나지 않은 미래세대까지 보호하는 역할을 담당하도록 책무를 부여했다. 이와 함께 이를 뒷받침하기 위해 감사원을 통한 감사에 대해서도 구체적으로 규정했으며, 감사원장(Auditor General)은 공공기관들이 지속가능성 원칙에 따라 얼마나 잘 추진하고 있는지를 평가하고 지원하도록 했다. 그리고 각 선거 후 들어선 차기정부는 집권 후 추진할 미래세대

---

589) 미래세대복지법 제4조. 7가지 목표는 웨일스의 번영, 생태복원력이 우수한 웨일스, 건강한 웨일스, 평등한 웨일스, 공동체 결속력이 강한 웨일스, 문화적 활력이 넘치는 웨일스, 국제적 책임을 다하는 웨일스 등이다.
590) J. Boston, D. Bagnall, and A. Barry, Foresight, insight and oversight: Enhancing long-term governance through better parliamentary scrutiny, Institute for Governance and Policy Studies, Victoria University of Wellington, 2019, p.129.
591) 미래세대복지법 제22조.

관련 정책에 대한 "미래동향 보고서"(Future Trends Report)를 먼저 만들어 발표하도록 의무화 했다.[592]

5. 소결

이상에서 OECD 국가들의 새로운 재정 프레임워크와 지표들에 대해 살펴보았다. 앞으로 미래세대의 위기는 더욱 심화되고 더 많은 국가부채와 저출산·고령화에 따른 부담이 더욱 전가되면서 세대간 불균형이 계속 확대될 전망이다. 따라서 이에 대비하려면 기존 재정운용의 시각의 근본적인 변화가 불가피하다. 기본적으로 미래세대의 위기에 대응하려면 미래세대에 포커스를 맞춘 새로운 재정운용 방식으로 대응하는 것이 필수적이다. 특히 현세대가 모든 재정자원을 일방적으로 소진하고 막대한 부채를 떠넘기는 결정을 독단적으로 하는데 비해 미래세대를 대변할 사람은 없는 상황에서는 더더욱 미래세대 중심의 재정운용을 법적·제도적으로 확립할 필요가 있다. 특히 우리나라는 현세대 중심의 재정운용이 더욱 심화되며 국가부채 비율이 빠르게 급증하고 각종 잠재채무도 천문학적으로 급증하고 있으며 결국 그 대부분이 미래세대에게 전가될 전망이다. 따라서 이러한 우리나라의 현세대 중심의 재정운용 방식을 미래세대를 중시하는 재정운용 방식으로 전환하는 것이 필요하다.

그 중에서도 미래세대에 초점을 맞추어 예산내용을 운용하는 것이 중요하다. 즉 한정된 예산을 미래세대 성장 발전을 이루는데 효과적으로 투입해 세대간 불균형을 해결하려는 노력이 필요하다. 기본적으로 중장기적으로 세대간 불균형이 확대되는 상황에 대응하려면 이러한 방향으로의 재정준칙

---

592) 선거일부터 12개월 이내에 웨일스 내각에 제출되고 공개된다.; Well-being of Future Generations (Wales) Act 2015, Future Generations Commissioner for Wales (2020).

방법론의 근본적 변화가 불가피하다.

　문제는 아직 이러한 새로운 재정 프레임워크가 체계화되지 못하고 있다는 점이다. 그 중 일부는 법적으로 운용되고 있지만 일부는 정책으로 운용되는 등 법적 형태도 다르고, 또한 지표 운용 방식이나 형태도 다르다. 즉 재정준칙같이 법적 형태나 운용방식이 체계화되어 있지 않은 상태이다. 따라서 이를 앞으로 발전시키기 위해서는 이론적·법적·제도적 뒷받침이 필요하다.

Ⅳ. 우리나라의 장기 재정 프레임워크 개선방안

　OECD 각국에서는 예산내용을 규율하는 재정 프레임워크가 발전하고 있는데 그 이유는 세대간 불균형이 확대되는데 대응하려면 기존의 재정총량 통제 방식보다 예산내용 규율하는 것이 중요해졌기 때문이다. 이를 위해서는 다음 두 가지의 노력이 필요하다.

　첫째, 우리나라는 미래세대 중심의 재정운용 방식으로의 전면적인 전환에 나서야 한다. 우리나라는 워낙 현세대를 중시하는 재정운용이 심한 만큼, 세대간 정의의 원리로 예산내용을 규율하도록 해서 '친 미래세대' 재정운용으로 전환하는 것이 필요하다. 무엇보다 우리나라 미래세대의 부담이 앞으로 그 어느 나라보다 커질 것이 확실시 되고 있기 때문에 이러한 전면적 재정패러다임 전환이 필수적이다. 즉 우리나라는 세계에서 가장 출산율이 낮고 고령화가 가장 급속히 전개되고 있는데다가 경제위기나 4차 산업혁명의 영향도 가장 크게 받고 있기 때문이다. 따라서 이같이 미래세대 중심의 재정운용 방식으로 바꿔야 미래세대의 성장 발전을 이루어 현세대의 막대한 복지를 감당할 수 있게 될 것이다. 이미 많은 EU 국가들은 NYS정책 같은 '미래세대를 우선시'하는 재정정책 기조를 정립하고 이를 기반으로 미래세대의 부와 경제력을 키워서 현세대의 복지를 유지하며 세대간 공영발전을 도모하고 있으며 상당한 성과를 거두고 있다.

둘째, 우리나라에서도 이미 세대간 정의 원리로 예산내용을 규율하는 새로운 가버넌스 툴이 도입되기 시작하고 있는 만큼 이를 올바로 작동하도록 하기 위해서는 관련 법적·제도적 장치를 확충하는 노력이 필요하다. 앞서 설명했듯이 우리나라의 관련 제도로는 「지속가능발전 기본법」과 「저출산·고령사회기본법」의 관련 조항이 있다. 먼저 지속가능발전 기본법과 관련해 필요한 개선사항은 다음과 같다. 첫째로 2025년에 발표할 예정인 지속가능발전 국가기본전략[593])의 수립 단계에서부터 계획의 이행과제들에 관한 재정소요 분석과 구체적 재원조달방안 제시가 수반되도록 해야 한다. 둘째로 지속가능발전 기본법의 실효성을 강화하기 위해서는 법에서 명시하고 있는 세대간 형평성 고려를 재정운용에서 명확히 하기 위해 관련 지침을 국가재정법 및 시행령의 관련 조항과 연계하는 입법이 필요하다. 또한 저출산·고령사회기본법과 관련해 필요한 개선사항은 다음과 같다. 첫째로 저출산·고령화에 대응하기 위해 그동안 수없는 정책들이 난립했지만 문제를 개선하지 못하고 오히려 악화되는 결과를 유발한 만큼 새로운 접근법이 필요하며, 특히 새로운 지표를 만들어 예산편성시부터 제반 예산 전반에 반드시 반영하도록 의무화하고 이를 국가재정법과 시행령의 관련 부문에 명시할 필요가 있다. 둘째로 저출산·고령사회 기본계획에 따른 소요재원을 제대로 추계하고 누가 어떻게 부담할지에 대한 논의가 필요하며, 이를 위해 특히 「기후위기 대응을 위한 탄소중립·녹색성장 기본법」에 따라 온실가스

---

593) 지속가능발전 국가위원회는 '2026－2045 지속가능발전 국가기본전략'을 2024년부터 준비하여 2025년 말에 발표할 예정이다.

감축에 미치는 효과를 평가하고 그 결과를 정부의 예산편성에 반영하도록
한 것과 같은 방식을 운용해야 한다.

제5절 3단계 재정준칙과 재정프레임워크 발전 종합평가

새로운 재정환경 대변환기를 맞이해 재정준칙도 연이은 변화가 이루어지
고 있다. 먼저 차세대 재정준칙으로 전환한데 이어서 다시 그 문제점을 보
완한 경제위기 대응 준칙으로 발전하고 있다. 경제위기 대응 재정준칙의 가
장 대표적인 모델이 스웨덴의 재정준칙인데 그 가장 중요한 특징은 단기적
재정수지 균형만 도모하는 것이 아니라 향후 미래에 부담으로 다가올 가능
성에 대비한 재정준칙 목표치를 설정 운용한다는 점이다. 즉 앞으로 다시
경제위기가 다가와 미래에 부담이 커질 것을 대비해 국가부채비율을 낮추
는 방법으로 재정여력을 비축하거나, 아니면 미래세대에 투자를 늘려서 부
와 자산을 확대하는 방법으로 '미래의 투자자산' 형태로 비축하는 두 가지
방식으로 세대간 균형을 도모하고 있다. 이중에서 앞쪽의 방법은 경제위기
재정준칙을 통해서 규율하고, 뒤쪽의 방법은 재정프레임워크를 통해 규율
하는 것이 필요하다. 따라서 3단계의 재정준칙과 재정프레임워크는 세대간
균형을 이루기 위해 하나로 연계되어 운용되는 것이라 할 수 있다. 이러한
측면을 고려할 때 스웨덴의 재정준칙을 3단계의 세대간 정의를 위한 재정
준칙으로 분류할 수 있다. 비록 아직은 스웨덴식 재정준칙 모델이 3단계 재
정준칙의 요건을 완비되거나 체계화되어 있지는 않지만 새로운 3단계 재정
준칙으로의 발전 과정에서 가장 앞선 모델이라고 평가할 수 있다. 나아가
앞으로 3가지 재정환경 변화가 확산되어 세대간 불균형이 커질수록 재정준

칙들은 이러한 방향으로의 변화가 더욱 전면화 될 전망이다.

혹자는 스웨덴 모델 같이 흑자재정 원칙을 장기적으로 고수하고 경기침체시에도 지속할 경우 성장에 부정적 영향이 있지 않느냐는 의문을 제기할 수 있다. 그러나 스웨덴 사례에서 보듯이 2008년 세계경제위기 이후 경제가 어려운 시기에도 흑자재정 기조를 계속 유지했음에도 성장률이 다른 나라들 보다 더 높게 유지되었다. 그 이유는 기본적으로 재정지출이란 단기적으로나 성장에 일부 효과가 있을 뿐 중장기적으로는 공급 측면이 성장을 좌우하기 때문에 재정지출의 영향은 크지 않기 때문으로 볼 수 있다.[594] 따라서 스웨덴이 하듯이 매우 급박한 경제위기의 경우만 재정지출을 크게 확대하고 나머지는 흑자재정 기조를 견고히 유지하도록 하여 국가부채비율을 줄여나가는 방향으로 재정을 운용할 필요가 있다.

앞으로 재정통제방식의 중심축은 그동안의 재정준칙에서 재정프레임워크 쪽으로 옮겨갈 전망이다. 무엇보다 앞으로 국가예산 중 복지비용 같은 경직성 예산 비중이 늘어나 가용예산이 줄어들수록, 또한 앞으로 4차 산업혁명의 영향으로 국가단위에서 세율을 높이기 어려워질수록 재정총량을 통제하는 방식 대신 예산내용을 규율하여 세대간 균형을 도모하는 방법의 효용성이 커질 것이다. 물론 아직은 새로운 재정프레임워크가 발전의 초기단계이고 제대로 체계화되지 않았지만, 앞으로 새로운 3가지 재정환경 변화가 본격화되고 세대간 불균형이 확대될수록 이러한 미래세대의 발전을 도모하기 위한 예산 내용 규율 측면의 재정프레임워크는 더욱 크게 발전하여 결국 중추적 위상을 차지하게 될 전망이다.

---

594) "Has the Swedish fiscal consolidation hurt economic growth? Our answer is no."; 이에 대해서는 Andersson, N G Fredrik and Lars Jonung, "Fiscal policy is no free lunch: Lessons from the Swedish fiscal framework for fiscal targeting," VOX EU CEPR, June 05, 2019. 참조.

결론적으로 우리나라는 한국형 재정준칙 같은 2단계의 재정수지 균형을 추구하는 재정준칙을 도입하려고 할 것이 아니라 세대간 균형을 목표로 삼는 새로운 재정준칙을 도입하고, 지금부터 세대간 불균형이 크게 확대되는 데 대비해야 한다. 이와 함께 새로운 재정프레임워크를 도입해 미래세대에 포커스를 맞추어 재정운용이 이루어지도록 함으로써 미래세대 중심의 재정운용 방식으로 바꿔야 한다. 특히 우리나라는 조만간 공적연금과 건강보험 등 공적 연기금들의 재정적 위기가 현실화될 것으로 전망되고 있고, 저출산·고령화로 인한 미래세대에 대한 부담도 본격적으로 가시화될 것이므로, 지금부터 3단계 재정준칙을 도입하여 대비하면서 새로운 재정운용의 틀을 조기에 정착시키는 것이 필요하다.

제6장 결론

　각국에서는 저출산·고령화와 반복되는 경제위기 및 4차 산업혁명 같은 새로운 인구, 경제, 기술의 구조적 변화를 맞이해 국가부채가 급증하고 미래세대의 부담이 증대하며 세대간 불균형이 크게 확대되면서 재정과 복지의 존속이 위협을 받는 상황을 맞이했다. 그 결과 이에 대응한 새로운 재정운용 방식과 재정법제로의 새로운 변화가 이루어지고 있다. 이에 따라 본 연구는 새로운 재정환경 변화를 살펴보고 이에 대응하기 위해서는 새로운 재정법제와 그 운용방안 등 종합적 해법을 제시했다.

　이러한 연구 분석에 따른 핵심 결론은 다음 세 가지이다. 첫 번째 결론은 새로운 재정환경 변화에 대응하기 위해서는 재정의 수지균형(FB)과 지속가능성을 추구하는 기존의 2단계의 재정법제에서 벗어나 세대간 균형(GB)을 추구하는 새로운 3단계의 재정법제로의 전환이 필요하다는 사실이다. 2단계와 3단계 재정법제의 가장 큰 차이점은 재정의 지속가능성만 추구하느냐 세대간 균형도 함께 보느냐이고, 재정의 지속가능성만 바라볼 경우 세대간 불균형을 더욱 확대시키는 경우가 많기 때문이다. 그 대표적인 사례가 초저금리 기조 하에서는 지속가능성에 문제가 없다며 국가부채를 크게 늘리는 경우나, 우리나라처럼 재정이 건전하다며 특정세대가 건전재정 여력을 한꺼번에 소진하는 경우이다. 이에 따라 2단계 재정법제와 3단계 재정법제는 틀이나 운용방식이 크게 다를 수밖에 없다. 2단계 재정법제는 재정총량을 통제하는 재정준칙이 중심인데 비해, 3단계 재정법제는 세대간 균형을 도모하는 중장기 재정계획과 예산내용을 규율하는 재정 프레임워크가 중심이다. 또한 2단계 재정법제는 지속가능성이란 다소 애매한 목표를 추구하기 때문에 명확한 재정한도 목표치가 불분명하거나 자주 바뀌는데 비해, 3단계의 재정법제는 세대간 균형이라는 명확한 목표치를 중심으로 장기 – 중기 – 단기 재정목표치를 설정하고 운용하는 것이다. 특히 3단계의 중장기 재정계획이나 재정준칙은 그 목표치를 설정하는 방법부터가 다르다. 즉 목표치 설정시 단순히 단기적 재정수지 균형을 목표로 삼는 것을 뛰어넘어 향후 미래세대의 부담 증대를 예상한 목표치를 설정한다. 그 대표적인 사례가 스웨덴의 중기목표치이며, 향후 다시 다가올 경제위기시 예상되는 국가부채비율 증가분만큼 차감한 목표치를 중심으로 재정을 운용하며, 이를 실현하기 위해 흑자재정준칙을 장기적으로 운용하고 국가부채비율을 계속 낮추었다. 따라서 3단계 재정법제는 앞으로의 경제위기나 저출산·고령화로 인한 미래세대의 부담 증대 예상분을 고려한 목표치(GB)를 설정하고 운용한다는 점에서 다르다.

본 연구의 두 번째 결론은 세대간 불균형 문제에 대응하려면 '중장기 재정 통합 연계 규율 체계'를 운용하는 것이 필수적이란 사실이다. 중장기 재정 통합 연계 규율 체계란 세대간 균형을 실현하기 위한 장기 – 중기 – 단기 재정계획과 목표치를 설정하고 중장기 재정계획과 중장기 재정준칙을 통합적으로 연계 규율하는 재정운용 방식을 의미하는 것이다. 즉 세대간 불균형을 파악한 장기재정전망을 토대로 장기재정계획과 목표치를 설정하여 중기재정계획을 규율하고, 다시 중기재정계획과 목표치를 설정하여 단년도 예산을 규율하는 것이다. 따라서 3단계 재정법제란 이같이 세대간 균형 목표를 중심으로 하는 중장기 통합 연계 규율 체계의 틀 안에서 운용되는 모든 재정법제를 일컫는 말이라 할 수 있다.

본 연구의 세 번째 결론은 3단계 재정법제에서는 현세대인 입법자의 형성권의 자의적 행사를 통제할 법적 장치를 어떻게 갖추느냐가 세대간 정의 실현의 성패를 좌우할 핵심 관건이라는 사실이다. 즉 세대간 정의 문제에 있어서 환경분야와 달리 재정분야에서는 현세대와 미래세대 이익이 정반대로 충돌한다. 특히 세대간 균형을 이루기 위해서는 현세대에게 막대한 재정부담을 부과하는 재정개혁이 필요한데, 미래세대는 발언권이 없고 현세대 입법자들이 지배하는 민주정치 입법과정 하에서는 현세대가 이를 기피하거나 지연시키기 마련이므로, 그렇게 하지 못하도록 규율할 강력한 법적 구속력을 갖추는 것이 핵심 과제로 부상하였다. 이를 위해서는 헌법에 관련 규정을 신설하거나 헌법재판소의 판례를 통해 현세대 입법자의 형성권을 축소하여 미래세대를 보호하는 방법이 매우 중요하다.

본 연구에서는 해외의 세대간 정의 재정법제의 선도적 발전사례들에 대해 분석하고 그 결과를 참고로 하여 우리나라의 재정법제들을 3단계 재정법제로 발전시키기 위한 종합적 개선방안을 제시했다.

첫째, 헌법 측면에서는 독일의 연이은 개헌 시도와 2021년 독일 연방헌법재판소의 새로운 판례를 참고로 개선방안을 제시했다. 즉 우리나라도 독일의 새로운 개헌안의 제20b조와 같은 미래세대 권리 보호조항을 신설하여 국가의 미래세대 권리에 대한 보호 책무를 명확히 하고, 환경 분야뿐 아니라 재정분야 등 다른 영역에까지 적용할 수 있도록 해야 한다. 동시에 독일의 연방헌법재판소의 2021년 연방기후보호법에 대한 헌법 불합치 결정의 법리와 같이 헌법의 미래세대 보호 국가목표조항과 자유권적 기본권 조항을 결합하여 미래세대의 이익을 기본권으로 보호하는 방안이 중요해졌다. 따라서 이러한 것을 3단계의 재정측면의 헌법규정으로 볼 수 있다.

둘째, 세대간 불균형 확대에 대응하려면 중장기 재정전망이 매우 중요해졌고 세대간 균형을 위한 재정개혁을 유발하는 방아쇠 역할(Trigger Effect)을 담당하게 되면서 이를 뒷받침할 새로운 법적·제도적 변화가 필요해졌다. 이에 따라 기존의 단기적 재정수지 균형과 지속가능성만 바라보는 2단계의 중장기 재정전망에서 벗어나 세대간 균형도 함께 바라보는 3단계의 중장기 재정전망으로의 발전이 이루어지고 있다. 이를 뒷받침하기 위해서는 세대간 회계, GSFI, GSGI, S1－S4, AD75, 지표 및 Top－down 재정추계와 통합적 재정추계 방식 등을 이용하여 세대간 불균형을 파악하도록 하고 관련 법적·제도적 장치를 확충하는 것이 필요하다.

셋째, 세대간 불균형 확대에 대응하려면 장기적인 재정운용의 커다란 틀과 방향을 잡아주는 장기재정계획이 매우 중요해졌다. 따라서 그동안 단순히 장기재정전망만 하던 2단계에서 벗어나 호주의 세대간 리포트같이 새로운 3단계의 장기재정계획으로 발전시켜야 한다. 이를 위해서는 장기재정전망으로 파악한 세대간 불균형 전망치를 토대로 세대간 균형을 이루기 위한 장기재정계획과 목표치를 설정한 뒤 이것으로 중기재정계획과 단년도 예산을 규율하도록 해야 하고, 관련 법적 장치들을 확충해야 한다.

넷째, 그동안 재정수지 균형만 추구하는 2단계의 중기재정계획을 뛰어넘어 세대간 균형을 추구하는 3단계의 중기재정계획으로 발전시켜야 한다. 이를 위해서는 향후 다가올 경제위기와 저출산·고령화 심화로 인한 재정부담의 예상증대분을 차감하여 세대간 균형 목표(GB)를 설정하고 이를 중심으로 중기재정계획을 운용해야 한다. 그리고 이를 뒷받침하기 위해 재정운용의 중심축을 단년도 예산에서 중기재정계획으로 옮겨가야 한다. 즉 한편으로는 중기재정계획에 장기재정계획에서 정한 세대간 정의 방침과 목표치를 반영하고, 다른 한편으로는 중기재정계획에서 정한 방침과 목표치로 단년도 예산을 규율하도록 해야 한다. 그리고 중기재정계획의 법적 구속력을 뒷받침하기 위한 방안으로는 프랑스같이 중기재정계획을 법률로 운용하는 방법보다 스웨덴처럼 의회의 심의의결을 거치는 방법이 바람직하다. 우리나라는 아직 중기재정계획의 오차가 크고 신뢰성이 낮으므로 무조건 법률로 강제화하면 프랑스 같은 부작용이 나타날 수 있기 때문이다.

다섯째, 우리나라는 2단계 재정준칙 유형으로 평가되는 정부의 재정준칙안을 도입할 것이 아니라, 세대간 균형을 추구하는 3단계 재정준칙을 도입 운용하는 것이 필요하다. 이를 위해서는 재정준칙의 목표치 설정을 기존의 재정수지 균형 목표치(FB)가 아닌 향후 미래의 재정부담의 예상증대분 만큼 차감한 국가부채비율 목표치(GB)를 설정하고 운용해야 한다. 그리고 이러한 세대간 균형 목표치를 실현하려면 스웨덴식의 새로운 경제위기 대응 재정준칙을 도입 운용하는 것이 필요하다. 즉 중기 균형재정 준칙을 중심으로 평상시 흑자재정 준칙, 위기시 유연성 준칙, 복원시 적자상환 준칙 등을 연계 운용하도록 하되, 특히 평상시 흑자재정 준칙과 중기 균형재정 준칙을 중심으로 세대간 균형 목표치를 달성하도록 해야 한다.

여섯째, 세대간 균형을 이루려면 단기적인 재정총량을 통제하는 재정준칙보다 장기적 시계 하에 예산내용을 규율하는 3단계의 변형된 규율방식이 중요해졌다. 따라서 우리나라도 OECD 국가들의 재정 프레임워크와 지표 같이 세대간 정의 원리로 예산내용을 규율하는 새로운 거버넌스 툴을 도입하고, 지금의 현세대 중심의 재정운용 방식을 친 미래세대 중심의 재정운용 방식으로 전환시켜야 한다. 그것은 세대간 균형을 이루기 위한 두 가지 방법, 즉 국가부채비율을 통제하는 방법과 '미래세대의 성장 발전을 위한 미래 투자자산을 확대하는 방법' 중 후자의 방법을 위한 규율방식을 의미하는 것이다. 이미 우리나라도 지속가능발전 기본법과 저출산·고령사회기본법에 세대간 형평성 기준이나 중장기적 재정조달 방안 수립을 의무화하고 있는 만큼 이를 국가재정법에 연계 반영하고 성인지 예산서나 온실가스감축인지 예산서 같이 세대간 정의 원리를 예산전반에 반영하도록 의무화해야 한다.

우리나라는 이러한 3단계의 세대간 정의 재정법제로의 전환에 가장 앞장서야 할 나라라고 할 수 있다. 3가지 재정환경 변화가 가장 극심하게 전개되고 있고 앞으로 커다란 재정위기, 복지위기 가능성이 예견되고 있기 때문이다. 따라서 다른 나라보다 더 선도적으로 재정법제 전환을 이루어야 앞으로 세대간 균형을 이루고 재정과 복지를 유지할 수 있을 것이다. 과거 산업혁명이 가장 먼저 일어났던 영국에서 살던 케인즈와 마르크스가 20세기 산업시대의 새로운 경제·재정 패러다임을 선도했듯이 우리나라는 21세기의 새로운 경제환경과 재정환경 변화가 가장 빠르게 전개되고 있고 위기도 가장 먼저 맞이하고 있는 만큼, 지금부터 이에 대응할 새로운 해법을 창출하고 변화를 선도해야 한다.[595] 비록 아직은 세대간 정의를 위한 재정법제들의 발전이 시작단계이고 부족한 면이 많은 상태이지만 이러한 방향으로의 변화가 불가피한 상황이다. 앞으로 우리나라에서 이와 관련한 후속 연구들과 체계화된 연구들이 많이 이루어져 보다 발전된 대안들이 제시되고, 이를 통해 21세기의 새로운 재정 패러다임을 선도하는 나라로 나아가기를 기대한다.

---

595) 세대간 불균형이 확대되는 문제에 대응하려면 기본적으로 새로운 시각의 접근이 필요하다. 즉 현세대와 미래세대가 모두 참여하는 세대간 민주주의 법정을 가정한 시각으로 대응하는 것이 필요하다. 지금 우리나라의 현세대는 수천만 명에 불과하지만 미래세대는 수억 명에서 수십억 명이 넘을 텐데, 이들이 모두 하나의 법정에서 논쟁을 벌여서 중장기 재정운용의 방향을 결정한다는 것을 상정하고 여기서의 예상되는 결론을 중심으로 재정운용을 하는 것이 필요하다. 그러나 지금은 이와 반대로 우리나라의 현세대 수천만 명이 미래세대 수십억 명의 미래의 운명을 좌우하는 결정을 자신들의 이익을 중심으로 하고 있어서 문제이다. 미래세대의 숫자가 수백배 많은데 극소수가 수백배 많은 사람들의 운명을 좌우하는 결정을 자의적으로 하며 미래세대 수십억 명에게 엄청난 부채와 부담을 전가하고 있어서 문제이다. 무엇보다 현재의 민주정치 구조 하에서는 성년 유권자들만 참여하고 미성년 유권자들과 태어나지 않은 미래세대는 참여하지 못하여 그 목소리가 반영되지 않는 왜곡된 의사결정 구조에 따른 문제이다. 이러한 세대간 의사결정 왜곡 문제는 그동안의 안정적 경기순환기에는 별 문제가 되지 않았지만 지금같이 커다란 재정여건의 구조적 대변환기를 맞이해 미래세대의 부담이 크게 확대되는 상황에서는 심각한 문제가 될 수 있다. 따라서 지금같은 재정의 구조적 대변환기에는 세대간 민주주의 법정에서의 수십억 명의 미래세대 목소리와 자연법적인 요구에 귀를 기울이는 새로운 재정운용이 필요하다. 그것이 새로운 세대간 정의를 위한 재정운용이다.

[참고문헌]

1. 국내문헌

[단행본 및 학위논문]

강주영·김도승·신영수·곽관훈·서보국, 「재정법의 체계 및 범위에 관한 연구」, 재정혁신지원법제연구 19-20-④, 한국법제연구원, 2019.

계희열, 「헌법학(중)」, 박영사, 2007.

국경복, 「재정의 이해」, 나남, 2015.

국회예산정책처, 「2012~2060년 장기 재정전망 및 분석」, 2012.

_____, 「국가재정법 이해와 실제」, 2014.

_____, 「주요국의 재정제도」, 2016.

_____, 「2016~2020년 국가재정운용계획 분석」, 2016.

_____, 「2019~2060년 국민연금 재정전망」, 2019.

_____, 「2020 NABO 장기 재정전망」, 2020.

_____, 「2020 주요국의 재정제도」, 2020.

_____, 「4대 공적연금 장기 재정전망」, 2020.

권영성, 「헌법학원론」, 법문사, 2010.

권오성, 「재정건전성을 위한 지출 및 채무 제한제도 도입에 관한 연구」, KIPA 연구보고서 2013-30, 한국행정연구원, 2013.

김도승, 「국가재정건전화를 위한 중기재정관리제도 개선방안 - 프랑스 공공재정계획 법률을 중심으로 - 」, 재정법제연구 10-12-01, 한국법제연구원, 2010.

김선희, 「기후변화소송에 관한 비교법적 검토」, 비교헌법연구 2021-B-11, 헌법재판소 헌법재판연구원, 2021.

김용식, 「국가재정운용계획의 운영현황과 제도개선방안 연구」, 2018년도 연구용역보고서, 국회예산정책처 2018.

김윤기・유승선・황종률・오현희,「일본의 장기침체기 특성과 정책대응에
　　관한 연구」, 경제현안분석 제90호, 국회예산정책처, 2016.

김종면・홍승현,「재정건전성 제고를 위한 재정법체계 개선방향 연구」, 한
　　국조세재정연구원, 2013.

김철수,「헌법학개론」, 박영사, 2005.

류덕현,「4차 산업혁명과 재정정책의 변화」, 2017 한국응용경제학회 정책세
　　미나, 한국응용경제학회, 2017.

박영숙・제롬 글렌,「세계미래보고서 2050」, 이영래 옮김, 교보문고, 2016.

박형수・최진욱・김진,「우리나라 중장기 재정건전운영을 위한 연구(Ⅱ)」,
　　한국조세연구원, 2004.

박형수・류덕현,「재정준칙의 필요성 및 도입방안에 관한 연구」, 한국조세
　　재정연구원, 2006.

박형수・류덕현・박노욱・백웅기・홍승현,「재정제도 및 재정운용시스템
　　의 개선」, 재정포럼 204권, 한국조세재정연구원, 2013.

배건이,「미래세대 환경권에 관한 입법론적 연구」, 동국대학교 박사학위논
　　문, 2011.

＿＿＿,「미래세대보호를 위한 법이론 연구 - 세대간 계약을 중심으로」, 글
　　로벌법제전략연구 20 - 17 - 1, 한국법제연구원, 2020.

서용석,「'세대간 정의' 실현을 위한 미래세대의 정치적 대표성 제도화 방
　　안」, KIPA 연구보고서 2014 - 09, 한국행정연구원, 2014.

성낙인,「헌법학」, 법문사, 2016.

신화연・원종욱・이선주・전영준,「사회보장 중장기 재정추계모형 개발을
　　위한 연구」, 연구보고서 2013 - 27, 한국보건사회연구원, 2013.

안종석・구자은,「주요국의 이중과세배제방법 및 외국납부세액공제제도
　　현황과 시사점」, 세법연구 6 - 4, 한국조세재정연구원, 2006.

안　홍,「써드노멀」, 더삼, 2017.

양　건,「헌법강의」, 법문사, 2014.

양준모, 「국가채무 급증에 따른 재정지출 구조조정 방안에 관한 연구」, 2020년도 연구용역보고서, 국회사무처, 2021.

양태건, 「복지시대의 국가재정 건전성 강화를 위한 법제 개선방안 연구 - 스웨덴 및 영국 재정법제 사례를 중심으로」, 재정혁신지원법제연구 20 - 20 - 2, 한국법제연구원, 2020.

옥동석, 「한국의 중장기 재정위험과 관리방안」, 2018년도 연구용역보고서, 국회예산결산특별위원회, 2018.

우치다 미츠루·이와부치 카츠요시, 「실버 데모크라시」, 김영필 역, 논형, 2006.

이종호, 「4차 산업혁명과 미래 직업」, 북카라반, 2017.

장영수, 「헌법학」, 홍문사, 2008.

장용근, 「예산의 법적 성격 및 예산통제에 관한 연구」, 현안분석05 - 16, 한국법제연구원, 2005.

_____, 「미래 재정 위협 요인을 고려한 재정개혁 과제에 관한 연구」, 2016년도 연구용역보고서, 국회예산정책처, 2016.

장하진·정창수, 「5년 중기재정계획 제도의 문제점과 개선방안」, 2010년도 연구용역보고서, 국회예산결산특별위원회, 2010.

전광석, 「한국헌법론」, 집현재, 2016.

전광석·이덕연·이중교·장욱·오선영·윤익준·신정희, 「지속가능성과 법학의 과제」, 연세대학교 출판문화원, 2012.

전병목·김빛마로·안종석·정재현, 「4차 산업혁명과 조세정책」, 연구보고서 20 - 01, 한국조세재정연구원, 2020.

전영준, 「세대간 회계를 이용한 세대간 재정부담분석」, 2012년도 연구용역보고서, 국회예산정책처, 2012.

정일환 외, 「국가재정운용계획(중기재정계획)의 최신 국제동향 분석 및 정책효과에 관한 실증연구」, 2020년도 연구용역보고서, 국회사무처, 2021.

정종섭, 「헌법학원론」, 박영사, 2018.

최성철,「베이붐세대가 국민연금에 미치는 영향에 관한 연구」, 원광대학교 대학원 박사학위논문, 2008.

필리프 판 파레이스·야니크 판데르보흐트,「21세기 기본소득」, 홍기빈 옮김, 흐름출판, 2018.

하원규·최남희,「제4차 산업혁명: 초연결 초지능 사회로의 스마트한 진화 새로운 혁명이 온다!」, 콘텐츠하다, 2015.

한국전자통신연구원,「한국전자통신연구원 사십년사 1976-2016」, 홍커뮤니케이션즈, 2017.

한수웅,「헌법학」, 법문사, 2017.

한종석·김선빈,「일반균형 중첩세대 모형을 이용한 재정지속가능성 평가: 세대간 분배를 중심으로」, 한국조세재정연구원, 2016.

허 영,「한국헌법론」, 박영사, 2007.

_____,「헌법이론과 헌법」, 박영사, 2010.

홍근석·김성찬,「세대간 회계 및 재정준칙 법제화에 관한 연구」, 2017년도 연구용역보고서, 국회예산결산특별위원회, 2017.

홍성방,「헌법학(중)」, 박영사, 2015.

홍성훈 외,「외국법인의 과세사업자 요건 국제비교 연구」, 세법연구 2013권 9호, 한국조세재정연구원, 2013.

홍승현,「재정의 지속가능성 관련 제도적 장치-EU, 미국, 영국, 스웨덴, 캐나다, 호주, 일본」, 한국조세연구원, 2011.

_____,「호주의 재정제도」, 정책분석 12-02, 한국조세재정연구원, 2012.

홍승현·이지혜·한혜란,「주요국의 재정준칙 운용사례: 영국, 스웨덴, 독일, 스위스, 오스트리아, 브라질」, 정책분석 14-03, 한국조세재정연구원, 2014.

홍종현·정성호,「국가채무 및 재정수지 관리 법제의 현황과 개선방안 연구」, 재정혁신지원법제 연구 20-20-6, 한국법제연구원, 2020.

홍준형,「환경법」, 박영사, 2001.

[일반논문 및 기타자료]

고문현, "저탄소 녹색성장을 위한 비교헌법적 연구", 환경법연구 32권 3호, 한국환경법학회, 2010, 123 - 159쪽.

고문현·안태용, "환경보호조항의 헌법적 수용 - 독일기본법 제20a조와 대한민국헌법 제35조의 비교를 중심으로 - ", 법학논총 통권 34호, 숭실대학교 법학연구소, 2015, 1 - 34쪽.

고철수, "재정준칙에 대한 개념적 고찰", 제주발전포럼 제39호, 제주발전연구원, 2011, 70 - 77쪽.

김기순, "지속가능발전 개념의 법적 지위와 적용사례 분석", 국제법학회논총 제52권 제3호, 대한국제법학회, 2007, 11 - 43쪽.

김도균, "권리담론의 세 차원: 개념분석, 정당화, 제도화", 법철학연구 제7권 제1호, 한국법철학회, 2004, 181 - 210쪽.

김도승, "행정부의 다년간 재정운용계획에 대한 법적 규율 - 프랑스 공공재정계획법률과 그 규범성 논란을 중심으로", 공법연구 39(2), 한국공법학회, 2010, 457 - 487쪽.

김상호, "국민연금법 개정(안)과 세대간 소득재분배", 사회보장연구 제20권 제3호, 한국사회보장학회, 2004, 83 - 104쪽.

김성수, "미래세대 보호를 위한 법리적, 헌법적 기초", 법학연구 제29권 제4호, 연세대학교 법학연구원, 2019, 1 - 33쪽.

_____, "미래세대 보호를 위한 법제 설계", 경희법학 제54권 제4호, 경희대학교 법학연구소, 2019, 333 - 359쪽.

김성태, "우리나라 중기재정계획의 실효성 제고방안", 재정학연구 제1권 제4호, 한국재정학회, 2008, 269 - 305쪽.

김연명, "국민연금, 미래세대의 가혹한 부담인가?", 월간복지동향70, 참여연대, 2004, 16 - 19쪽.

김연미, "호펠드의 권리범주에 대한 법철학적 연구", 법학논집 제7권 제2호, 이화여자대학교 법학연구소, 2003, 201 - 229쪽.

김태형, "유해조세제도(Harmful Tax Practice) 대응 관련 국제적 동향에 관한 연구", 조세학술논집 제34집 제3호, 한국국제조세협회, 2018, 147－177쪽.

명재진, "국가목표규정에 관한 비교법적 연구", 세계헌법연구 17권 2호, 세계헌법학회 한국학회, 2011. 29－54쪽.

_____, "국가목표조항의 헌법적 지위와 위헌심사척도에 관한 연구", 법학연구 제25권 제2호, 충남대학교 법학연구소, 2014, 13－46쪽.

목광수, "기후변화와 롤즈의 세대 간 정의－파핏의 비동일성 문제를 중심으로", 환경철학 22권, 한국환경철학회, 2016, 31－61쪽.

박재홍, "세대 개념에 관한 연구: 코호트적 시각에서", 한국사회학 제37집 제3호, 한국사회학회, 2003, 1－23쪽.

박종상, "주요국들의 법인세 인하 움직임과 시사점", 주간금융브리프 22권 10호, 한국금융연구원, 2013, 3－9쪽.

박종수, "현행 중기재정계획법제의 개선방향'", 법제연구 제25호, 한국법제연구원, 2003, 49－74쪽.

_____, "재정법제의 쟁점과 전망", 법제연구 제35호, 한국법제연구원, 2008, 79－108쪽.

박진완, "미래세대를 위한 세대간 정의 실현의 문제로서의 지속성의 원칙", 법과정책 24권 2호, 제주대학교 법과정책연구원, 2018, 115－152쪽.

박형수, "장기재정전망 시스템 구축이 시급하다", 재정포럼 181권, 한국조세재정연구원, 2011, 6－15쪽.

_____, "국가재정과 사회보험재정, 문제없나?", 성균관대경제연구소, 2019.

백웅기, "저성장·고령화 시대의 재정건전성 강화를 위한 재정정책과 제도의 개선방향", 예산정책연구 제3권 제1호, 국회예산정책처, 2014, 1－34쪽.

_____, "우리나라 재정준칙의 도입방안", 입법과 정책 제8권 제1호, 국회입법조사처, 2016, 265－288쪽.

손상식, "비례성 심사에 의한 위헌적 차별성 판단 － 관련 헌법재판소 결정에 대한 검토를 중심으로", 세계헌법연구 제25권 2호, 세계헌법학회한국학회, 2019, 1－37쪽.

안태환, "이명박 정부의 재정개혁 과제", 한국행정학회 추계학술대회 발표논문집, 2008.

염명배, "4차산업혁명 시대, 경제패러다임의 전환과 새로운 경제정책 방향
: (임금)노동의 소멸, 여가혁명, 기본소득에 대한 담론", 경제연구 제36
권 제4호, 한국경제통상학회, 2018, 23－61쪽.

오병선, "세대간 정의의 자유공동체주의적 접근", 법철학연구 6(2), 한국법
철학회, 2003, 295－324쪽.

윤석명, "한국의 세대간 회계: 공적연금을 중심으로", 사회보장연구 제18권
제2호, 국민연금연구센터, 2002, 97－128쪽.

이강구·최종하, "한국의 장기재정전망: 문헌연구",「입법과 정책」제11권
제1호, 국회입법조사처, 2019, 205－236쪽.

이덕연, "헌법명제로서 '살림'의 패러다임과 경제와 재정의 '지속가능성'
－'녹색성장' 개념의 외연확장과 심화를 위하여－", 법학연구 21권 4호,
연세대학교 법학연구원, 2011, 199－232쪽.

이성규, "재정의 지속가능성과 세대회계의 도입", NABO 재정브리프 제3호,
국회예산정책처, 2007.

이성환, "미래세대의 헌법적 지위", 입법학연구 제19집 1호, 한국입법학회,
2022, 95－132쪽.

이세주, "헌법상 환경국가원리에 대한 고찰－헌법재판소와 대법원이 바라
본 환경국가와 환경국가원리 실현을 위한 개별법에 대한 검토－", 세계
헌법연구 22권 2호, 세계헌법학회한국학회, 2016, 65－107쪽.

장동진, "자유주의와 공동체주의의 구성원리: 정당성과 선", 법철학연구 제
6권 제2호 한국법철학회, 2003, 267－294쪽.

장철준, "세대간 정의의 헌법규범화 방안－미국과 유럽의 논의를 중심으
로", 미국헌법연구 제26권 제3호, 미국헌법학회, 2015, 171－196쪽.

전광석, "지속가능성과 세대간 정의", 헌법학연구 제17권 제2호, 한국헌법
학회, 2011, 273－323쪽.

전수경, "경제위기 대응 재정준칙에 관한 연구", 예산정책연구 제10권 제4
호, 국회예산정책처, 2021, 43－73쪽.

전수경·박종수, "추가경정예산 제도 개선방안에 관한 연구", 공법연구
50(2), 한국공법학회, 2021, 205－229쪽.

전영준, "공적연금에 대한 재정분석: 세대간 회계를 이용한 접근", 재정논집 제17집 제2호, 한국재정학회, 2003. 111 – 151쪽.

_____, "건강보험 재정부담의 귀착: 세대간 회계를 이용한 접근", 경제학연구 제52권 제2호, 한국경제학회, 2004, 193 – 240쪽.

_____, "연금과세가 장기재정에 미치는 효과분석 – 세대간 회계를 이용한 접근", 「재정학연구」 제1권 제2호, 한국재정학회, 2008, 1 – 35쪽.

_____, "복지지출 확대가 세대 간 형평성에 미치는 효과 분석: 세대 간 회계를 이용한 접근", KDI journal of economic policy, vol. 34 no.3., 한국개발연구원, 2012, 31 – 65쪽.

_____, "세대간 불평등도 해소를 위한 재정정책과제: 복지정책을 중심으로", 응용경제 제15권 제2호, 한국응용경제학회, 2013, 107 – 151쪽.

_____, "한국의 세대간 회계 2013 – 2018", 한국경제의 분석 제26권 제2호, 한국경제의 분석패널, 2020, 168 – 225쪽.

정다은, "독일 연방기후보호법의 위헌성에 관하 논의 – 최근 연방헌법재판소의 결정을 중심으로 –," 세계헌법재판 조사연구보고서 2021년 제5호, 헌법재판연구원, 2021.

정도영, "재정준칙 정립을 통한 재정규율 강화", NARS 현안보고서 제270호, 국회입법조사처, 2015.

정병기, "서유럽 코포라티즘의 성격과 전환: 통치전략성과 정치체제성", 한국정치학회보 제38집 제5호, 한국정치학회, 2004, 323 – 343쪽.

조영철, "국민연금 장기 재정 추계와 재정 운용 전략의 문제점과 개선 과제", 동향과 전망 제102호, 한국사회과학연구회, 2018, 46 – 73쪽.

조한상, "기본권의 성격 – 주관적 성격과 객관적 성격", 법학논총 제21집, 숭실대학교 법학연구소, 2009, 225 – 248쪽.

차상균, "4차 산업혁명, 디지털혁신 인재가 이끄는 글로벌 일자리 전쟁", 나라경제 2017년 8월호, KDI 경제정보센터, 2017.

차진아, "고령화시대 국민건강보험의 발전방향", 강원법학 제49권, 강원대학교 비교법학연구소, 2016, 335 – 380쪽.

_____, "사회국가의 실현구조와 토지공개념의 헌법상 의미", 공법학연구

제19권 제1호, 한국토지공법학회, 2017, 385－417쪽.

_____, "사회적 평등의 이념과 21세기적 과제", 토지공법연구 제77집, 한국
　　토지공법학회, 2017, 385－417쪽. 3－41쪽.

최기홍, "세대간 회계에 의한 국민연금의 세대간 형평성과 지속가능성 측
　　정", 경제분석 제22권 제2호, 한국은행, 2016, 50－89쪽.

최윤철, "입법자의 법률의 하자 제거의무", 법조 제52권 제6호, 법조협회,
　　2003, 143－166쪽.

하원규, "초연결성·초지능성 기반 맞춤형 생산체제로 전환", 나라경제
　　2016년 3월호, KDI 경제정보센터, 2016.

최준욱, "세대간·세대내 불평등과 재분배", 재정포럼 276권, 한국조세재정
　　연구원, 2018, 71－74쪽.

하철영·한귀현, "장래세대에 대한 환경보호 의무의 정당화－A. de－Shalit
　　에 의한 세대간정의의 공동체론적 어프로치를 중심으로", 동의법정 제
　　17권, 동의대학교 지방자치연구소, 2001, 159－202쪽.

한국경제연구원, "주요 경제위기와 현재 위기의 차이점과 향후 전망",
　　KERI Insight 20－04, 한국경제연구원, 2020.

한국은행 해외조사실, "대공황 이후 주요 금융위기 비교", 2009.

한민지, "세대간 정의(Generationengerechtigkeit)의 기본법 도입 논의", 독일
　　통신원, 헌법재판소 헌법재판연구원, 2017.

허재준, "인공지능과 노동의 미래: 우려와 이론과 사실", 한국경제포럼,
　　Vol.12, No.3, 한국경제학회, 2019, 59－92쪽.

허창환, "헌법상 기본원리에 관한 연구－환경국가원리의 인정여부를 중심
　　으로－", 성균관법학 제33권 제3호, 성균관대학교 법학연구원, 2021, 1
　　－26쪽.

현대경제연구원, "정부 재정구조의 변화와 시사점", 경제주평 15－50호(제
　　671호), 2015.

현대호·김도승, "주요국의 중기재정계획법제현황과 시사점", 재정법제 이
　　슈페이퍼 10－12－2, 한국법제연구원, 2010.

홍성방, "21세기의 기본권 이해", 서강법학연구 제6권, 서강대학교 법학연

구소, 2004, 27 – 49쪽.

홍승현, "글로벌 금융위기와 재정준칙", 조세재정브리프, 한국조세재정연구원, 2012.

홍일선, "세대간 정의와 평등 – 고령사회를 대비한 세대간 분배의 불균형문제를 중심으로", 헌법학연구 제16권 제2호, 한국헌법학회, 2010, 453 – 484쪽.

홍종현, "세대간 정의와 국가재정의 지속가능성", 유럽헌법연구 제34호, 유럽헌법학회, 2020, 243 – 288쪽.

KISTEP 차이나포럼, "기술패권 시대의 대중국 혁신 전략", KISTEP 이슈페이퍼 통권 305호, 한국과학기술기획평가원, 2021.

2. 국외문헌

[단행본 및 학위논문]

Barnett, Randy E, 「The Structure of Liberty: Justice and the Rule of Law」, Oxford university press, 1998.

Beetsma, Roel, Xavier Debrun, Xiangming Fang and Young Kim, Victor Lledó, Samba Mbaye and Xiaoxiao Zhang, "The rise of independent fiscal institutions: recent trends and performance," IMF Working Paper, IMF, 2017.

Boston, Jonathan, David Bagnall, and Anna Barry, 「Foresight, insight and oversight: Enhancing long – term governance through better parliamentary scrutiny」. Institute for Governance and Policy Studies, Victoria University of Wellington, 2019.

Brynjofsson Erik and Andrew McAfee, 「The Second Machine Age: Work, Progress, and Prosperity in a Time of Brilliant Technologies」, W.W.Norton&Company, 2014.

Calliess, Christian, 「Rechtsstaat und Umweltstaat」, Mohr Siebeck, 2001.

Chace, Calum, 「The Economic Singularity: Artificial inteligence and the death of capitalism」, Three Cs., 2016.

De－Shalit, A., 「Why Posterity Matters: Environmental Policies and Future Generations」, London Routledg. 1995.

Gosseries, Axel. and Lukas H. Meyer, 「Intergenerational Justice」, Oxford University Press, 2009.

Hart, H.L.A., 「Essays on Bentham: Jurisprudence and Political Philosophy」, Oxford Clarendon Press, 1982.

Häberle, Peter, Ein Verfassungsrecht für künftige Generationen － Die "andere" Form des Gesellschaftsvertrages: der Generationenvertrag, in: Ruland, Franz/von Maydell, Bernd Baron/Papier, Hans－Jürgen(Hrsg.), Verfassung, Theorie und Praxis des Sozialstaats, Festschrift für Hans F. Zacher zum 70. Geburtstag, C. F. Müller 1998, 215－233.

Hesse, Konrad, 「Grundzüge des Verfassungsrechts der Bundesrepublik Deutschland」, 20. Auflage, C.F. Müller, 1999.

Heubach, Andrea, 「Generationengerechtigkeit－Herausforderung für die zeitgenössische Ethik」, V&R unipress. 2008.

Kelton, Stephanie, 「The Deficit Myth: Modern Monetary Theory and the Birth of the People's Economy」, PublicAffairs. 2020.

Kleiber, Michael, 「Der grundrechtliche Schutz künftiger Generationen」, Recht der Nachhaltigen Entwicklung 13. Tübingen: Mohr Siebeck, 2014.

Kurzweil, Ray, 「The Singularity Is Near: When Humans Transcend Biology」, Penguin Books, 2006.

Mian, Atif and Amir Sufi, 「House of Debt: How They (and You) Caused the Great Recession, and How We Can Prevent It From Happening Again」, University of Chicago Press, 2014.

Nozick, Robert, 「Anarchy, State, and Utopia」, Basic Books lns., 1974.

Parfit, Derek, 「Reasons and Persons」, Oxford University Press, 1986.

Rawls, John, 「A Theory of Justice」, Belknap Presss: An Imprint of Harvard

University Press, 1971.

Sandel, Michael, 「Liberalism and the Limits of Justice」, Cambridge University Press, 1982.

Tremmel, Joerg Chet, 「A theory of intergenerational justice」, Routledge, 2009.

Vanhuysse, Pieter and Achim Goerres, 「Ageing populations in post－industrial democracies」, Routledge, 2012.

Van Parjis, Philippe and Yannick Vanderborght, 「Basic Income」, Harvard University Press, 2019.

Wellman, Carl, 「Real Rights」, Oxford University Press, 1995.

World Commission on Environment and Development, 「Our Common Future」, Oxford University Press, 1987.

World Economic Forum, 「The Future of Jobs Report 2020」, 2020.

[일반논문 및 기타자료]

Acemoglu, Daron, "Technical change, inequality and the labor market," *Journal of Economic Literature.* Vol. 40, No.1, Ameriacan Economic Association, 2002, pp.7－72.

Alesiana A. and R. Perotti, "The political economy of budget deficits", *Staff Papers vol.42, no.1*, IMF, 1995.

Alesina A. and T. Bayoumi, "The costs and benefits of fiscal rules: Evidence forum the U.S. States", *NBER Working Paper, no. 5614.*, 1996.

Anderson, B. and J. Sheppard, "Fiscal Futures: Institutional Budget Reforms and Their Effects, What Can Be Learned?" OECD, Journal on Budgeting, Vol. 9, No. 3, OECD Publishing, 2009.

Andersson, F. and L. Jonung, "Fiscal policy is no free lunch: Lessons from the Swedish fiscal framework for fiscal targeting," VOX EU CEPR, June 05, 2019.

_____, "The Swedish Fiscal Frarnework－The Most

Successful One in the EU?", *Working Papers 2019:6*, Lund University, Department of Economics, 2019.

Antonevich, Konstantin, *"Fiscal policy in Sweden: Analyzing the Effectiveness of Fiscal Policy During the Recent Business Cycle,"* Jönköping University, 2010.

Arevalo, Pedro, Katia Berti, Alessandra Caretta, and Per Eckefeldt, "The intergenerational dimension of fiscal sustainability," European Economy － Discussion Papers 2015 － 112, Directorate General Economic and Financial Affairs(DG ECFIN), European Commission, 2019.

Auerbach, Alan J. and Young Jun Chun, "Generational Accounting in Korea," *Journal of the Japanese and International Economies*, Vol. 20(2), Elsevier, 2006, pp.234 － 268.

Barro. R. J., "Inequality, and Growth in a Panel of Countries". *Journal of Economic Growth* Vol. 5, No. 1, Springer, 2000, pp.5 － 32.

Barry, B., "Justice between Generations", *Law Morality and Society : Essays in Honor of H.L.A Hart*, Oxford Clarendon Press, 1977.

Baweja, B., P. Donovan, M. Haefele, L. Siddiqi, and S. Smiles, "Extreme automation and connectivity: The global, regional, and investment implications of the Fourth Industrial Revolution," UBS London, 2016.

Benioff, Marc, "4 ways to close the inequality gap in the Fourth Industrial Revolution," World Economic Forum, 2017.

Berman, Eli, John Bound, Stephen Machin, "Implications of Skill － Biased Technological Change: International Evidence." *Quarterly Journal of Economics*. Vol. 113 No. 4, Oxford University Press, 1998, pp.1245 － 1279.

Bessant, C. Judith, Michael Emslie, Rob Watts, "Accounting for Future Generations: Intergenerational Equity in Australia", Australian Journal of Public Administration Vol 70 － Issue 2, Institute of Public Administration Australia, 2011.

Birdsall, Nancy, "The World is not Flat: Inequality and Injustice in our Global

Economy." The UNU World Institute for Development Economics Research (UNU – WIDER), 2007.

Blanchard, Olivier, "Public Debt and Low Interest Rates," *American Economic Review.* 209 (4): 1197 – 1229, 2019.

Bohn H. and R. P. Inman, "Balanced – budget rules and public deficits: evidence from the U.S. states", *Carnegie – Rochester Conference Series on Public Policy*, Vol. 45., 1996, pp.13 – 76.

Boije, Robert and Albin Kainelainen, "The importance of fiscal policy frameworks – Swedish experience of the crisis", Banca dItalia, 13th Public Finance Workshop, Perugina, March 31 – April 2. 2012.

Boll, S., B. Raffelhüschen, and J. Walliser, "Social Security and Intergenerational Redistribution: A Generational Accounting Perspective", *Public Choice* Vo.81 No.1/2, Springer, 1994, pp.79 – 100.

Borg, Anders, "How will the Fourth Industrial Revolution affect economic policy?", World Economic Forum, 2016.

Calliess, Christian, "Generationengerechtigkeit im Grundgesetz: Brauchen wir einen Artikel 20b GG?", Paper54, Berliner Online – Beiträge zum Europarecht, 2009.

Card, David and John E. DiNardo, "Skill Biased Technological Change and Rising Wage Inequality: Some Problems and Puzzles." *Journal of Labor Economics*, Vol. 20, No. 4, The University of Chicago Press, 2002.

Caselli, Francesca et al., "Second – Generation Fiscal Rules:Balancing Simplicity, Flexibility, and Enforceability – Technical Background Papers," International Monetary Fund Staff Discussion Note, IMF, 2018.

Davidson, J. E., "Never Say Never: Reconciling Generational Sovereignty with Environmental Preservation," SSRN Papers, 2019.

Dawood, M., N. Horsewood, and F. Strobel, "Predicting sovereign debt crises: An Early Warning System approach." *Journal of financial* Stability Vol.28., 2017, pp.16 – 28.

Gokhale, Jagadeesh and Kent Smetters, "Fiscal and Generational Imbalances: New Budget Measures for New Budget Priorities", Policy Discussion Papers, No. 5., Federal Reserve Bank of Cleveland, 2003.

Gokhale, J., B. R. Page, and J. R. Sturrock, "Generational Accounts for the United States: An Update," in *Generational Accounting Around the World*, University of Chicago Press, 1999, pp.489 − 518.

Golding, M. P. "Obligation to Future Generations." The Monist, vol. 56, no. 1, JSTOR, 1972, pp.85 − 99.

Daheim, Cornelia. and Ole Wintermann, "2050: Die Zukunft der Arbeit," Bertelsmann Stiftung, 2016.

De George, Richard T., "Do We Owe the Future Anything?," in *Law and the Ecological Challenge*, 1978.

Ekeli, Kristian Skagen, "Green Constitutionalism: The Constitutional Protection of Future Generations", Ratio Juris, Vol. 20, No. 3, 2007. pp.378 − 401.

Eyraud, Luc, Xavier Debrun, Andrew Hodge, Victor Lledo, and Catherine Pattillo, "Second − Generation Fiscal Rules: Balancing Simplicity, Flexibility, and Enforceability," *IMF Staff Discussion Notes* 18/04, IMF, 2018.

Feinberg, J., "The Rights of Animals and Future Generations," in Rights, Justice, and the Bounds of Liberty, Princeton University Press, 1980, pp. 159 − 184.

Gosseries, Axel P., "On Future Generations' Future Rights," *The Journal of Political Philosophy*: Vol.16, No. 4, 2008, pp.446 − 474.

Guichard, Stephanie, Mike Kennedy, Eckhard Wurzel and Christoph Andre, "What Promotes Fiscal Consolidation: OECD Country Experiences," *OECD Economics Department Working Papers*, No.553, 2007.

Hawksworth, John, Richard Berriman and Saloni Goel, "Will robots really steal our jobs?: an international analysis of the potential long term impact of automation," PricewaterhouseCoopers, 2018.

Hornstein, Andreas, Per Krusell, Giovanni L. Violante, "The effects of technical change on labor market inequalities." 「Handbook of Economic Growth」 Vol.1, Part B, Elsevier, 2005, pp.1275 - 1370.

Huber, Evelyne, and John D. Stephens, "Income Inequality and Redistribution in Post - Industrial Democracies: Demographic, Economic, and Political Determinants." *Socio -economic review* 12, No. 2, 2014, pp.245 - 267.

Jaumotte, Florence, Subir Lall, and Chris Papageorgiou, "Rising income inequality: Technology, or trade and financial globalization?," IMF Working Paper, 2008.

Krueger, B. Alan, "How computers have changed the wages structure - Evidence from microdata 1984 - 1989." *Quarterly Journal of Economics.* Vol.108, No.1, Oxford University Press, 1993, pp.33 - 60.

Krusell, Per, Lee E. Ohanian, José - Víctor Ríos - Rul,l and Giovanni L. Violante, "Capital - Skill Complementarity and Inequality: A Macroeconomic Analysis." *Econometrica.* Vol. 68, No.5, The Econometric Society, 2000, pp.1029 - 1053.

Kuzmenko, Olha, and Victoria Roienko, "Nowcasting income inequality in the context of the Fourth Industrial Revolution." *SocioEconomic Challenges*, Vol. 1, No. 1, 2017.

Lejour, Arjan, "How does corporate tax inversion work?," World Economic Forum, 2015.

Manyika, James, Susan Lund, Michael Chui, Jacques Bughin, Jonathan Woetzel, Parul Batra, Ryan Ko, and Saurabh Sanghvi, "Jobs Lost, Jobs Gained: Workforce Transition in a Time of Automation," McKinsey & Company, 2017.

Lenze, Anne, "Gleichheitssatz und Generationengerechtigkeit," *Der Staat* Vol.46, No.1, Duncker & Humblot, 2007, pp.89 - 108.

Ljungman, Gösta, "The Medium - Term Fiscal Framework in Sweden," *OECD Journal on Budgeting*, Vol. 6 No. 3, 2007.

MacCormick, Neil, "Children's Rights: A Test - Case for Theories of Rights,"

ARSP Vol. 62, No. 3, 1976, pp.305－317.

Manyika, James, Michael Chui, Mehdi Miremadi, Jacques Bughin, Katy George, Paul Willmott, and Martin Dewhurst, "Harnessing automation for a future that works," *McKinsey Global Institute Report*, McKinsey & Company, 2017.

Maynard, Andrew D., "Navigating the fourth industrial revolution," *Nature Nanotechnology* Vol.10, Nature Publishing Group, 2015.

Monti, Luciano, "Diminishing Prospects for Young People: A Comparison of the Intergenerational Fairness Index and Generational Divide Index in Addressing the Problem", *Review of European Studies,* vol. 9(4), 2017.

Narveson, Jan, "Utilitarianism and New Generation," *Mind* Vol.76. No.301, Oxford University Press, 1967, pp.62－72.

OECD, "A Broken Social Elevator? How to Promote Social Mobility," OECD Publishing, Paris, 2018.

_____, "Governance for Youth, Trust and Intergenerational Justice," OECD Public Governance Reviews, 2020.

Opaschowski, Horst, "Bindung auf Dauer ist nicht mehr im Trend." In: General －Anzeiger vom.4.1, 2000

Raffelhüschen, Bernd, "Aging, Fiscal Policy and Social Insurances: A European Perspective," Burch Working Paper, No. B－98－8, UC Berkeley, 1998.

Reinhart, Carmen. M. and Kenneh S. Rogoff, "From Financial Crash to Debt Crisis," *American Economic Review* Vol. 101, No. 5, American Economic Association, 2011, pp.1676－1706.

Robb, Greg, "Capitol Report: Leading economist says high public debt might not be so bad," Jan. 7, 2019. Market Watch.

Ruffing, Kathy, Paul N. Van de Water, and Richard Kogan, "Generational Accounting Is Complex, Confusing, and Uninformative," Center on Budget and Policy Priorities, 2014.

Schaechter, Andrea and Tidiane Kinda and Nina T. Budina and Anke Weber,

"Fiscal Rules in Response to the Crisis – Toward the 'Next – Generation' Rules: A New Dataset," *IMF Working Paper* No. 12/187, 2012.

Sherwood, Monika, "Medium – Term Budgetary Frameworks in the EU Member States," *European Economy Discussion Papers* 2015 – 021, European Commission, 2015.

Solum, Lawrence B., "To Our Children's Children's Children: The Problems of Intergenerational Ethics," *Georgetown Law Faculty Publications and Other Works*. 873, 2001.

Strauch, Rolf R., "Budget Processes and Fiscal Discipline: Evidence from the US States," Working paper, University of Bonn, 1998.

Thompson, Janna, "What is Intergenerational Justice?", *Future Justice,* Future Leaders, 2010.

Tremmel, Chet Jörg, "Establishing Intergenerational Justice in National Constitutions," 「Handbook of Intergenerational Justice」, Edward Elgar Publishing, 2006.

UN Secretary – General, "Intergenerational solidarity and the needs of future generations : report of the secretary – general," UN Digital Library, 2013.

Vanhuysse, Pieter, "Intergenerational Justice in Aging Societies : A Cross – National Comparison of 29 OECD Countries," Bertelsmann Stiftung, 2013.

von Hagen, Jürgen, "A note on the empirical effectiveness of formal fiscal restraints," *Journal of Public Economics,* Vol. 44, 1991.

von Hagen, Jürgen and Ian J. Harden, "Budget processes and commitment to fiscal discipline," *IMF Working Paper*, No. 96/78, 1996.

von Hagen, Jürgen and Guntram B. Wolff, "What Do Deficits Tell Us About Debt?: Empirical Evidence on Creative Accounting with Fiscal Rules in the EU." *Journal of Banking & Finance*, Vol.30. No.12, Elsevier, 2006, pp. 3257 – 3524.

Warren, May Anne, "Do Potential Persons Have Ríghts?," in *Responsibilities to Future Generations: Environmental Ethics*, ed. E. Patridge. Buffalo,

NY: Prometheus, 1981.

Weiss, Edith. Brown, "Climate Change, Intergenerational Equity, and International Law," Georgetown Law Faculty Publications and Other Works, 2008.

Wellman, Carl, "The Concept of Fetal Rights," *Law and Philosophy,* Vol.21, No.1, Springer, 2002, pp.65 – 93.

Wyplosz, Charles, "Fiscal Rules: Theoretical Issues and Historical Experiences." *NBER Working Paper* No. w17884, National Bureau of Economic Research, 2012.

Zervoudi, Evanthia K., "Fourth Industrial Revolution: Opportunities, Challenges, and Proposed Policies," 「Industrial Robotics – New Paradigms」, IntechOpen, 2020.

Zvinys, A. Kristina, "Evidence Suggests that Tax Rates Influence Migration Decisions." Tax Foundation, 2020.

전 수 경

[학력사항]

2022 고려대학교 대학원 법학과 법학박사(행정법)
2013 미국 노스웨스턴대학교 로스쿨 법학석사(LL.M.)
2013 KAIST 지식재산대학원 경영학 석사
2008 이화여자대학교 정치외교학 석사
2004 이화여자대학교 정치외교학 학사

[경력사항]

2013~ 국회예산결산특별위원회 교섭단체 전문위원
국회정책연구위원 (2급)
제20대 대통령직인수위원회 경제1분과 실무위원
미국 국무부 초청 IVLP
독일 콘라드 아데나워 재단 초청 KASYP

[수상실적]

2021 국회의장 표창

세대간 정의 실현을 위한 재정법제 연구

2024년 5월 7일 인쇄
2024년 5월 21일 발행

저   자 전 수 경
발 행 인 이 희 태
발 행 처 **삼일인포마인**

저자협의
인지생략

서울특별시 용산구 한강대로 273 용산빌딩 4층
등록번호 : 1995. 6. 26 제3-633호
전   화 : (02) 3489-3100
F A X : (02) 3489-3141
I S B N : 979-11-6784-275-6 93300

♣ 파본은 교환하여 드립니다.   정가 30,000원